U0463985

/中/华/女/子/学/院/性/别/研/究/丛/书/

新时期高校女生人才成长规律
和发展对策研究

石彤／李洁◎主编

中国社会科学出版社

图书在版编目（CIP）数据

新时期高校女生人才成长规律和发展对策研究 / 石彤，李洁主编 . —北京：
中国社会科学出版社，2016.9

ISBN 978 - 7 - 5161 - 8584 - 1

Ⅰ. ①新…　Ⅱ. ①石…②李…　Ⅲ. ①高等学校 - 女生 - 人才培养 - 研究 -
中国　Ⅳ. ①G649.2

中国版本图书馆 CIP 数据核字（2016）第 170169 号

出 版 人	赵剑英	
责任编辑	任　明	
特约编辑	李晓丽	
责任校对	周　昊	
责任印制	李寡寡	

出　　版	中国社会科学出版社	
社　　址	北京鼓楼西大街甲 158 号	
邮　　编	100720	
网　　址	http：//www.csspw.cn	
发 行 部	010 - 84083685	
门 市 部	010 - 84029450	
经　　销	新华书店及其他书店	

印刷装订	北京市兴怀印刷厂	
版　　次	2016 年 9 月第 1 版	
印　　次	2016 年 9 月第 1 次印刷	

开　　本	710×1000　1/16	
印　　张	23.75	
插　　页	2	
字　　数	380 千字	
定　　价	98.00 元	

凡购买中国社会科学出版社图书，如有质量问题请与本社营销中心联系调换
电话：010 - 84083683
版权所有　侵权必究

中华女子学院性别研究丛书
编辑委员会名单

主任　张李玺

委员　王　露　　石　彤　　史晓春　　宁　玲
　　　　司　茹　　刘伯红　　刘　梦　　刘　萌
　　　　孙晓梅　　寿静心　　李树杰　　肖　巍
　　　　佟　新　　武　勤　　林建军　　周应江
　　　　郑新蓉　　崔　巍　　宿茹萍　　彭延春

总　序

　　岁月如歌，芳华凝香，由宋庆龄、何香凝、蔡畅、邓颖超、康克清等革命前辈于1949年创设的"新中国妇女职业学校"发展而来的中华女子学院，已经建设成为一所独具特色的普通高等学校。学校积极承担高等学校职能，秉承引领先进性别文化、推进男女平等、服务妇女发展、服务妇女国际交流与政府外交的重要使命，坚持走"学科立校、科研强校、特色兴校"之路，正在为建成一流女子大学和妇女教育研究中心、妇女理论研究中心、妇女干部培训中心、国际妇女教育交流中心而奋发努力着。

　　1995年第四次世界妇女大会以来，性别研究和社会性别主流化在国内方兴未艾，中华女子学院抓住机会，积极组织开展妇女/性别研究，努力在此领域打造优势和特色，并已取得显著成效。我校在全国第一个设立了女性学系、设立中国妇女发展研究中心、中国妇女人权研究中心，建设中国女性图书馆，率先招收女性学专业本科生和以妇女服务、妇女维权为研究方向的社会工作专业硕士研究生；中华女子学院还首批入选全国妇联与中国妇女研究会批准的妇女/性别研究与培训基地，成为中国妇女研究会妇女教育专业委员会、中国婚姻家庭法学研究会秘书处单位。

　　长期以来，中华女子学院教师承接了多项国家级、省部级课题和国务院妇儿工委、全国妇联等部门委托的研究任务，在妇女/性别基础理论、妇女与法律、妇女与教育、妇女与参与决策和管理、妇女与经济、妇女与社会保障、妇女与健康等多个领域作出了颇有建树的研究，取得了丰硕的研究成果，为推进实现男女平等基本国策的步伐、推动社会性别主流化、促进妇女儿童发展与权益保障作出了积极的努力。

　　作为一所普通高等学校，中华女子学院也着力加强法学、管理学、教育学、经济学、艺术学、文学等学科和专业建设，鼓励教师将社会性别视角引入不同学科的研究，大力支持教师开展各自所在学科和专业的研究。

特别是近年来，通过引进来、走出去等多种措施加强师资队伍建设，中华女子学院教师的科研能力与学术水平有了较大的提升，在不同学科领域，不少教师都取得了可喜的科研成果，值得鼓励和支持。

中华女子学院组织编撰的"妇女教育发展蓝皮书"系列已由社会科学文献出版社出版发行，并获得了良好反响。为展示和推广我校教师在妇女/性别领域和其他学科领域的研究成果，学校特组织编撰《中华女子学院性别研究丛书》和《中华女子学院学术文库》两套系列丛书，并委托中国社会科学出版社统一出版发行。性别研究丛书将集中出版中华女子学院教师在妇女/性别理论、妇女发展的重大问题、跨学科、多学科研究妇女/性别问题等多个方面的著作；学术文库将收录中华女子学院教师在法学、管理学、教育学、经济学、艺术学、文学等学科领域有代表性的论著。入选丛书的著作，都经过校内外专家评审，有的是教师承接国家级、省部级课题或者专项委托课题的研究成果，有的是作者在修改、完善博士论文基础上而形成的成果，均具有一定的学术水准和质量。

上述丛书或文库是中华女子学院学科与科研建设成效的展示，也是献给中国妇女发展与高等教育事业的一份薄礼。"君子以文会友，以友辅仁。"我们期望，这两套丛书的出版发行，能够为关注妇女/性别研究和妇女发展的各界朋友提供一个窗口，能够为中华女子学院与学界的交流与合作提供一个平台。女子高等学校的建设与发展，为中国高等教育事业和妇女教育事业的发展增添了亮色，我们愿意继续努力，为这一事业不断添砖加瓦，也诚请社会各界继续对中华女子学院给予指导、关心、支持和鞭策。

是为序。

中华女子学院原党委书记、原院长　张李玺

2013 年 12 月 30 日

序

从高校女生到优秀的女性人才

受石彤教授的邀请，为《新时期高校女生人才成长规律和发展对策研究》一书作序，深感荣幸。

大约在 2008 年的春天，全国妇联和国家统计局就开始为 2010 年要进行的第三期中国妇女社会地位调查做准备了。我和石彤老师受邀参加了这一大型社会调查的工作，并分别负责其中两个非常有开创意义和价值的项目——女性高层次人才调查和女性高层后备人才调查。全国妇联的领导越来越意识到，在女性人才成为重要人力资源的现当代，出现了女性高层次人才发展的困境，即越往高层，女性越少的现象。对于这种现象不仅要寻找到女性高层次人才发展的规律、影响因素和政策激励；还应在高等教育中重视女性人才的成长。

2010 年，我们成功地申请到了教育部社会科学重大攻关项目《女性高层次人才成长规律及发展对策研究（10JZD0045－1）》，石彤教授组织的研究团队是我们项目组重要的组成部分。今天，看到《新时期高校女生人才成长规律和发展对策研究》一书的出版，深感钦佩，深知字里行间凝结的心血和智慧。石彤教授组成的研究团队，年轻、能干、有活力，其成果带有非常强的反思性，对倡导高等教育中的性别平等具有重要的促进作用。

进入 21 世纪，我们欣喜地看到更多的青年女性有机会进入大学，接受高等教育，成为专业人士。在一些高校的入学比例中，女性已经超出于男性。但与此同时，我们也关注到女大学生就业难、青年知识女性面临工作和家庭的双重压力，以及因生育和养育压力而产生的对国家和社会支持的渴望，这对高校女生的研究提出了严峻挑战。

呈现在我面前的研究成果是资料翔实、论证扎实和具有学术想象力的。研究将"高校女生"定位于女性中受教育程度较高、思维活跃、意识超前的青年群体，并认为对高校女生发展状况及其与高校男生的比较研究将有助于理解中国女性高层次人才的未来发展方向。研究从高校女生群体对中国女性高层次人才发展的独特价值出发，对我国高校女性的教育发展、职业准备、政治和社会参与、婚恋状况、身心健康、性别观念等进行了全面和深入的实证研究，并对高校女生面临的问题和困境给出了具有针对性的政策建议。

研究中的一些重要发现给我留下深刻印象，特别是高等教育的参与者应引起高度重视。研究发现，第一，高校女生更多地反对传统社会性别观念对女性角色的束缚和压抑，表现出更强的追求男女平等的意愿。同时，她们对事业发展具有强烈的追求和向往，但却也意识到现实环境的多重压力，并愿意为成功付出更多的努力。第二，高校女生更倾向于和他人交流，并从这种交流中获得情感支持，良好的师生互动关系能够促进两性的发展。而现实却值得反思，高校女生常常听到老师对女性的负面评价，理工科院系的女生更多地听到教师对女性的负面评价；学历越高的学生就越多地听到对女性的负面评价；普通院校学生相比于接触过社会性别意识的学校的学生（如中华女子学院）更多地听到教师对女性的负面评价。这需要高校对教师进行性别意识的培训，使高等教育这一培养人才的场域是性别友好的环境。第三，高校女生的社会支持主要是情感性的、表达性的，而男生的社会支持则倾向于工具性。这意味着高校女生对情感性的刺激因素更敏感；而男生对物质和功利性的刺激因素更敏感。高校女生的成长动力更多地建立在情感纽带和亲密关系之上。因此来自家人、友人、恋人和老师的情感支持对女生的成长更为重要。父母的性别观念会影响高校女生的自我定位，独立自主的价值观念不仅是高校女生追求事业发展的重要动力，也是其创新实践能力的重要基础。因此，在培养上亦应当在初等教育中加入对家长性别意识的培养。第四，女性成功人士的榜样作用对高校女生未来人才发展具有重要的引导作用。社会应着力宣传女性的正面形象和优秀事迹，让女生们看到自己未来社会角色发展的多种可能性。

无疑高等教育肩负的使命不仅是培养专业性人才，还要培养具有基本人权观和性别平等观的人才。让高校女生插上理想的翅膀，成为能够承担责任和使命的人，成为能够无畏成败的人，成为摆脱性别压迫而身心自由的人，这既是我们研究者的追求，亦是我们性别研究的初衷。

佟　新

2016 年 1 月 10 日

前　言

　　女性高层次人才的培养和发展是中国人才发展战略的重要组成。新中国成立以来，大批的优秀女性人才，成为各行各业的骨干和中坚，为国家政治、经济、文化和社会的发展及科学技术的创新做出了卓越贡献，是人力资源中不可缺少的组成部分。在大众教育普及化的背景下，越来越多的女性成为高层教育不断发展的受益者。接受过高等教育的本科生和研究生日益成为知识经济和大众创新背景下，我国未来女性高层次人才的重要后备力量与生力军。对高校女生群体基本状况、成才规律与发展对策的研究将有助于推进我国的人才发展战略和男女平等的基本国策。

　　本研究是北京大学社会学系佟新教授主持的"女性高层次人才成长规律与发展对策研究"（10JZD0045 - 1）的子项目"女性高层次后备人才成长规律与发展对策研究"的组成部分。本书是集体创作的结果，项目研究人员在石彤教授的主持下，共同参与了研究框架和调查问卷的设计。2011 年 5 月，课题组成员在北京、西安、兰州、南京、武汉等地开展问卷调查，并于当年 11 月再次奔赴这几个地区进行深度个案访谈和焦点小组座谈。每个研究人员负责一到两个专题内容的撰写工作，最后再共同参与研讨与统稿工作。

　　全书共分为十一章，分工如下：

第一章　导论 李洁
第二章　高校女社发展的总体状况和外部环境 石彤、李洁
第三章　高校女生的教育经历 王颖
第四章　高校女社的就业状况 范譞、周旅军
第五章　高校女生的社会参与 王宏亮
第六章　高校女生的生活方式 李芳英

　　教育是赋权妇女、提升女性领导力的基本途径和重要条件。希望通过我们的研究，能让更多的读者认识和了解高校女生群体的发展现状和成才规律，从而让越来越多的青年女性能够在高等教育的殿堂中不懈探索、蓬勃发展，真正成为我国人力资源宝库中的重要力量！

课题组全体成员

2016 年 3 月

目　录

第一章

导　　论

本研究中的"高校女生"是指国家统一招收、全日制在读的高校女生本科生、硕士生和博士生。作为女性中受教育程度较高、思维活跃、意识超前的青年群体，高校女生发展状况及其与高校男生的比较差异在一定程度上代表和预示着中国女性高层次人才的未来发展方向。鉴于高校女生群体在研究中国女性高层次人才中的独特价值和意义，我们将从教育发展、职业准备、政治和社会参与、婚恋状况、身心健康、性别观念等若干方面对我国高校女生人才发展的状况展开研究，并对高校女生所面临的问题和困境给出有针对性的政策建议。

第一节　研究缘起与研究意义

高校女生群体是中国高等教育事业快速发展的见证者和受益者，她们在高等教育机构中获得了良好的发展资源和机会。作为一个发展过程中的群体，她们的成长和发展预示着中国知识女性未来的发展方向。近年来，伴随着就业制度的变迁与文化观念的日趋多元，高校女生的就业选择、婚恋观念及未来发展道路等问题也成为人们日渐关注的话题。为了更好地加深对高校学生群体的共性与差异性、中国女性高层次人才发展的未来趋势与挑战的科学认识，本研究将"高校女生"作为中国女性高层次人才的重要后备力量展开深入研究。

一　研究缘起

伴随着现代社会的快速发展和社会分工的日益加深，高等教育机构在培养现代高层次人才方面扮演着日益重要的角色。高校女生群体是中国女性高层次人才的重要后备力量，对这一人群人才发展道路的考察和关注将有助于中国女性人才的可持续发展。

（一）高校女生是女性高层次人才的重要后备力量

在知识经济快速发展的今天，掌握先进科学文化知识，并能将其转化为社会生产力的"高层次人才"已经日益成为国家可持续发展的重要推动力。所谓"高层次人才"并没有一个十分精确的界定，通常认为是"在一定时间、区域、行业内的人才队伍中，那些具有较强专业能力，且有较大贡献的人才"。[①] 以蔡学军等学者为代表的国内学者认为，高层次人才具有高层次性、类别性、相对性、稀缺性和动态性等特点。[②]

一方面，我国女性人口总数占全部人口的一半，因此女性人才资源的储量占全国人力资源的一半。但是长期以来，由于各种文化、历史、社会、学校和家庭，乃至女性自身的原因，女性在高层次人才中所占的比例相对较小。[③] 这势必造成我国人力资源的浪费。改革开放之后，伴随着社会经济和高等教育事业的不断发展，已经有越来越多的女性走出传统家庭角色的桎梏，成为人才队伍中的重要组成部分。其中，高等学校作为人才荟萃、智力密集，最能产生新知识、开发新技术、倡导新文化的产、学、研联合体，在培养高层次女性人才的过程中承担着重要功能。高校女生是我国女性高层次人才后备力量的重要组成部分。

另一方面，从女性人才培养周期上看，18—28岁（大学生和研究生）的年龄阶段是其生命周期的重要转折点：既是女性的婚恋和生育高峰期，也是女性作为青年人积累其人力资本、形成价值观的重要时期，更是女性需要面临着一系列人生重要选择，决定其未来发展的关键时期。因而，对处于这一年龄阶段的高校女生的研究对推进我国今后一段时期高层次女性人才的培养具有毋庸置疑的重要价值。

（二）高校女生的基本发展状况

伴随着我国经济、政治、科教改革全方位的启动和深化，高等教育事业也进入了迅速发展时期。国家高度重视女性人才，特别是青年女性人才

---

① 潘晨光：《人才蓝皮书：中国人才发展报告》，社会科学文献出版社2006年版，第43页。

② 蔡学军、丁向阳、韩继园：《我国高层次人才队伍建设现状、问题与对策》，《中国人才》2003年第10期。

③ 张艳：《试论女性高层次人才资源贫乏现象及成因》，《教育探索》1998年第4期。

的培养教育工作。《全国妇女教育培训体系建设纲要 2008—2010 年》中特别提出要"提高学历女性比例。重视加强女大学生思想道德建设……"

近十年来，我国的高等教育逐步从精英教育迈向了大众教育的时代，越来越多的女性成为我国高等教育普及化的受益者。目前，我国在校本、专科生中女性所占的比例已经逐步稳定在 50% 左右（2010 年为 50.9%）；在校硕士生比例自 20 世纪 90 年代末以来也呈较快增长的态势，截至 2010 年，在校女硕士生占在校硕士生的比例为 50.4%。与此同时，在校女博士生的数量更是实现了快速增长，从 1986 年不足 500 人发展到 2010 年的 9 万余人，占在校博士生的 35.5%（见图 1-1）。

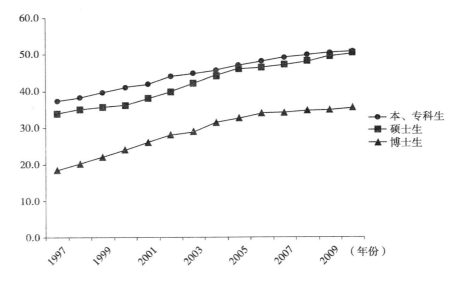

图 1-1　历年来高等教育各学历层次中女性所占的比例①（%）

高等教育的快速发展为促进男女平等，推进妇女进入各个专业领域和科研前沿地带做出了极大贡献。以教育行业为例，在我国普通高中专任教师中，女教师数为 752869 人，占高中教师总数的 48.4%。其中 99.9% 以上的高中女教师都接受过高等教育，97.0% 以上的高中女教师具有本科及以上学历。在普通初中专任教师中，女教师数为 1766989 人，占初中教师

———————

① 根据教育部网站公布的统计数据绘制：http://www.moe.edu.cn/publicfiles/business/htmlfiles/moe/s4958/list.html。

总数的 50.1%，其中 99.5% 的初中女教师具有高等教育学历，74.5% 的具有本科以上学历。截至 2010 年，我国公有制各类企事业单位的专业技术人员中，女性人数为 1269.4 万人，占全部专业技术人员的 45.1%，其中绝大部分专业技术人员都接受过高等教育。[①]

然而在取得这些成就的同时，女性高等教育的发展也仍然存在着一些局限。刘云杉等学者以北京大学为例，将这一进步界定为"有限的进步"，主要表现在：其一，录取的新生中男女生人数比例均衡的事实背后是明显的阶层分离与城乡壁垒；其二，在专业选择中存在明显的性别隔离现象。[②] 此外，在就业形势整体紧张的趋势下，高校女生就业难也成为近年来困扰各级政府、教育部门和高校女生个体的突出问题。在社会经济快速发展、文化观念日益多元化的今天，高校女生的婚恋观念和选择也成为社会上讨论的热点问题；[③] 针对高学历女性特别是女博士群体的歧视性言论不时见诸各类媒体。高校女生仍然面临着来自社会舆论和就业市场的多重压力。

可见，代表了新时期高学历女性未来发展方向的高校女生，一方面幸运地成为高等教育大众化发展的受益者，进入大学校园接受良好教育，具有较高的发展潜力和良好的发展前景；而另一方面，她们的成长与发展也仍然面临着传统社会性别观念和既有社会制度的限制和阻碍。在这样的现实环境之下，当下的高校女生在学业与能力发展、职业准备、社会参与、婚恋观念和行为、身心健康等方面究竟表现出哪些时代特征？她们对传统与现实、自强与依赖、社会角色与家庭角色之间的关系又作出何种思考与选择？对高校女生人群人才发展道路的考察和关注成为本书研究的基本出发点。

二　研究意义

本研究将在深入了解和呈现高校女生发展状况的基础上，把握中国女

---

① 国家统计局社会科技和文化产业统计司：《中国妇女儿童状况统计资料》（2012），中国统计出版社 2012 年版，第 28—30 页。

② 刘云杉、王志明：《女性进入精英集体——有限的进步》，《高等教育研究》2008 年第 2 期。

③ 李明欢：《干得好不如嫁得好？——关于当代中国女大学生社会性别观的若干思考》，《妇女研究论丛》2004 年第 4 期。

性高层次人才的基本成长规律和困境，并在此基础上提供有针对性的政策建议，从而促进中国女性高层次人才的可持续发展。

（一）深入了解高校女生的基本发展状况

目前我国已有研究大多集中于高校女生人才发展状况的某一方面展开具体研究，缺少从宏观层面上对高校女生人才发展基本状况的总体性研究。而本研究基于对全国五大城市、十五所高校的问卷调查和深度访谈，期望能全面、综合地展现在校女生学习、生活、工作情况的方方面面，从而对我国高校女生发展的基本情况有一个全面、深入的了解。

（二）把握高校女生的人才成长规律

在对高校女生展开深度调研的基础上，本研究还期望进一步把握高校女生的人才成长规律。女性主义理论业已指出：女性的人才发展道路是不同于男性的、更复杂和具有弹性的过程。处于女性生命周期重要转折点的高校女生更是面临着一系列人生的重大抉择和挑战。通过对这一人群人才发展道路的深入了解和把握，本研究希望进一步探寻中国女性高层次后备人才的成长规律，从而为更多的女性人才发展奠定重要基础。

（三）为人才可持续发展提供政策建议

在了解高校女生发展现状和人才成长规律的基础上，本研究希望深入探析女性高层次人才在成长道路上可能面临的挑战与困境，并从社会政策的层面上给予分析和探讨，从而在人才成长环境上为高层次女性人才的培养和发展确立更加健康、有效的社会政策体系，让中国女性高层次人才能够实现持续、快速的健康成长和发展。

第二节　文献综述

在本节中，我们将通过对国内外相关研究的归纳和梳理，了解我国女性高层次后备人才培养的现状和主要问题，并通过借鉴国外女性人才培养的经验，希望能对我国女性高层次后备人才的培养提供经验。

一　国际研究

美国教育学家埃斯丁对1966—1996年美国高等教育发展趋势的研究表明：从1982年以来，美国在校女大学生的数量首次超过了男性，并一直保持着这种趋势。① 近三十年来，西方女性主义者和教育学者一直在对高等教育过程中的性别差异和女性发展的问题展开深入的研究。

（一）女性主义理论中关于女性发展问题的研究

20 世纪下半叶以来，越来越多的女性主义学者注意到：在社会性别因素的影响下，女性的发展过程与男性是不尽相同的。在女性主义理论的影响下，一批西方学界的研究者对高等教育过程中的两性差异进行了更进一步的探讨和揭示，试图发现现代高等教育机制是否为男女两性搭建了更为公平的发展空间，哪些因素会导致男女在校大学生的不同经验和感受，以及如何更有针对性地让女性在高等教育过程中获得成长。

1. 经典人的发展理论对女性的贬低和忽视

现代教育理论将人的发展理解为个人从生命开始到生命结束的全部人生中，不断发生的身心两方面的变化过程。但是包括弗洛伊德、皮亚杰、科尔伯格等传统的男性中心主义的学者在其理论中只是假设了一个人的线性发展的简单路径：人在发展过程中需要逐渐摆脱家庭，进入社会，自主性（autonomy）、独立性（separation）和个体化（individualization）是人发展的必经阶段，高一层次的发展阶段势必意味着更复杂的智识能力和更强的自主性。传统理论并没有承认基于社会性别因素所导致的人的发展道路的多样性，甚或只是肯定了男性发展的可能，而贬低了女性在人类文明发展过程中的意义：

> 妇女很快就站在文明的对立面，展示出她们阻碍和约束文明发展的影响……妇女所代表的是家庭利益和性生活的利益。创造文明的工作日益成为男人的事，使他们面临更为艰巨的任务，不得不实行本能的升华，而这在妇女是几乎不可能的。……因此妇女发现，正是由于文明的要求，她们才被置于次要的地位，所以她们就产生了对文明的敌对情绪。②

2. 女性主义理论对女性发展道路的关注

如果说在弗洛伊德看来，文明是从家庭脱离出来，独立迈向更大的人

---

① Alexander W. Astin, "The Changing American College Student: Thirty-Year Trends, 1966 – 1996", *The Review of Higher Education*, Vol, 1998. 21.

② ［奥］弗洛伊德：《文明与缺憾》，傅雅芳等译，安徽文艺出版社1996年版，第48页。

类社会的过程，那么在以卡罗尔·吉利根为代表的女性主义学者看来，女性的发展则是始终和她们与家庭及他人的"联系感"、责任感和关怀相联系的：

> 妇女不仅在人际关系背景下定义自己，而且也根据关怀能力判断自己。妇女在男人生命周期的位置一直是养育者、关怀者和帮助者，是这些她轮流依靠的关系网的编织者。但是，当妇女由此而承担起对男人关怀的使命时，男人们却在自己心理发展的理论中（就像他们在经济上的安排一样）倾向于怠慢和贬低这种关怀。①

在女性主义研究者看来，与男性不同，女性个体同一性的发展恰恰不是她们在多大程度上通过竞争获得了"独立性"，而是取决于她们对"社会联系"和"生命意义"的看重②。换言之，她们面临着"让自己在保持独特性的同时维持各种联系"的挑战。③

女性对"联系感"的看重在研究者对大学女生的研究过程中得到了进一步的印证。研究发现，在大学阶段，尽管男女两性都经历了认识论上的重大改变，即认识到真理是相对的，是被建构的结果，而非绝对真理，但对女性的智识发展而言，人际互动、合作和共识的形成则显得更为重要。④ 女性的认同发展和职业期望更多地受到家庭、同龄群体和浪漫关系的影响。⑤ 她们是在和他人的交往关系中逐渐形成了自我认同，而非在和他人的边界划分和竞争性关系的基础上。米勒等人在一篇论文中讨论了这样一个问题：那些在科学领域中取得优异成绩的女性，其成就动机来自哪里？和男性往往在竞争性环境中获得优异表现的动机来源不同，米勒发

---

① ［美］卡罗尔·吉利根：《不同的声音——心理学理论与妇女发展》，肖巍译，中央编译出版社 1999 年版，第 14 页。

② Ann M. Beutel, M. Mooney Marini, "Gender and Value", *Ameirican Sociological Review*, Vol. 60, No. 3, 1995.

③ R. Josselson, *Finding Herself: Pathways to Identity Development in Women*, San Francisco: Jossy-Bass, 1987.

④ M. B. Baxter Magolda, *Knowing and Reasoning in College: Gender-related Patterns in Student's Intellectual Development*, San Francisco: Jossey Bass, 1992.

⑤ M. Komarovsky, *Women in College: Shaping New Feminine Identities*, New York: Basic Books, 1985.

现，这些优秀女本科生的学术动力恰恰来自——帮助他人！这也解释了为什么在所有的科学专业中，医学——特别是社区医疗、儿科医生和精神病学等以病人为取向的医学专业中集中的女性最多。[①]

由此，贝克斯特谨慎地提出，即便不存在某种非黑即白、二元对立的"男性认知模式"或"女性认知模式"，但我们有必要注意到社会性别因素在人的认知发展过程中的影响。例如，相比于那些需要"思考"（thinking）的学习方式，需要"感受/体会"（feeling）的学习方式更能激发女性的亲切感和投入度。[②] 因此我们有必要提出某种"性别相关的"认知模式（"gender-related" patterns of knowing）。[③] 这种认知模式的提出可以帮助我们注意到女性发展过程不同于传统男性主流模式的特点，从而更好地推进女性人才的培养。

（二）高等教育过程中的性别差异研究

在上述理论研究的影响下，大量实证研究开始关注高等教育对性别角色和性别观念的影响，以及高等教育过程中存在的性别差异。研究者们发现，高等教育机构的发展在一定程度上推进了性别平等，但是各种潜在和微妙的性别差异仍然存在于高等教育的过程之中，甚至在有些领域，性别差异的影响不容忽视，而造成这些性别差异的原因则是多方面的。

1. 高等教育过程中的性别差异

对于高等教育机构在推进男女平等和女性发展中所扮演的角色，不同的研究者给出了不同的回答。有研究者认为高等教育机构在一定程度上推进了社会性别意识和两性平等发展；另一些研究者则提醒我们注意那些高等教育过程中微妙的性别差异；还有一些研究者则进一步发现了男性主导专业领域中女性所处的不利地位。

（1）高等教育在一定程度上推进了性别平等。埃斯丁基于对全美教育数据的研究表明：受到20世纪60年代末女性主义运动的影响，今天的

---

① P. H. Miller, et al., "A Desire to Help Others: Goals of High-Achieving Female Science Undergraduate", *Women's Studies Quarterly*, Vol. 28, No. 1 – 2, 2000.

② D. W. Salter, A. Persaud, "Women's Views of the Factors that Encourage and Discourage Classroom Participation", *Journal of College Student Development*, Vol. 44, No. 6, 2004.

③ M. B. Baxter Magolda, *Knowing and Reasoning in College: Gender-related Patterns in Student's Intellectual Development*, San Francisco: Jossey Bass, 1992.

男女大学生在教育期望、职业规划、态度和价值上更加平等。[①] 另一部分研究者则承认：尽管男女两性大学生在职业偏好上依然存在差异，但是大学在一定程度上改变了男女大学生——特别是女性——对传统性别角色的接受，降低了职业选择过程中的性别差异。[②]

（2）高等教育中的性别差异依然存在。不同于第一种观点，许多研究者提出了更为谨慎的观点。如雅各布斯认为：应当将入学、大学经历和教育结果作为三个部分单独加以考察。如果说在美国，女性在入学方面已经基本与男性实现了平等，那么在教育经历和结果上的性别差异却依然存在。[③]

萨克斯及其合作者通过对来自美国 200 所大学和研究机构中的 17000 名被访者进行的调查，发现对特定的大学经历，男女两性的体验是不同的。通过将学生在进入大学前的基本特征作为"输入项"（input），将经过大学四年培训之后的表现作为"输出项"（output），考察大学四年经历作为环境（environment）影响因素在这两者之间所扮演的角色（见图 1 - 2），研究发现：高等教育过程中仍然存在一些"潜在的性别差异"（potential gender differences），包括男、女大学生在自我观念、生活目标、职业发展、身心健康、政治和社会态度等方面的微妙差异。例如，男大学生在学术能力、领导角色、艺术才华和心理健康方面更加自信；女性则有更强的服务他人、改善社区的愿望，更愿意和不同种族、文化背景的人建立联系。[④]

丹泽尔等人对男女生职业抱负的研究也有类似发现：在刚进入大学时，男性和女性的职业抱负并没有显著差异，两个群体都具有较高的职业追求目标。但是到了大学晚期，女性降低了她们的职业抱负，而更偏好选择一种能在事业和生活中其他目标之间实现平衡的职业模式。[⑤] 这一变化

---

① Alexander W. Astin, "The Changing American College Student: Thirty-Year Trends, 1966 – 1996", *The Review of Higher Education*, Vol. 21, No. 2, 1998.

② Marvin Bressler, Peter Wendell, "The Sex Composition of Selective Colleges and Gender Differences in Career Aspiration", *The Journal of Higher Education*, Vol. 51, No. 6, 1980.

③ J. A. Jocabs, "Gender Inequality and Higher Education", *Annual Review of Sociology*, Vol. 22, 1996.

④ Linda J. Sax, *The Gender Gap in College: Maximizing the Developmental Potential of Women and Men*, San Francisco: Jossey-Bass, 2008.

⑤ N. Danziger, Y. Eden, "Gender-related Differences in the Occupational Aspirations and Career-style Preferences of Accounting Students", *Career Development International*, Vol. 12, No. 2, 2007.

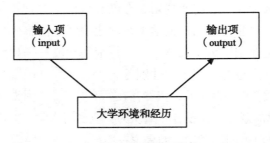

图 1 - 2　大学经历影响

的发生也提醒我们注意到：高等教育过程在男女大学生的成长过程中究竟扮演了何种角色？这种变化究竟是由高等教育过程所导致的，还是有更加深刻的社会文化机制？

（3）传统男性主导领域的学科领域中的性别差异尤为严重。还有一些研究者对那些进入到传统男性主导领域的学科中的性别差异尤为关注，特别是其中的科学、数学、工程、技术专业（简称 SMET 专业，即 Science，Math，Engineering，Technology）。

赵等人对 SMET 专业大学生的专项研究发现：与同一专业领域中的男性相比，SMET 专业的女性学习更加努力，投入的学习时间更多，且具有更高的阅读能力。但她们在分析定量问题、计算，以及获得工作相关的技能和知识上弱于男性，并且与男性相比，她们认为考试更难。不过，SMET 专业的女性在社会交往能力上高于本专业中的男性，她们更愿意和教师讨论作业、成绩和职业规划，并从中获益。[①]

菲尔德等人对学习化学工程专业男女大学生的纵时性调查时则发现了工程类专业的女性自我评价偏低、更多地放弃工程类专业的学习等问题。调查发现女大学生在家庭背景、入学成绩、学习方法，乃至专业基础课程上都与男性平等，甚至高于男性。但是伴随着逐步进入工程类课程之后，与男性相比，女性的焦虑增加，信心下降。男性在解决问题、创造性和计算机相关问题上的自我评价都高于女性，并且与女性相比，男性更愿意留在本专业内继续深造。[②]

---

① C. Zhao, R. Carini, G. D. Kuh, "Searching for the Peach Blossom Shangri-La: Student Engagement of Men and Women SMET Majors", *Review of Higher Education*, Vol. 28, No. 4, 2005.

② R. M. Felder et al., "A Iongitudinal Study of Engineering Student Performance and Retention", Journal of Engineering Education, Vol. 84, No. 2, 1995.

　　在对导致专业学习成功和失败的归因上，男女大学生也存在显著差别。男大学生会将成功归因为自己的能力，将失败归因为不够努力，或是受到了不公平的对待。而女性更多地将成功归因于外人的帮助，将失败归因于自己能力不够。对于导致男女大学生差异的原因，菲尔德主要从四个方面给出了解释：第一，入学前习得的态度和观念，如男女大学生都对女性的技术能力持负面态度；第二，人生目标上的差异，如男女大学生在处理个人感情关系和学业的先后重要性上存在差别；第三，在工程类专业中女性缺少同性的榜样和指导教师；第四，教师、助教的教学方法和态度，如过于强调工程类课程的竞争性，此外，有些工程类的教师和学生仍然对女性抱有偏见。[1]

　　上述研究发现揭示出，尽管大学机构具有某种一致的理念，但是在实际运作过程之中，大学对男女两性大学生造成的实际影响却依然存在差别。即便在同一学术领域中，男性和女性的体验却不尽相同。对那些进入到传统男性主导领域中的女大学生而言，她们的学术深造和发展还面临着更多的困难和挑战。

　　2. 性别差异的校园影响因素

　　萨克斯认为造成高等教育过程中男女分化和差异的因素是多方面的，既包括大学类型、教师群体文化和同辈群体等外部环境因素，也包括学生专业、学术投入程度和师生互动方式等个体行为；此外，居住地和家庭背景也起到了一定的影响作用。[2] 在下文中，我们将以萨克斯的文献积累为基础，并特别关注教师文化、同龄群体和学生个体的校园参与对高等教育过程中性别差异造成的影响。

　　（1）教师文化和师生互动对性别差异的影响。

　　米勒姆指出，教师文化构成了"一个组织所蕴含的关于行为、认知、假设、信仰、态度、意识形态和价值观念的持久模式"。[3] 大学中的教师

---

　　①　Richard M. Felder, et al., "A Longitudinal Study of Engineering Student Performance and Retention. III. Gender Differences in Student Performance and Attitudes", *Journal of Engineering Education*, Vol. 84, No. 2, 1995.

　　②　Linda J. Sax, *The Gender Gap in College: Maximizing the Developmental Potential of Women and Men*, San Francisco: Jossey-Bass, 2008.

　　③　J. F. Milem, et al., "Faculty Time Allocation: A Study of Change over Twenty Years", *The Journal of Higher Education*, Vol. 71, No. 4, 2000, p. 274.

文化及师生互动模式会对在校学生的学习和发展带来显著影响。研究发现，当教师强调全面综合教育时，男女生都能从中获益：女性能体会到更高水平的社会自信，男性则更多地投入到社会政治和人文主义的目标中。[1]

有证据表明：相较于男性而言，女性更倾向于和他人交流，并从这种交流中获得情感支持。[2] 可见良好的师生互动关系对促进男女生的发展都有益处，对于特别倾向于和教师互动并容易受到教师影响的女生而言尤其如此。埃斯丁 1983 年的一项研究表明，在那些愿意和学生展开互动的研究型教师指导下，女生的学术自信会有所提高。[3] 雷曼和布雷特的一项研究发现，从老师或指导教师那里获得职业建议对女性毕业后继续留在科学领域中工作有很好的正面作用。[4] 可见，良好的师生关系有助于提高女性的自信和学术抱负，教师群体的社会性和可接近性对女大学生的学术成长起到至关重要的作用。

不过仅仅是学生和教师互动次数本身并不总是意味着给学生带来正面的影响。一项研究发现，女生与教授课下进行交流的时间越长，其学习数科目的自信心就越低；而男性却不存在这样的现象。[5] 布莱恩特的一项研究甚至发现，学生课堂外与教师互动的时间与学生对传统性别观念的赞成呈正相关关系。[6] 尽管这极有可能只是一种虚假相关，但是我们可以肯定的是当教师本人持传统性别观念的时候，和学生的交流只会继续印证和巩固学生头脑中原有的社会性别分工意识，从而最终导致传统社会性别观念的再生产。只有当教师向学生——特别是女生——提出了智识挑战和刺激

---

① Alexander W. Astin, L. Kent, "Gender Roles in Transition: Research and Policy Implication for Higher Education", *The Journal of Higher Education*, Vol. 54, 1983.

② Karen R. Rosenthal, Ellis L. Gesten, Saul Shiffman, "Gender and Sex Role Differences in the Perception of Social Support", *Sex Roles*, Vol. 14, 1986.

③ Alexander W. Astin, L. Kent, "Gender Roles in Transition: Research and Policy Implication for Higher Education", *The Journal of Higher Education*, Vol. 54, 1983.

④ P. Rayman, B. Brett, "Women Science Major: What Makes a Difference in Persistence after Graduation?", *The Journal of Higher Education*, 1995.

⑤ Linda J. Sax, "Mathematical Self-concept: How College Reinforces the Gender Gap", *Research in Higher Education*, Vol. 35, No. 2, 1994.

⑥ A. N. Bryant, "Changes in Attitudes Toward Women's Roles: Predicting Gender-role Traditionalism Among College Students", *Sex Roles*, 2003.

的时候，才会激发后者产生更先进的性别角色观念。可见，"和教师互动的数量本身并不必然意味着学生能从中获得收益，更重要的是师生互动的质量"。①

"冷漠的氛围"（A Chilly Climate）是霍尔和桑德勒在 1982 年提出的一个概念，意指课堂上那种微妙的甚至是公然的性别偏见。霍尔等人的研究指出：尽管现代高等教育机构规定了种种维护妇女权益的规定，然而在课堂中、实验室里及校园里其他种种具体的人际互动过程中显然是影响大学生性别观念和女性发展的一种更加微妙的外部环境。尽管形塑校园氛围的因素有很多，但是教师的态度和行为通常起到了重要的影响作用。然而在大学课堂上，针对女性的"冷漠的氛围"依然广泛存在，教师往往并不是基于学生个体，而是基于学生性别，在交流过程中对其行为、能力、职业生涯和个人目标作出期待——但是这种期待在很大程度上仍是传统性别观念的产物。教师的行为或许是无意识的，但学生能敏锐地感受到这种氛围，并受到这种氛围的影响。② 霍尔的研究激发了教育学领域中的许多其他作品，科内弗雷、贝拉、塞托斯等人的研究都注意到这种广泛出现在科学课堂和实验室中的"冷漠的氛围"，它导致了女性在学习和研究过程中的负面情绪，甚至最终退出了科学研究领域。③

大学中女教师的比例对大学女生在发展抱负和学术选择上也产生了一定的影响。尽管凯恩和罗森在对普林斯顿大学、密歇根大学和惠蒂尔学院三所大学的调查中发现，院系中女教师的比例并不必然和主修这一领域的女生数成正比④，但是其他研究者注意到：在一些男性主导专业中（如科学、工程类专业），在班级里女生数量较小的情况下，专业教师（特别是

① Linda J. Sax, *The Gender Gap in College: Maximizing the Developmental Potential of Women and Men*, San Francisco: Jossey-Bass, 2008, p. 251.

② R. M. Hall, B. R. Sandler, *The Classroom Climate: A Chilly One for Women?* Washington DC: Association of American Colleges, 1982.

③ T. Conefrey, "Gender, Culture and Authority in a University Life Science Laboratory", *Discourse Society*, Vol. 8, No. 3, 1997. D. Belle, "Swimming Against the Tide: African American Girls and Science Education", *Contemporary Sociology: A Journal of Reviews*, Vol. 39, No. 1, 2008. I. H. Settles, et al., "Voice Matters: Buffering the Impact of a Negative Climate for Women in Science", *Psychology of Women Quarterly*, Vol. 31, No. 3, 2007.

④ B. J. Canes, H. Rosen, "Following in Her Footstep? Faculty Gender Composition and Women's Choices of College Majors", *Industrial and Labor Relations Review*, Vol. 48, 1995.

数学和科学专业教师）的性别会对女学生的专业学习造成影响[1]，学生会从那些和自己有更多共同点（种族、性别）的教师身上获得良好的榜样效应[2]。

教师的性别也会对学生的课堂参与产生影响。法欣格等人注意到，男教师的课堂可能会比女教师的课堂更容易出现针对女性的"冷漠的氛围"，如记不住女生的姓名、不愿意在课堂上和女生展开深入讨论等。而女教师则能较好地创造出一个让所有学生都能参与其中的讨论氛围，因此，女学生在女教师的课堂上会更自信，对课程主题更关注，并表现出更高的参与水平，从而让所有学生都能从中获益。[3] 或许由于类似的原因，还有一些研究发现，男教师指导的女学生比所有其他类型的学生更少感觉到自己获得老师的肯定和青睐。[4] 这在某种程度上揭示出，不同性别教师的授课方式及表达情感的方式上存在差异，从而给女生造成不同的影响。当然，也有一些研究揭示出，男女教师对女性的成长都是有益的，但却是以不同的方式：男教师更多地给女学生提供了智识上的刺激，而女教师则更多地给女学生以个人激励。[5]

（2）同龄群体对性别差异的影响。

同龄群体环境包含了一所大学中学生群体的主流价值体系、信念、态度和期望。大学中同龄群体文化长久以来都被视作大学的重要组成部分，埃斯丁甚至认为"学生同龄群体是大学本科时期对学生成长和发展最重要的影响来源"，它从多方面对大学生群体产生影响：包括认知层面、情

①　John Robst, et al., "The Effect of Gender Composition of Faculty on Student Retention", *Economics of Education Review*, Vol. 17, No. 4, 1998. G. Sonnert, et al., "Undergraduate Women in Science and Engineering: Effects of Faculty, Fields, and Institutes Over Time", *Social Science Quarterly*, Vol. 88, No. 5, 2007.

②　K. N. Rask, E. M. Bailey, "Are Faculty Role Models? Evidence from Major Choice in an Undergraduate Institution", *The Journal of Economic Education*, Vol. 33, No. 2, 2002.

③　P. A. Fassinger, "Understanding Classroom Interaction: Students' and Professors' Contribution to Students' Scilence", *The Journal of Higher Education*, Vol. 66, 1995. M. Crawford, M. Macleod, "Gender in the College Classroom: An Assessment of the Chilly Climate for Women", *Sex Roles*, Vol. 23, No. 3 - 4, 1990.

④　G. Crombie, et al., "Students Perception of Their Classroom Participation and Instructor as a Function of Gender and Context", *The Journal of Higher Education*, Vol. 74, No. 1, 2003.

⑤　M. Komarovsky, *Women in College: Shaping New Feminine Identities*, New York: Basic Books, 1985.

感层面、心理层面和行为层面等。^①同龄群体关系的类型和质量对大学生的发展方式有很大影响。事实上，对于男女生而言，强大的社会关系网络都会增强其情绪健康，这一点对重视人际联系感的女性而言尤其明显。^②

研究发现：传统上强调高竞争性的学术环境未必有利于所有学生的学术发展。^③相较于男性在竞争性的学术氛围中更有可能被激发学术追求和抱负的情况，女性往往更愿意在较少有敌意的环境中参与研究，享受中等压力下的平衡状态。当面对过于残酷和竞争性的研究氛围时，女性反而会产生对自我能力的怀疑和对学术追求的厌倦，甚至最终选择退出这一专业学习。

霍兰和埃森哈特在她们的民族志作品中注意到：相较于学校这个正式机构，同龄群体是一个更吸引青少年同时也对青少年影响更大的群体。但是不同于阶级和种族群体，大学女生和同龄群体的交往非但没有提供反抗社会不平等的资源，反而在很大程度上再生产了传统的社会性别角色。在西方社会的校园文化中，年轻女性的声望更多地取决于她们对男性的吸引力，这一点是女性所独有的，因为男生的声望同时还受到诸如体育运动、政治参与等其他方面的影响。在大学校园中，女性同伴之间的交往并不是围绕着专业学习或职业规划——她们甚至并不知道同伴的专业，女性之间的交往仍是多半围绕着她们对各自恋情的讨论，这导致女性在发展浪漫关系上投入了过多的时间和精力，而降低了她们的职业期望和学术投入。^④时隔十五年之后，吉尔马丁的研究仍然继续支持霍兰等人的发现。^⑤

但是马丁内兹—阿莱曼对大学中女性群体交往却有不同的观察，她为我们鲜活地描述了在学校走道、宿舍之间自由交换学术和政治意见的一群女大学生，并认为这是一种新型的性别群体的建立。马丁内兹—阿莱曼认

① Alexander W. Astin, *What Matters in College? Four Critical Years Revisited*, San Francisco: Jossey Bass, 1993, pp. 363, 398.

② Linda J. Sax, et al., "A Longitudinal Investigation of Emotional Health Among Male and Female First-Year College Students", *Journal of the First Year Experience and Students in Transition*, Vol. 16, No. 2, 2004.

③ E. T. Pascarela, "College Environmental Influences on Students' Educational Aspirations", *The Journal of Higher Education*, Vol. 55, No. 6, 1984.

④ D. C. Holland, M. A. Eisenhart, *Educated in Romance: Women, Achievement, and College Culture*, Chicago: University of Chicago Press, 1990.

⑤ S. K. Gilmartin, "The Centrality and Costs of Heterosexual Romantic Love among First-year College Women", *The Journal of Higher Education*, Vol. 76, No. 6, 2005.

为，与女性朋友的对话可以帮助女生更好地缓解学习压力，得到相互确证的源泉，相互检验彼此的观点，并获得各种不同的视角和建议。而这种认知和成长上的发展在少数族裔女性的友谊之中表现得尤为明显：具有相似背景的少数族裔女性在相互交往过程中形成了她们的族群意识。[1]

（3）个体对校园生活的参与度对性别差异的影响。

除了教师文化和同龄群体等外部因素之外，学生个体对校园生活的参与程度——包括学术和非学生领域的参与程度——也会影响其个人发展和性别差异。克拉克认为对大学生活的投入程度可能是大学女生社会适应最重要的预测指标。[2]

较高的学习投入度对男女两性学生都有一系列正面影响。主要包括：更高的学历和就业情况，更高的情绪健康水平，毕业后更好的发展前景，甚至是更为平等的性别角色观念。[3] 但是研究还发现，男女生在学习投入的方式上还存在差别。萨克斯等人的研究表明：从中学开始，女性用于学习的时间就更长，学习投入度更高，参加体育运动、社会交往、电子游戏等娱乐活动的时间更短。这在一方面导致女性取得了较好的学习成绩，但是也导致她们没有更多的缓解压力和平衡生活的方式，从而在情绪健康水平的得分上更低，在学习过程中的压力更大。另一方面男性在学习过程中，伴随着学习的深入，更多地将课本知识的学习和更大的政治文化背景联系起来，并对现实周遭世界产生兴趣，但这种情形似乎较少地发生在女性身上。[4] 换言之，至少对一部分女性而言，她们似乎只是为了学习（或

---

① A. M. Martinez Aleman, "Understanding and Investigating Female Friendship's Educative Value", *The Journal of Higher Education*, Vol. 68, 1997; A. M. Martinez Aleman, "Race Talk: Undergraduate Women of Color and Female Friendships", *The Review of Higher Education*, 2000, Vol. 23 (2).

② S. Tomlinson-Clark, D. Clark, "Predicting Social Adjustment and Academic Achievement for College Women with and without Pre-college Leadership", *Journal of College Student Development*, Vol. 35, No. 2, 1994.

③ P. T. Terenzini, D. R. Reason, *Parsing the First Year of College: A conceptual Framework for Studying College Impact*, Paper Presented at the Meeting of the Association for the Study of Higher Education, 2005, Philadelphia. Bryant, A. N. "Changes in Attitudes Toward Women's Roles: Predicting Gender-role Traditionalism Among College Students", in *Sex Roles*, Vol. 48, No. 3, 2003.

④ Linda J. Sax, *The Gender Gap in College: Maximizing the Developmental Potential of Women and Men*, San Francisco: Jossey-Bass, 2008.

是为了老师和家长的期望）而学习，在学习背后似乎还欠缺更为宏大的现实关怀和目标，她们还面临着从课堂学习到现实世界之间的转换和调适。

参与其他类型的学校活动也会对学生造成不同影响。例如，女性参与社团活动并担任领导者，接触多样化的文化群体等行为，会影响其人文主义价值观和社会政治观点。[①] 基泽和莫里亚蒂在其对352个机构中9731名学生进行调查后指出，对不同性别的学生应该采用多样化的培养其领导力的策略，而参加领导力课程能较好地提高女生的领导力、演说能力、影响他人的能力和社会自信。[②]

工作相关的经历也会对学生的成长和发展产生影响。伴随着越来越多的来自中低收入家庭的女性进入大学，教育机构开始更多地考虑到这一在校群体的特殊性，并为其提供更多的校内兼职机会。研究表明：尽管工作时间过长可能会影响学生的总体在校情况，但是有一份专业相关的校内兼职却对学生在科学专业上的追求有正面影响。[③] 此外，有一份兼职工作会增强女性的社会参与感和学术追求；对提高男性的领导力和女性对他人的影响力有正面影响；而参与实习和志愿者工作还会增强男女两性的领导力和社会自信。[④] 考虑到来自中低收入家庭的女性更有可能因为经济的原因而放弃学业，学校应当给她们提供更多的学术或就业相关的兼职机会，让她们在获得经济收益的同时，为将来的进一步发展打好基础。

近年来，参与女性研究课程对大学生的影响开始受到研究者的关注。瑞本和斯特劳斯在其研究中发现：尽管主修一门女性研究的课程并不必然

---

① Alexander W. Astin, L. Kent, "Gender Roles in Transition: Research and Policy Implication for Higher Education", *The Journal of Higher Education*, Vol. 54, No. 3, 1983.

② A. Kezar, D. Moriarty, "Expanding our Understanding of Student Leadership Development: A Study Exploring Gender and Ethnic Identity", *Journal of College Student Development*, Vol. 41, No. 1, 2000.

③ Alexander W. Astin, L. Sax, J., "Developing Scientific Talent in Undergraduate Women", Davis, C. et al., eds., *The Equity Equation: Women in Science, Mathematics, and Engineering*, San Francisco: Jossey-Bass, 1996.

④ A. Kezar, D. Moriarty, "Expanding our Understanding of Student Leadership Development: A Study Exploring Gender and Ethnic Identity", *Journal of College Student Development*, Vol. 41, No. 1, 2000. Sax, Linda J., *The Gender Gap in College: Maximizing the Developmental Potential of Women and Men*, San Francisco: Jossey-Bass, 2008.

会提高女性的职业野心，但的确能增强学生对性别角色、传统性别分工模式和歧视的认识。① 埃斯丁和崔在其研究中也发现：参加女性研究课程可以提高女性的学历抱负。不过崔还进一步指出：尽管教育机构和同龄群体中的文化多样性起到了一定的作用，但更为重要的变化发生在课堂以外，发生在学生的个人经验上，这些经验包括：学生个体对女性主义的认识，与文化背景多样化的群体交往并展开讨论，以及学生个体参加女性或性别研究课程。② 研究者们注意到，参与女性研究课程，在男女两性大学生中都起到了鼓励性别平等的作用。③ 一方面，参与女性研究也在男女生之间造成了一些区别，如参与女性课程降低了男性对性别差异的信念，但是却没有降低女性的这一信念；另一方面，尽管参与女性课程之后，在女性中出现了更多的女性主义观点，但却降低了男性对女性主义观点的采纳。④ 造成这些差异的背后原因，还有待于进一步探讨。

3. 性别与其他社会因素的叠加影响

以上我们只是从高等教育的内部因素入手，分析了高等教育过程中教师、同龄群体和个人经验对性别差异的影响。但是社会学的分析告诉我们，教育机构并不是孤立地存在，我们也不能只从性别角度入手来进行讨论和分析，而是应当把性别和其他社会不平等因素放在一起加以考察，分析诸如性别、种族、阶级等社会文化背景产生下所产生的"叠加的影响"（conditional effect）。⑤

瑞伊等人在对英国高等教育发展研究趋势中特别强调了这种叠加的影响。近年来，西方发达国家的教育开始从精英教育向大众教育发展过

---

① E, Reuben, Strauss, *Women's Studies Graduates*, Washington D. C. : US Department of Education, 1980.

② Alexander W. Astin, *What Matters in College? Four Critical Years Revisited*, San Francisco: Jossey Bass, 1993; L. Tsui, "Boosting Female Ambition: How College Diversity Impact Graduate Degree Aspirations of Women", *Paper Presented at the Annual Meeting of the Association for the Study of Higher Education 20th*, *Orlando*, 1995.

③ A. N. Bryant, "Changes in Attitudes Toward Women's Roles: Predicting Gender-role Traditionalism among College Students", *Sex Roles*, No. 48, 2003.

④ C. J. Thomsen, et al., "Effects of Women's Studies Course on Gender Related Attitudes of Women and Men", *Psychology of Women Quarterly*, Vol. 19, No. 3, 1995.

⑤ Carl A. Grant, Christine E. Sleeter, "Race, Class, and Gender in Education Research: An Argument for Integrative Analysis", *Review of Educational Research*, Vol. 56, No. 2, 1986.

渡。在高等教育普及化的过程中，包括工人阶级、少数族裔和已婚女性等许多非传统意义上的学生和那些白人中产阶级大学生一起进入大学，开始接受中产阶级的教育。尽管从表面上看，高等教育向大众敞开了大门，但是这并不意味着高等教育机制内部不再存在差异。事实上，英国的高等教育体系在数量上是大众化的，但是在价值观上却仍然是精英式的。中产阶级和少数族裔（特别是其中的女性）群体在很大程度上仍然面临着和中产阶级群体截然不同的处境和实践。作者借用了布迪厄区隔、场域、惯习和文化资本等概念，分析了来自不同社会阶层家庭的子女因为在文化、经济、社会和学术资本上的差异影响了选择学校类型和位置上的选择和区隔，并进而指出：学校（制度惯习）、家庭（阶级惯习）因素一起，影响了大学生的个人选择，从而使得表面上看来更平等的高等教育机制继续加深了原有的社会分化，并再生产出新的等级制和不平等。①

　　阶级和性别因素的结合最终限制了高等教育给中低收入家庭的女性提供的社会流动的机会。研究认为：中低收入家庭的女性参与高等教育的风险和成本是非常明显的。一方面，她们主要需要依靠自己来寻求经济来源和其他社会、文化资本；另一方面，来自中低收入家庭的女性往往需要为家庭承担更多的责任和时间投入。这就导致她们需要应对来自劳动市场、家庭需要和学术追求三方面的压力。时间紧张、疲于应对和高强度的压力是这一群体经常遭遇的情形，而她们对各方面关系的平衡往往是以牺牲其个人时间和社交时间为代价的。或许高校的扩张使得她们进入了高等教育机构的门槛，但事实上，文化和社会资本的缺乏却使得她们很难进入真正中产阶级的生活空间和实践领域。②

　　（三）女性职业生涯成功研究

　　在西方的学术文献中，职业成功通常被定义为："一个人所累积起来的积极的心理上的或是与工作相关的成果或成就。"③ 根据评价主体的不

---

　　① D. Reay, E. Miriam, Bell David, J. Stephen, *Degrees of Choice: Social Class, Race, Gender and Higher Education*, VA: Trentham Books, 2005.

　　② D. A. Reay, "Risky Business? Mature Working-class Women Students and Access to Higher Education", *Gender and Education*, Vol. 15, 2003. Sarah Evans, "In a Different Place: Working-Class Girls and Higher Education", *Sociology*, Vol. 49, No. 2, 2009.

　　③ M. London, S. A. Stumpf, "Managing Careers", MA: *Addison-Wesley*, 1982.

同，学者们将职业成功区分为客观成功和主观成功两类。在 20 世纪 80 年代之前，由于人们的职业生涯相对传统或稳定，因此人们在职业生涯成功上有着较为一致的客观标准，如薪酬、晋升及提升职业地位等。而到了90 年代之后，由于职业成功标准的多元化和易变性，主观的职业标准开始得到了更多的强调，如个人对当前职业生涯的自我成就感和满意程度等。① 大量的实证研究已经总结出了一些对职业生涯成功有显著影响的因素，包括个人特征、组织、家庭和社会等角度。

其中，个人角度的影响因素最为重要。个人角度的影响因素包括人口统计变量、人力资本变量、行为动机变量和人格特征变量。人口统计变量主要有性别、年龄、婚姻状况。人力资本变量包括"智力""受教育程度""工作经验""职业变更""任职期限""培训状况"等方面。工作动机也能影响客观职业成功，野心、抱负是晋升的最好预测因素。个性对职业生涯成功的影响被纳入研究框架的时间较晚。20 世纪 90 年代，贾吉等人在考察了外在职业生涯成功（工资和职业地位）和内在职业生涯成功（工作满意度）之间的关系时，发现神经质、外倾性和有责任心三个性格特征与职业成功的关系非常密切。研究结果显示：神经质与内外在职业成功呈负相关；责任心与内外在职业成功呈正相关；外倾性与外在职业成功呈正相关，但与内在职业成功（工作满意度）的关系并不显著。在所有人格中，只有责任心与内在职业成功正相关。且在不同的人生阶段这些特征对职业成功的作用大小有所不同。②

行业和组织特点、组织的规模和管理方式等方面也会对个体的绩效表现、流动率及薪水方面有较强的作用。③ 还有一些研究者，专门从家庭因素的角度研究职业生涯成功。家庭因素包括家庭的社会经济地位、家庭结

① R J. Defillippi, M. B. Arthur, "The Boundaryless Career: A Competency-based Perspective", *Journal of Organizational Behavior*, Vol. 15, No. 4, 1994, pp. 307 – 324. T. A. Judge, D. M. Cable, J. W. Boudreau, R. D. Bretz, "An Empirical Investigation of the Predictors of Executive Career Success", *Personnel Psychology*.

② T. A. Judge, C. A. Higgins, C. J. Thoresen, M. R. Barrick, "BigFive Personality Traits, General Mental Ability, and Career Success across the Life Span", *Personnel Psychology*, Vol. 52, No. 3, 1999.

③ J. Pfeffer, "Organization Theory and Structural Perspective on Management", *Journal of Management*, Vol. 17, No. 4, 1991.

构（如是否结婚、有没有孩子、配偶是否有工作）等方面。[①] 近几年来，学者们还开始注意到社会网络中所蕴藏的社会资本对于职业成功的影响。[②]

梅拉米德的研究进一步发现了男女两性在职业成功的道路上存在差异。女性的成功主要是受到个人品德（merits）、家庭责任的束缚较小，以及有利的组织和职业机会结构等因素的影响。而男性的成功主要是由于其个性特征和社会机会结构。由此，研究者提醒我们注意到人才市场上男女两性不同的职业生涯模型及其影响因素（见图1－3）。[③]

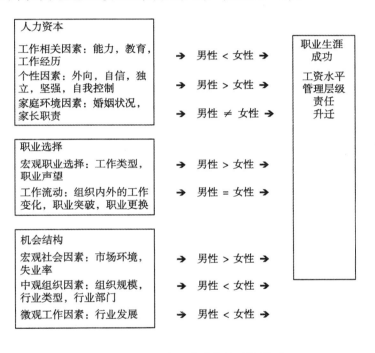

图1－3 职业生涯成功的性别化模型

① J. A. Schneer, F. Reitman, "Effects of Alternate Family Structures on Managerial Career Paths", *Academy of Management Journal*, No. 36, 1993, pp. 830 – 845.

② J. M. Podolny, J. N. Baron, "Resources and Relationships: Social Networks and Mobility in the Workplace", *American Sociologist*, 1997. M. L. Forret, T. W. Dougherty, "Correlates of Networking Behavior for Managerial and Professional Employees", *Group and Organization Management*, 2001.

③ Tuvia Melamed, "Career Success: The Moderating Effect of Gender", *Journal of Vocational Behavior*, Vol. 47, No. 1, 1996, pp. 35 – 60.

二　国内研究

国内关于高校女生的研究主要集中在中国女性高等教育的发展和在校大学生发展状况的研究。在下文中，我们将分别从以上两个方面展开文献综述。

（一）高等教育与女性人才培养

中国女性高等教育的发展是与近代中国社会政治经济变迁联系在一起的。在下文中，我们将简单回顾中国女性高等教育发展历史，并呈现当下女性高等教育发展的现状和主要特点。

1. 女性高等教育发展历史

我国近代高等教育发端于 1862 年京师同文馆的建立。而女性接受高等教育的历史则经历了一段较为曲折的发展道路。依据张建奇等学者的划分，依据女性在高等教育中所处的地位演变过程，可将我国近代高等教育划分为三个时期。一是从 1862 年至 1919 年 3 月，女性被排斥在我国普通高等教育制度之外的时期。这一时期的女性只能通过教会大学（包括：建立于 1905 年的华北协和女子大学；1908 年在福州创立的福建华南女子职业学院和 1915 年创办的金陵女子大学）或国外留学的途径接受高等教育。二是以 1819 年 4 月北洋政府颁布《女子高等师范学校规程》开始，标志着我国女性正式获得了高等教育的权利。但在当时，其他大学并不允许男女同校、向女生开放。然而在五四运动的浪潮和新思想的共同推动下，以北京大学为先河，大学开女禁已经成为一股不可阻挡的趋势。三是从 1929 年到 1949 年新中国成立前，中国女性高等教育缓慢发展和曲折前进的过程。[①]

从 1905 年华北协和女子大学诞生，到 1949 年新中国成立之间的 44 年中，中国女性高等教育的发展经历了从无到有、从少到多的变化。尽管受到军阀混战、日军侵华、国共战争等军事动荡的影响，但作为最早的女性高等教育机构，中国高校仍然为我国培养了最早的一批女性人才，并为国家建设和社会发展做出了重要贡献。例如"华南女子文理学院从建校截至 1942 年，共毕业了 253 人，除 13 人职业不明外，其余都走上了社

---

① 张建奇：《我国女子高校的历史回顾与发展趋势探讨》，《妇女研究论丛》2003 年第 6 期。

会，从事教育、管理和社会服务等工作"。① 据金陵女子大学校长吴贻芳女士回忆，"最早 4 届从金陵女大毕业的 33 名女性，其中赴美国深造而获得硕士、博士学位的就达 20 人之多"。② 一部分女性在国外深造学习后，回到祖国，报效人民。如林兰英、雷洁琼、顾静微、林巧稚、吴健雄等都是当时有志女大学生中的佼佼者。她们后来成为我国科学、政治、社会管理等方面的著名学者、活动家，为新中国的建设和发展贡献了自己的宝贵力量。

2. 新中国女性高等教育发展

新中国成立之后，妇女不仅在政治和经济上获得了与男子平等的权利，在文化教育上的地位也得到了提升。新中国成立之后，高校女学生迅速增长，"1957 年女大学生人数比 1949 年增加了 80167 人，增幅达 346%"。女大学生的比例也有所增长，从 1949 年占在校学生数不足 20%，上升到"文革"前 1965 年占在校生的 26.88%。③ 这一时期，我国女性高等教育的主要特点表现为：专门的女子普通高等学校被撤销，实现男女同校同学；普通高等教育向工农开放；大力发展理工科。④

新中国成立后女性高等教育的发展为国家的各行各业输入了大量的专业人才，她们在科技、卫生、教育、企业和社会管理等各个领域中施展才智，绽放女性高层次人才的光彩。中国科学院是我国自然科学研究的最高科研和管理机构，其中的女性科技者为推进我国的科技研发做出了自己的贡献。2001 年中国科学院授予李依依院士等十名科技工作者"中国科学院首届十大女杰"称号，这十位科技工作者都接受过高等教育的专业训练，她们的光辉业绩展示了高等教育在培养我国高层次科技人才过程中的重要意义。⑤ 此外，据中国女企业家提供的数据表明，在其 410 名直接会员中，具有大专以上学历的女企业家占 70.72%，也说明了在全球化市场经济的大背景下，更多的女企业家是接受过专门训练

①　安树芬主编：《中国女性高等教育的历史与现状研究》，高等教育出版社 2002 年版，第 118 页。

②　孙石月：《中国近代女子留学史》，中国和平出版社 1995 年版，第 149—154 页。

③　安树芬主编：《中国女性高等教育研究》，高等教育出版社 2002 年版，第 137—140 页。

④　张建奇：《我国女子高校的历史回顾与发展趋势探讨》，《妇女研究论丛》2003 年第 6 期。

⑤　安树芬主编：《中国女性高等教育研究》，高等教育出版社 2002 年版，第 149 页。

的高层次知识女性。

3. 女性高等教育发展现状

改革开放三十多年来，我国教育事业实现了迅猛发展，高等教育更是从精英教育迈向了大众教育的时代。伴随着经济、文化事业的发展，女性接受高等教育的比例也快速提高。并且改变了之前主要集中在本、专科学历的水平上，开始向更高层次的研究型水平发展。尽管接受高等教育的女性越来越多，但是在各专业领域内仍然不同程度地存在着性别隔离的现象，在有些传统的"男性主导"专业中，女性人才仍然是少数。

根据刘云杉、王志明的研究，在北京大学的理科专业分布中，数学、物理学、地质学、技术物理、计算机、电子学女生比例低于30%。[1] 根据对清华大学2009年毕业生的最新统计，本科生中女生比例低于30%的理工科院系有土木工程系（18.3%）、机械系（9.2%）、精密仪器系（10.6%）、热能系（20.5%）、汽车系（11.1%）、电机系（15.3%）、电子系（11.2%）、计算机系（10.6%）、自动化系（8.5%）、微电子所（16.7%）、航空航天学院（13.4%）、工物系（10.1%）、材料系（28.2%）、物理系（18.1%）、软件学院（12.2%）。[2]

陆根书等对我国三省一市90所中学10909名高中毕业班学生的调查数据发现：我国高中生高等教育需求的性别差异已不大，但专业选择中的性别隔离现象比较严重。男生倾向于选择经济管理、计算机、理科、医学、工程、军事等专业；女生倾向于选择经济管理、外语、医学、新闻传播、艺术、法律等专业。从选择每个专业的男女学生比例看，除经济管理、文史哲、医学等专业中男女学生的比例比较接近外，其余大部分专业都存在着不同程度的性别隔离现象（见表1-1）。研究还进一步验证了性别刻板印象、家庭收入水平、家庭教育期望等因素对专业选择中的性别差异具有重要影响。[3]

---

① 刘云杉、王志明：《女性进入精英集体——有限的进步》，《高等教育研究》2008年第2期。

② 张丽俐、侯典牧、高秀娟等：《科技领域女性后备人才成长现状及对策研究》，《中国人力资源开发》2010年第3期。

③ 陆根书、刘珊、钟宇平：《高等教育需求及专业选择中的性别差异及其影响因素分析》，《高等教育研究》2009年第10期。

表1-1 男女学生专业选择倾向的类别

专业类别	专业名称	男生（%）	女生（%）	全体学生（%）
男性主导专业	工程、计算机、理科、军事	50.0	17.4	34.8
女性主导专业	新闻传播、教育、外语、艺术	10.8	33.9	21.5
中性专业	农林地矿、经济管理、文史哲、医学、法律	34.9	43.3	38.8
缺失值		4.3	5.4	4.9

资料来源：陆根书、刘珊、钟宇平：《高等教育需求及专业选择中的性别差异及其影响因素分析》，《高等教育研究》2009年第10期，第21页。

对于高等教育中学科与专业性别隔离的理论解释，目前学术界主要有两种代表性的观点：一是基于两性生理差异和心理差异的生物本质主义阐释；二是女性主义的社会文化建构论阐释①。后者批判了对专业性别隔离的生物本质主义解释，认为存在这一现象的原因不在于男女两性与生俱来的心理与生理差异，而应当更多地看到其背后的社会意识形态、权力系统和利益基础的实践。从这一立场出发，越来越多的研究者开始从如何打破传统的知识分界，激励女性从事传统的男性行业领域，以更好地实现女性人才培养的多样化的目标，做出积极尝试和努力。②

安树芬等人对在校大学生的调查还发现：男女大学生在生源背景上也存在着较为明显的差异，这主要表现在：女大学生更多地来自城市家庭；来自农村地区的男大学生显著多于来自农村地区的女大学生（见表1-2）。可见，由于经济、文化等因素方面的差别，广大农村地区女性接受高等教育的机会要比城市女性少得多。

表1-2 男女大学生来源情况比较

性别	学生来源					合计
	农村	乡镇	小城市	中等城市	大城市	
女（%）	22.1	16.7	13.3	14.0	33.9	100.0
男（%）	37.1	17.2	12.8	12.5	20.5	100.0
合计（%）	27.4	16.9	13.1	13.5	29.2	100.0

资料来源：安树芬主编：《中国女性高等教育研究》，高等教育出版社2002年版，第234页。

---

① 王珺：《论高等教育中学科专业的性别隔离》，《妇女研究论丛》2005年第4期。
② 张丽俐、侯典牧、高秀娟等：《科技领域女性后备人才成长现状及对策分析》，《中国人力资源开发》2010年第3期。

（二）高校女生人才培养具体状况

国内目前缺少对女大学生人才培养现状的综合性研究，大部分研究都是从某一方面关注女大学生的发展状况。在下文中，我们将从身心健康、教育发展、政治社会参与等角度呈现中国高校女生人才发展现状。

1. 女大学生的身心健康状况

吴泽俊、张洪波、许娟等人在研究中发现女大学生焦虑、抑郁症状较为普遍。应针对其危险因素开展干预研究，提高女大学生心理健康水平。[①] 张晓玲、赵霞、朱庆成通过调查问卷研究发现：在大学生群体中，女大学生心理问题高于男大学生，女大学生中贫困生和生源地为农村的学生心理问题更为严重，应得到关注。[②]

刘海燕、童昭岗、颜军的研究表明运动群体的女大学生人际关系、自我效能感和心理健康水平显著好于非运动群体。[③] 李学武通过对女大学生体育健康教育状况进行调查与研究，着重对当前女大学生体育意识、行为进行分析，结果表明女大学生对体育健康教育的总体认识不高，参与意识差，体育行为、素质、能力、习惯与健康教育的要求有相当差距。为此，应改革现行体育教材内容和教学方法，重视女大学生对体育意识、行为、素质、能力和习惯的培养。[④]

2. 女大学生享受高等教育资源和在校发展状况研究

吴媛媛、张晓鹏在研究中指出：随着我国教育政策的不断完善，女性在高等教育中的参与率逐年上升。[⑤] 但是，表面的教育平等背后仍存在着大量性别不公平的潜在现象，如学科性别分布得不均、学术发展中的性别歧视、职场上女性的弱势地位，等等。

在女大学生学习表现和在校发展状况方面，许多研究发现，普通高等学校中女大学生的学习成绩一般不错，并不低于男生，甚至普遍高于一般

---

① 吴泽俊、张洪波、许娟等：《女大学生焦虑、抑郁与人格特征的相关性研究》，《中国学校卫生》2007 年第 3 期。

② 张晓玲、赵霞、朱庆成：《女大学生心理健康状况调查结果分析》，《中国妇幼保健》2007 年第 4 期。

③ 刘海燕、童昭岗、颜军：《运动对女大学生人际关系、自我效能感与心理健康影响的研究》，《南京体育学院学报》（社会科学版）2009 年第 4 期。

④ 李学武：《重视高校女大学生体育健康教育及培养》，《教育与职业》2006 年第 5 期。

⑤ 吴媛媛、张晓鹏：《高等教育潜在的性别不公平分析与教育政策思考》，《新课程研究（中旬刊）》2010 年第 8 期。

男生。甚至在人们印象中，女生不适宜学习的理工科中，女生的学习成绩也相当好。女生不仅在学习成绩上不低于男生，而且在参加社会活动和担任学生干部等方面，也与男性不相上下。[①] 但是研究者们也发现女大学生尽管在学习表现和社会参与上并不弱于男性，但在自信心和未来发展的成就动机却弱于男性。[②]

3. 女大学生的政治参与研究

胡肖华、谢忠华在研究中指出：参政是一切阶级、性别实现自己参与国家和社会公共事务管理的最直接有效的手段，一个国家民主程度的高低很大程度上取决于公民的参政意识和能力，女性参政是中国特色社会主义政治文明建设的必然选择。女大学生作为女性中的知识分子群体，其参政意识、参政行为水平是直接衡量社会进步的标志。[③]

近年来，妇女参与政治活动的比例正在逐年提高，在高校，女生党员比例甚至超过男生。[④] 祁玥、郭峤在研究中还进一步发现：农村女性政治参与是影响农村民主自治的关键因素之一，而阻碍农村女性政治参与的原因颇多，如封建传统思想制约、政治参与意识薄弱、文化素质偏低、政策缺失等，所以大学生"村官"政策的提出有利于完善农村民主自治，其中，女大学生"村官"利用自身的优势帮助农村女性破除政治参与的障碍，使其自觉加入到政治领域，参政、议政，从而进一步推动社会主义新农村的民主政治建设。[⑤]

高雅在其研究中却注意到受社会及自身不利因素的影响，部分女大学生漠视政治、不愿接受思想政治教育、消极被动参与政治活动。因此，应重视并正确对待女大学生的政治冷漠现象，积极探求有效的解决途径。[⑥]

---

① 张建奇：《我国女子高校的历史回顾与发展趋势探讨》，《妇女研究论丛》2003 年第 6 期；仇雨临、罗桂芬、潘锦棠：《男女大学生就业竞争力差异之比较》，《中国人民大学学报》1992 年第 6 期；安树芬主编：《中国女性高等教育研究》，高等教育出版社 2002 年版。

② 同上书，第 58 页。

③ 胡肖华、谢忠华：《当代女大学生参政意识现状及重构——以湖南省三所高校的女大学生为例》，《辽宁行政学院学报》2010 年第 4 期。

④ 陆林、钱钟：《从女性就业难论当代妇女社会地位的提升》，《苏州大学学报》（哲学社会科学版）2007 年第 3 期。

⑤ 祁玥、郭峤：《浅析女大学生"村官"在提高农村女性政治参与中的作用》，《长春教育学院学报》2011 年第 1 期。

⑥ 高雅：《浅析当代中国女大学生的政治冷漠现象》，《法制与社会》2012 年第 12 期。

4. 女大学生就业发展状况

从已有研究来看，女大学生在就业中处于不利的地位。如岳昌君、文东茅、丁小浩等对求职影响因素的实证研究结果表明，性别在找寻工作方面的差异非常显著，男性比女性找到工作的概率明显大，从而得出结论：女大学生在就业市场上处于不利的地位。① 叶文振等人的研究表明，性别确实会减少女大学生落实就业单位的概率，造成就业机会的不平等。② 纪月梅、秦蓓的经验研究表明，性别对工资的影响非常显著，大学里女性对自身学习能力的培养普遍高于男性，但是进入劳动力市场之后，无论是第一份工作还是目前的工作，女性的工资收入都低于男性，而且性别工资差别随工作年限的增加有扩大的趋势。③ 范元伟等人利用来自上海部分高校的经验数据对影响本科毕业生的初次就业搜寻时间的因素进行了分析，发现性别对毕业生的初次就业时间有着显著影响，男生的就业搜寻弹性要比女生大，在控制其他条件不变的情况下，男生比女生要快一个多月。④

在对"女大学生就业难"进行成因分析时，已有的研究可以分为两类：第一类研究将视角集中在社会学角度，对女大学生就业难的现象和成因进行分析。戴明清、王克黎从客观和主观两个方面分析了女大学生就业难的原因，认为传统性别差异思想、就业需求岗位矛盾、专业选择过于集中、狭隘的用工成本核算是女生就业难的客观原因，而性别差异造成的女性生理劣势、就业的传统思维方式、女生能力指标与市场需求存在差距、不良个性心理影响积极就业动机是女生就业难的主观原因。⑤ 朱安平、陆方文等人则从传统性别意识、女工孕产期的补偿费用、女大学生本身的择业偏好和妇女劳动权益保护不力四个方面解释了

① 岳昌君、文东茅、丁小浩等：《求职与起薪：高技毕业生就业竞争力的实证分析》，《管理世界》2004 年第 11 期。

② 叶文振、刘建华、夏怡然等：《女大学生的"同民同工"——2002 年大学本科毕业生就业调查的启示》，《中国人口科学》2002 年第 6 期。

③ 纪月梅、秦蓓：《性别工资差别与人力资本——来自大学毕业生的经验分析》，《世界经济文汇》2004 年第 6 期。

④ 范元伟、郑继国、吴常虹：《初次就业搜寻时间的因素分析——来自上海部分高校的经验证据》，《清华大学教育研究》2005 年第 2 期。

⑤ 戴明清、王克黎：《大学生就业的性别差异及对策研究》，《黑龙江高教研究》2002 年第 6 期。

女大学生就业难现象。[①]

第二类研究则从经济学角度出发，认为"女大学生就业难"很大部分就是雇主进行"性别歧视"的结果，雇主（企业）仅仅依据对于女性预期的而非现实的效率问题就拒绝了女性。潘锦棠对北京女大学生的就业供求意向调查分析则表明，女大学生在校学习成绩与班级工作能力好于男生，其就业选择和工薪期望与男生基本相同，说明在生产率方面，女生和男生之间不存在质的差别。[②] 但"女生就业难"无疑是真实的，从劳动力供给方来看，女生更多地感受到"女性就业难"，临近毕业期，不仅已经落实用人单位的男生比例高于女生，对就业的满意度男生的比例也高于女生；更有说服力的是，从劳动力需求方来看，用人单位更愿意招收男生，原因在于企业在实际使用中感觉到男性员工比女性员工更有效率，招收女生的劳动力成本比较高，因此，使得"女牌"劳动力的"性价比"低于"男牌"劳动力。胡安荣拓展了贝克尔的歧视理论，用追加在女性雇员身上的"自然附着成本"来解释使雇主"身心不悦"的实质，认为"自然附着成本"是用人单位拒招女大学生的根本原因，"自然附着成本"包括生育及相关成本、补偿性工资差别、预期劳动生产率和转岗成本、培训成本。[③]

5. 女大学生的婚恋观和社会性别观念研究

在一项关于女大学生的社会性别意识的调查中，研究者发现，大多数女大学生对传统性别观念表现出普遍认同。例如，从择偶观看，都表示要找各方面都比自己强一些，但长得一般即可。89.9% 的女大学生希望对方在事业上、经济上比自己强。对于工作和家庭的关系，一些女大学生担心的不是自己的学业、能力不如男生，而是害怕被人认为"没有女人味"，甚至有些女大学生认为"女孩子用不着在事业上太突出，对世界和家庭持有一颗平和的爱心就已足够"。[④] 以至于"在我国现阶段出现了一个令人费解的趋势：受教育是提高女性自强自立精神的必不可少的手段，但最

① 朱安平：《女大学生择业难探因》，《中国妇女报》2002 年 5 月 28 日；陆方文：《职业性别歧视：原因和对策——谈女大学生、女研究生为何找工作难》，《妇女研究论丛》2000 年第 4 期。

② 潘锦棠：《北京女大学生就业供求意向调查分析》，《北京社会科学》2004 年第 3 期。

③ 胡安荣：《企业拒绝女大学生的经济学分析——贝克尔歧视理论的拓展和应用》，《财经科学》2004 年第 4 期。

④ 万琼华：《试论高校女教师的进取意识》，《湖南社会科学》2002 年第 3 期。

后是受了高等教育的妇女未必就选择自强自立的道路"。①

在关于大学生的恋爱研究中，关注较多的是大学生的恋爱动机。对于大学生的恋爱动机，多项研究表明，当前大学生恋爱动机呈现出多元化趋势。如有的人恋爱是为了选择终身伴侣，是以共同生活为目的，也有的并不清楚为什么要恋爱，只是跟着感觉走。② 大学生恋爱除了动机多元化以外，还存在着诸如恋爱速度短平快、重视恋爱过程轻视结果、恋爱中性体验增多、传统观念淡薄等特征③，以及恋爱表达方式呈开放型、对待失恋的态度越发理性，但心理调节仍需加强等趋势。④

从针对女大学生恋爱所作的调查来看，有学者发现，有的女大学生恋爱并不以婚姻为目的，其恋爱动机主要有三方面：第一方面是寂寞型，在爱情中寻找慰藉；第二方面是虚荣型，把恋爱作为满足自己虚荣心的手段；第三方面是玩乐型。⑤ 有的女大学生追求完美主义并以自我为中心，自控力弱，属于情感外露型，同时恋爱期间情绪波动大。⑥ 同时众多的调查表明，在大三时，大学生的恋爱观水平最为开放。⑦ 恋爱场所网络化，但其有利有弊。失恋是在恋爱阶段经常出现的现象，能否正确认识和对待失恋是一个人成熟与否的重要表现。随着心理和身体的发展，现在的女大学生能够更为坚强地处理失恋事件。⑧

在一项关于大学生婚恋观现状的调查中，对于择偶标准方面，排前四

① 何清涟：《中国妇女地位变化的社会环境分析》，载《我们仍然在仰望星空》，漓江出版社 2001 年版。

② 袁瑞宁：《大学生婚恋观现状调查分析——以河北大学为例》，《科教文汇（中旬刊）》2009 年第 10 期；武秀杰：《高学历人口婚恋观的对比研究》，硕士学位论文，浙江大学，2009 年。

③ 范丽娟：《高校大学生恋爱现象和恋爱观教育研究》，硕士学位论文，厦门大学，2006 年。

④ 陈方：《中国 80 后婚恋价值观研究》，硕士学位论文，西南交通大学，2009 年。

⑤ 汪雪梅、桂守才：《当代女大学生婚恋观探析》，《重庆科技学院学报》（社会科学版）2009 年第 4 期。

⑥ 于长伟、李艳、江平：《女大学生爱情观调查研究与对策分析》，《重庆工学院学报》（社会科学版）2009 年第 2 期。

⑦ 苏红、任永进：《国内外大学生恋爱观研究综述》，《河南职业技术师范学院学报》（职业教育版）2008 年第 2 期。

⑧ 丁喜龙：《大学生婚恋观的现状分析与应对性教育研究》，硕士学位论文，大连海事大学，2007 年。

位的分别是"对方的人品""志同道合、有共同的兴趣爱好""对方的身高相貌""两个人之间感情好就行"。① 女大学生的择偶标准主要有三方面：第一方面是传统型，她们选择的对象要求身材高大、英俊潇洒，有能力，有才华，有责任心；第二方面是现代型，这类女大学生已意识到现代社会竞争激烈，一个人能否在社会上自立，最终取决于他自身的能力，她们较为倾向潜力型；第三方面是功利型，这类学生相信"干得好不如嫁得好""宁做小三，不嫁穷男"。② 同时当代女大学生主张婚姻与事业并重。③ 对于择偶方式，根据调查，选择最多的是同时选择了自由恋爱和父母、亲友、同学的介绍这两种择偶方式。网恋是一种时尚，多数年轻人认为网恋是一种情感寄托，它也是值得尊重的，但具体到个人，女性比男性更慎重、更注重实际；高年级比低年级更能接受网恋。另外，在对父母、朋友意见的认同方面，除了41.1%的被调查者完全自己决定，无须商量外，大多数还是期望父母、兄弟姐妹、亲朋好友做参谋，在恋爱对象的选择上，女性对于父母、朋友的意见参谋更有认同性，男性更倾向于自己决定，无须商量。④

　　众多的研究结果表明，现在女大学生的婚姻观是较为理性和成熟的。男女大学生的结婚动机都是"为了建立一个家庭"和"因为真心相爱"。⑤ 在一项针对"80后"的婚恋价值观的研究中显示，"80后"在婚姻生活中更崇尚民主和平等，追求个人在婚姻生活中的独立地位和自主发展成为主流，这主要表现在三个方面：第一，在家庭事务的分工上，"80后"采取各种分工方式；第二，"80后"在家庭开支方面大多采用"AA制"；第三，"80后"与父辈的关系由严肃的长晚辈关系向朋友关系转换。其次，越来越多的"80后"的婚姻是以亲情式爱情为基础的。⑥ 对理想家庭模式的选择中，男女性对"核心家庭"的选择分别占到被调查

---

① 袁瑞宁：《大学生婚恋观现状调查分析——以河北大学为例》，《科教文汇（中旬刊）》2009年第10期。

② 汪雪梅、桂守才：《当代女大学生婚恋观探析》，《重庆科技学院学报》（社会科学版）2009年第4期。

③ 张慧卿：《当代女大学生婚恋观浅析》，《河北青年管理干部学院学报》2008年第3期。

④ 武秀杰：《高学历人口婚恋观的对比研究》，硕士学位论文，浙江大学，2009年。

⑤ 杨艳玲：《当代大学生的婚恋观及其影响因素》，硕士学位论文，东北师范大学，2007年。

⑥ 陈方：《中国80后婚恋价值观研究》，硕士学位论文，西南交通大学，2009年。

对象的 49.7%、61.32%；对于"主干家庭"模式的选择，男性高于女性 12.97 个百分点，不同性别存在着明显的差异；对于"单身家庭"的选择，男性选择的比例略高于女性，或许男性更崇尚自由；选择"丁克家庭"的女性比例高于男性。核心家庭和主干家庭仍是我们社会家庭模式的主流，其中核心家庭在研究中更是占到了半壁江山，在非主流家庭婚姻模式选择中，低年级的同学明显高于高年级同学。另外，男性更容易接受试婚。对于结婚年龄：男性更倾向于晚婚，大一本科生的理想结婚年龄更倾向于年轻化，对于理想结婚年龄的选择，其平均值为 27.74 岁。①

6. 女大学生法制观念和自我保护能力研究

杨星灿认为：目前女大学生法律意识水平不高，除法律专业学生外，大学生的法律知识基本上是零碎不成体系的，尤其是女大学生法制观念的现状不容乐观，一部分女大学生对法制教育不感兴趣，法律意识淡薄。日常生活中，一些女大学生不能自觉地以法律来约束自己的行为，不能区分道德与法律的界限，并且不能自觉地以法律来捍卫自己的正当利益。②

蒋梅考察了女大学生在学习、求职的过程中所碰到的性骚扰问题，发现性骚扰已经成为危害女大学生的一个重要因素，它严重危害了女大学生的正常生活和身心健康。③

廉启国、左霞云、楼超华在上海市 4 所大学的 1 099 名大学生中开展调查。④ 结果 28.48% 的大学生报告有遭受言语性骚扰的经历，女生经历言语性骚扰的比例（33.93%）高于男生（20.00%），差异有统计学意义（$p < 0.01$）。男生主要被同学/朋友/网友/同事性骚扰（92.31%）；女生除主要被同学/朋友/网友/同事（53.62%）性骚扰外，还较多地遭受陌生人（43.93%）的性骚扰。大学生报告率最高的 3 个健康危险行为是看色情书刊（72.79%）、想过/尝试过自杀/自残行为（37.76%）和发生未婚性行为（21.66%）。大学生遭受言语性骚扰的现象较常见，且与健康危险行为存在相关关系。

---

① 武秀杰：《高学历人口婚恋观的对比研究》，硕士学位论文，浙江大学，2009 年。

② 杨星灿：《论女大学生法律意识的培养》，《当代教育论坛》2006 年第 11 期。

③ 蒋梅：《关于女大学生性别权利问题的调查与思考——以湖南高校为例》，《湖南科技学院学报》2006 年第 2 期。

④ 廉启国、左霞云、楼超华：《大学生遭受言语性骚扰及其与健康危险行为的关系》，《中国学校卫生》2012 年第 4 期。

第三节　研究框架和主要内容

一　研究框架

高校女生是我国女性人才资源宝库中的重要组成部分。作为"发展过程中的群体"，她们在很大程度上代表了女性特别是高层次女性未来发展的方向。对在校大学生群体的考察既是探讨女性高层次人才成长规律的初始阶段，也是我们未来进一步实行有利于女性高层次人才成长的社会政策和人才培养机制的起点。

个体能否成才是个人因素和环境因素的结合。大学阶段是个体成才潜能快速积累和发展的时期。所谓"成才潜能"是指个体在发展过程中所积累起来的能力素质和成就动机，这些因素是决定个体将来能否成为高层次人才的内在因素。构成高校女生成才潜能的能力素质包括专业知识水平、综合能力素质、社会资本等方面。成就动机主要是指高校学生在工作上成就一番事业的追求和愿景，成就动机将成为影响个体行为倾向的重要内在驱动力，影响个体的人才发展道路。

个体的能力素质是大学生"行为投入"的结果，这些行为包括高校学生在体育锻炼、学习科研、参与社会活动等多方面的努力。而个体的成就动机在一定程度上受到其"观念"——对女大学生而言，特别受到其性别观念的影响。而大学生的行为投入和观念从社会学的角度而言，又是更大的社会环境影响的产物。这些"环境因素"既包括家庭、同龄群体等初级关系的影响，也包括更大的学校、师生关系等其他社会因素的影响。因而，本研究将主要从上述研究思路考察高校女生的人才发展道路和特点。

本研究旨在了解男女大学生学习、生活、发展的基本状况，比较两性之间是否存在性别差异，客观地分析评估中国女大学生的社会地位；进而比较男女大学生在学习、生活、发展方面是否存在城乡地区、学校专业、家庭背景等因素所造成的差别，了解高校学生群体内部的分化状况。在此基础上，探讨高校女生群体的成才道路与培养机制。

二　主要内容

为达到上述研究目的，大学生典型群体调查主要包括以下八个方面的内容：教育和学习；职业期望和就业准备；政治和社会活动参与；校园生活；恋爱与两性关系；健康状况；价值观；研究生群体的一些特殊问题。这八个方面的内容涵盖了大学生学习、生活的主要方面，并特别突出了对大学生学习、就业、社会参与、两性交往和社会性别意识等问题的关注。

（一）教育发展

教育水平或受教育程度，是女性获得社会发展和参与的基础，也在很大程度上决定着她们可获得的社会经济地位。同时，教育机会的获得是否公平，是衡量社会是否性别平等的重要指标之一。新中国成立后，我国高等教育实现了从精英化向大众化的历史跨越。虽然我国高校女生在高等学校学生中所占比例经历了曲折变化到逐渐提高再到迅速提高的过程，但中国女性高等教育的总体发展水平明显低于男性。这一点尤其表现在普通高等教育和研究生教育中。教育领域内的性别不平等问题包括教育机会获得上的差异、专业选择和各阶段学业成绩上的差异、受教育过程中的差异及教育结果和利用的差异。而教育性别差异的影响因素也很复杂。王颖和石彤归纳为个人智识视角、家庭社会经济地位及父母期望视角、学校教育和环境视角、性别视角、风险视角、社会结构视角特征、父母教育背景及家庭社会经济背景、国家的教育、劳动力市场和其他政策等都会影响教育的获得和教育成就。[①] 本章基于本次调查结果，对我国高校女生的高等教育的教育状况及受教育经历进行分析，并对高校女生教育状况，尤其是学业成就的影响因素进行综合分析。

（二）就业准备

从国家的层面来看，充分的就业已经成为现代国家普遍的国家目标。使接受过高等教育的高校毕业生能够才尽其用，直接关系到一个国家高精尖科学技术的发展与产业升级的实现，也是国家财政普遍向高等教育倾斜回报最高的收获之一。具体到中国国情而言，高校毕业生的就业是"科教兴国"战略的必然步骤，高校女生的就业是高校女生成才之路的枢纽，是高校女生从后备人才到才能真正得到发挥的枢纽。但是，"女大学生就业难"逐渐成为一个公认的社会问题。

本研究主要从就业意愿与职业规划、就业准备与求职经历和职业成就

---

① 王颖、石彤：《大学生专业选择差异多元视角的整合》，《中华女子学院学报》2012 年第5 期。

动机等角度来研究高校学生群体的就业问题。女大学生不好就业，就业得不好，使得女性人力资本配置效率低下，浪费了宝贵的女性人力资源，影响女性人才在经济增长、提高民族整体素质方面的作用发挥。解决难题既可以从外部环境如劳动力市场的性别格局着手，也可以从大学生自身的观念开始。不难理解，高校引导大学生进行合理的职业生涯规划对于提升就业率和就业水平具有积极的意义。这或许是解决大学生就业难的有效途径，也是高校帮助和扶持学生的可行方式。

（三）社会参与

大学生的社会参与在一定程度上表现了社会制度的开放程度和青年人的社会机会。大学生在社会参与表现出来的积极性更象征了整个社会的发展状况和发展方向。从理论上来说，高等教育机会的日益平等可以促使不同性别大学生社会参与程度的平衡。从高校内部来看，不同性别的大学生在社会参与方面基本实现了平衡，但在高校外部，不同性别的大学生在社会参与方面仍然存在差异。总体来看，大学生的社会参与实际上表现得日益活跃和多样化，体现了当代社会参与的多样性特点。

本研究从家庭背景、父母受教育状况、父母职业状况等多方面分析了不同性别大学生社会组织参与、政治参与等多方面的社会参与状况。研究表明传统的性别分工模式仍然在很大程度上影响着大学生的社会参与意识和行为。提高大学生在各个领域的参与程度是大学教育的任务之一，国家在相关领域提供更多的资金和机会的支持，同时调整和完善各种社会制度，让大学生真正实现从兴趣、职业到志向的全方位的社会参与，对我们未来的发展至关重要。

（四）生活方式

生活方式是指人们长期受一定社会文化、经济、风俗、家庭影响而形成的一系列的生活习惯、生活制度和生活意识。生活方式是由个人和社会群体、整个社会的性质和经济条件及自然地理条件所决定的个人社会群体和整个社会的方式和特点。生活方式是人的社会化的一项重要内容，决定了个体社会化的性质、水平和方向。生活方式直接或间接影响着大学生的思想意识和价值观念，从而影响着其行为方式和对社会的态度。

随着高校的扩招，高校女生的数量也越来越多，作为社会中具有较高综合素质的群体，她们的生活方式是否健康，直接关系到她们今后的成长和成才。第六章从高校女生的生活方式现状入手，具体分析高校女生的时间安排和分配、社会活动、消费观念和行为、网络生活等方面，进而分析其生活方式的特点、存在的问题及其影响因素，最后提出相应的对策和政策建议。

（五）婚恋

婚恋观是人们在恋爱、婚姻问题上的价值观的体现，是指人们对恋爱、婚姻家庭及性爱等现象的基本看法。婚恋观不仅影响着个人对配偶的选择，也影响着个体对未来婚姻、家庭责任和义务的承担，影响到他们未来的家庭及事业的选择和发展。不同的婚恋观念导致不同的婚恋行为。高校女生作为未来社会的精英群体，她们的婚恋观和婚恋行为如何，直接影响着她们在校期间及未来的成就动机和成才意向，影响着她们的自身发展和人生路向。

为了更好地分析当今高校女生的婚恋观和婚恋行为，以及高校女生婚恋与成才及国家政策之间的关系，第七章着重从高校女生的恋爱情感经历、恋爱动机、择偶标准、恋爱挫折、择偶模式、期望的婚姻模式、性观念等方面展开分析，在此基础上，比较高校男生与高校女生的婚恋观和婚恋行为差异，以及高校女本科生与女研究生婚恋观和行为的差异，并进一步从政策层面上提出相应的建议。

（六）身心健康

大学生的身心健康状况关乎未来国家发展的方向和持续能力，总体上来看，从生理、心理和社会三个方面来看，在校大学生的健康状况良好。但在一些方面也有变化，如女大学生日益关注经期的感受；越来越多的大学生加入到了各种流行的社会潮流之中，如瘦身、整容、减肥等。这些变化表明大学生对自我的重视程度日益强化。同时，性骚扰已经成为日益被关注的社会问题，也成为威胁大学生社会交往的重要因素。

本研究从生理、心理、社会三个角度描述大学生的身心健康状况，研究表明一定程度的学业压力、丰富的社会交往活动，对大学生的身心健康有重要意义。以个体化、多样化、人性化的服务方式为日益关注自我感受的大学生提供相关服务对保持大学生的身心健康十分有益。

（七）价值观

价值观是指有关最终目标的态度，或是指引行为选择或评价的标准，它超越了特定的情境，并且在重要性上存在等级差异。价值观对人们自身行为的定向和调节起着非常重要的作用，它决定人的自我认识，并直接影响和决定一个人的理想、信念、生活目标和追求方向的性质。高校学生是未来社会建设的重要人才力量，他们的价值观在一定程度上是社会未来价值观走向的重要预测指标。处于青年早期阶段的高校学生，其价值观正处在逐渐定型的阶段，并将对其未来人才发展道路起到至关重要的影响。因此，研究大学生的社会价值观具有非常重要的意义。

本研究主要从社会性别观念和成功评价标准两个角度来研究高校学生群体的价值观念。社会性别观念是指"在特定的时代、文化背景下，通过社会化过程形成的人们对男女两性的社会位置、权利、责任及彼此关系的认识和评价。"① 先进的社会性别观念会让女性具有较强的事业发展动机和追求事业成功的愿望，因而会影响广大女生的人才发展轨迹。在成功标准日益多元化的今天，个体评判成功的价值观标准会影响他们的自我定位和人才发展道路。男女两性不同的成功评判标准也会影响他们对自我发展的定位和追求。

（八）研究生群体

高校女生是我国人力资源队伍重要的后备力量，而其中的女研究生群体（包括硕士生和博士生群体）更因其接受高等教育培养的长期性、专业研究的深入性和研究经验的丰富性，成为我国女性高层次人才的重要后备力量。第十章首先将对本次调查的女研究生的学业成就表现、科研情况及婚姻家庭情况进行基本介绍，进而对女研究生学业成就的影响因素进行综合分析。其次，第十章将对女研究生婚姻与家庭角色的影响因素进行分析。

在研究生阶段，女性的学业发展的特点表现为追求成功的成就动机逐渐下降、实践创新能力不足和科研成果相对较少等特点，以及女研究生群体在学业成就的总体表现上呈现出与本科时期相比相对下滑的趋势。导致这一现象出现的原因是多方面的，第十章认为其中重要的影响因素之一为，女研究生的年龄大多集中在 22—30 岁，"性别化年龄"的因素影响了女性的自我认知和判断，从而导致在社会性别观念上比青年早期阶段更加保守，并进一步导致其事业发展的成就动机随之下滑。保守的社会性别观念和逐步放松的成就动机影响了女研究生科学研究的进一步发展和创新，从而影响了女性高层次人才优势的持续性发展。社会性别观念虽然没

---

① 孟祥斐、徐延辉：《高层次女性人才的性别意识及其影响因素研究——基于福建省的调查》，《妇女研究论丛》2012 年第 1 期。

有直接影响女研究生的学业成就，但却通过对事业发展成就动机和实践创新能力培养两个中介变量，间接影响了女研究生的学业表现。

第四节 研究方法与样本情况

一 研究方法

在研究方法上，本研究采用了定量研究中的调查问卷法与质性研究中的访谈法，从而希望全面、深入地了解中国女性高层次后备人才的发展现状。

（一）调查研究法

本研究所指的"高校女生"是指调查标准时点（2011年4月20日）上全国普通高校中，通过国家统一招收、全日制在读的女性本科生、硕士生和博士生。调查对象是全体在校学生（包括男生和女生）。调查采用抽样问卷调查方法进行数据收集，调查工具是"第三期中国妇女社会地位调查大学生典型群体调查问卷"。调查问卷包括主卷和附卷两部分。全体被调查者均需完成主卷调查，研究生群体（包括硕士生和博士生）需完成附卷调查。

根据课题设计，调查时间为2011年4月20日至5月20日。调查采用三阶段配额抽样法，主要根据东中西部地区的差异，"985工程""211工程"和其他普通高校的区别，妇女/性别研究培训基地的状况，以及男女性别比例进行抽样。第一阶段采用立意抽样，选取了南京、武汉、西安、兰州和北京五个城市。第二阶段同样采用立意抽样，每个地区的高校按"985"高校、"211"高校、其他普通高校划分为三个层次，同时以是否全国妇联或省级妇联的妇女/性别研究培训基地、主导专业状况为参考标志进行抽样。此阶段仍采取以分层标准为依据的配额抽样法，分别选取表1-3中的15所学校为二阶段样本。这15所院校满足了"985"高校、"211"高校、其他普通高校、文科主导院校、理科主导院校、综合类院校、妇女/性别研究培训基地等条件，具有较强的典型性。第三阶段抽样是在各个学校中采取分学历层次、性别、专业大类和年级方法进行的配额抽样。

（二）质性研究

为深入了解中国妇女社会地位未来发展趋势，本研究还以深度访谈和焦点组访谈等质性研究方法进一步收集资料。在北京、西安、南京、武汉四地共收集普通院校个案访谈32份，并为比较普通院校和单一性别学校的差异，又追加了中华女子学院访谈8份，共计访谈40份（见表1-4）。此外，本调查围绕大学学习和生活、未来发展规划、如何看待我国男女两性的社会地位等问题组织了2次焦点小组讨论。

表1-3　　　　　　　　　　　　　**第二阶段抽样结果**

学校名称	所在市	是否"985"	是否"211"	是否普通院校	是否妇女/性别研究培训基地
北京大学	北京	是	是		是
首都师范大学	北京			是	是
首都经济贸易大学	北京			是	
南京大学	南京	是	是		
南京师范大学	南京		是		是
南京工业大学	南京			是	
华中科技大学	武汉	是	是		是
江汉大学	武汉			是	
湖北大学	武汉			是	是
西安交通大学	西安	是	是		是
西北大学	西安		是		
西北政法大学	西安			是	
兰州大学	兰州	是	是		
兰州交通大学	兰州			是	
西北师范大学	兰州			是	

表1-4　　　　　　　　　　　　　**访谈对象基本情况**

	学历	女性		男性		合计（份）
		文科（份）	理科（份）	文科（份）	理科（份）	
一般高校	本科	4	4	3	3	14
	硕士	3	3	2	2	10
	博士	2	2	2	2	8
	小计	9	9	7	7	32
女子学院	本科	8	/	/	/	8
总计		17	9	7	7	40

二　调查样本基本情况

调查共回收有效问卷 5031 份，其中男性 2487 人（49.4%），女性 2544 人（50.6%）。本科生 2822 人（56.1%），硕士生 1543 人（30.7%），博士生 666 人（13.2%）。本次调查涵盖了除军事学之外教育部颁布的十二大学科门类。

从表 1 - 5 中可以看出，此次调查样本包括 1383 名男性本科生，1439 名女性本科生，1104 名男性研究生（包括硕士生和博士生，下同）和 1105 名女性研究生。本科生受调查者的年龄中位数为 21 岁，男女生没有显著差异。研究生受调查时的年龄中位数为 25 岁，男女生也没有显著差异。高校男女生入学前户籍上存在较为显著的差别。56.9% 的男本科生入学前是农业户口，相比之下，只有 45.9% 的女本科生是农业户口。这一差异在研究生阶段持续存在：有 49.2% 的男性研究生入学前是农业户口，而同样是农业户口的女性研究生只占到女研究生样本的 38.0%。

表 1 - 5　　　　　　　　　　　　样本基本情况

	本科生		研究生	
	男	女	男	女
N（样本数）（人）	1383	1439	1104	1105
上小学时年龄（中位数）（岁）	6	6	7	6
受调查时年龄（中位数）（岁）	21	21	25	25
民族（%）				
汉族	94.1	92.8	95.4	96.2
少数民族	5.9	7.2	4.6	3.8
入学前户籍（%）				
农业	56.9	45.9	49.2	38.0
非农业	41.0	52.6	48.4	59.5
不确定	2.2	1.5	2.4	2.5
独生子女（%）	39.6	46.9	35.6	33.9

三　指标体系

围绕着上述研究目标，本研究主要涉及下列研究假设和调查指标。

（一）教育和学习

1. 研究假设

（1）男女大学生在教育公平方面（起点公平、过程公平、结果公平）存在差异。

（2）男女大学生在获取教育资源上存在差异。

（3）男女大学生在学习素养方面（学习方法、能力培养、未来发展）存在差异。

2. 调查指标

（1）教育公平（起点公平、过程公平、结果公平）。

（2）教育资源享有。

（3）学习素养（学习方法、能力培养、未来发展）。

（二）职业期望和就业准备

1. 研究假设

（1）面临着日益增大的就业压力，女大学生在就业准备上不亚于（甚至略强于）男大学生。

（2）男女大学生在职业偏好（职业类型、就业地区、发展目标）上存在差异。

（3）男女大学生在面临的就业压力上存在差别，女性更多地在就业过程中遭到性别歧视。

2. 调查指标

（1）就业准备（信息了解程度、了解渠道、就业资格证准备情况）。

（2）择业过程中的性别歧视。

（3）职业偏好（职业类型、就业地区）。

（4）职业发展（发展信心、制约因素）。

（三）政治和社会活动参与

1. 研究假设

（1）女大学生对社会活动的参与男大学生基本相当，但在参与的具体方式上存在性别差异。

（2）女大学生对政治活动的参与男大学生基本相当，但在对政治事件的关注上存在性别差异。

（3）大学生对妇女参政的必要性及对妇女参政能力的评价上存在性别差异。

2. 调查指标

（1）社会活动参与（校园公共生活参与、社会活动参与）。

（2）对妇女参政的认识。

（3）政治活动参与（政治面貌、政治事件关注倾向、参政意愿）。

（四）校园生活

1. 研究假设

（1）大学生在日常生活过程中（娱乐生活、社会交往、消费生活、社会压力等）呈现出性别角色的分化。

（2）信息化和网络生活对大学生的生活方式产生了巨大影响，并且这种影响呈现出性别分化的特点。

（3）男女大学生的社会关系网络的内容（主要侧重建立何种关系类型的网络：偏重情感型的网络，还是偏重功利型的网络）、形式（主要社会支持网与本人的关系：亲属、朋友或其他关系）和大小（社会关系网中人数的多少）上存在差异。

2. 调查指标

（1）休闲生活（休闲方式、网络生活）。

（2）社会关系网（遇到学习、就业、生活与情感问题时向谁求助，可提供帮助的社会支持网络）。

（3）校园性别角色分化（大学生的性别角色分化情况）。

（4）消费生活（消费状况、消费来源、消费结构）。

（5）安全感（压力来源、排解方式）。

（五）恋爱与性

1. 研究假设

（1）男女大学生在获取性知识的渠道和对性知识的了解程度上存在性别差异。

（2）男女大学生在恋爱过程中（恋爱动机、择偶标准、主动程度、物质与情感付出等方面）存在性别差异。

（3）男女大学生在对未来家庭模式的期待上存在性别差异。

2. 调查指标

（1）性知识（性知识的获取途径）。

（2）恋爱（择偶标准、恋爱行为、恋爱动机、恋爱中的两性关系）。

（3）家庭与婚姻观念（对爱情观、性别分工、子女教养方式等问题的态度）。

（六）健康状况

1. 研究假设

（1）大学生在身心健康水平上不存在明显的性别差异。

（2）青年男女对身体发育情况都比较关注和敏感，但是由于性别观念的影响，女大学生更容易对自己的身体外貌产生不满和焦虑的心理。

2. 调查指标

（1）健康水平（自感健康、锻炼情况、心理健康水平）。

（2）青春期身体关注（是否对身体外貌产生不满和焦虑，这种焦虑是否受到社会性别观念的影响，是否会采取过激行为改变自己的身体外貌）。

（七）价值观

1. 研究假设

（1）大学生群体的性别观念存在性别差异。

（2）大学生在评价男女两性成功与否的标准上存在性别差异。

（3）大学生对男女社会地位及相关问题的认知与态度存在性别差异。

2. 调查指标

（1）性别观念。

（2）评价男女两性成功与否的价值观。

（3）对妇女社会地位的评价（总体评价、自我评价）。

（八）家庭影响

1. 研究假设

（1）父母的社会经济地位（SES）和家庭结构会影响他们对子女的期望。

（2）父母对子女的期待存在性别差异。

（3）受到传统性别观念的影响，女大学生更容易屈从于父母权威的影响。

2. 调查指标

（1）家庭基本情况（家庭所在地、家庭结构、父母社会经济地位）。

（2）父母期待（学历要求、发展期待）。

（3）父母权威的影响（与父母意见不一致时，是否选择顺从）。

（李洁）

第二章

高校女生发展的总体状况和外部环境

高校女生的发展状况从学业与能力表现、职业准备、社会交往、政治和社会事务参与、婚恋状况、身心健康和社会性别观念七个方面进行衡量。在高校女生有着良好的发展状况和发展环境的同时，也面临着挑战和处于不利的发展环境。

第一节　高校女生的发展状况

一　学业与能力

高校女生的学业与能力主要从学业表现和能力发展两个角度进行分析。用"学习成绩"和"综合测评"① 两组指标来考察高校学生的总体学业表现情况。

本研究发现：在学习成绩和综合测评的学业表现上，高校女生并不落后于男生，甚至还普遍高于一般男生。在学习成绩和综合测评上，女生获得优秀和中等以上成绩的比例更大（见图 2 -1）。

在人们印象中，女生不善于学习理工农医等专业。调查发现，女生在这些专业的学习成绩也相当好，其成绩略强于男生（见图 2 -2）。

来自贫困家庭的女生在学习成绩上获得了不错的表现，均高于一般高校女生群体的学习表现，并显著高于同样来自贫困家庭的高校男生的表现（见图 2 -3）。

---

① 洪盛志、郭聪、黄爱国等：《大学生综合素质网上测评与高校德育创新》，《世纪桥》2007 年第 9 期。

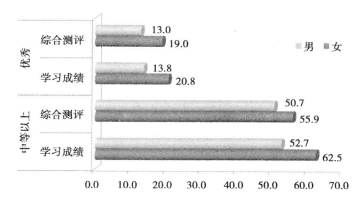

图 2 - 1 高校男女生学习成绩和综合测评比较（%）

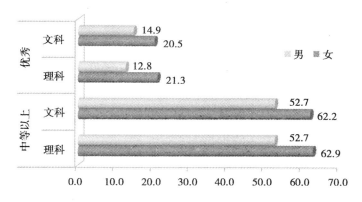

图 2 - 2 分学科高校男女生的考试成绩差异（%）

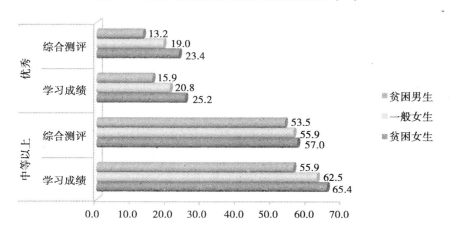

图 2 - 3 贫困家庭女生的学业表现（%）

二　职业准备

（一）职业成就动机

职业成就动机是指个体在事业追求上取得成功的驱动力。调查结果表明：高校女生具有较强的职业成就动机，认为工作和事业所带来的成就感对自己而言至关重要。尽管赞成表 2－1 中说法的女生所占的比例仍然略低于男生，但总体而言，新时期的高校学生群体都展现出积极、向上的职业成就动机。

表 2－1　　　　　　　高校学生职业成就动机的性别比较　（％）

	男性	女性
赞同"工作中获得的成就感对我来说至关重要"	85.7	83.2
赞同"我希望自己在事业上能有所作为"	91.9	87.5
赞同"我希望能拥有一份事业，而不仅仅是工作"	83.4	75.6

（二）就业准备

高校学生的职业准备不仅包括主观上的职业成就动机，还包括工作经验和职业资格证书等实际技能的准备，以及他们给自己设定的职业发展道路、发展信心和愿意为之付出的努力。调查显示：高校男女生在就业准备上表现出不同的性别特征，高校女生更多通过寻找兼职及获得职业证书的方式为自己积累求职资本；高校男生则对自己的职业发展更有规划和信心。

在工作经历上，高校女生的表现略强于高校男生。有 71.0% 的高校女生有过找工作或兼职的经历，高于高校男生找工作或兼职的比例（65.2%）。有相当数量的高校女生（83.8%）愿意为了成就一番事业付出艰辛的努力。来自贫困家庭的女生（89.6%）认为"工作中获得的成就感对我来说至关重要"。

三　社会交往

（一）交往群体

本次调查还对高校学生建立社会资本的情况进行了调查。调查表明：高校学生的社会交往是具有性别差异的。有更多的高校女生选择了父母和配偶恋人，即高校女生更多地偏好与初级群体建立联系，更多地和其他人建立起情感性的密切关系；而有更多高校男生选择了同学和老师，即男性更多地偏好与次级群体建立密切交往关系，更多地获得物质利益上的帮助。在研究生阶段，男女生之间的差异进一步扩大。这印证了传统社会性别观念往往将女性的活动范围主要限制在家庭、亲密伙伴关系等初级群体的范围内；而认为男性的发展势必要从家庭中脱离出来，迈向更大的人类社会组织。① 该现象势必会在一定程度上影响高校学生今后的学术和职业发展道路。

（二）交往方式

以吉利根为代表的女性主义研究者发现：男性的自我认同更多地建立在独立、竞争性的关系基础之上；而女性的认同更多的是在和他人的联系与关系中建立起来的。② 调查发现：高校女生经常主动向周围的人提供帮助（女生为 74.2%，男生为 61.1%），同时也更多地就学业和日常生活中的问题向他人寻求帮助（女生为 21.3%，男生为 16.2%）。在高校中，有49.9% 的女生经常和周围的人交流学习问题，有 31.6% 的女生通过联系获得社团活动的支持，有 27.8% 的寻求就业或深造机会，男生的比例分别是 43.5%、28.7% 和 26.5%，女生的比例均高于男生。也有更多的女性能够在学习和情感上得到多人的帮助，女生的比例分别是 59.1%、44.5%，男生的比例则分别是 52.8%、34.6%。而有更多的男性能够在经济上得到帮助，女生的比例是 32.0%，男生的比例是 39.5%。总体而言，高校女生自我同一性的形成更多地受到"人际互动、合作和共识"的影响。③ 高校女生在日常生活中倾向于建立情感纽带关系，而高校男生则更好地建立起利益性的群体关系。

四　政治和社会事务参与

高校女生作为女性中的年轻知识分子群体，其参政意识和水平是衡量社会进步的重要标志。④

---

① ［奥］弗洛伊德：《文明与缺憾》，傅雅芳等译，安徽文艺出版社 1996 年版。

② ［美］卡罗尔·吉利根：《不同的声音——心理学理论与妇女发展》，肖巍译，中央编译出版社 1999 年版。

③ M. B. Baxter Magolda, *Knowing and Reasoning in College：Gender-related Patterns in Student's Intellectual Development*, San Francisco：Jossey Bass, 1992.

④ 胡肖华、谢忠华：《当代女大学生参政意识现状及重构——以湖南省三所高校的女大学生为例》，《辽宁行政学院学报》2010 年第 4 期。

　　高校女生在政治活动和参与社团活动等方面也并不落后，并表现出自身的一些性别特征。女大学生加入中国共产党的比例高于男生（女生为28.0%，男生为26.1%），在研究生阶段女生加入中国共产党的比例更是明显高于男生（女生为72.8%，男生为65.5%）。担任各级班干部的比例基本与男性相当（女生为57.5%，男生为58.3%），并且有更多的高校女生以加入社会公益组织，参与捐款、无偿献血和志愿者活动等方式来参与公共事务（女生为64.5%，男生为59.8%），有更多的男生在网上参与有关公共事务的讨论（女生为31.8%，男生为44.7%）。高校男女生担任集体活动的领导者和策划者的比例分别是53.3%和49.3%；向所在班级、院系、学校或地区提意见的高校男女生比例分别是45.2%和42.0%。

　　男女生在参与社会团体的类型上也表现出各自不同的特点：在社团参与方面，更多的女生参加了社会公益组织（如爱心社、志愿者组织等）；在各个学历层次和专业类型中，更多的男生参加了专业行业组织（如企业家协会、历史学会等），见表2-2。

表2-2　　　　　高校男女生参加不同社会组织的比例（%）

	男	女	男女比例之差
学校组织	52.7	56.6	-3.9
学生社团	48.4	48.6	-0.2
社会公益组织	37.4	45.9	-8.5
专业行业组织	14.8	12.4	2.4
其他社会团体	38.3	35.8	2.5

五　婚恋状况

　　高校女生大多处于婚育高峰期，这意味着这一群体在接受高等教育的同时，往往还要考虑个人的婚恋问题，已婚研究生群体可能还面临着生养和抚育子女的选择。调查数据显示：高校女生恋爱价值观是积极的，且与男生存在着差异。大学生恋爱现象极为普遍，分别有72.2%的高校女生和73.6%的高校男生有恋爱经历，性别差异并不显著。高校女生的恋爱动机也在逐渐发生变化，有以婚姻为目的而恋爱的，也有以纯洁的爱情为追求目标的，也有排解寂寞而恋爱的，以及有从众心理而恋爱的。在择偶标准中，男大学生更为关注对方的性格、外貌等条件，女生更为注重对方的能力、人品，但无论男女，均表现出对门当户对的关注，且表现出对经济条件的重视。

在学业和情感关系的平衡上，高校女生还表现出一定的优势：有更多的高校男生"因为学习太忙，没有时间发展个人情感关系"（女生为50.6%，男生为58.7%），有更多的高校女生表示"能够平衡好个人情感和学业之间的关系"（女生为47.2%，男生为38.1%）。

已婚的女研究生绝大多数都对自己的家庭地位感到满意。有34.4%的女性对自己在家庭中的地位感到非常满意，52.8%的女性感到比较满意；有22.0%的男性对自己的家庭地位感到非常满意，62.6%的男性感到比较满意。

六　身心健康

绝大部分高校女生身体健康，身体状况良好或一般的分别占54.6%和40.0%，两项合计占94.6%。

高校女生的心理健康水平略低于男生。在问卷中，设计了一组由8个问题组成的心理健康状况量表，其得分范围为0—24分，得分越高说明心理健康水平越低，反之亦然。高校女生的平均得分为7.78分，标准差4.81分，高校男生为6.21分，标准差4.32分。方差检验结果进一步证明，高校男女生之间心理健康水平的得分差异是显著的。

高校男女生的焦虑来源存在性别差异。男女生焦虑的不同主要表现在经济压力、生活目标和身材相貌这三个方面。男生最焦虑的就是经济压力（男生为21.6%，女生为11.9%）；女生的第四大焦虑来源为"感到生活空虚，缺少目标"（男生为15.7%，女生为19.6%），女生还表现出对自己的"身材相貌"更为关注（男生为3.1%，女生为6.4%）。

七　社会性别观念

新时期高校女生的社会性别观念也日趋理性、平等。在第二期中国妇女社会地位调查中，有50.4%的女性赞同"男性应以社会为主，女性应以家庭为主"；在第三期中国妇女社会地位调查中，赞同类似说法"男人应以事业为主，女人应以家庭为主"的比例上升至54.8%；但同时期的高校女生中，赞同这一说法的比例只有30.0%，远低于社会上一般女性的水平。

　　一方面，高校女生更多地反对传统社会性别观念对女性角色的束缚和压抑。例如，分别有58.2%、57.7%、55.9%的高校女生反对"男人应以事业为主，女人应以家庭为主""挣钱养家主要是男人的事情""相夫教子是女人最重要的工作"，从而表现出更强的追求男女平等的意愿。

　　另一方面，她们对事业发展的追求和向往，也意识到现实环境的多重压力，愿意为成功付出更多的努力。例如，有96.5%的女生高度赞同"女性也应该追求自己的事业"，有69.4%的女生认为"对女性而言，事业成功也很重要"，有56.2%的女生反对"事业成功的女人往往没有女人味"等社会上的歧视性的观点，有36.5%的女生认为事业成功的女性一样可以生活幸福。和同样接受高等教育的男性相比，女生反对"对女性而言，事业成功与否并不重要"的比例是69.4%，比男生高出24.5个百分点，女生反对"事业成功的女人往往没有女人味"的比例是56.2%，比男生高出27.0个百分点。和未接受高等教育的女性相比，高校女生的社会性别观念都显得更为先进。例如，在主问卷调查样本中，只有25.8%的应答者反对"丈夫的发展比妻子的发展更重要"；在高校学生群体中，51.0%的女性应答者对这一观点持反对态度。

第二节　发展的外部环境

一　良好的发展环境

（一）国家教育政策的受益者和享受均等的教育资源

　　国家各级政府在主导政策上，尤其是教育政策上，对女性均采取了公平、公正的态度和做法。越来越多的女性进入高等教育机构之中，成为高等教育大众化发展趋势的受益者。研究数据显示：在获得各类奖励、荣誉，参加校内外学术活动，保送升学，参加境内外交流等方面，高校男女生基本实现了机会均等（见图2-4）。

（二）国家出台有效的政策措施支持高校女生就业

　　近年来，高校女生"就业难"的问题已经成为社会上广泛关注的社会问题，国家高度重视高校女生就业难的问题，出台了一系列有效的政策措施支持高校女生的就业。2008年以来，教育部、人社部和全国妇联共同开展了高校女生创业导师行动及创业扶持行动；国家出台了妇女小额担

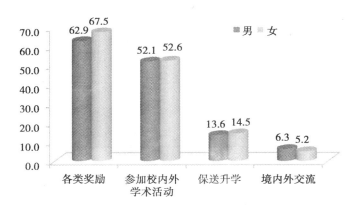

图 2 - 4　高校学生享受各类教育资源的比例（%）

保贷款贴息的财政政策，对有创业意愿的高校女生提供支持；全国妇联、教育部等共同组织实施"高校女生创业扶持行动"，为高校女生自主创业提供支持和指导服务。

（三）高校通过开设妇女/性别研究课程推进性别平等

日益增多的高等教育机构注意到推进性别平等与女性发展的重要性，开始关注高校女生的健康发展和成长，并开设妇女/性别研究的相关课程。此次调查涉及的 15 所高校都不同程度地开设了妇女/性别研究课程或讲座。其中，南京师范大学（52.0%）开设此类课程的推广效应最广，华中科技大学（30.7%）、北京大学（28.9%）、南京大学（24.1%）、首都师范大学（23.2%）等妇女/性别研究培训基地的课程推广效应也较高。在回答学校开设过此类课程或讲座的学校中，有 53.5% 的高校女生参加过这类课程或讲座，43.1% 的高校男生参加过此类课程或讲座。

二　高校女生面临的挑战和所处的不利发展环境

近 10 年来，中国的高等教育逐步从精英教育迈向了大众教育的时代，高校女生成为中国高等教育事业快速发展的见证者和受益者，她们也面临着就业困难、社会传统性别观念和既有社会制度的限制和阻碍，刘云杉等学者将此界定为"有限的进步"。[①]

---

① 刘云杉、王志明：《女性进入精英集体——有限的进步》，《高等教育研究》2008 年第 2 期。

（一）面临的挑战

1. 学业优异但能力不足

高校女生学业优异，但实践创新能力和抗压能力弱于高校男生。从表2-3中可以看出：高校男生在实践创新能力和抗压能力的各项指标得分上显著高于高校女生。

表2-3　　　　高校男女生认为自己在能力上强于同龄人的比例（%）

		男	女	卡方检验
基本技能	专业基础知识	38.5	33.7	***
	计算机水平	28.3	19.9	***
	外语水平	24.9	30.5	***
实践创新能力	实践/操作能力	50.1	38.8	***
	创新能力	36.7	25.2	***
抗压能力	心理承受能力	68.2	61.1	***
	抗挫折能力	68.0	60.7	***
人际协作	团队合作能力	68.0	68.8	—
	组织协调能力	54.3	54.5	—
	人际交往能力	54.7	54.6	—
沟通能力	交流沟通能力	55.2	58.9	**
	书面表达能力	45.1	50.0	***

注：*** 表示 $p < 0.01$，** 表示 $p < 0.05$。

在本科阶段女生的成绩优势更为明显，然而在研究生阶段则出现下滑趋势，这与研究生学习成绩中有对科研能力的衡量有关，在课题参与、期刊发表、会议发言、产品获得专利等各方面，女研究生都落后于男研究生，且卡方检验的结果表明性别之间的科研能力的差异是显著的。在研究生阶段，男女生的创新能力的差异也进一步扩大（女生为24.2%；男生为41.3%）。

来自贫困家庭的女生，对自己的专业基础知识评价较高（42.1%），对计算机水平的评价明显偏低（9.4%），对自己创新能力（18.7%）、人际交往能力（47.7%）和交流沟通能力（46.7%）的评价也比较低，均低于一般女生的自我评价水平。

2. 职业发展信心和职业规划欠缺

高校女生在"做好明确的职业规划"（女生为44.9%，男生为54.1%）、

"对自己的职业发展具有信心"（女生为 54.6%，男生为 67.6%）等方面低于男生的比例。更有 62.3% 的贫困女生缺少明确的职业发展规划。

在研究生群体中，男生的成就动机和就业准备状况变化不大，而女生则表现出较快的下降趋势。例如，在女生中，非常赞同"我希望自己在事业上能有所作为"的比例，从本科阶段的 43.7% 下降到硕士阶段的34.9%，继而下降到博士阶段的 29.9%；而男生却并没有发生如此明显的变化。女生非常赞成"为了成就一番事业我愿意付出艰辛的努力"的比例，从本科阶段的 39.1% 下降到硕士阶段的 29.2%，继而下降到博士阶段的 26.4%；而男性选择此项的比例则一直稳定在 40% 以上。这一变化在女研究生群体中普遍存在。

"性别化年龄"的概念有助于理解为什么女研究生的职业期望和准备会在这一时期发生变化。这个概念指出社会文化传统对不同性别在同样年龄的言谈举止有不同的期待；同样的年龄对不同的性别有不同的意义。[①]伴随着女性逐渐步入婚育年龄，社会文化观念对其家庭婚育角色开始更为强调，不太看重其社会成就和职业发展，对男性的事业、地位的强调则开始日益增强。这种社会期待势必会在一定意义上影响女研究生事业发展成就动机。

3. 政治/社会事务参与中的领导能力不断弱化

在本科和研究生阶段，男生担任活动领导者和主动提建议的比例并没有发生很大变化，但女生参与这两种活动的比例却在研究生阶段发生了较为明显的变化，导致男女生的差距进一步增大（见表 2－4）。

表 2－4　　　　　高校男女生参与社会事务的方式（%）

	本科生		研究生	
	男	女	男	女
参与志愿者活动	66.3	70.3	51.6	57.1
在网上讨论公共事务	44.9	33.2	44.4	29.9
担任活动领导者	53.1	52.0	53.8	45.6
主动提建议	45.0	43.7	45.4	39.7

① 何明洁：《劳动与姐妹分化——"和记"生产政体个案研究》，《社会学研究》2009 年第 2 期。

从高校男女生在社团中承担的角色来看：男生更多的承担了创始人（男生为 3.0%，女生为 1.6%）、负责人（男生为 28.3%，女生为 24.3%）和活跃成员（男生为 37.7%，女生为 35.2%）的角色，而女生则更多的是社团中的普通成员（女生为 38.9%，男生为 31.0%），这说明女生在公共事务中承担领导者和决策者，以及发出自己声音的机会少于男生。

4. 婚姻生育中的压力增大

生育对男女研究生所带来的影响也存在一些差异。对女性研究生而言，生育一方面让她们更多地学会了高效率地利用时间；另一方面，也让她们感到身心疲惫和耽误了自己的学习科研。生育给男性研究生带来的主要是经济压力，有 67.6% 的男性认为子女的出生给自己带来了更大的经济压力，而只有 44.3% 的女性持相同观点。可见，孩子的出生给男性带来的主要是经济压力，而给女性带来的更多的是时间及精力上的付出和生活的重新规划、安排。

5. 贫困女生的心理健康状况堪忧

贫困生的心理健康问题需要引起特别关注。来自贫困家庭的高校女生的确在心理健康量表上的得分显著高于其他女生（来自贫困家庭的女生在心理健康量表上得分的均值为 9.84 分，标准差为 5.20 分）；并且高于同样来自贫困家庭的高校男生（来自贫困家庭的男生在心理健康量表上得分的均值为 7.12 分，标准差为 4.69 分）。

在化解焦虑的渠道上，83.0% 的贫困高校女生"通过其他方式转移注意力"，75.5% 的贫困高校女生"和家人、朋友交流"，27.4% 的贫困高校女生"闷在心里"。与一般高校女生相比，来自贫困家庭的女生更多地采取自我压抑的方式，而较少通过和家人、朋友交流来化解焦虑。

6. 社会性别观念反映出对女性的不利现实

尽管新时期的高校女生更倾向于认同平等的社会性别观念，并愿意成就自己的一番事业，但是她们对社会环境的认识更加清晰，也清楚地认识到在现实环境下，女性要想取得事业成功，还需要自己付出更多的努力。在主问卷调查样本中，57.6% 的被访者认为"目前我国男女两性的社会地位差不多"，36.4% 的女性认为男性的地位比女性高。而在高校女生样本中，只有 32.2% 的被访者认为男女社会地位差不多（男生为 42.3%），54.6% 的被访女性认为"男性社会地位更高"（男生为 37.9%）。65.4%

的高校女生认同"对女性领导的培养选拔不够",比男生高 21.2 个百分点,83.0%的高校女生认同"女性在事业上遇到的障碍更多",比男生高 11.9 个百分点。

调查数据显示:在高校女生群体内部,存在着随着学历增高,传统性别观念回归的现象。例如,对"男主外、女主内"等传统性别观念的表述,在本科生阶段,有超过或接近 60%的女性都表示反对;到了硕士生阶段,反对这些传统性别观念的女性基本下降到 50%以下;到了博士生阶段,则进一步下降到 40%左右(见表 2-5)。

表 2-5　　　　　　分性别和学历的高校学生性别观念(%)

	本科生		硕士生		博士生	
	男	女	男	女	男	女
不赞同"男人以事业为主,女人以家庭为主"	31.6	65.4	23.3	49.7	24.0	46.0
不赞同"挣钱养家主要是男人的事"	28.7	64.8	19.8	49.2	18.9	45.7
不赞同"相夫教子是女人最重要的工作"	36.9	62.2	27.1	49.0	24.0	43.7
不赞同"妻子更重要的是帮丈夫成就事业"	32.3	48.1	24.4	39.2	28.0	38.2
不赞同"丈夫的事业发展比妻子的更重要"	39.8	57.3	29.3	43.8	30.2	40.7

(二)不利的发展环境

1. 来自低收入家庭和农村地区的女生较少

在女性进入高等教育机构的机会日趋接近男性的同时,来自低收入家庭和农村地区的女性在高等教育机构中所占的比例仍然较低。本调查发现:在高校男生中,来自农村户籍的学生占 56.9%,城市户籍的占 41.0%,基本接近我国人口户籍构成比例;而在高校女生中,来自农村户籍的学生仅占 45.9%,城市户籍的占 52.6%,严重偏离人口户籍比例构成。来自农村地区的女性在接受高等教育的机会上不仅低于城市家庭的女生,并且显著低于同样来自农村地区的男生。

来自低收入家庭的男生在各个学历层次中都维持在 6%左右;而同样来自低收入家庭的高校女生,在本科阶段只占 4.9%,到硕士阶段和博士阶段甚至进一步缩小到 3.7%和 2.3%。换言之,高校女生的入学机会受家庭社会经济状况的影响更为明显,并且学历越高,来自低收入家庭的女性所占的比例越低（见图 2 – 5）。

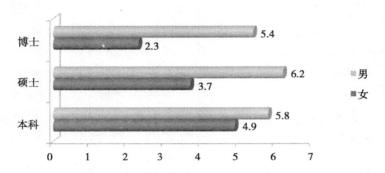

图 2 – 5　分性别各学历层次中来自低收入家庭的学生所占比例（％）

即便这些来自低收入家庭的女性进入到高等教育机构之中，阶级和性别因素的结合最终仍然限制了低收入家庭中受过高等教育的女性向上流动的机会。

2. 教师和家长的传统社会性别观念的不良影响

有69.7%的女生听到父母、中小学教师关于"女生适合学文科，男生适合学理科"等巩固传统性别形象的表述。进一步的数据分析还发现：社会化经历和高校女生的社会性别观念中并未发现一致性的统计关联；但是成长过程中的这些社会性别观念的确会影响高校男生的性别观念。例如，在听过父母或中小学教师说"女孩适合学文科，男孩适合学理科"的高校男生中，有43.1%的人非常赞同或比较赞同"男人应以事业为主，女人应以家庭为主"，而没有听过这种表述的男生中只有32.8%的人持此类观点，统计差异显著。

还有相当数量的女性在成长过程中听到教师、家长对女性的负面评价。例如，有49.2%的女生在中小学期间，听到老师或家长说"女孩不如男孩聪明"。并且，来自农村、乡镇的女性更容易听到教师、家长对女性能力的负面评价（农村乡镇占51.4%；县级以上城市占46.1%）。对女性能力的负面评价的确与高校男生对女性能力的观点之间有统计关联。在成长过程中没有听过"女孩不如男孩聪明"的高校男生中，有34.5%的人群非常赞同"女性能力不比男性差"，而听过对女性能力负面评价的男生只有29.2%持相同态度，统计差异显著。这是否可以作为原因之一，解释为什么高校男生的社会性别观念更趋保守？

目前在我国高校中还存在教师社会性别观念发展不均的现象，在课堂内外仍然存在一些针对女性的发展和研究能力的"冷漠的氛围",如一些教师在课堂内外表达一些不利于女性发展的言论,从而在一定程度上导致部分女生认为教师对自己不够重视,影响了其从事科学研究和专业发展的积极性。

3. 性骚扰行为影响着高校女生的健康成长

针对女性的肢体性骚扰行为仍然存在。被调查者中,有20.4%的高校女性有过"对您进行您不愿意接受的肢体行为"的经历,有4.3%的高校女生有过"对您提出您不愿意接受的性要求"的经历。

4. 就业市场中仍然存在着一些对女生不友好的因素

部分高校女生在求职过程中经历过各种或明或暗的性别歧视,尽管高校女生的综合素质并不落后于男性,并由此对性别角色分工和职业追求产生了一些彷徨和怀疑的态度。调查结果显示:在有求职经历的高校女生中,1/4曾经遭遇过性别歧视(25.0%)。就业性别歧视经历对高校女生的影响的确存在,在求职过程中有过性别歧视经历的高校女生会更多地对女性的职业追求产生怀疑。例如,对"女性也应该追求自己的一番事业"这一说法,在没有经历性别歧视的高校女生中,有62.9%的应答者表示非常赞同;而在有过性别歧视经历的女生中,非常赞同的比例降到51.5%。

鉴于以上的数据发现,建议各级政府应逐步将社会性别意识纳入决策主流,通过多层面、多主体的共同努力,改变传统社会性别观念,特别是加快改变高校男生和教师的社会性别观念,建议在取得全国高校教师资格证书的统一培训过程中,将社会性别议题的相关培训课程引入,为高校女生社会地位的提高创造一个更加良好的外部条件。政府部门应设立专门的机构推动性别公正,强化用人单位消除就业性别歧视的社会责任。高校女生也需要继续提升自己的就业能力,如制订更为明确的职业发展规划,拓与各种专业/行业组织的社会联系;注重实践创新能力、心理抗压能力、领导能力和实操经验的提升和培养,树立女性人才榜样,提升职业发展信心,指导职业规划,开设女性心理知识讲座,设立专门鼓励高校女生科技创新的知识竞赛和项目资助。关注高校贫困女生的成长和发展,倡导高校、政府与用人单位设立专门针对贫困高校女生的奖学金、创业机会、实践项目、培训安排和出访计划等。增强对女研究生群体发展道路的关注和指导,通过开展成功女性的经验交流、设立女研究生专项科研资助经费、鼓励指导教师对女研究生的培养和关注、开设专门针对女研究生群体的职业规划指导等，并为已经婚育的女研究生提供必要的弹性学制、社会保障和子女安顿，解除她们人才发展道路的后顾之忧。

（石彤　李洁）

第三章

高校女生的教育经历

第一节　高校女生与教育

教育水平或受教育程度，是女性获得社会发展和参与的基础，也在很大程度上决定着她们可获得的社会经济地位。同时，教育机会的获得是否公平，是衡量社会是否性别平等的重要指标之一。消除教育性别不平等是联合国"千年发展目标"之一。《中国妇女发展纲要（2011—2020 年）》提出："保障妇女平等享有受教育的权利和机会。""高等教育毛入学率达到 40%，女性平等接受高等教育，高等学校在校生中男女比例保持均衡。"

新中国成立后，我国高等教育实现了从精英化向大众化的历史跨越。教育部发布的《2011 年全国教育事业发展统计公报》表明，2011 年我国各类高等教育总规模达到 3167 万人，高等教育毛入学率达到 26.9%。近 30 年来，我国女性接受高等教育人数及比例持续增加。我国高校女性在校人数从 1977 年的 18.16 万人增长到 2009 年的 1082.55 万人，占在校生的比例从 29% 增加到 50.5%（见表 3－1）。其中研究生阶段的女性数量也呈现出增长的态势。

表 3－1　　　　　我国高校在校女生数（1977—2009 年）

年份	在校女学生数（万人）	占在校生的比例（%）
1977	18.16	29.0
1978	20.65	24.1
1979	24.57	24.1
1980	26.81	23.4

续表

年份	在校女学生数（万人）	占在校生的比例（%）
1981	31.24	24.4
1982	30.54	26.5
1983	32.49	26.9
1984	39.98	28.6
1985	51.06	30.1
1986	59.35	31.6
1987	64.70	33.0
1988	68.94	33.4
1989	70.16	33.7
1990	69.51	33.7
1991	68.25	33.4
1992	73.59	33.7
1993	85.22	33.6
1994	96.43	34.5
1995	102.93	35.4
1996	110.05	36.4
1997	118.46	37.3
1998	130.59	38.3
1999	162.06	39.7
2000	227.90	41.0
2001	302.30	42.0
2002	397.04	44.0
2003	497.05	44.8
2004	608.68	45.6
2005	735.32	47.1
2006	835.72	48.1
2007	925.84	49.1
2008	1007.66	49.9
2009	1082.55	50.5

资料来源：《中国教育统计年鉴（2001—2010）》。

　　虽然我国高校女生在高等学校学生中所占比例经历了曲折变化到逐渐提高再到迅速提高的过程，但中国女性高等教育的总体发展水平明显低于男性，这一点尤其表现在普通高等教育和研究生教育中（见图3−1）。

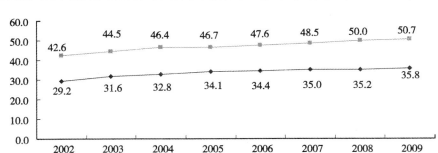

图3−1　全国普通高校女硕士、女博士在校生比例（%）

资料来源：《中国教育统计年鉴》2003—2009年。

　　从学历层次的性别结构来看，女性接受高等教育的比例随着教育层次提高而呈下降趋势。高等教育的受教育机会相对缺乏，将影响着女性对社会的政治经济地位的获得，以及经济、政治等的参与程度。同时，女性的在校成绩（学术表现）高于男性，但是毕业后的劳动力市场回报却低于男性。女性在利用教育来提高生活质量、改善生活机会的可能性和回报上仍然低于男性①。

　　教育领域内的性别不平等问题包括教育机会获得上的差异、专业选择和各阶段学业成绩上的差异、受教育过程中的差异及教育结果和利用的差异。而教育性别差异的影响因素也很复杂。王颖和石彤②归纳为个人智识视角、家庭社会经济地位及父母期望视角、学校教育和环境视角、性别视角、风险视角、社会结构视角特征、父母教育背景及家庭社会经济背景、国家的教育、劳动力市场和其他政策等都会影响教育的获得和教育成就。

　　本章基于本次调查结果，对我国高校女生的高等教育的教育状况及受教育经历进行分析，并对高校女生教育状况，尤其是学业成就的影响因素进行综合分析。通过这些研究，以期对促进我国女性高等教育的起点、过程、结果公平有所助益。

---

　　①　郑磊、张鼎权：《中国教育性别差异的经济学研究评述》，《妇女研究论丛》2013年第2期。

　　②　王颖、石彤：《大学生专业选择差异多元视角的整合》，《中华女子学院学报》2012年第5期。

第二节　高校女生教育状况及受教育经历

本次调查将高校女生教育状况及受教育经历分为两大部分：一为中小学期间的就读情况及受教育经历；二为女性高校就读情况及受教育经历。

一　中小学期间就读情况及受教育经历

（一）小学入学情况

如表 3 - 2 所示，调查中，女性上小学的平均年龄为 6.33 岁，男性为 6.47 岁。女性最小的 3 岁上小学，最大的为 9 岁；而男性最小的为 3 岁，最大的为 10 岁。《中华人民共和国义务教育法》第十一条规定，"凡年满六周岁的儿童，其父母或者其他法定监护人应当送其入学接受并完成义务教育；条件不具备的地区的儿童，可以推迟到七周岁。"根据调查结果来看，调查学生的实际入学情况存在差异。

表 3 - 2　　　　　　　　　　几岁上小学

性别	N（人）	极小值（岁）	极大值（岁）	均值（岁）	标准差（岁）
女	2537	3	9	6.33	0.809
男	2476	3	10	6.47	0.848

（二）就读高中是否重点

我国的重点中学制度在 20 世纪 40 年代已形成。新中国成立以后，政府在基础教育的普及和提高上做了大量工作。继全面接管各类学校、1952 年将各级各类学校公有化之后，公立学校无论在学校数量上还是在学生数上都获得大幅提升。为了提高办学质量，1953 年 5 月，毛泽东提出"要办重点中学"的指示。同年 6 月，教育部召开了第二次全国教育工作会议，提出了《关于有重点地办好一些中学与师范学校的意见》。1954 年 6 月 5 日政务院第 212 次政务会议通过《关于改进和发展中学教育的指示》，指出"当前中学教育工作的方针应该是在整顿巩固的基础上，根据需要与可能，作有计划有重点的发展，并积极地稳步地提高中学教学的质量"。1962 年，教育部正式发布《关于有重点地办好一批全日制中小学的通知》。"文革"结束后，为了更快地恢复教育，邓小平提出了恢复重点学校制度。随着重点学校带来的教育公平等争议，在 20 世纪 90 年代之后，政府开始在名义上取消重点学校的称谓。1995 年，国家教委出台了《关于评估验收 1000 所左右示范性普通高级中学的通知》，取消了"重点高中"这种说法，但是，由于示范性高中多数仍为之前的"重点高中"，无论家长、教师，还是媒体，都仍旧沿用"重点高中"的说法。重点高中带来的中学教育的精英教育模式，产生了教育公平等问题。重点中学在经费投入、教师分配、校舍设备等方面占有较多优势。甚至，重点中学与普通中学相比，拥有更多的报送名额。根据调查结果来看，目前高校就读的学生中，75.4% 的女生中学所在的学校为区、县以上重点中学，男生则为 72.5%（见表 3 - 3）。

表 3 - 3　　　　　　　　高中就读的学校类型（％）

性别	重点中学	非重点中学	合计
男	72.5	27.5	100.0
女	75.4	24.6	100.0

调查中，如表 3 - 4 所示，有保送上大学机会的女性为 2.7%，男性为 3.0%。男女性别差异不显著。保送生无须参加高考，经学校推荐，即可进入大学就读。我国不同省份的保送生政策略有区别，一般省级优秀学生、高中阶段在全国中学生学科奥林匹克竞赛省级赛区中获得奖项及获得全国决赛奖项的应届高中毕业生，以及一些外国语学校的学生都是保送的对象。

表 3 - 4　　　　　　　　是否有保送上大学的经历（％）

	男	女	合计
没有	97.0	97.3	97.16
有	3.0	2.7	2.84

（三）担任班干部

中小学期间担任班干部，作为学生早期社会参与的形式，可以使其自主性和领导能力得到一定的锻炼和体现。此外，基于我国中小学班干部选举中教师的影响，班干部的选择从一定程度上还体现了教师的性别观念。在数据调查中我们发现：在小学和初中时期，担任过班干部的女性比例明显高于男性；而到了高中阶段，男女性之间不再存在显著差异（见表3-5）。

表3-5　　　　　分性别看男女大学生中小学时期担任班干部

	男性	女性	卡方检验
小学担任班干部的人数（人）	1770	2050	***
担任班干部的比例（%）	71.4	80.6	
初中担任班干部的人数（人）	1870	2060	***
担任班干部的比例（%）	75.5	81.1	
高中/中专担任班干部的人数（人）	1561	1597	
担任班干部的比例（%）	63.2	63.2	

注：*** 表示 $p < 0.001$。

从表3-5中可以看出：在小学阶段，有80.6%的女性应答者曾经有过担任班干部的经历，显著高于男性中71.4%的比例；类似地，在初中阶段，有81.1%的女性应答者曾经有过担任班干部的经历，显著高于男性中75.5%的比例；而到了高中/中专阶段，男女两性应答者自报曾经担任班干部的比例都是63.2%，不再有明显的性别差异。这也从一定程度上反映出了我国中小学阶段存在的"男孩危机"。

二　高校就读情况及受教育经历

（一）入学情况

《中国教育统计年鉴2010年》显示，2009年我国高校学生中，女性本科生为6286980人，占本科生总数的49.68%；女性硕士生为644343人，占硕士生总数的50.36%；女性博士生为91887人，占博士生总数的35.48%（见表3-6）。随着国家对于女性教育的重视，女性接受高等教育的人数近年来逐年增加。

表3-6　　　　　我国普通高等教育学生数（2009年）

学历	总计（人）	男（人）	女（人）	女生占学生总数的比重（%）
（一）研究生	1538416	802186	736230	47.86
博士	258950	167063	91887	35.48
硕士	1279466	635123	644343	50.36
（二）本科	12656132	6369152	6286980	49.68

本次调查具体学生比例见表 3 – 7 和表 3 – 8。

表 3 –7　　　　　　　　　调查学生的性别及学业阶段（%）

性别	本科生	硕士生	博士生	合计
男	55. 6	30. 1	14. 3	100. 0
女	56. 6	31. 2	12. 2	100. 0
合计	56. 1	30. 7	13. 2	100. 0

表 3 –8　　　　　　　　　　学生户籍类型（%）

性别	农业户口	非农户口	不清楚	合计
男	53. 5	44. 3	2. 3	100. 0
女	42. 5	55. 6	1. 9	100. 0

分学业阶段来看，随着学历层次的提高，农业户口的高校学生所占比重呈现减少的态势。研究生阶段女性非农户口的比重比本科阶段高。本科生中，女性非农户口的比重为 52.6%，而硕士和博士阶段分别为 59.6% 和 59.3%，男性高校本科生中非农户口的学生占 41.0%，而硕士和博士阶段分别占 47.9% 和 49.6%（见表 3 – 9）。农村户口的女性学生进入越高级别高等教育的机会，相对减少。

表 3 –9　　　　　　　　　属于非农户口的学生（%）

学历	男性	女性	卡方检验
本科	41. 0	52. 6	***
硕士	47. 9	59. 6	***
博士	49. 6	59. 3	*

注：*** 表示 $p < 0.001$，* 表示 $p < 0.05$。

调查结果显示，高校男性中来自农村的比例为 59.3%，女性为 44.1%；来自省会城市和直辖市的男性占 10.7%，女性占 16.7%（见表 3 – 10）。性别差异显著。

具体分不同学历层次来看，本科阶段来自省会城市及直辖市的女性为 19.4%，男性为 13.3%；硕士阶段来自省会城市及直辖市的女性为 12.8%，男性为 7.6%；博士阶段来自省会城市及直辖市的女性为 14.5%，男性为 7.3%。来自农村地区的女性在本科、硕士和博士阶段的比重分别为

44.0%、43.8%、45%（见表 3 – 11）。在各学历层次，男女性别差异均显著。

表 3 – 10　　　　　调查学生的不同来源地和性别（%）

来源地	男	女	合计
农村	59.3	44.1	51.6
乡镇	9.8	11.8	10.8
县城（包括县级市）	10.4	14.4	12.4
县级以上中小城市	9.8	13.1	11.5
省会城市	6.8	11.3	9.1
直辖市	3.9	5.4	4.7
合计	100.0	100.0	100.0

表 3 – 11　　　　调查学生的中不同来源地和不同学历层次（%）

学历层次	来源地	男	女
本科	农村	59.7	44.0
	乡镇	9.7	11.4
	县城（包括县级市）	10.1	13.2
	县级以上中小城市	7.2	12.1
	省会城市	7.1	11.5
	直辖市	6.2	7.9
硕士	农村	58.5	43.8
	乡镇	10.8	12.5
	县城（包括县级市）	10.4	16.1
	县级以上中小城市	12.7	14.7
	省会城市	6.8	10.8
	直辖市	0.8	2.0
博士	农村	59.2	45.0
	乡镇	8.2	11.6
	县城（包括县级市）	11.5	15.4
	县级以上中小城市	13.8	13.5
	省会城市	5.9	11.9
	直辖市	1.4	2.6

（二）专业选择

随着高等教育大众化进程的加速，学生在选择高校的同时，专业的选择也成为其大学及更高学历层次的知识的吸收和储备及未来职业生涯发展规划的重要起点。《教育部办公厅关于进一步加强和改进高等学校本科专业备案和审批管理工作的通知》（教高厅〔2007〕2 号）提出："认真做好专业设置和建设规划工作。各地、各部门、各高等学校要从国家经济社会发展对人才的实际需求出发，认真分析毕业生就业状况及发展趋势，根据学校的办学优势和特色，加大专业结构调整力度，优化人才培养结构，认真制订好'十一五'期间专业设置和建设规划。"《国家中长期教育改革和发展规划纲要（2010—2020 年)》提出，高等教育的发展，"要优化结构办出特色。适应国家和区域经济社会发展需要，建立动态调整机制，不断优化高等教育结构。……优化学科专业、类型、层次结构，促进多学科交叉和融合。"在国家大力推进优化人才培养结构、调整专业设置、专业培养与劳动力就业市场动态接轨的背景下，发现和探析学生专业选择的现状及影响因素，特别是其中存在的性别差异，对引导高校专业设置和发展，平衡专业性别平等，具有重要的理论和现实意义。

长期以来，我国的高等教育体系中多数本科生的专业选择是在其填报大学志愿时作出的。而高等学校学生专业选择不仅影响其个人的学习和高校的教育，还会影响学生毕业后进入就业市场的适应性和契合度，以及整个国家劳动力水平。高等教育专业选择中的性别差异和性别隔离是国内外学者都关注的核心问题之一。专业选择的性别差异涉及两个方面的问题。一是不同专业在现实中呈现出的男女学生性别比例的不同和差异，即现状的性别差异；二是不同性别的学生在专业选择意愿上存在差异。学者的研究证明，我国高等教育领域内，存在专业的横向性别隔离。[1][2]

随着教育规模的扩大，女性接受高等教育的机会逐渐增加。但是，就学科分布而言，我国的高等教育存在性别分化的现象，何丽君将其概括为"性别分流"现象[3]，即女性倾向于选择教学、福利、社会工作等文科专

①　陆根书、刘珊、钟宇平：《高等教育需求及专业选择中的性别差异及其影响因素分析》，《高等教育研究》2009 年第 10 期。

②　马万华：《中国女性高等教育发展的历史、现状与问题》，《教育发展研究》2005 年第 5 期。

③　何丽君：《高等教育性别与公平问题探究》，《江苏高教》2000 年第 1 期。

业，而男性倾向于选择自然科学等理工科专业。男性和女性在本科阶段专业选择不同，可能代表着这些群体将来在劳动市场上所掌握技术的不同，并部分解释了未来工资的不同。

不同学科门类的男性、女性应答者比例见表 3 - 12。

表 3 - 12　　　　　　　不同学科门类的高校学生应答者 （%）

学科	男	女	合计
（1）哲学	56.4	43.6	100.0
（2）经济学	49.1	50.9	100.0
（3）法学	49.6	50.4	100.0
（4）教育学	40.7	59.3	100.0
（5）文学	35.3	64.7	100.0
（6）历史学	56.9	43.1	100.0
（7）理学	50.8	49.2	100.0
（8）工学	58.4	41.6	100.0
（9）农学	50.0	50.0	100.0
（10）医学	47.1	52.9	100.0
（11）管理学	44.4	55.6	100.0
合计	49.5	50.5	100.0

调查访谈中，我们发现，部分高校女生和男生认同目前存在的专业选择中的性别差异。而学生的观点，受到家庭教育、成长经历、受教育经历、媒体等的影响。

一位男性本科生认同部分专业存在性别导向，并赞同这种导向的正确性。

有的专业是有一定性别导向的，比如说当护理，大部分都是女生干，因为女生毕竟和男生有差异，男生比较豪放粗犷一点，女生比较细心内敛一点。总体上来说导向是有一定正确性的，不是说任何导向都是错误的，有一定的正确性在里面。因为专家做出的调查，不是说平白无故地跟大家说这个工作适合女的，那个工作适合男的……先从生理上来讲，男生体力大，心可能开阔一点，适合一些消耗体力的、耗费精神的活动。女生可能就是相对生理上有所差异，不太适合那种超强度的活动，而是适合比较安静的那种活动。因为有一个保护作用，然后在思维方式上，因为有科学论断：男生和女生思维方式是有差异的，两个人的大脑对东西的兴奋点不一样，对于同样的一句话，男生和女生的理解不一样，还是有一点差异的。……要是让你装修卡车，卡车的零件那么重，女生不合适。比如说做十字绣或者服装设计，让女生干最起码把传统文化考虑进去，女生做针线活就是美，如果女生去弄工具，挥汗如雨地整理汽车，那不是一种美，我觉得。（访谈编号：120wy08）

尽管接受了高等教育，受到媒体和传统观念的影响，但这位男性同学认为传统的专业性别隔离是存在并且需要的。

一位女生提出，女生并不适合学工科，主要是体力方面的原因：

女性学习好，是因为答卷能力强。大家可能认为，女生来学工科，像做实验什么之类的，女生真的挺吃力的。尤其是像我们去工厂实习，去打磨，挺费力的。比如说要求把那个钢磨成 0.5 毫米，需要一直磨。因为体力上的原因，所以客观来说，女生并不适合工科。但是知识接受能力不成问题，像我们专业第一届是女生。她这方面应该比较擅长，所以说女生就没说什么女生不擅长这个课。（访谈编号：100wy05）

一位女硕士提出：

跟理工科的女生聊天，她们会说这个专业好像不适合女性发展，比如学计算机的、学软件的，然后那个同学就说，她们女生其实真不应该学这一行业，虽然收入很高，但是真的就是相当让人折寿的职业。男生可以突破这个时期，就是一直熬、熬到工程师，但是女性，可能是刚刚毕业之后，干了那么几年，有的早早地就转行了，甚至转去当老师了，她们感觉压力太大了，比如 IT 行业，新的东西发展太快，不断地推陈出新，给脑力造成压力，另一方面可能就是考虑家庭方面，或者是自己身体吃不消。所以这个时候女生就会觉得那种专业不适合她们学。但是能学到这个时候，也可能没有考虑这么多，或者是一开始选择这个专业，完全是冲着就业来的，可能因为自己那一方面成绩挺好的，所以就学这个专业了。确实有一些专业可能并不合适她们学。（访谈编号：041wy03）

随着女性接受高等教育的机会增加，高校女生选择专业的自主性也随之增加。但是，面临着学业压力乃至就业、升职的压力，同时就业后组成家庭、生育后代带来的家庭压力，使女性在进入传统的"男性专业"或者"男性行业"时，面临较多的障碍和隔离，同时也较易产生负面的自我认知，认为女性的确不适合某些专业的学习。

从调查中我们可以看出，目前我国高校的确存在专业选择的性别差异。而解释这种差异时，我们不能仅仅归因于个人智识、家庭社会经济地位和父母期望、校园教育和环境等因素，"社会中业已形成的、根深蒂固的性别文化，更为深入地影响着不同性别学生的专业选择"[①]。

（三）学业成就

学术表现上的性别差异往往是造成未来收入上的性别差异的重要原因。对于高校学生学业成就的测量，本次调查采用两个指标，即学生学习成绩和综合测评。大学生综合素质测评是高校采用科学、合理的方法对大学生的德、智（包括能力）、体、美等方面制定一系列符合高校教育目标的量化指标与实施细则，并依此收集、整理、处理和分析大学生在校学习、生活、实践等主要活动领域中反映出的素质的表征信息，对学生作出价值或量值的综合评定及判断过程。

如表 3 - 13 所示，调查中高校女生对自己学业成就的评价普遍较高，选择自我学习成绩不好的男性占 7.8%，女性仅占 2.6%；综合测评方面，选择自我综合素质不好的男性占 6.0%，女性仅占 1.8%。这说明高校女性学生具有较好的自我学业评价及认知。

调查发现，在学习成绩上，优秀生的比例中女生所占的比重更多；而在代表大学生综合表现的综合测评成绩上，女生获得优秀的比例也更大（见表 3 - 14）。

---

① 王颖、石彤：《大学生专业选择差异多元视角的整合》，《中华女子学院学报》2012 年第5 期。

表 3 – 13　　　高校学生学业成就分性别比较（学习成绩和综合测评）（％）

	学习成绩			综合测评		
	男	女	合计	男	女	合计
优秀（或前 10％）	13.8	20.8	17.4	13.0	19.0	16.0
良好（或 10％—30％）	38.9	41.6	40.3	37.7	36.9	37.3
一般（或 30％—70％）	29.4	22.3	25.8	25.4	18.8	22.1
不好（后 30％）	7.8	2.6	5.2	6.0	1.8	3.8
合计	89.9	87.3	88.7	82.1	76.5	80.2

表 3 – 14　　　男女大学生的学习成绩和综合测评中优秀（前 10％）
所占的比例（％）

性别	男	女
学习成绩	13.8	20.8
综合测评	13.0	19.0

通过进一步的分析，我们发现，无论学习成绩还是综合测评，高校女生在经济学、法学、教育学、文学、理学、工学、医学、管理学等学科中，占优秀的比例都高于高校男生。特别是在传统文化和观念中普遍认为的"男性专业"如理学学科，女生学习成绩和综合测评占优秀的比例分别为 21.7％ 和 20.1％，而男生仅为 11.3％ 和 9.4％（见表 3 – 15）。其中就学习成绩而言，经济学、法学、教育学、理学、工学和管理学学科，男女性别差异显著；就综合测评而言，经济学、法学、理学、工学、管理学学科，男女性别存在显著差异。

表 3 – 15　　　分学科门类看学业成绩的优秀男女高校学生比例（％）

学科	学习成绩			综合测评		
	男	女	卡方检验	男	女	卡方检验
哲学	18.2	13.7		15.2	13.7	
经济学	11.9	16.7	*	12.0	14.9	**
法学	15.2	18.9	***	16.7	18.1	***
教育学	5.4	20.9	***	7.6	17.2	
文学	14.9	21.6		15.9	19.6	
历史学	19.5	16.7		18.4	15.2	

学科	学习成绩			综合测评		
	男	女	卡方检验	男	女	卡方检验
理学	11.3	21.7	***	9.4	20.1	***
工学	13.3	20.8	***	13.2	18.2	***
农学	18.2	18.2		9.1	9.1	
医学	16.2	22.9		13.5	25.6	
管理学	17.4	24.1	***	14.3	21.3	***

注： *** 表示 $p < 0.001$， ** 表示 $p < 0.01$， * 表示 $p < 0.05$。

但是，女生的成绩优势伴随着学历层次的提高而逐渐缩减。也就是说，男女生的成绩差距在本科时期最为显著；到硕士阶段，男女生之间的差异开始缩小；而到了博士阶段，男生的成绩甚至开始有超过女生的势头。这一点在综合测评的分数上表现得尤为明显。

为什么伴随着学历层次的增长，女生的成绩优势——特别是综合测评成绩优势开始逐步缩小，甚至被男生超过？这里一个可能的推论是：本科阶段学生的主要任务还是知识的学习和积累，而伴随着学历程度的增长，对学生创造力和科研能力的要求越来越多。对研究生的调查研究显示（见第十章），无论是在课题参与、期刊发表、会议发言、产品获得专利等各个维度，女研究生都落后于男研究生，且卡方检验的结果表明性别之间的科研经历差异是显著的。从而部分支持了我们的上述观点，即女大学生在本科阶段的能力测评指标较高主要是因为其在知识学习和考试成绩上占据了优势；而在研究生阶段，由于科研创新的要求逐渐增加，女性在能力测评指标上的优势也不再明显，甚至落后于男性。

（四）在校资源的机会与获得

高校女生享受各类在校资源的机会与男性基本相当。数据报告显示：在获得各类奖励、荣誉，参加校内外学术活动，保送升学，参加境内外交流等方面，男女学生基本实现了机会均等。有 67.5% 的高校女生在接受高等教育的过程中曾获得各类荣誉、奖励；52.6% 的女大学生参加过校内外的各项学术活动；14.5% 的高校女生曾有过保送升学的经历；5.2% 的高校女生曾有过境外、国外访问的经历。各项比例和男生中享有此类机会的比例基本相当，甚至略高。这展现了近年来，我国高等教育机构为女生的个人发展提供了较好的外部机遇，男女学生在享受教育资源方面，基本实现了机会均等。

具体而言，62.9%的高校男生和67.5%的高校女生获得过院系及以上级别的奖励或荣誉。获得保送深造（保研、推博等）的男生为13.6%，女生为14.5%。随着高等学校对于学生学术能力和学术活动的重视，一半以上的学生参加过课程以外的学术、科研活动或学术会议，其中男生为52.2%，女生为52.6%。此外，高等教育国际化的发展使学生有更多与国外学校和学者交流访学的机会，调查中到国外或港澳台地区开会、学习或交流的男生为6.3%，女生为5.2%。此外，学生还积极拓展自己的专业技能，考取各类证书。随着"文凭社会"中，特别是就业市场上对于各类证书的重视，高校学生参加考试并获得各类专业资格证书。调查显示，具有各类专业资格证书的男生为45.7%，女生为49.2%（见表3-16）。获得院系及以上级别的奖励或荣誉、保送深造（保研、推博等）、具有各类专业资格证书，具有显著的男女性别差异。

表3-16　　高校学生获得奖励、证书及科研实践和创业实践（%）

	性别	没有	有1次	有多次
获得院系及以上级别的奖励或荣誉	男	37.0	25.2	37.7
	女	32.5	23.8	43.7
参与课程以外的学术、科研活动或学术会议	男	47.7	23.3	28.9
	女	47.4	23.4	29.2
到国外或港澳台地区开会、学习或交流	男	93.7	4.4	1.9
	女	94.9	3.7	1.5
保送深造（保研、推博等）	男	86.4	11.0	2.6
	女	85.5	13.0	1.5
具有各类专业资格证书	男	54.3	26.7	19.0
	女	50.8	26.4	22.8

（五）学习投入

在学习的时间投入上，本科阶段和研究生阶段的情况不尽相同。在本科阶段，女生的平均学习时间为5.399小时，标准差为3.3632小时；男生的平均学习时间为4.793小时，标准差为3.3304小时。男女生学习时

间的方差检验 $F = 23.051$，$p < 0.000$，表明不同性别本科生的学习时间存在显著性差异，女性的平均学习时间更长。

但是这一差异到了研究生阶段，发生了改变。数据显示：在理科生中，男女研究生的学习时间没有显著的性别差异，硕士生的平均学习时间为 5.228 小时，博士生的平均学习时间为 7.014 小时。

但在文科生中，男女研究生的学习时间出现了逆转：男研究生的平均学习时间更长，女研究生反而相对较低。在文科硕士生中，女生的平均学习时间下降到 4.060 小时，标准差为 2.8500 小时；而男生的平均学习时间为 4.533 小时，标准差为 2.9467 小时。文科男女硕士生学习时间的方差检验 $F = 5.204$，$p < 0.023$。类似地，在博士阶段，女生的平均学习时间为 5.463 小时，标准差为 2.7548 小时；而男生的平均学习时间为 6.197 小时，标准差为 2.9848 小时。方差检验 $F = 4.861$，$p < 0.028$。

在学习的自我管理和控制上，在本科阶段女生的表现较好，有更多的男生上课时经常觉得无聊（男生为 37.9%，女生为 31.6%），女性的平均学习时间更长（见表 3 – 17）。但是这一差异到了研究生阶段，发生了改变。

在文科生中，男女研究生的学习时间出现了逆转：男研究生的平均学习时间更长，女研究生反而相对较低。

而在自主学习上，在本科阶段男生表现出一些优势，有 81.4% 的男生愿意花时间学习自己感兴趣的知识，而作出相应选择的女生只占 78.2%，且卡方检验结果表明性别差异显著（见表 3 – 17）。

表 3 – 17　　　　　男女学生在自我管理和自主学习上的表现

（赞成下列说法的人所占的比例：%）

		男性	女性	卡方检验
自我管理和控制	上课时，我经常觉得很无聊	37.9	31.6	***
	学习中我有很强的自我管理和控制的能力	52.5	55.0	*
	做一件事情，我会尽力把它做好	85.2	85.4	
自主学习	我愿意花时间学习自己感兴趣的知识，哪怕与考试内容无关	81.4	78.2	***
	参与课程以外的学术、科研活动或学术会议	52.1	52.6	

注：　*** 表示 $p < 0.01$，* 表示 $p < 0.1$。

（六）能力自我评价

在对自己各项能力的自评分上，男女大学生也表现出不同的特点。在问卷中，我们从基本技能、实践创新能力、抗压能力、领导力、沟通能力等多个方面让高校学生对自己的能力给出自我评价［1（很弱）—5（很强）］，结果见表3–18。

表3–18　　　　　　　　分性别看男女学生的能力自评

（认为自己强于同龄人水平的人所占的比例：%）

	男	女	卡方检验
基本技能			
专业基础知识	38.5	33.7	***
计算机水平	28.3	19.9	***
外语水平	24.9	30.5	***
实践创新能力			
实践/操作能力	50.1	38.8	***
创新能力	36.7	25.2	***
抗压能力			
心理承受能力	68.2	61.1	***
抗挫折能力	68.0	60.7	***
人际协作			
团队合作能力	68.0	68.8	—
组织协调能力	54.3	54.5	—
人际交往能力	54.7	54.6	—
沟通能力			
交流沟通能力	55.2	58.9	**
书面表达能力	45.1	50.0	***

注：*** 表示 $p < 0.01$，** 表示 $p < 0.05$。

总体而言，男学生对自己的各项能力评价更有信心。具体表现在：男学生在实践创新能力和抗压能力的各项指标上都显著强于女学生。在基本技能一项中，除了外语水平女生自我评价略强之外，男生对自己的专业基础知识和计算机水平都评价更高。在人际协作一项中，男女生的差别不大。而女性在沟通能力上（包括口头和书面沟通上）略强于男性。这一结果可提醒研究者注意到女学生自己在哪些能力上还有所欠缺，亟待提高。例如，女生在实践/操作能力和创新能力上的自评分显著低于男性——事实上，在研究生阶段，男女生的创新能力进一步扩大，有41.3%的男研究生认为自己有较强或很强的创新能力，而只有24.2%的女研究生对自己有类似的评价。另外，女生在计算机水平和抗压能力上也和男生存在较为显著的差异。这些都为接下来如何有针对性地提升女大学生的综合素质提供了重要的突破方向。

（七）学业期待及职业生涯规划

调查显示：在本科生中，大部分女生都期望自己能取得硕士学位，占女性应答者的48.4%。同时，有更多的男性希望自己取得博士学位，占男性应答者的32.2%，而女性占23.4%。在硕士研究生中，有高达52.6%的男性希望自己能取得博士学位，而期望自己能取得博士学位的女硕士生只有36.3%（见表3－19）。

表3－19　　　　　　　　　自我期望的最高学位（%）

		男	女	合计
本科生	本科	10.3	8.1	9.2
	硕士	37.3	48.4	43.0
	博士	32.2	23.4	27.7
	不确定	20.2	20.1	20.1
	合计	100.0	100.0	100.0
硕士生	本科	0.7	0.3	0.5
	硕士	34.4	44.6	39.7
	博士	52.6	36.3	44.2
	不确定	12.3	18.9	15.7
	合计	100.0	100.0	100.0
博士生	本科	0.6	1.3	0.9
	硕士	0.8	2.6	1.7
	博士	90.1	84.8	87.7
	不确定	8.5	11.3	9.8
	合计	100.0	100.0	100.0

总体而言，女性的学历期望偏低，尽管已有不少本科女生愿意取得更高的学历，但是对女性而言，成为"女博士"中的一员，似乎并不如成为一名"男博士"那样对男性有感召力。其中部分女性提出不想继续读

博的原因是"想结婚"。

一位工科女硕士认为，学历是敲门砖，但是不想继续读博了：

> 不准备读博了，因为我想结婚。我觉得自己不属于那种能坐下来的人。我感觉现在这个学历相当于找工作的敲门砖，没有这个学历，就找不到这样的工作。但是现在像本科生跟研究生入学的时候没有什么职称上的区别，都是从头开始干的。我们专业博士毕业可以去很多企业，还可以去研究所，有正式编制等。我希望找一份稍微安稳一点、轻松一点的工作。我感到厌学的感觉。我碰到过一个女生，我们曾经也讨论过这个问题。（访谈编号：101wy07）

另一位女性本科生谈道：

> 我没有读博的打算，读完硕士就行了。读完博士都二十六七岁了，对我来说年龄太大了。到30岁应该考虑一下自己的婚姻了，就没有太多时间和精力去考虑工作。有时要分阶段，22岁硕士毕业，我开始考虑工作，过了这个阶段之后，到30多岁，再开始考虑婚姻，人都是这么一步一步走过去的。（访谈编号：031lfy01）

可以看出，当女性进入婚育年龄，在面临婚姻和学业的选择时，将有更多的困惑与迷思。部分高校女生认为，读博深造可能会影响恋爱和婚姻。

在对未来的发展计划上，绝大部分在校大学生打算直接就业（男生为55.1%，女生为54.8%）；部分学生打算在国内继续升学（男生为20.3%，女生为20.6%）；女生打算出国留学的比例略高于男生（男生为7.7%，女生为8.9%）；男生打算自主创业的比例高于女生（男生为4.1%，女生为1.5%）；此外，还有一部分学生尚未确定未来进一步的发展方向（见表3-20）。

调查结果显示，分学历阶段来看，硕士生选择直接工作的比例比本科生要高。随着我国产业结构的调整和高等教育大众化，大学生就业压力逐年增加，部分学生选择继续深造以获得更高的学历和更好的学历资本。

表 3 – 20　　　　　　　　　　　未来的发展规划（%）

		男	女	合计
本科生	没想过	2.2	2.0	2.1
	直接工作	41.8	37.9	39.8
	国内升学	32.0	33.1	32.6
	出国留学	6.6	11.1	8.9
	自主创业	5.9	2.1	3.9
	没想好	11.6	13.8	12.7
	合计	100.0	100.0	100.0
硕士生	没想过	1.1	0.5	0.8
	直接工作	72.6	77.6	75.1
	国内升学	7.4	5.8	6.6
	出国留学	7.1	3.5	5.3
	自主创业	1.7	0.8	1.2
	没想好	10.2	11.9	11.0
	合计	100.0	100.0	100.0
博士生	没想过	1.4	1.9	1.7
	直接工作	69.9	75.2	72.3
	国内升学	2.0	0.3	1.2
	出国留学	13.2	12.9	13.1
	自主创业	2.3	1.0	1.7
	没想好	11.3	8.7	10.1
	合计	100.0	100.0	100.0
合计	没想过	1.7	1.5	1.6
	直接工作	55.1	54.8	54.9
	国内升学	20.3	20.6	20.4
	出国留学	7.7	8.9	8.3
	自主创业	4.1	1.5	2.8
	没想好	11.1	12.6	11.9
	合计	100.0	100.0	100.0

部分学生选择直接工作的原因，是因为就专业而言，工作经验比学历更重要。

想拿到的最高学位就是硕士，博士还没有想过。家里面也说，早点出去工作也好。这个专业可能读博士，将来搞研究领域可能会更窄，所以拿到硕士已经足够了。工科可能是。像好多勘探什么，地理勘探，地理本科就足够了，主要还是看经验。（访谈编号：100wy05）

部分学生选择就业后，再根据工作需要继续深造。一位男本科生提出：

最高就是想拿一个研究生学位，但是打算工作三年以后再攻读。读研究生时会换专业，因为我的工作和这个专业没有关系。读研究生的时候还是要读一些与自己工作有关系的，这是对工作的一种补充。（访谈编号：070whl01）

一位本科生提及：

是否考研、读博，这个问题确实困扰了我很久，还没有想读博，就是考研的问题。因为我年龄毕竟大了，心理年龄也大了，考研这个问题确实也想过，相当于一个敲门砖，比如说最低限度是研究生，你就可以去敲门，如果没有达到就只能吃闭门羹。你要是考研，就要再花费三年的时间或者两年的时间，人生短暂，30年花费在校园里面了。这一辈子人的生活到底是为社会所迫，现实就是要去赚钱。所以要适应社会，社会这么大，我还没有想到让社会适应我，而是如何求得一种平衡。这确实是一种境界，如果达不到，就成了一种束缚。不过考研肯定比没考强。（访谈编号：120wy08）

对于选择继续升学、就读博士学位，部分访谈学生谈及是因为"工作的需要"。

一位文科硕士说道：

我记得我刚刚考完大学的时候，就跟我爸爸说我为什么要考研生，我爸爸那个时候也很支持我。但是后来读研究生之后，我就在犹豫，是不是要读博士，后来我想还是要读吧，因为既然自己想读的话，就是中间不中断地读完。至于为什么想读博，可能就是因为我喜欢大学这种环境吧，我想以后在大学里的话，那只能做大学老师，而做大学老师肯定要读博士。是因为工作的需要。所以说我好像也不是说因为自己有多么热爱学术，想搞研究，好像那种因素占得很少。（访谈编号：041wy03）

有趣的是，访谈发现，高校学生认为男生和女生选择继续学业深造的原因是存在性别差异的。女性是基于职业的规划和职业向往做出选择，希望读博后进入更加稳定的高校成为老师；而男性是自我发展的需要，为了竞争，获得更好的收入和地位。

一位大四的男生认为，男女读研究生的意义可能存在差别。

读研其实还是有的，但是这个意义有限，很多人读研究生以后实际上获得的东西会比期望的低一点，但是这个作用还是有的，但是读研的意义不像读大学的意义那么大。……男孩子和女孩子读研究生的目的应该也是有差别的，女生是想提高层次，将来可以找一个更好的工作，男生有的就是出于对科研兴趣的需要，大部分还是提高层次找更好一点儿的工作，出去以后收入可能更高一点。其实现在读研究生的大部分人是为了以后找收入高一点的工作，或者在工作待遇方面有所提高，真正出于兴趣学术的比例应该不超过10%，很低。而有的女生不是说有兴趣，而是她想把这个以后作为职业路径去发展，是因为她觉得这个职业路径走下来比较稳定。女生其实就是考虑做这个研究或者做这个老师职业路径比较稳定，而且大学老师的社会地位比较高。但是男生在这方面的考虑相对来说少一些。（访谈编号：070whl01）

一位女性硕士生提出：

我发现很少有女博士对学术有超级的激情，所以我留在这儿。或者说我读博士，是为了全面提升自己，会去创办一个公司。她们很多人都不是这样想的。很多人要读博，是因为现在留校要求必须是博士，所以她们为了找到一个很稳定的在事业高校工作的机会，就读博。而男生，比如，现在是一个主任科员，我要再往上爬，上级就说，那你读博；或者已经在高校任职，要想评副教授，但是我是硕士生，不行，我要博士。男生可能是处于竞争的需要来读博。女生可能反而是出于对自己的将来职业的向往和职业规划。她那个职业是一个比较稳定的生活。（访谈编号：0511lj02）

随着教育全球化的迅猛发展，出国留学深造成为学生毕业后的选择之一。但是，随着我国高校与国际各学校合作和交流机会的增加，国家对高校学生交流访学项目的支持，部分学生出于时间成本等原因，选择短期的交流项目而非去境外、国外学校拿学位。一位男生提及：

中我有出国的打算，也不是说去拿学位了，我可能就是走一些交流的项目，我觉得我因为那个时候我在考虑直博的时候，想了很多，也和父母及老师去讨论，最后还是选择直博。因为这样，可以节省一年的时间，而且在国内读书，相对而言可能会比国外的压力要小一点儿，而去国外，时间成本真的很高。我觉得以后有机会的话，还是要出去，因为人生的体验和阅历还是挺重要的。有好多东西，比如说，别人告诉你100遍，你可能认为那是对的，但是如果你没有去体验的话，你就没有那种深刻性，或者说是真的没有察觉到那种东西对你那么重要。要不断地去接受新的东西。现在博士是联合培养，就是国家留学基金委员会提供钱联合培养，你在国外申请一所大学，到那边访问6个月到24个月，由你自己来选。我们学校机会还好，但是也要去努力的，因为名额的，所以说你要英语考试要多少分，然后他们在全校报名的人当中再做一个筛选。理工科的相对而言要比文科的机会多一点，他们的名额比我们多。（访谈编号：041wy03）

（八）父母的学业期待

调查显示，近3成的父母对子女的学业期待没有要求。而子女认为父母期望自己取得学历为本科的，男性为5.7%，女性为7.2%。父母期望自己取得博士学位的男性高于女性，其中男性为28%，女性为18.7%（见表3-21）。无论本科、硕士还是博士，都存在男女性别差异。

表 3 –21　　　　　　　　　父母对子女的学业期待（%）

		男	女	合计
本科生	本科	9.0	9.9	9.5
	硕士	39.1	49.6	44.5
	博士	20.5	12.1	16.2
	没有要求	25.2	23.6	24.4
	不清楚	6.2	4.8	5.5
	合计	100.0	100.0	100.0
硕士生	本科	1.2	3.3	2.3
	硕士	26.2	34.9	30.7
	博士	34.6	23.3	28.8
	没有要求	34.0	34.7	34.4
	不清楚	4.0	3.8	3.9
	合计	100.0	100.0	100.0
博士生	本科	2.0	4.5	3.2
	硕士	2.0	6.8	4.2
	博士	43.7	37.3	40.7
	没有要求	49.3	49.2	49.2
	不清楚	3.1	2.3	2.7
	合计	100.0	100.0	100.0
合计	本科	5.7	7.2	6.4
	硕士	29.9	39.8	34.9
	博士	28.0	18.7	23.3
	没有要求	31.3	30.2	30.7
	不清楚	5.1	4.2	4.6
	合计	100.0	100.0	100.0

（九）教师对学生的关注程度

教师对学生的关注在一定程度上影响学生的学业成就。学生和教师之间的互动关系会影响学生学术表现上的性别差异。在问到班主任或主要指导教师对自己的态度时，男女大学生的回答也存在显著性别差异（$\chi^2 =$ 54.982，df = 6，$p < 0.000$）。有 9.2% 的男大学生认为老师对自己非常重视，而选择此项的女大学生只占 6.1%。37.0% 的男大学生认为老师对自己比较重视，选择此项的女性只有 30.8%。高达一半以上的女大学生认

为老师对自己的态度"一般"或"不太重视"（见图 3-2）。

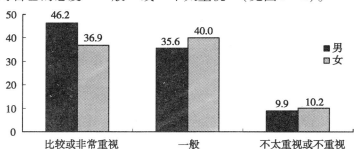

图 3-2 班主任/主要指导教师对自己的态度（%）

第三节 高校女生教育状况的影响因素分析

一 家庭背景

在被调查的大学生中，男学生中家庭在农村所占的比例更大（男生为 59.3%，女生为 44.1%），女性中来自各级城镇所占的比例更大。男女生家庭所在地存在显著性别差异（$\chi^2 = 123$，$df = 5$，$p < 0.000$）。出生家庭的社会经济地位对女大学生仍然具有非常显著的影响，主要表现在：来自农村地区和贫困家庭的女性所占的比例更低；并且来自贫困家庭的女大学生还更多地面临着来自学校、家庭和劳动力市场的压力。调查数据显示：在拥有城市户籍的学生中，男生占 43.8%，女生占 56.2%；而在拥有农村户籍的学生中，男生占 55.2%，女生只占 44.8%。

高校女性中，家庭收入 1 万元以下的比例为 12.6%，而男性为 17.6%。来自低收入家庭（1 万元以下）的高校本科女生占 14.1%，硕士中低收入家庭的女性占 9.8%，博士中低收入家庭的女性为 12.3%（见表 3-22）。女大学生的入学机会受到家庭社会经济状况的影响。家庭经济状况的贫困更容易剥夺来自这部分家庭中的女性接受高等教育的机会，从而导致中低阶层的女性更难提高未来的发展和流动。

此外，即便这些来自低收入家庭的女性进入到高等教育机构之中，却未必意味着她们能够和来自其他社会阶层的学生享有同样的向上流动的机会。访谈资料表明：在来自中低收入家庭的女大学生中，有相当部分仍然要依靠自己的力量来完成学业，因而不得不在学期间外出寻找兼职。并且在大部分情况下，这些兼职工作都是在进行一些低层次的、简单重复劳动（如产品推销、餐馆服务等），因而并不能真正地提升她们的专业能力和技术水平。不仅于此，她们还更多地承受着来自出生家庭的责任和义务；并且在步入人才市场的过程中，相较于来自其他中高社会阶层的女大学生，她们也较少占有社会资本和符号资本的优势。总之，来自贫困家庭的女大学生往往承受着来自学业、家庭和劳动力市场的三重压力。在接受高等教育的过程中，时间紧张、疲于应对和高强度的压力是这一群体经常遭遇的情形。高校的扩张或许使得她们跨入了高等教育机构的门槛，但事实上，阶级和性别因素的结合最终仍然限制了高等教育给低收入家庭女性提供的向上流动的机会。

表 3 – 22　　　　　　　　学生家庭收入（%）

	性别	1万元以下	1万—3万元	3万—5万元	5万—8万元	8万—10万元	10万—20万元	20万—50万元	50万元以上	不清楚	合计
本科生	男	19.9	31.0	14.4	9.8	4.9	5.1	1.7	0.7	12.5	100.0
	女	14.1	23.2	15.7	11.6	6.8	5.6	2.3	0.7	19.9	100.0
硕士生	男	14.3	32.0	21.7	10.2	4.1	2.8	1.7	0.1	13.0	100.0
	女	9.8	27.7	17.2	12.9	9.0	4.9	1.8	0.4	16.4	100.0
博士生	男	15.8	33.5	19.2	9.3	6.2	3.7	0.3	0.3	11.8	100.0
	女	12.3	29.7	20.0	10.3	6.8	3.2	0.6	0.0	17.1	100.0
合计	男	17.6	31.7	17.3	9.8	4.9	4.2	1.5	0.5	12.6	100.0
	女	12.6	25.4	16.7	11.9	7.5	5.1	1.9	0.5	18.5	100.0

二　性别观念

（一）高校女生的性别观念

新时代的女大学生的性别观念更为先进。如一半以上的女大学生都反对男主外、女主内的传统性别分工模式；一半左右的女性反对丈夫的事业发展比妻子更重要；有90%左右的女大学生认为女人的能力不比男人差，女人也应当拥有自己的一番事业。

同时，在对事业女性和女强人的态度上，男女生也存在着显著分化：有更多的女生反对"男人比女人更胜任领导的角色"，接近70%的女性认为对女性而言，事业成功也很重要，并且她们反对社会上对女强人的一些歧视性的观点，更多地认为事业成功的女性一样可以生活幸福（见表3 – 23）。

表 3 – 23　　大学生对事业型女性的看法（反对的人所占的比例: %）

	比例之差	男	女
总体而言，男人比女人更胜任领导角色	15.9	10.8	26.7
对女性而言，事业成功与否并不重要	24.5	44.9	69.4
事业成功的女人往往没有女人味	27.0	29.2	56.2
女强人的个人生活往往并不幸福	17.5	19.0	36.5

（二）中小学教师和父母的性别观念

性别角色社会化是个体在社会生活中，学会按自己的性别角色的规范行事的过程。家庭对性别角色社会化的影响是通过性别期待与认同、模仿等机制实现的。儿童进入学龄期以后，学校和社会从多方面强化男女两性的角色差异。例如，学校和教师在升学期待、课余生活、体育锻炼项目等对不同性别的学生有不同的要求；教科书也表现出不同的性别期待。

因此，青少年时期的成长经历——特别是家庭和中小学教师对女性的期待和评价，将在很大程度上影响女大学生未来的成长和发展。然而，调查结果向我们揭示，目前在校的女大学生在成长过程中仍然不时地经历来自中小学教师、家长传统社会性别观念的影响。有81.1%的被调查女性在成长过程中听到中小学教师或父母说"女生要有女生样，男生要有男生样"；69.7%的女性听到中小学教师、父母认为"女生适合学文科，男生适合学理科"等。

更有甚者，女性还在成长过程中更多地听到教师、家长对女性角色的负面评价和对男性的正面评价。据调查结果表明：有49.2%的女生在中小学期间，听到教师或家长说"女孩不如男孩聪明"，83.9%的女生听到教师或家长说"男孩上中学以后成绩就上来了"。并且，来自农村、乡镇的女性更容易听到教师、家长对女性能力的负面评价（农村乡镇女性为51.4%，县级以上城市女性为46.1%）。

访谈中，一位本科男生提出学生受到外界影响产生了对于不同性别适合文理的认知：

　　　　我刚开始的时候是在理科班，有一个转科的过程，在那个时候女生居多，然后我们班第一学期的班主任是女的，她对同学是一视同仁，而其他老师，不是说对同学有性别歧视，而是对你这个人有歧视。比如说，你给他的课堂印象不好，他对你这个人存在偏见，并不是对你的性别存在偏见，基本上都是这样。但是女孩适合学文，男生适合学理，不光老师有这个想法，学生自己可能也把自己否定了。比如说，一个女生会觉得像别人说的学理学不了，学文比较容易，就是有时候自己把自己否定了。男生也有这种情况，我那个时候就是感觉我是男生，学文科庞杂的一系列东西可能把自己乱了。其实这是一种舆论给你造成的影响，实际上也有一定的科学性，但是具体来说还是因人而异。（访谈编号：120wy08）

而访谈对象对这种传统上的"男孩适合学理，女孩适合学文"提出了反对。访谈中一位女生提及：

我当时也没有听到老师们说过女生不太合适学什么这种话。因为差不多每个班的女生考试都占前几名。女生比男生踏实很多，学习靠的还是要踏实。女生答卷能力比较强。对于专业性的研究，我觉得女生也能做得很好。（访谈编号：100wy05）

另一位女生提出：

女生在高中学习好，没有老师跟我说女生不太适合学理。我们应届班总共有20个班，有4个班文科，因为有升学率的问题，所以年级后多少名是不允许报文科的。因为文科班少，要保证升学率，过一本线要达到百分之多少，只允许后300名，200名不允许报名，怕拉低它的升学率。但是有的女生小学初中学习好，高中学习就跟不上了，还是分人我感觉。我记得原来上小学的时候有个女生，成绩很靠前。因为小学的东西就是背背记记，对思维逻辑能力不要求是很高，但是她上了初中成绩就落后了。（访谈编号：101wy07）

（三）大学教师的社会性别观念

研究认为，教师文化构成了"一个组织所蕴含的关于行为、认知、假设、信仰、态度、意识形态和价值观念的持久模式"。大学中的教师文化及师生互动模式会给在校学生的学习和发展带来显著影响。

霍尔和桑德勒 1982 年提出的"冷漠的氛围"这个概念，意指课堂上那种微妙的甚至是公然的性别偏见。霍尔和桑德勒注意到：在大学课堂上，针对女性的"冷漠的氛围"广泛存在，教师往往并不是基于学生个体，而是基于学生性别，在交流过程中对其行为、能力、职业生涯和个人目标作出期待——这种期待在很大程度上仍是传统性别观念的产物。教师的行为或许是无意识的，但学生能敏锐地感受到这种氛围，并受到这种氛围的影响。广泛出现在课堂和实验室中的"冷漠的氛围"，将导致女大学生在学习和研究过程中的负面情绪，甚至最终退出了科学研究领域。

中国高等教育机构中的教师文化呈现出何种特点？是否一样存在西方学界所提出的针对女性的"冷漠的氛围"？调查发现，仍有相当数量的大学生听到大学教师说过一些贬低女性能力的话。例如：

"这个专业不适合女生学习"：在全体样本中，有 28.9% 的被访者听到大学教师说过类似的话。在理工农医等传统上女性较少的学科中，更有高达 38.2% 的应答者报告此项。这势必将削弱原本就在学生数量上占劣势的理工科女大学生的学习热情和信心。

"男生的发展潜力更大"：在全体样本中，高达 44.2% 的被访者听到大学教师说过类似的话。并且在普通院校和研究生群体中，听到教师有过此类表述的学生所占的比重更大。

"男生更适合做研究/作科研"：在全体样本中，有 30.8% 的被访者听到大学教师说过类似的话。伴随着受访者的学历越高，听过教师有此类言论的学生所占的比重也越高。在博士生群体中，有高达 47.8% 的被访者选择了此项。

有证据表明：相较于男性而言，女性更倾向于和他人交流，并从这种交流中获得情感支持。因而良好的师生互动关系对促进男女生的发展都有益处，对于特别倾向于和教师互动并容易受到教师影响的女生而言尤其如此。然而现实中的情形却是在高校教师群体中仍然存在着对女性的歧视和偏见。尽管我们无法了解有多少教师曾对女性有过负面评价，但至少从结果上看，有接近一半的学生报告听过教师的此类言论。并且，理工科学生更多地听到教师对女性的负面评价；学历越高的学生听到对女性的负面评价越多；普通院校学生相较于接触过社会性别意识的学校（例如，中华女子学院）的学生更多地听到教师对女性的负面评价。

三　校园性别环境

学生和教师之间的互动关系会影响学生学术表现上的性别差异。在这种师生互动关系中，教师的性别是一个重要的影响因素。教师的性别通过性别角色模型、自我实现理论等机制影响到学生的学术表现。如果教师的性别和学生本人相同，那么这将有助于提高学生的学业成绩、教师对学生成绩的主观感知及学生本人的学习努力程度，并且提高学生修完课程的概率。但是也有研究质疑了同性教师有助于提高成绩这一假说，因为不同性别的教师倾向于选择教授不同的科目，这就导致教师和学生的匹配是非随机的。我们的调查显示，女性教师的榜样角色对于高校女生来说，有很大的指导和影响。一位女学生提出：

> 专业的女老师形象，会对我们有影响。我们可能博导也不多，有一个女博导，这位女老师还是挺厉害的。有时候她会给你激励，你也想成为那种很事业的那种女生。（访谈编号：101wy07）

我国普通本科院校女专任教师人数及占专任教师的比例呈现出逐年上升的态势。到 2009 年，女专任教师达到 42.19 万人，占专任教师的 45.10%（见表 3-24）。

表 3-24　我国普通本科院校女专任教师人数及占专任教师的比例

年份	女专任教师人数（万人）	占专任教师的比例（%）
2003	23.68	41.17
2004	26.37	41.86
2005	28.75	42.62
2006	31.15	43.43
2007	37.99	44.38
2008	39.98	44.62
2009	42.19	45.10

资料来源：《中国教育统计年鉴》（2003—2010 年）。

但是，根据《中国教育统计年鉴》数据来看，大学女教师的比例偏小，学历层次、职称和职位层次偏低。到 2009 年，我国女性研究生指导教师的比重仅为 27.20%（见表 3 - 25 和图 3 - 3）。

表 3 - 25　　　　　　　　　　　高校研究生指导教师

年份	2002	2003	2004	2005	2006	2007	2008	2009
总计（人）	115401	136151	147301	172051	188519	205271	220227	240023
其中：女（%）	20.8	21.7	22.6	23.9	24.6	25.8	26.4	27.2
分指导关系								
博士导师（人）	8229	8509	9317	9849	10396	10605	11275	12460
其中：女（%）	10.8	10.4	10.7	12.3	13.9	12.2	12.9	13.4
硕士导师（人）	91197	106608	114847	134444	146988	159928	172670	188596
其中：女（%）	23.6	24.9	25.9	27.3	27.9	29.4	29.9	30.6
博士、硕士导师（人）	15975	21034	23137	27758	31135	34738	36282	38967
其中：女（%）	10.1	10.4	11.0	11.5	12.4	13.8	14.3	15.0

资料来源：《中国教育统计年鉴》（2003—2010 年）。

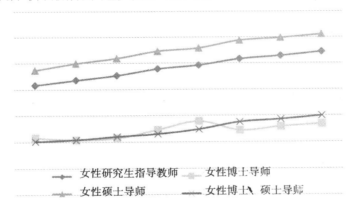

图 3 - 3　女性研究生指导教师比重（2002—2009 年）（%）

资料来源：《中国教育统计年鉴》（2003—2010 年）。

访谈中多数学生认为本专业的博士导师还是以男性居多。而学生甚至认为，女性教师对于自我职业生涯的规划，仍旧是以家庭为主，"甘当副将"。一位女硕士认为：

> 我们学院的导师还是男性多，像我们院的博导，只有我们老师自己一个人是女的，其他的都是男老师。我们院整体来说，不能说男老师多，其实女老师也不少。做博导也是评职称慢慢上去的，有很多的女老师，她的目标就是想当副将，可以不评教授。（访谈编号：041wy03）

在现实中，女性教师同样面临着性别差异甚至歧视，在职称评定等方面存在一定程度的性别不平等。同时，女性教师更要面对来自家庭和事业的双重压力，以致学生认为女性教师的成就动机较低。女性教师的榜样作用对于高校女生的影响不容忽视。

此外，校园的性别环境对高校女生有着深远的影响。在被调查者中，有21.3%的应答者回答学校开设过性别平等或女性发展的相关课程或讲座，41.8%的学生回答没有开设过此类课程或讲座，37%的学生回答不清楚。可见，在我国目前的高校体制下，性别平等或女性发展的议题尚未被较好地纳入学校培养过程。

在回答学校开设过此类课程或讲座的学校中，有53.5%的女大学生参加过这类课程或讲座，参加的比例并不是特别高。可喜的是，有43.1%的男大学生也参加过此类课程或讲座。推进男女性别平等和发展是全社会共同的事情，有更多的男性参与进来，事实上更有利于推进女性人才的培养和发展。

有更多的女大学生认为有必要针对不同性别展开有针对性的职业规划指导（男生为70.8%，女生为76.6%）；其中，女研究生群体对这一要求更为迫切（男生为71.5%，女生为77.9%）。可见，目前我国高校的职业规划指导尚且不能满足女大学生——特别是女研究生群体的自我规划和定位，还需要进一步发展出针对女性人才特点的职业规划指导方案。

第四节　小结与讨论

一　主要发现

第一，在中小学就读期间，女性学生有较好的学业成就，社会参与的比例高于男性学生，存在一定程度的"男孩危机"。

第二，高等教育阶段存在专业选择上的性别隔离。高校女生在入学、教育过程等方面都可以获得较为平等的机会和资源。

高校女生的学业成就较好，但女生的成绩优势伴随着学历层次的提高而逐渐缩减。高校女生享受各类在校资源的机会与男性基本相当。男学生对自己的各项能力评价比女生更有信心。女生的学业期待低于男性。

第三，家庭背景、性别观念、校园性别环境等对高校女生的教育状况产生影响。

出生家庭的社会经济地位对女大学生仍然具有非常显著的影响，来自农村地区和贫困家庭的女性所占的比例更低。新时代的女大学生的性别观念更为先进，但在成长过程中仍然不时地经历来自中小学教师、家长传统社会性别观念的影响；且仍有相当数量的大学生听到大学教师说过一些贬低女性能力的话。传统的性别意识阻碍女性向教育的高层次发展。女性教师的榜样角色影响着高校女生。性别平等或女性发展的议题尚未被较好地纳入学校培养过程。

二 讨论

随着中国高等教育事业的发展和高等教育的结构调整，中国女性的高等教育状况有了非常明显的改变，但是存在的问题也是值得深思的。女性接受高等教育的比例虽不断上升，实际数量也不断扩大，但与中国女性实际人口相比仍然很低。我国女性高等教育方面虽然也向深层次发展，但能够进入深层次的女性还是非常有限。而教育入学机会和教育过程中的性别问题，更影响着教育结果的性别不平等，表现在女性就业难、女性成就动机水平低、事业心不强、自信心和竞争意识不足、传统意识强、社会自觉参与感弱等。因此，关注发展过程中的女性高等教育所面临的问题并采取适当措施加以解决，是政府乃至全社会需要关注的重要问题。

（一）高校女生自身

第一，转变传统的性别偏见，确立正确的社会性别意识。

高校女生需要摒弃男性至上的性别观念，在认知上形成平等的社会性别角色，增强性别平等权意识。积极通过教育等实现自我潜能的最大发挥，强化主体意识建设，增强自信心，提升成就动机。

第二，在保持学业成就优势的同时，积极参加课外活动和各种社会参与，建立社会网络及社会资本，提升自我的综合能力。

相比而言，男性更为重视自己社会资本和社会网络的建立。一位男性硕士提及：

> 我是学生会干部。认识了很多，就是学校里面应该认识的人都很多。都很多，就是感觉本科四年时间，就是人脉啊，都打开了。就是学校一些关系啊，老师那个层面的关系，包括专业，行政的老师关系

都比较好，包括校党委的老师，都认识一些。还有社会上一些，比如说法院的，一些社会上的，反正我认识的人比较多。我法政学院一些学生干部，关系很铁，就是四五个人在一起，互相出去帮助，就是认识一些人。就是以后可能会有帮助，就是为什么我想去徐州发展。就是朋友多，朋友根基。就是以后反正不管遇到什么事情，哪行哪业有朋友，就是觉得无论办什么事情都方便一点儿，这个朋友并不是天天吃喝那种朋友。就是很好的朋友。这是我要回徐州很重要的一个方面。在南京一年多了，一直没有打开局面。去年的时候还想在这边，在这边发展一下，越来越想不行了，这边不行，压力比较大，竞争比较激烈。还不如去一个三、四线城市，那样更好地发挥自己。我们男生打开局面，就是平常玩一玩啊，出去转一转，爬爬山。感觉比较亲近。认识的人多了，也不是说非得喝酒什么的，就是以后好说话一些。我觉得男生好像认识的人，好像以后事业上发展一个需要。我认为，好多人交朋友，和我都是一样的。一两个知己，然后再加上其他。（访谈编号：0501j03）

（二）高等院校

第一，做好学生学业生涯和职业生涯的规划指导。

目前高校学生的学业和职业生涯规划还存在一定的盲目性。目前就业市场的压力增加，选择继续学业而非直接就业的高校学生增加，但更多的是出于工作压力的需求。这导致了部分学生在研究生阶段的学习动力不足。高等院校需要正确引导学生的升学和就业的选择。

第二，改变目前部分院校和专业与就业市场相对脱节的状态，增加就业指导。

随着大学扩招带来的就业压力与社会需求岗位少之间的矛盾，以及学校招生培养与企事业单位需求人才的脱节，高校需要进一步加强就业指导等功能，使学生具备良好的就业能力。

第三，重视高校学生的性别差异教育，并注重对学生平权意识的培养。

高校教育过程中，重视学生的性别差异教育，改革目前的教学过程和教学内容。有针对性地开发两性潜能。开展对于教育者和受教育者的性别差异教学、心理学、社会学等学科理论的研究。

此外，高校应加强对于学生性别平权意识的教育，特别是将男性学生纳入到性别平等的建设中来。调查中，一位男性博士甚至提到自己的博士同学"坚决不找女博士"：

> 可能跟社会上大家的看法一样。我感觉现在女博士在很多方面还是会受到歧视的。我室友坚决不找女博士。可能他们感觉做学术超女，是不是其他方面有一些问题。如果男生没有一个拿到博士的学位的话，基本上是不会去找女博士的。还有男高女低这方面的考虑。很多人受影响，一般都不会考虑超女的。（访谈编号：040wy01）

作为接受过高等教育的男性学生，其性别平权意识的培养也应该纳入高校的教育目标中。

第四，重视女教师参与校园管理。

高校应该重视提高和改善女性教师在高校中遇到的各种隔离和障碍。女性在高校担任职务方面的不平等不仅是高等教育领域男女不平等的重要体现，还较易形成不利于女性接受高等教育的环境。女性教师在大学担任的角色，往往成为女大学生效仿的范例。例如，实际看到大学高层管理岗位、高级职称、各个学科领域都有女教师的参与，而且起着重要作用，将有助于女大学生发挥学习潜力。女性教师处理好家庭和工作的双重压力，有利于女学生正确看待家庭与事业的矛盾。高校女教师的积极的成就动机，不仅有利于消除传统的不平等的性别角色认知，更重要的是有利于唤起高校女生的成就动机。

第五，加强理论研究，建立女性高等教育研究机构，开设性别课程。

目前女性理论研究机构仍较少，高校应重视相关科研部门和机构的培育和支持。开设社会性别课程，不但可以使女性增加性别知识，也可以使性别中的另一面——男性，加入到性别平等议题中来，学会用性别分析的方法，认识自身和社会，从而推动两性平权。通过性别教育，为高校学生提供认识自我和社会的性别视角，将个人的性别经验提升为两性群体共同的理性认知。

（三）国家政策

第一，增加女性接受高等教育的机会。

从国家到地方层面，进一步加大对于女性公平享有受教育权的政策执行，使女性获得受教育的机会，从而进一步改变女性群体的经济和社会地位。

第二，加强法律、制度和政策的执行力度。

将性别平等观念纳入教育政策。例如，郑新蓉提出：第一，审视清理和修订现行教育政策和法规中性别歧视和性别盲点的内容；第二，现阶段对妇女尤其是女童的教育政策应该确定公平加优先的取向而不是单纯平等基础上的竞争；第三，建立监控性别平等的指标体系，即用实际数据来说话；第四，让更多的妇女参与教育的决策层。

应该完善、补充现行教育法规制度中关于性别平等与差异的条文。将法律上规定的男女参与高等教育的平等权利推向实际，加强监督，严格执法。

第三，鼓励和发展女性高等学校的建立。

自新中国成立以来，高等教育采取的男女同校的方式，体现了教育的平等原则。但是，一定程度而言，以男性需求为中心的高等院校，并未能从女性的特殊需求出发，探索和建立女性高等教育的科学方法、途径和内容。鼓励和发展女性高等学校的建立，并不是隔离两性之间的交流，而是期望为女性学生提供多元化的高等教育选择，从女性特点出发，在教学管理、专业设置、教学计划、教学内容和方法等方面全面考虑女性特点和社会对于女性人才的需要。

本研究的调查结果显示，同之前学者的观点相同，女子学院的大学生自主意识较强、传统的性别角色定型观念较弱。女子院校为学生提供了更为宽松的发展环境，提供了更多的实践和锻炼机会，有利于女生自信和自尊的培养。但是目前我国较少的女子院校提供理工科的教育，较为拘囿于传统的文科教育，在今后的高校建设和学科建设中，可以有意识地通过政策鼓励等，培育和发展理工科女子院校，打破传统的专业性别隔离，为国家培养优秀的女性人才。

（王颖）

第四章

高校女生的就业状况

在当代，一份工作几乎已经成为一个人在社会中立足的核心要素。如果从马斯洛的需要层次理论来看，不管是低层次生理需要还是高层次的自我实现需要都与他的工作有非常紧密的联系，如获得食物以满足食欲，获得衣物和房屋以保暖，需要工作获得的报酬来支持；获得尊重、声望和自我实现同样需要一份好工作作为保证。

从国家的层面来看，充分的就业已经成为现代国家普遍的国家目标。一个国家实现经济增长、维持社会稳定、促进文化发展、催动科技创新，都依赖于国民的充分就业。2012 年的政府工作报告中明确提出，"要把保障和改善民生作为政府工作的重要任务。实现好、维护好、发展好最广大人民的根本利益是以人为本理念的具体体现"。更为重要的是，使接受过高等教育的高校毕业生能够才尽其用的就业，直接关系到一个国家高精尖科学技术的发展与产业升级的实现，也是国家财政普遍向高等教育倾斜回报最高的收获之一。具体到中国国情而言，高校毕业生的就业是"科教兴国"战略的必然步骤。

而从两性平等和妇女解放的层面来看，女性就业的意义则更加重大。争取女性就业权利是第一波女权主义核心斗争目标之一，在历次的女性争取平等的运动和斗争中，一直加以明确和强调。联合国促进性别平等的纲领性文件《消除对妇女一切形式歧视公约》（CEADW）中明确提出促进女性就业和消除就业中对女性歧视的条款。而联合国妇女地位委员会（Commission on the Status of Women）在 2011 年第 55 届会议后通过的共识中强调，应"支持从教育向充分就业和体面工作的过渡，解决妇女和女孩在从学校向工作过渡过程中面临的各种障碍：扩大就业机会、适应迅速变化的劳动力市场需求"①。

在个人、国家、性别解放的三重重要性之下，高校女生的就业问题之意义不言而喻。而对于本次课题而言则具有更为特殊的重要意义，因为它是高校女生成才之路的枢纽，是高校女生从后备人才到才能真正得到发挥的枢纽。

但是，"女大学生就业难"逐渐成为一个公认的社会问题。女大学生不好就业，就业得不好，使得女性人力资本配置效率低下，不仅浪费了宝贵的女性人力资源，影响女性人才在经济增长、提高民族整体素质方面的作用发挥，而且对女大学生自身而言，就业的失利，会加剧女性所感知到的对男女不平等的体验，使得越来越多的女性不再对未来抱有希望，不再将职业当作发挥自己能力才干、谋求自我实现的途径，而只将工作当作谋生的手段，因而对职业失去信心，甚至放弃工作的权利回归家庭。此外，当女大学生因为性别原因被排斥在工作岗位之外，或者因为性别歧视而只能在低层次岗位就业时，女性的收入将完全不能保障其需要，生活质量将大打折扣，从而也失去了实现自我价值的机会。

第一节　高校女生就业问题综述

高校女生就业问题也引发了学术界的广泛关注，从研究的数量和持续时间就可以看出此问题的热度。仅在"知网"中搜索以"女大学生就业"为主题的文章，从1990年到2013年就有接近20000篇文章。而从2006年到2012年，平均每年有多达2500篇相关主题的文章发表。从学科方面来看，教育学、经济学、管理学、社会学、统计学、法学、心理学等学科都有大量此方面的研究。以上充分说明了学界对此问题的重视。

以下通过梳理目前国内对女大学生就业问题的学术探讨，一方面勾勒此问题的轮廓，另一方面也简要评价现有研究对此问题的得失，为本章的讨论铺设道路。

---

① 世界妇女地位委员会：《关于妇女和女孩接受和参与教育、培训、科学技术，包括促进妇女平等获得充分就业机会和体面工作的商定结论》。

一　高校女生就业问题的一般表现

"女大学生就业难"，不仅是一个由媒体报道的社会热点，也成为关注此问题的诸多学者的共识。但是，对于"就业难"问题的表现、原因及对策，学者们由于秉承不同的学科特点，使用不同的研究方法，因而认识各有千秋。

就业难最为突出的表现就是，比起男大学生，女大学生的初次就业率要低，学界通过各种形式的研究基本对此达成共识。许多学者都注意到男女两性高等教育毛入学率在 2015 年逐渐持平，甚至有女性入学率高出男性的趋势，比如有学者提到，2001 年女大学生占总毕业生的比重为40.77%，2003 年增加到 44.29%，2009 年又增加到 50.08%[1][2]。但是，也有学者对此观点并不赞同，李伊涵和童菲随机抽取了 25 所北京地区普通高校 2005—2008 年共 4 年毕业生就业的数据信息，包括研究生和本、专科生，根据所使用数据特征，对比考察男生和女生的就业率情况，发现实际上女生就业率反而高于男生就业率，而在 2005 年、2006 年和 2007年表现得更为明显[3]。这一研究充分显示，一方面，在特定的时空范围下女生并不比男生的就业率低，同时也在提示研究者，不能简单以就业率来衡量女大学生就业之难。

大多数研究者注意到女大学生择业时间长，也就是说，相较于男生而言，女生从开始找工作到找到工作，需要更长的周期。比如王小波在对天津南开大学 1998 级本科毕业生及 1999 级硕士研究生进行抽样问卷调查后发现，女生投递简历的份数多于男生，获得面试的机会却少于男生，寻找工作的时间花费要多于男生[4]。

就业机会少是就业难的又一重要表现。所谓就业机会少，是指相较于

---

① 林艳艳：《从性别角度解析女大学生就业难问题》，《产业与科技论坛》2008 年第 7 卷第3 期。

② 傅静：《从性别歧视的角度简析女大学生就业问题》，《河海大学学报》（哲学社会科学版）2009 年第 11 卷第 1 期。

③ 李伊涵、童菲：《从一组就业率数据看女大学生就业》，《首都经济贸易大学学报》2009年第 4 期。

④ 王小波：《大学生劳动力市场入口处的性别差异与性别歧视——关于"女大学生就业难"的一个实证分析》，《青年研究》2002 年第 9 期。

男生而言，用人单位提供给女生的职位少，要求的专业苛刻，或根本表示某些职位不招女生。傅静提到，"据《组织人事报》2006 年 10 月 31 日报道，在上海浦东举办的一场人才招聘会上，300 余家企业提供了 30000 多个职位，但 80% 的用人单位只聘用男生，而应聘者中 2/3 是女生。其中一家企业招聘 8 种岗位，需要二十多名员工，也不招聘一个女生，甚至一些像会计、贸易、人事等比较适合女性的工作，如今也明确只招聘男生"①。而这种情况甚至在国有企业和事业单位中表现得尤其严重，根据周伟等人在《中国的劳动就业歧视：法律与现实》一书中对某年中央企业用工条件的统计，共计有 315 项职位只提供给男性，11 项职位为优先考虑男性，只有 18 项职位只提供给女性。管理类和专业技术类的职位供给严重失衡，即使是情况稍好的商业、服务业类的职位，男女的比例也达到了 3.5∶1②。可见，这种明目张胆地排斥女性的招聘方式比比皆是，高校女生在求职一开始的就业机会方面，就远远不如男性能够获得的多。

　　除了就业机会被限制这种明显的歧视以外，高校女生在求职时还不得不面对各种五花八门隐性的歧视。佟新与梁萌基于对女生求职过程的深度访谈，梳理了在求职各个环节的歧视形式：首先是在简历筛选时，女生处于不利地位，经常被莫名其妙地筛掉，最后获得面试机会的大多是男生；其次是历次面试中，被问到涉及性别、婚恋等不涉及个人能力、工作经历的问题，而这些问题往往成为女生被淘汰的原因③。傅静指出，有些公司虽未做硬性规定，但一旦因生育离岗，升职、加薪都将受到极大影响④。2006 年 3 月由全国妇联妇女研究所组织撰写的《1995—2005 年：中国性别平等与妇女发展报告》针对 2004 年上海部分高校女大学生就业状况进行了详细调查分析。报告指出，在实际求职过程中，大学生尤其是女生对性别歧视的感受依旧很强烈。55.8% 的女生认为求职时遭遇到了性别歧视，63.7% 的女生和 47.6% 的男生认为用人单位存在着"很歧视"或

　　①　傅静：《从性别歧视的角度简析女大学生就业问题》，《河海大学学报》（哲学社会科学版）2009 年第 11 卷第 1 期。

　　②　周伟等：《中国的劳动就业歧视：法律与现实》，法律出版社 2006 年版，第 10—12 页。

　　③　佟新、梁萌：《女大学生就业过程中的性别歧视研究》，《妇女研究论丛》2006 年第 S2 期。

　　④　傅静：《从性别歧视的角度简析女大学生就业问题》，《河海大学学报》（哲学社会科学版）2009 年第 11 卷第 1 期。

"比较歧视"女生的现象。这些隐性的歧视虽然没有明目张胆地将女大学生拒之门外，却让许多女生望而却步，选择放弃这些就业机会。

薪酬是衡量就业质量的又一个重要指标。大多数研究者都发现了男女大学生在就业后薪酬方面的差异。北京大学教育学院"高等教育规模扩展与劳动力市场"课题组针对 2005 年中国毕业生就业状况所做的调查显示，男性每月平均底薪为 1631 元，女性为 1507 元，二者相差 124 元[①]。福建女性发展研究中心于 2002 年对厦门大学本科毕业生进行的就业调查中发现，签约时雇用单位拟付工资低于 3000 元的占全部女生的 78.8%，高出男生 11.3 个百分点；拟付工资在 2000 元以下的占全部女生的 64.8%，超出男生 14 个百分点。控制其他变量不变，签约单位对男生的拟付工资平均要高出女生 11 个百分点[②]。

根据以上对于现状描述研究的梳理，我们可以发现，"女大学生就业难"问题不仅仅表现在女大学生就业率低这一简单的量化指标上，还反映在就业机会、歧视和薪酬等品质性指标上，女大学生不是简单的找不到工作，而是相较于男大学生而言，找工作周期更长，工作机会更少，遭受各种歧视，无法获得更好的报酬。总而言之，就业难更应表达为"找到好工作难，找到理想的工作难"。

二 高校女生就业问题的原因剖析

我们通过文献梳理发现，对于造成"女大学生就业难"的原因，学者们主要将目光集中在以下五个层次的问题上。

(一) 女大学生自身原因

一些研究直接将女大学生就业的困难归因于女大学生自身体力、心理、能力等方面的不足。比如认为两性在生理、心理和智能结构上的差异性必然会导致在职业分工和职业选择上的差异性。认为女性在总体上体力弱于男性，无法从事繁重的体力劳动和高空作业、野外作业等一些特殊岗位；女大学生在就业后马上面临生育和抚养，于是孕期、产期、哺乳期安全和健康受到特殊保护，限制了其从事某些职业岗位，同时也增加了企业

① 罗德宏：《世象：男大学生起薪超女生百元》，新浪网，2006 - 2 - 15，http：//news. si-na. com. cn/o/2006 - 02 - 15/11428212922s. shtml。

② 吴秀霞：《女大学生就业难与性别歧视》，《中国大学生就业》2005 年第 16 期。

雇用女大学生的自然成本，如胡安荣借用贝克尔的歧视理论，指出追加在女性雇员身上的"自然附着成本"（包括生育及相关成本、补偿性工资差别、预期劳动生产率和转岗成本、培训成本）来解释用人单位拒招女大学生的现象①。还有研究认为女性在抽象思维、宏观驾驭等能力和冒险精神等方面弱于男性，使得她们总体上在一些职业领域内的成就不如男性，等等；认为一些女大学生在心理素质方面的不足是显而易见的，如在实践活动中缺乏自信，意志力不够坚强，在复杂的人际关系中无法摆正自己的位置，遇到突如其来的困难经常不知所措，承受能力较差，受感情生活的影响大等②。但也有学者持相反意见，认为女大学生不论是从学识、能力还是经验上，都不劣于男大学生，有些地方甚至优于后者。比如，潘锦棠的研究就发现，女大学生在校学习成绩与班级工作能力好于男生，是与男生相同质量的劳动力，其就业选择和工薪期望与男生基本相同，说明在生产率方面，女生和男生之间不存在质的差别③。

（二）教育和学校方面的原因

许多学者都提到了教育方面的问题。一方面，学校教育和市场需要的脱节，这不仅是对当代大学生整体而言，对于女大学生而言更为严重，因为专业的设置中隐含的性别因素将女大学生大量安排在"传统适合女性学习"的学科中，使得此领域女生大量积聚；同时，一些专业技术学科对于女性的进入又抱有偏见和歧视，导致女大学生在专业优势方面劣于男生。另一方面，学校开展的就业培训效果不佳，使得女大学生无法获得技巧、心理、素质等方面的培养；没有考虑到女大学生的特点，以帮助女大学生树立正确的就业观，更没有就维护女大学生自身利益、拒绝歧视等问题对其加以培训。如李升学认为，高校培养方式与社会对人才需求脱节与就业指导不到位成为女大学生就业困难的重要诱因；我国高等教育的学科结构和培养模式不尽合理，对人才的培养和专业设置往往滞后于市场经济的发展和要求。教育方式较为落后，往往是"重理论轻实践，重知识轻能力"，这就使得女大学生普遍的动手实践

　　① 胡安荣：《企业拒绝女大学生的经济学分析——贝克尔歧视理论的拓展和运用》，《财经科学》2004 年第 4 期。

　　② 王莹华、许文彬：《当代女大学生就业现状及对策分析》，《科教文汇（中旬刊）》2007年第 8 期。

　　③ 潘锦棠：《北京女大学生就业供求意向调查分析》，《北京社会科学》2004 年第 3 期。

能力差，所学理论和现实脱节，并且离社会所要求的综合素质人才有一定的差距①。

（三）用人单位原因

学者们多从经济学的角度探讨企业对女大学生就业的认识，基本以效率最大化原则为准绳，分析一些用人单位对女大学生的偏见。如胡安荣认为，企业考虑到雇用女大学生的自然成本，实际是一种理性的选择②。王红、马天芳、陈晓娴等人则用问卷调查的方式直接检测了企业对招聘女大学生的态度。但遗憾的是，他们将"从调查来看，企业'不排斥女生'的占75%，'比较排斥'的占20%，'很排斥'的占5%"简单地解释为"多数企业在录用大学生时并不排斥女大学生，他们只会想方设法引进人才，不会拒绝人才"，没有结合企业实际录用情况来看企业的实际态度③。

（四）法律、政策原因

大多数学者都注意到并引用了我国多条法律对于禁止在就业方面歧视妇女，保障妇女权益的条款，如《中华人民共和国宪法》第三十三条规定："中华人民共和国公民在法律面前一律平等。"第四十八条规定："中华人民共和国妇女在政治的、经济的、文化的、社会的和家庭的生活等方面享有同男子平等的权利。国家保护妇女的权利和利益，实行男女同工同酬，培养和选拔妇女干部。"《中华人民共和国劳动法》第十二条规定："劳动者就业，不因民族、种族、性别、宗教信仰不同而受歧视。"第十三条规定："妇女享有与男子平等的就业权利，在录用职工时，除国家规定的不适合妇女的工程或者岗位外，不得以性别为由拒绝录用妇女或者提高对妇女的录用标准。"但是，学者们也清醒地意识到，这些法律法规的制定不够完善，提法比较笼统，只给出了总纲和条款，没有给出相应的和具体详细的实施办法，在实际执行中不灵活，可操作性较差，缺乏严格的法律界定，无法对用人单位或明或暗的性别歧视起到应有的约束作用。由于现有的法律条文不够完善，又缺少

---

① 李升学：《女大学生就业过程中弱势问题的原因及对策》，《山东省青年管理干部学院学报》2004年第4期。

② 胡安荣：《企业拒绝女大学生的经济学分析——贝克尔歧视理论的拓展和运用》，《财经科学》2004年第4期。

③ 王红、马天芳、陈晓娴等：《解读企业对应届女毕业生的看法》，《青年探索》2007年第6期。

具体的反就业歧视法律，因此就让用人单位有机可乘，利用法律空子进行隐性招聘，逃避法律的责任。就算有的用人单位确实违反了规定，这些法律条文也没有明确的处罚规则，使得女大学生无法据此维护自身的合法权益。如郭秀芬、刘宏佺、杨娟茹认为社会性别歧视、社会政策法规不够健全、社会保障机制尚不完善是造成女大学生就业难的重要原因之一。同时，性别歧视难以在法律层面得到有效制止，一些法律法规性的规定条文的原则性太强，但在实践中的可操作性不强，对用人单位的性别歧视无法起到应有的约束作用，使一些用人单位有"空子"可钻①。

（五）文化和社会意识原因

学者普遍认为，文化层面的女性刻板印象影响到了女大学生就业难问题的各个方面，成为一个名副其实的前置因素。比如有学者注意到，对于女大学生个人而言，刻板印象对其自身的认识、职业能力的培养和职业发展的规划都有不同程度的影响，在观念上受传统文化影响，未能摆脱世俗的男女性别观念。另外，社会角色的分工和性别气质的自我认同，也影响了女大学生的就业，人们通常认为女性具有感性、温柔、依赖、抽象思维能力较差等特征，无法进行理性思考和推理，并且不期待女性取得辉煌的成就。社会并不期待或者说不希望女性在事业上取得较高的成就，导致大部分女生也接受了这种期待。

而这种刻板印象更深刻地影响了学校教育的专业设置和用人单位的职位设置。欢迎女生的学科多是文科和理科的应用型学科，进入容易，专业性不强，创新要求不高。而用人单位的职位设置则将大量服务性的、辅助性的、非核心业务的职位分配给女性。此二者实际上是一种相互加强的关系，学校教育越将女生培养成非专业性、非创新性、处理一般事务类的人才，用人单位就越设置、安排这样的职位给女生，而这又作为一种市场信号，回馈给高校，导致新一轮的学科设置偏废。此二者的互动都源自文化上的性别刻板印象，而且深深影响了女大学生的就业广度。

---

① 郭秀芬、刘宏佺、杨娟茹：《变革环境下的女大学生就业问题探析》，《理论导刊》2005年第2期。

三　对现有研究的评述

经过以上的梳理，我们可以对女大学生就业问题研究的特点进行简要评述。

第一，建议与对策性文章多，专事原因剖析的文章相对较少。大量的文章针对这一问题提出了各个层次的意见建议，但许多文章因为疏于对此问题进行深入的剖析，导致提出的意见建议流于肤浅，针对性和可行性不高。

第二，描述性研究多，实证研究少。大量的文章多以媒体报道或常识为基础介绍问题，对于问题的把握难免出现偏颇。

第三，即便是实证研究，其中也包含一些问题。其一，研究规模受到一定的限制。就调查范围而言，绝大多数研究把研究对象设定为一个学校，一个城市，至多是一个省的应届毕业生；这就导致研究受限于地域因素和学校水平因素，无法较为全面地把握女大学生就业的情况。其二，就调查对象的选择而言，往往只集中于一届毕业生；这就使研究者无法建立一个历时性的分析视角，来看大学生从学习过程到就业过程的转变。其三，就性别选择而言，针对女大学生的研究很少考虑与男大学生的对比，这样使得性别的视角无法很好地体现。其四，大多基于经验调查的研究，其资料收集的方法或者是问卷方法收集数据，或者是访谈方法收集态度和故事，尚未发现二者结合的案例。

第四，全面的研究多，而专项研究偏少。研究者经常要整个处理"女大学生就业难"这样一个问题，往往个人、学校、企业、政策、法律等层面都要涉及，故而导致多数研究都希望面面俱到，但实际情况往往限于泛泛而谈，无法深入。

四　本次研究针对高校女生就业问题呈现的特点

针对以上谈到的研究领域的情况，我们在本次研究中特别突出了以下特点：

第一，在规模方面，本次研究考虑到东中西部地区的差异，"985工程"、"211工程"和其他普通高校的区别，选取了南京、武汉、西安、兰州和北京五个城市，每个地区的高校按"985"高校、"211"高校、其他普通高校划分为三个层次，选取了15所学校作为样本。这15所院校满足了"985"高校、"211"高校、其他普通高校、文科主导院校、理科主导院校、综合类院校、性别培训基地等条件，具有较强的典型性。

第二，在资料收集和分析方面，特别考虑到研究质性研究和量化研究的结合。在回收有效问卷5031份之后，又在每个学校安排大约10个单独访谈和一个小组访谈，以深入了解学生就业过程的细节和心理过程。

第三，同时注意男女两性大学生的情况，问卷回收的情况基本达到男女比例1：1，访谈人员的选定也是基本靠近1：1，同时考察了两性的性别意识，作为理解女大学生就业问题的重要前置变量。

第四，选取各年级学生，坚持历时性视角。问卷和访谈都涉及本科生、研究生和博士生，考虑到本科生毕业是初次就业，故而在问卷发放的数量上倾向了本科生，三种学历的学生发放问卷的比例约为6：3：2。

第五，关注就业意愿、职业规划、就业准备、职业成就感四方面内容，集中从女大学生自身的主观因素，以及就业之前的各种心理和行动过程，来切入女大学生就业问题。

第二节　就业意愿与职业规划

一　就业意愿

（一）含义和构成

在本研究中，就业意愿是指包括是否愿意就业、从事何种职业、进入何种类型的单位、在何种类型地区就业、薪酬期望等因素的主观愿望。就业意愿是为顺利实现就业所做的观念准备，是大学生在职业选择上的最初表现，也是大学生对自身情况和就业形势的基本判断，是影响大学生就业的最直接的主观因素，它不仅作用于就业行为和就业结果，还会对就业后的成就感、满意度和职业发展造成持续的影响。更为重要的是，对于女性成才之路而言，就业意愿是最初的和最持续的动力。故而，本研究将就业意愿作为第一个考察的指标，对于整个研究而言，有相当重要的意义。

（二）毕业后的打算

问卷中相关题目主要考察大学生在毕业后是希望立刻就业还是继续学习，同时也涉及询问就业的途径。从表4-1中我们可以看出，直接就业

和升学两项占了大学生毕业后打算的绝大部分。但在本科生中，男生打算
直接就业的比例要比女生高（男生为41.8%，女生为37.9%）；而到了硕
士和博士阶段，反而女生打算直接就业的比例比较高（硕士生：男生为
72.6%，女生为77.6%；博士生：男生为69.9%，女生为75.2%）。

表4-1　　　　　　　　　　分性别分学历的毕业后打算（%）

		男	女
本科生	没想过	2.2	2.0
	直接工作	41.8	37.9
	国内升学	32.0	33.1
	出国留学	6.6	11.1
	自主创业	5.9	2.1
	没想好	11.6	13.8
硕士生	没想过	1.1	0.5
	直接工作	72.6	77.6
	国内升学	7.4	5.8
	出国留学	7.1	3.5
	自主创业	1.7	0.8
	没想好	10.2	11.9
博士生	没想过	1.4	1.9
	直接工作	69.9	75.2
	国内升学	2.0	0.3
	出国留学	13.2	12.9
	自主创业	2.3	1.0
	没想好	11.3	8.7

（三）未来人才方向期望

　　数据显示，在对未来人才发展方向的定位上，男女大学生存在一定差
异（$\chi^2 = 104.6$，$p < 0.000$）。如图4-1和表4-2所示，有更多的男大学
生愿意成为党政人才（男生为15.9%，女生为10.5%）和科学研究人才
（男生为23.5%，女生为18.9%）；更多的女大学生愿意成为企业经营管
理人才（男生为29.1%，女生为32.7%）。而更多的女大学生尚没有明确
的人才发展方向（男生为6.7%，女生为11.4%）。

表 4 − 2　　　　　　　　分性别的人才方向期望 （％）

	男	女
没想过这方面的问题	2.5	3.7
党政人才	15.9	10.5
企业经营管理人才	29.1	32.7
实用技术人才	20.2	19.2
科学研究人才	23.5	18.9
其他（请注明）	1.8	2.1
教育	0.3	1.6
没想好	6.7	11.4

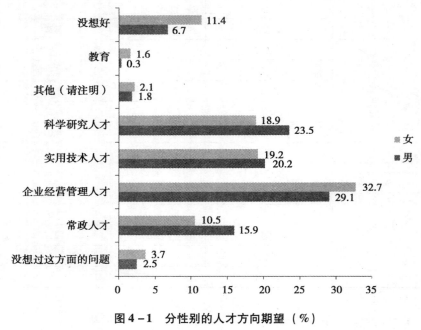

图 4 − 1　分性别的人才方向期望 （％）

（四）工作单位期望

在对未来就业的单位类型上，两性大学生也存在较为显著的差异（$\chi^2 = 129.1$，$p < 0.000$），如图 4 − 2 和表 4 − 3 所示，有更多的男大学生愿意在党政机关中就职（男生为 17.8％，女生为 13.4％）；而希望在医院、学校中就职的女性，在比例上远远高于男性（男生为 24.0％，女生为 34.4％），而男性更希望到国有企业中工作（男生为 19.8％，女生为 14.3％）。这些传统意义上的 "公" 字号单位吸引了过半数的大学生。相比

之下，希望在私营企业工作的男生和女生比例分别为 4.1% 和 2.7%；希望在外资企业工作的男生和女生比例分别为 15.4% 和 18.9%。这既说明公有制单位稳定性强、福利好的特点对高校学生具有吸引力，也说明薪资水平略高但是稳定性差、劳动强度高的私企和外企对高校生的吸引力较小。

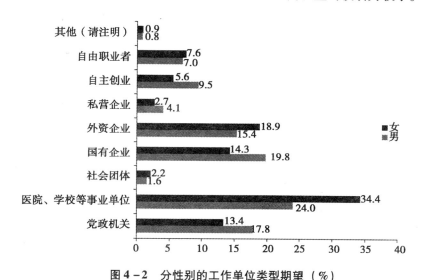

图 4-2 分性别的工作单位类型期望（%）

表4-3　　　　　　　分性别的工作单位类型期望（%）

	男	女
党政机关	17.8	13.4
医院、学校等事业单位	24.0	34.4
社会团体	1.6	2.2
国有企业	19.8	14.3
外资企业	15.4	18.9
私营企业	4.1	2.7
自主创业	9.5	5.6
自由职业者	7.0	7.6
其他（请注明）	0.8	0.9

（五）薪酬期望

或许出于对传统性别角色的认同，在对未来家庭的想象中，女生仍然把挣钱养家的工作交给男性，所以对于自己工作的报酬，她们有自己的解释。例如一位女生在访谈中这样给出对于未来报酬的解释：

我不追求挣很多钱的工作。我只要有一个工作就行，我对钱没有追求。（问：如果你是男生，你还会这样选择吗？）如果我是男生，感觉责任挺大的，我会以钱为目标。（一个成功的男性）不一定要看他挣了多少钱，不过最起码要做一个中层的领导。

以后结婚了，如果你总是拿他的钱去孝顺你的父母，即使他不说什么，我自己心里也会觉得没有底气，所以我觉得女人经济独立很重要。（访谈编号：031lfy03）

总结以上内容反映出的就业意愿的特点，我们可以发现：第一，在就业倾向方面，相较于本科阶段，高校学生在硕士和博士阶段更倾向于直接工作；第二，在成才期望方面，高校女生更多地希望成为管理人才；第三，在工作单位期望方面，男女两性大学生都表现出强烈的愿望进入政府、事业单位和国企这一类型的单位；第四，女生对自己薪酬标准，有与男生不一样的解释。

二　职业规划

（一）含义和构成

"职业规划"是"职业生涯规划"的简称，是指对职业生涯进行计划的行为，涉及个人发展与组织发展相结合，在对个人和内外环境因素进行分析的基础上，确定一个人的事业发展目标，并选择实现这一事业目标的职业或岗位，编制相应的工作、教育和培训行动的计划，对每一步骤的时间、项目和措施作出合理的安排。

职业规划是继就业意愿之后又一个重要的就业主观因素，可以将其视为就业意愿的具体化和现实化，它和就业意愿的关系相当于蓝图和理想的关系。职业规划对女性成才道路至关重要，它会影响高校女生的自我定位和发展。

狭义的职业规划只包括对职业发展的考量，而广义的职业规划，则是以职业发展为中心，对整个生命历程各个阶段重大生命事件的安排，比如对婚姻、生育与职业发展关系的安排，等等。

故而，考察大学生的职业规划，不仅可以让我们更直接地了解到大学生就业过程的细节及其背后的心理过程，还能更为生动地了解到包括性别观念在内的重大人生价值观在就业及生命过程中的体现。但是，在此我们也考虑到，学习不同专业，希望从事不同职业的大学生，其职业规划也是各不相同的，必然是极为具体而个人化的，而这些不同的职业规划，也不能简单加以统计和比较。我们在此并不执着于收集每一个大学生的职业规划，而是考察其是否有明确的职业规划，以及支持职业规划的主观因素。

（二）职业规划

大学生认为自己对未来职业发展有比较明确的目标的只占全部学生的49.5%（"非常符合"占10.0%，"比较符合"占39.5%），这就意味着有超过一半的大学生并不是特别清楚自己的职业发展。从性别方面看，男生对未来职业发展有明确目标的比例要高出女生近10个百分点（男生为54.1%，女生为44.9%）。

如果纳入学历因素来看，尽管随着学历的升高，对于职业发展目标的规划越来越明确（本科生为45.3%，硕士生为50.9%，博士生为63.6%），但在硕士阶段男女两性大学生的差别要比在本科阶段和博士生阶段要大（本科生：男生为47.7%，女生为43.1%；硕士生：男生为60.0%，女生为42.3%；博士：男生为66.5%，女生为60.3%）（见表4-4）。

表4-4　　　　　　　　分性别分学历的职业规划（%）

		男	女
本科生	非常符合	10.4	7.3
	比较符合	37.3	35.8
	一半符合	36.2	37.4
	不太符合	14.3	18.2
	很不符合	1.7	1.4
硕士生	非常符合	13.7	6.7
	比较符合	46.3	35.6
	一半符合	28.9	38.4
	不太符合	9.9	17.9
	很不符合	1.2	1.4
博士生	非常符合	15.6	12.9
	比较符合	50.9	47.4
	一半符合	25.3	28.7
	不太符合	6.8	10.3
	很不符合	1.4	0.6

（三）职业信心

是否对未来的职业充满信心是高校女生积极合理地进行职业规划的基础，也是其成才之路遇到困难时不断提醒其努力的重要因素。它不仅取决于大学生个体的性格特征，还取决于对能力自我认识和职业认知的契合。

数据显示，超过一半的大学生对于未来的职业充满信心（"非常符合"占18.0%，"比较符合"占43.0%）。但是考虑进性别因素，我们发现，男生对于未来职业充满信心的比例比女生高出21个百分点（男生为75.6%，女生为54.6%），这个差距还是相当大的。

如果加入学历因素，我们会发现，对于男生而言，从本科阶段到研究生阶段对职业发展充满信心有所增高，增加了近10个百分点（本科生为64.1%，硕士生为73.1%），而到博士阶段略有回落（博士生为70.0%），从总体上看，学历对于职业信心的增长是有影响的；但对于女生而言，从本科生到博士生，这一比例并没有明显的增长（本科生为55.2%，硕士生为52.5%，博士生为57.3%）。这似乎表明学历的增长并没有给女生带来职业发展的信心。

我们在访谈中发现，不少研究生对于研究生教育的评价是比较负面的，尤其是一些女生。她们往往认为研究生的学习既没有很好地提高自己的能力，也没有为今后寻找资本增添太多资本。比如，在下面一个案例中，一位女生对她的研究生学习情况作出了评价：

> 其实当初考研的时候，是想利用这段时间，学一下英语，以及看一些以前没有看过的好一点儿的书。我发现自己的水平没有提高多少，所以我不想考博。可能我觉得学校学到的知识跟实际脱节了，所以我不想再读了。（问：你身边的人有考博的吗？）他们如果考博的话，纯粹是为了找工作。很少是因为自己想读书而去考博。（访谈编号：031lfy03）

她认为目前的硕士教育没有达到预期的目标，也坚定了自己不会再读博的信心。她甚至认为研究生的教育可能会给未来工作带来负面影响。同时，她表示，身边读博士的人，把读博士当成替代找工作，缓解失业压力的方式，没有什么人真正为了读书去考博。这也是学历因素造成女性职业信心下降的一种解释。

另外，研究生之前比较失望的工作经历，也可能成为研究生阶段职业信心较低的原因。051lj01号访谈中的女生在大学本科毕业之后在一家公办幼儿园做幼教，因为她本科学习的是幼教专业，以为这一次就业和专业比较对口，就接受了。但是工作之后她才发现，待遇不好（每月只有七八百元钱），又没有发展前景，所以不得不选择考研从而换一份工作。但这给她带来的不是变化的希望，而是对于未来职业发展的丧失，因为这次失败的工作经历，使得她在选择考研时，考虑得更多的是作出改变，而非对未来职业的规划。

（四）职业决心

职业决心是指大学生是否充分预计到职业发展道路上的困难，以及是否有克服这些困难的勇气，是否会为之付出努力。这实际已经触及职业规划与职业定位的核心地带，也就是说，是否有职业发展的决心，最主要的取决于是否重视自己所选择的事业，以及是否已经有比较清醒的头脑去规划自己的事业。

数据显示，超过85%的大学生都愿意为职业的发展付出努力。男生和女生在这个问题上并没有太大的差别，选择"非常符合"和"比较符合"的男生和女生分别占到男生和女生比例的88.9%和83.8%。然而，坚定地认为会为职业发展付出努力的男生所占比例要显著地高于女生（男生为44.7%，女生为34.4%）。

如果加入学历因素，我们会进一步发现，随着学历的增加，男生非常愿意为成就事业付出努力的比例变化不大（本科生为45.3%，硕士生为45.0%，博士生为41.8%）；而女生非常愿意付出努力的比例则随着学历逐渐下降，而且下降幅度较大（本科生为39.1%，硕士生为29.2%，博士生为26.4%）。

在访谈中，我们也发现了类似的情况，一位女硕士生这样表达自己对未来职业发展付出努力的想法：

> 我没有太大的追求，我不想特别拼、特别累。我觉得生活就是生活，不要天天为了挣钱，把自己搞得挺累的。我不特别物质，没有要求非得特别好，只要我能攒一些钱，够我用了就可以了。（访谈编号：031lfy03）

这位女生认为"生活就是生活""不特别物质",这样的观点在当今的物质社会中看似很超脱,但她实际上有更为理性的考虑。当她充分考虑到所居住城市的竞争压力(生活成本、住房)和家庭生活给女性的压力(生育、养育)时,她会认为无法为事业发展付出过多的努力。

(五)婚姻家庭与职业规划

如上文所言,广义的职业规划实际是以职业发展为主线,将未来生活统一安排计划的工作。故而,在本次调查中,我们特别希望了解高校女生如何认识、处理家庭与事业之间的矛盾。我们虽然不能将女性成才与其婚姻家庭的发展对立起来看,但是,我们需要通过调查,了解在何种程度上,婚姻和家庭的因素会牵绊高校女生对于其成才之路的设计。我们将可能影响事业发展的婚姻家庭因素,简单归纳为"照顾孩子""照顾长辈"和"夫妻感情"三个部分。

我们发现,在照顾孩子、照顾长辈、夫妻感情方面,男生中表示愿意因此牺牲事业的比例要比女生高(愿意因照顾孩子牺牲事业:男生为48.3%,女生为19.7%;愿意因照顾长辈牺牲事业发展:男生为47.4%,女生为32.7%;愿意因夫妻感情牺牲事业发展:男生为37.5%,女生为22.1%)。相反,女生不愿意因以上三点牺牲事业的比例要比男生高(不愿意因照顾孩子牺牲事业:男生为32.2%,女生为41.1%;不愿意因照顾长辈牺牲事业发展:男生为19.4%,女生为29.1%;不愿意因夫妻感情放弃事业发展:男生为23.8%,女生为40.8%)。表示不置可否的男生比例和女生比例基本趋同(照顾孩子:男生为39.5%,女生为39.2%;照顾长辈:男生为33.2%,女生为38.3%;夫妻感情:男生为38.7%,女生为38.0%)。

这一发现与一般常识似乎有所出入。在当前的性别语境之内,女性被更多地赋予照顾孩子、照顾家庭的角色,故而在面对事业发展和家庭责任发生冲突的情况时,在一个家庭中,往往是女性而不是男性要选择放弃事业来照顾家庭。但是以上发现表明,相较于男生而言,有更多女生不愿意放弃事业来照顾家庭,这似乎说明,在大学生群体中,一种反抗现有性别分工话语的思想对于男生和女生都起了作用。

但是,当我们仔细分析访谈中的回答时,我们发现以上情况,实际上与男女两性对于"牺牲"的不同理解有非常直接的联系,更具体而言,就是男性理解的"为家庭因素牺牲个人发展"和女性理解的"为家庭牺牲个人发展"，实际并不是一个程度。

一个男本科生这样应对提问者对于家庭事业关系的问题：

> 我觉得最重要就是自己的家庭。如果是牺牲，要看牺牲到什么程度，我觉得可以牺牲（事业）。（访谈编号：031lfy02）

但是，从他后来的表述中可以发现，他所谓的"为了家庭牺牲事业"，是有限度的。他所说的"要看牺牲到什么程度，我觉得可以牺牲"，实际上也就限于如果女方的工作好，并且在北京工作，他可以放弃家里的工作，来北京找她，因为他认为自己"反正也能找到一个好的工作"。

另一位男硕士生在被问到这一问题时，他也在一开始表示是以家庭为第一位的：

> 我觉得家庭是第一位的，这两个不分主次吧。当自己的事业忙的时候，家里面也需要我抽时间分担一些，我必须选择一个。如果需要牺牲的话，肯定要牺牲的。我现在想的是两者平衡，可以找一个平衡的办法。比如说这件事忙不过来，自己的女朋友又特别希望我去陪她，就这样。这种情况比较好处理吧，我觉得我找的女朋友肯定比较懂事，她知道我的情况，她是可以处理好的，我可以多做一些准备。如果我觉得事业比较重要的话，我会做完这件事以后多准备一些，再去补偿一下自己的女朋友。（访谈编号：031lfy02）

他所认为的以家庭为重，更倾向于由于事业耽误自己在家庭方面付出努力之后，可以补偿一下家庭。而他还特别强调要找一个懂事的女朋友，可以理解他在事业方面的努力。最后，在被问及是以事业还是家庭为重的时候，该男生诚实地表明，还是以事业为重。

然而，女生方面的情况与男生方面的情况大相径庭。

首先，女生往往在某种意义上解构了"家庭和事业发生冲突"这样一种认识。比如有一位女本科生这样回答访问者的问题：

> 这个问题与在海上，老婆和妈妈同时掉进水里，你先救哪个相似。我读了这么多年书，毕业没工作几年就结婚，然后再有了小孩，

待在家里面带小孩、做饭什么的，我会觉得我读了这么多年书都没有用武之地，我希望在兼顾家庭的同时去工作。（访谈编号：031lfy01）

事实上，不能不说这种处理好家庭和事业关系的自信，多少来自对于生育和养育难度的忽视和低估：

（问：有很多情况是这样，比如说现在很多孩子的妈妈在怀孕的时候就把工作辞了，然后带几年孩子，就很难再回到原来的单位去了。所以这个时候就会存在一个选择，但是我们每个人都希望有一个两全其美的办法。）这个问题现在我没有想过，我自己觉得还是生完孩子，先尽好做母亲的责任，再考虑其他的事情，那时我也就三四十岁，要淡定一点儿，做一些自己想做的事情，不一定要工作。（访谈编号：031lfy01）

还有女生表示：

对，我觉得不一定会这样。比如你在带孩子那两年，要为家庭多付出两年，暂停两年工作，等孩子差不多长大了，家庭已经步入正轨了之后，可以出去重新工作，这也是一种牺牲，不要说一辈子就不工作了。（访谈编号：031lfy07）

第一个案例中，女生直接表明，对于不工作是可以接受的，"要淡定一点儿"，只要做自己想做的事情。在第二个例案中，女生对于女性在生育后重新进入职场的困难程度过于乐观了。"暂停两年工作"，很可能让一些行业的女性无法熟悉日新月异的技术，最终被劳动力市场淘汰。

从以上的访谈资料中我们可以看到，男生方面调换工作或补偿家人这种所谓"为了家庭而牺牲个人发展"的牺牲程度，远远无法与女生方面的直接放弃工作或者停止工作两三年的程度相比。但是，我们在访谈中真切地听到女生们很随意地、理所当然地说出这些话来，似乎这都不叫作真正的牺牲。我们并不知道她们认为真正的牺牲到底是以什么为标准的，但是从她们的态度中折射出的传统性别意识的强度，而这些意识与却能够与现代女性意识轻而易举地结合起来，着实令我们感到意外。

第三节　就业准备与求职经历

一　就业准备

（一）含义和分类

就业准备可以指为了取得工作机会而进行的一切脑力和体力活动，可以包括就业之前，大学生各种自觉不自觉的人力资本投入。这些投入都会不同程度地转化为高校女生成才的可积累因素，是高校女生成才能力最直接也是最集中的表现。笼统而言，上一节讨论过的就业意愿和就业前的职业规划，都可以算作精神上的就业准备。但在此，我们更加关注大学生付诸行动的就业准备。我们将获得专业证书和参加实习/兼职作为考察就业准备的重要指标。

尽管获得各种专业证书不能完全反映出大学生的各方面能力，但它确实是用人单位在对一个应届毕业生毫无接触的情况下了解其能力的最便捷途径。故而，越来越多的用人单位在招聘启事中，要求应聘者具备一些专业证书，最常见的比如大学英语四、六级证书和计算机等级证书等。证书的获得现在也是应聘者简历中必须要突出的一个部分。所以，对大学生在校期间证书获得情况进行了解，对考察其就业准备非常必要。

用人单位近年来越来越重视大学生的实习或兼职活动，并把是否参加过实习或兼职，在哪种单位参加过实习作为是否聘用的标准。我们也可以在各种应届毕业生的简历中看到各种各样的实习经历。那么，目前有多少大学生在校期间参与实习或兼职活动，从事哪些方面的实习，他们对这些活动的认识如何，都是本次调查需要了解的。

（二）获得专业证书

我们分性别和学历对大学生在校期间获得专业证书的情况进行了统计。

从数据中我们可以发现，有更多的女生曾一次并多次获得证书（男生为45.7%，女生为49.2%），同时，多次获得证书的女生比例也要比男生高（男生为19.0%，女生为22.8%）。

如果加入学历因素，我们会发现，在本科阶段，男生和女生在获得证书方面的差别不大（没有获得过：男生为61.1%，女生为61.8%；获得过一次：男生为 23.7%，女生为 22.0%；获得过多次：男生为 15.2%，女生为 16.2%）；但是到了硕士阶段，男生和女生的差别开始明显，只有 45.2% 的男生和 37.7% 的女生从没有获得过专业资格证书，女硕士生没有获得过证书的比例比女本科生大幅下降；获得过一次证书的比例男女都有所上升；而获得多次证书的比例，男硕士生比男本科高出近 10 个百分点，而女硕士生则比女本科生高出近 15 个百分点（见表 4 - 5）。这充分说明，大学生在读完本科之后，面对就业市场的压力，都努力去获得专业证书，而女生付出的努力明显要多于男生，收效也优于男生，可见面对就业压力女生比男生更为敏感。而博士阶段，这些比例的变化并不大。

表 4 - 5　　　　　　　　分性别分学历的证书获得情况 （%）

		男	女
本科生	没有	61.1	61.8
	有 1 次	23.7	22.0
	有多次	15.2	16.2
硕士生	没有	45.2	37.7
	有 1 次	30.2	31.5
	有多次	24.6	30.8
博士生	没有	46.7	33.0
	有 1 次	31.2	34.3
	有多次	22.1	32.7

（三）实习与兼职

尽管在问卷中设计了针对实习或兼职的问题，但是在访谈中，特别询问了受访者是否参加过实习或兼职及其经历如何。几乎所有受访者都表示曾经参加过兼职或实习。他们所实习的种类和选择的行业差别很大，这受到他们自身兴趣、所学专业、是否经济困难等诸多方面因素的影响。从访谈中，我们可以发现高校女生兼职或实习的一些特点。就兼职频率和时间来划分，可以分为长期的、间断的、专门的兼职；就兼职的目的而言，有的女生明确表示兼职是为了锻炼自己，有的则为了赚一点儿小钱，有的则是纯粹为了好玩；就兼职时的兴趣和感受而言，让女生比较满意的兼职往往是和她们专业比较靠近的，能够发挥应用知识的兼职，对于这种兼职，她们并不太计较报酬多少，但对于那些纯粹为了报酬而言的工作，她们一般都会反映劳动条件艰苦，报酬低下，没意思，或者不值得（见图4－3）。

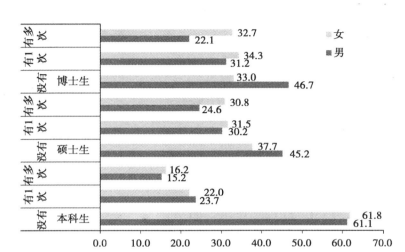

图4－3　分性别分学历的证书获得情况（％）

二　求职经历

（一）求职经历的基本特征

首先，经过统计，有68.1％的受访者都有过的经历。其中，有65.2％的男生和71.0％女生工作过，女生的比例明显高出男生。

纳入学历因素，可见硕士生有过求职经历的比例明显高于本科生（本科生为62.0％，硕士生为78.3％），然而博士生有求职经历的比例却低于硕士生（博士生为70.3％）。而且，不管在何种学历中，总是女生有过求职经历的比例要比男生高（见表4－6和图4－4）。

表4－6　　　　　　　　分性别分学历的求职经历（％）

		男	女
本科生	没有	41.5	34.6
	有	58.5	65.4
硕士生	没有	23.7	19.8
	有	76.3	80.2
博士生	没有	32.6	26.5
	有	67.4	73.5

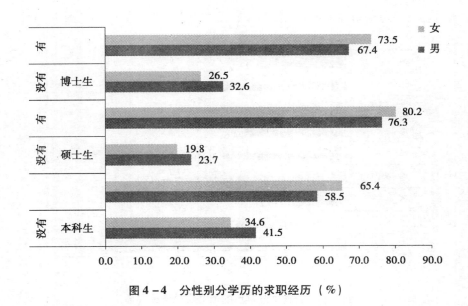

图 4-4　分性别分学历的求职经历（%）

以上发现说明，大学生群体有过求职经历的比例较高，而不同学历层次的女生有过求职经历的比例都要比男生高。

（二）求职过程中的性别歧视问题

为了考察求职过程中的性别歧视问题，我们专门设计了"在找工作的过程中，您有因性别原因而被拒绝录用的经历吗"这一问题。我们发现，确定受到性别歧视的女生比例是男生的两倍多（见表 4-7 和图 4-5），而认为受到和可能受到性别歧视的女生几乎占所有有求职经历女生的一半。这表明，女大学生遭受性别歧视已经到了何其严重的地步。但同时，我们也不应忽视男生方面的问题：一般认为，男生的性别可能是求职的优势，但事实上还有两成男生认为自己受到或可能受到过性别歧视。

表 4-7　　　分性别的求职过程因性别原因被拒绝录用情况（%）

	男	女
没有	75.4	53.6
有	11.2	25.0
不确定	13.4	21.4

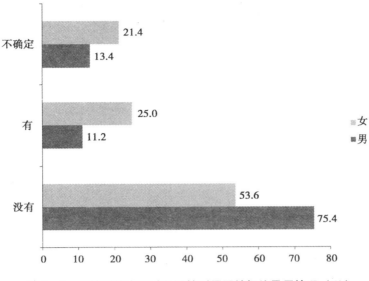

图 4 - 5　分性别的求职过程因性别原因被拒绝录用情况（％）

第四节　职业成就动机

一　成就动机的定义

成就动机是指一个人所具有的试图追求和达到目标的驱力。对于高校女生成才而言，它就是不断推动她们在事业中奋斗的驱动器。按照阿特金森的解释，成就动机是在经过幼年时期培养和青少年时期接受教育之后，留在人格中的一种稳定的驱力。而在此要研究的职业成就动机，则是成就动机在职业发展中的表现。

它可以分为三个部分。第一，是对将要达到目标的定位。具体到职业发展中，就是对于职业的定位，包括是否重视这份职业，认为这份职业与自己的生活的关系如何，等等。对职业有一种较高的定位，认为职业对于自己非常重要，无疑是高成就动机的首要条件。第二，是对达到目标的标准设定，即以一种以高标准要求自己力求取得活动成功为目标。拥有越高的目标标准，就会有越高的成就动机。第三，是成就感的直接获得，这可以成为成就动机发展和增值的直接动力。

无疑，职业成就动机是考察大学生未来职业发展的又一核心指标。为此，我们设定了以下问题用以测量职业成就动机。

二　职业定位

一份事业（career）和一份工作（job）的主要差别在于，从事一份工作的主要目的是报酬，而一份事业则将投入更多的热情、信念与努力。而这两种不同的职业定位，会直接影响到职业成就感，因为事业与生命的关系要比工作与生命的关系紧密。

从数据中可以发现，希望拥有一份事业的大学生占到所有大学生的大多数（79.5%），但是男生中希望自己拥有一份事业的，要比女生多（男生为83.4%，女生为75.6%）。这似乎支持了传统意义上男性比女性更有事业心的说法。

纳入学历因素，我们可以发现，在硕士和博士阶段，坚定认为自己希望拥有一份事业（非常符合）的男生要比女生高（硕士生：男生为35.6%，女生为26.7%；博士生：男生为33.5%，女生为25.2%）。而且，我们发现，在不同学历阶段，男生非常希望拥有一份事业的比例基本都稳定在34%左右（本科生为34.4%，硕士生为35.6%，博士生为33.5%；而女生则随着学历的增长有所下降本科生为33.2%，硕士生为26.7%，博士生为25.2%），而且从本科阶段到硕士阶段有一个显著的下降（见表4-8）。

表4-8　　　　　　　　　　分性别分学历的职业定位统计（%）

		男	女
本科生	非常符合	34.4	33.2
	比较符合	47.8	41.9
	一半符合	12.8	16.6
	不太符合	4.4	7.5
	很不符合	0.5	0.8
硕士生	非常符合	35.6	26.7
	比较符合	49.3	49.0
	一半符合	11.1	16.2
	不太符合	3.5	7.9
	很不符合	0.5	0.1

续表

		男	女
博士生	非常符合	33.5	25.2
	比较符合	51.7	52.6
	一半符合	11.1	14.2
	不太符合	3.1	8.1
	很不符合	0.6	0.0

在访谈中，我们发现了这样一个案例。这位女博士生表示自己希望以后在高校做教师，但她想做教师的原因，却比较令人深思：

> 第一有寒暑假，第二性价比非常高。到大企业工作的人，你可能第一月加班也就赚六七千元钱，老师的话，一个月可能赚三千元钱，但是老师一个星期可能也就上一次课啊。所以我觉得性价比很高，而且有一个相对稳定的工作，你可能会有更多时间可以用在家庭里面，我觉得这一点也很重要。（访谈编号：0511j02）

空闲多、有寒暑假、自由、性价比高、稳定，以上这些成为这位女生选择做高校教师的原因。但是，她似乎并没有过多意识到，或不愿意表现出作为高校教师需要在科研方面付出作为的努力，对学术的担当精神，对于教学的虔诚态度，以及对人类知识的贡献。那么，对她而言，高校教师更多的只是一份工作，而并不能成为一份事业。

我们给出的可能解释是，学历的增高和年龄的增长，让女生越来越受到来自社会、文化和家庭的压力，让她在选择工作或职业，选择付出艰辛努力还是找一份轻松工作之间，考虑的因素越来越复杂，比如未来家庭情况、是否空闲、孩子养育、自身能力，等等。而对于职业本身的态度，则很少能够接触到正向能量的推动。

三　职业成就期望

在此，我们选择了职业成就期望来表达达成职业目标的标准。问题中"有所作为"是一个非常宽泛的说法，实际是为了使受访者明确自己想在职业生涯中应该有怎样的表现。

　　通过统计，我们发现，非常希望和比较希望自己在事业上有所作为的男生和女生比例都相当之高，有91.9%的男生和87.5%的女生都希望如此。说明事业在两性大学生的认识中都是非常重要的。但是，男生非常希望在事业上有所作为的比例还是要高于女生。

　　纳入学历因素，我们发现，在女生中，非常赞同"我希望自己在事业上能有所作为"的比例，从本科阶段的43.7%下降到硕士阶段的34.9%，继而下降到博士阶段的29.9%；而男生非常赞同此项的比例却并没有发生如此明显的变化（见表4-9）。这一发现表明，学历的增加反而对女生在职业目标的标准方面有比较明显的负向相关作用。

表4-9　　　　　　　　**分性别分学历的职业成就期望（%）**

		男	女
本科生	非常符合	48.2	43.7
	比较符合	43.4	44.8
	一半符合	6.6	9.8
	不太符合	1.6	1.3
	很不符合	0.2	0.3
硕士生	非常符合	45.2	34.9
	比较符合	47.0	51.2
	一半符合	7.1	11.0
	不太符合	0.4	2.7
	很不符合	0.3	0.3
博士生	非常符合	41.5	29.9
	比较符合	50.9	56.8
	一半符合	6.0	10.1
	不太符合	1.4	3.2
	很不符合	0.3	0.0

四　成就感的获得

　　通过统计，我们发现，成就感的获得对于男生和女生是同样重要的，有85.7%的男生和83.2%的女生都认为在工作中获得成就感非常重要或比较重要。和以上两题相似的是，男生非常同意的比例高于女生。学历因素也基本没有影响到成就感对于两性大学生的重要意义（见表4-10）。

表 4 – 10 　　　　　　　　分性别分学历的成就感（%）

		男	女
本科生	非常符合	40.9	38.3
	比较符合	42.9	45.4
	一半符合	13.1	13.6
	不太符合	2.4	2.4
	很不符合	0.7	0.3
硕士生	非常符合	42.6	34.9
	比较符合	46.2	49.2
	一半符合	9.1	12.9
	不太符合	1.9	2.7
	很不符合	0.1	0.3
博士生	非常符合	38.6	33.3
	比较符合	48.0	45.3
	一半符合	11.6	16.5
	不太符合	1.1	4.9
	很不符合	0.6	0.0

以上都说明，尽管在职业其他方面，两性大学生存在这样那样的差别，但不管职业信心、职业决心如何，也不管职业定位、职业成就期望如何，对于男生和女生而言，从职业中直接获得成就感，也就是达成职业目标的满足感，是非常重要的。尽管我们并没有设置问题继续追问这种成就感对于受访者具体的意义何在，但从他们对于"至关重要"的认同而言，我们完全可以推断成就感的直接获得对于大学生未来职业发展的极大促进作用。

第五节　影响因素分析

尽管已有文献对大学生的职业规划状况包括毕业去向、择业意愿等在不同时期都有讨论，但在大学生职业规划的影响因素分析方面尚有较大的考察空间。原因在于，不少研究在内容上评论多于反映现实，不多的实证研究也只有少数能够建立在大样本基础上，分析方式也常止步于简单的描述性分析或列联表呈现。在此，我们尝试通过多元统计方法分析影响大学生毕业后去向规划的因素。同时，为保证结论的简约和可靠，暂仅涉及本科生，最终得到高校本科生样本 2822 份，其中男性为 1383 人，占49.0%，女性为 1439 人，占 51.0%。

一　模型设定

调查问卷问及受访者"目前，您对毕业后的生活有何打算"，回答选项包括没想过、直接工作、国内升学、出国留学、自主创业和没想好这六种，考虑到现实意义，并为方便统计模型结果的解释，在纳入模型作为因变量时归并简化为"没想过或没想好""升学"和"就业"三类，其中以"没想过或没想好"为基准类，对该题进行多分类逻辑斯蒂回归（Multinomial Logistic Regression）分析。此种分析方式适用于因变量为具有两种以上取值的分类变量。

综合相关文献的处理方式与调查问卷本身可提供的信息，最终在模型中纳入以下 13 个自变量：

（1）年龄。

（2）进入大学前的户口类型：包括农业户口和非农户口，参照类为农业户口。户籍制度导致就业市场中的户口歧视。缺乏所在城市的户籍会使来自农村的大学生更可能从事少有社会保障的工作。对这些客观障碍的认识会影响到大学生对自身职业生涯的规划以作出现实的选择。

（3）是否独生子女：参照类为非独生子女。居民收入的增长使独生子女的就业速度放慢，而独生子女由于生活环境的相对优越而存在着较高的保留工资水平。

（4）目前就读的年级：以大一为参照类。随着就读年级的增加，大学生本人对社会的认识也在不断深化，更有能力思考自己的未来，尤其是随着毕业季的到来，何去何从是必须面对的现实问题。另外，学校也会相应地给予辅导和支持使学生能够更为理性地作出抉择。

（5）目前所在的学科门类：区分人文社会科学和自然科学，并以自然科学为参照类。在市场经济日益成熟的今天，不同学科的毕业生因符合市场需求的程度不同而就业情况千差万别。

（6）自评综合能力量表：问卷中原题为"与同龄人相比，您如何评价自己在下列各方面的表现？"具体方面包括专业基础知识、实践/操作能力、创新能力、心理承受能力、团队合作能力、组织协调能力、交流沟通能力、人际交往能力、书面表达能力、抗挫折能力、计算机水平、外语水平12项，而评价的选项包括很弱、比较弱、一般、比较强和很强，相应的赋值从弱到强为1—5。对量表进行信度分析发现内部一致性系数在0.8以上，有相当的可靠性，因此取各方面自评分数的均值作为量表取值。

（7）自己期望的最高学位：包括不确定、本科、硕士和博士四项选择，参照类选为"不确定"。

（8）父母期望中的最高学位：包括没有要求、本科、硕士和博士四项，参照类为"没有要求"。

（9）是否找过工作：参照类为"没有找过工作"。显然，找过工作的大学生会更清楚当前劳动力市场的情况，更了解自身的优劣。

（10）职业规划量表：问卷中原题为"以下描述符合您的情况吗?"具体描述包括"我对自己未来的职业发展有明确规划""我希望拥有一份事业，而不仅仅是工作""我希望自己在事业上能有所作为""我对自己未来的职业发展充满信心""为了成就一番事业我愿意付出艰辛的努力""工作中获得成就感对我来说至关重要"，而符合的程度可从非常符合、比较符合、一半符合、不太符合、很不符合中进行选择，相应的赋值从非常符合到很不符合为1—5。对量表进行信度分析发现内部一致性系数在0.8以上，有相当的可靠性，因此取各方面自评分数的均值作为量表取值，分值越低则大学生的职业规划越积极。

（11）政治面貌：包括共青团员和共产党员（包括预备党员），参照类为共青团员。

（12）婚姻和家庭观念量表：问卷中原题为"您赞同以下关于婚姻和家庭的说法吗?"具体说法包括"我愿意为了照顾孩子牺牲个人事业的发展""我愿意为了照顾家中长辈牺牲个人发展""我愿意为了配合夫妻感情牺牲个人发展""男人应以事业为主，女人应以家庭为主""挣钱养家主要是男人的事情""相夫教子是女人最重要的工作""男人也应该主动承担家务劳动"[①]"对妻子而言，更重要的是帮丈夫成就事业""丈夫的

---

① 由于该题与其他大部分题目在观念上不同，故对该题的取值进行反序计算，以保证最终得出的信度系数合理。

事业发展比妻子的发展更重要""女研究生应该享有产假和生育医疗服务"①，而赞同的程度可从非常赞同、比较赞同、不一定、不太赞同、很不赞同中进行选择，相应的赋值从非常赞同到很不赞同为1—5。对量表进行信度分析发现内部一致性系数在0.8以上，有相当的可靠性，因此取各方面自评分数的均值作为量表取值，分值越高则大学生的婚姻和家庭观念越现代。

（13）就读大学是否重点院校：参照类为"不是重点院校"。学校是培养大学生能力的主体组织，一般而言，重点院校的就业率高。

表4—11列出样本数据中上述重要变量的基本情况，由于在不同变量上有着不同的缺失值分布，因此对每个变量以有效样本数为基础计算各统计量：

表4—11 样本的描述性统计

	女			男		
	均值/比例（％）	标准差	中位数	均值/比例（％）	标准差	中位数
对毕业后生活的打算						
没想过或没想好	15.9	—	—	13.7	—	—
升学	44.2	—	—	38.6	—	—
就业	39.9	—	—	47.7	—	—
年龄	21.0 岁	1.485 岁	21.0 岁	21.4 岁	1.486 岁	21.0 岁
户口类型						
农业户口	46.6	—	—	58.1	—	—
非农户口	53.4	—	—	41.9	—	—
是否独生子女						
否	53.1	—	—	60.4	—	—
是	46.9	—	—	39.6	—	—
目前就读的年级						
大一	31.4	—	—	24.5	—	—
大二	25.1	—	—	26.5	—	—

---

① 由于该题与其他大部分题目在观念上不同，故对该题的取值进行反序计算，以保证最终得出的信度系数合理。

续表

	女			男		
	均值/比例（%）	标准差	中位数	均值/比例（%）	标准差	中位数
大三	21.9	—	—	27.2	—	—
大四	21.5	—	—	21.8	—	—
学科门类						
自然科学	39.6	—	—	52.0	—	—
人文社会科学	60.4	—	—	48.0	—	—
自评综合能力量表	3.40	0.476	3.417	3.43	0.462	3.417
自己期望的最高学位						
不确定	20.1	—	—	20.2	—	—
本科	8.1	—	—	10.3	—	—
硕士	48.4	—	—	37.3	—	—
博士	23.4	—	—	32.2	—	—
父母期望中的最高学位						
没有要求	24.8	—	—	26.8	—	—
本科	10.4	—	—	9.6	—	—
硕士	52.1	—	—	41.7	—	—
博士	12.7	—	—	21.8	—	—
是否找过工作						
否	34.6	—	—	41.5	—	—
是	65.4	—	—	58.5	—	—
职业规划量表	2.07	0.582	2.00	1.96	0.569	2.00
政治面貌						
共青团员	71.5	—	—	73.1	—	—
共产党员	28.5	—	—	26.9	—	—
婚姻和家庭观念量表	3.71	0.610	3.70	3.21	0.523	3.20
就读大学是否重点院校						
否	45.0	—	—	52.2	—	—
是	55.0	—	—	47.8	—	—

二 主要发现

以上初步的分析表明，在大学生群体中，男女生都有相当多的人没想过或没想好毕业后的打算，比例分别为 13.7% 和 15.9%，女生中的比例略高于男生。

除从性别角度描述现状外，我们还分不同性别群体对高校本科生规划毕业后去向的影响因素进行多分类逻辑斯蒂回归分析。从表 4-12 的模型参数可以看出，在控制了其他变量的情况下，各自变量的影响作用在不同性别群体中表现各异。具体而言，对大学生群体规划毕业后去向有统计显著性的影响因素包括：

表 4-12　高校本科生规划毕业后去向的影响因素分析
（多分类逻辑斯蒂回归分析模型，基准类为"没想过或没想好"）

	女		男	
	升学	就业	升学	就业
年龄	0.807 *	1.152	0.946	1.177
	(0.081)	(0.109)	(0.092)	(0.122)
户口类型				
非农户口	1.200	0.623 *	0.965	0.757
	(0.283)	(0.146)	(0.244)	(0.205)
是否独生子女				
是	0.810	0.823	1.064	0.533 *
	(0.175)	(0.187)	(0.283)	(0.142)
目前就读的年级				
大二	2.301 **	1.467	1.517	1.254
	(0.605)	(0.416)	(0.440)	(0.367)
大三	5.137 ***	2.293 *	3.928 ***	2.021
	(1.878)	(0.846)	(1.376)	(0.760)
大四	5.320 ***	2.830 *	2.100	2.405
	(2.226)	(1.187)	(0.911)	(1.078)
学科门类				
人文社会科学	0.854	0.984	0.614 *	0.701
	(0.169)	(0.202)	(0.133)	(0.149)
自评综合能力量表	1.694 *	1.584	2.214 **	1.559
	(0.435)	(0.393)	(0.623)	(0.397)

续表

	女		男	
	升学	就业	升学	就业
自己期望的最高学位				
本科	1.628	11.288	0.328	3.768**
	(5.882)	(37.128)	(0.499)	(1.840)
硕士	2.953***	1.163	3.022***	1.647
	(0.754)	(0.278)	(0.934)	(0.486)
博士	3.769***	0.652	3.308***	0.911
	(1.081)	(0.191)	(1.044)	(0.279)
父母期望中的最高学位				
本科	0.777	3.160**	0.677	1.843
	(0.356)	(1.246)	(0.349)	(0.834)
硕士	1.298	0.985	1.006	0.857
	(0.309)	(0.236)	(0.273)	(0.228)
博士	1.393	0.812	0.914	0.809
	(0.494)	(0.304)	(0.263)	(0.241)
是否找过工作				
是	0.824	1.304	0.863	1.545*
	(0.160)	(0.273)	(0.195)	(0.340)
职业规划量表	0.358***	0.479***	0.464***	0.417***
	(0.069)	(0.088)	(0.096)	(0.080)
政治面貌				
共产党员	0.685	0.624*	1.816	1.331
	(0.166)	(0.146)	(0.559)	(0.397)
婚姻和家庭观念量表	1.107	1.023	1.242	0.941
	(0.192)	(0.190)	(0.260)	(0.183)
就读大学是否重点院校				
是	1.172	0.777	1.217	0.825
	(0.221)	(0.155)	(0.272)	(0.182)
Pseudo R^2	0.192		0.190	
有效样本数	1259		1164	

注：*表示 $p<0.05$，**表示 $p<0.01$，***表示 $p<0.001$。单元格内系数为 E（B），括号内参数为标准误，是以 bootstrap 方式计算 500 次之后的结果。

（1）年龄：女生群体中相应的参数（0.807）小于1说明，与基准类"没想过或没想好"毕业后去向相比，年龄越见长，女生越少考虑继续升学；在男生中，这一因素的作用并不显著。而且，在所有群体中，它对大学生考虑是否就业也没有影响。

（2）户口类型：相对于农业户口的女生，非农户口女生更少考虑就业。

（3）是否独生子女：相对于非独生子女的男生，独生子女男生更少考虑就业，也就是说，相对于基准类"没想过或没想好"毕业后去向，选择就业的可能性只有非独生子女男生的53.3%。

（4）目前就读的年级：相对于大一，随着就读年级的递增，女生中选择毕业后升学的可能性大幅上升，尤其是大四时的可能性是前者的5.32倍。从就业选择来看则改变不大，大三、大四有此选择的可能性只有大一时的2倍多；对于男生来讲，该因素仅在大三与大一比较时显现出差异，毕业后想继续升学的可能性是大一时的近4倍。

（5）学科门类：相对于自然科学，人文社会科学中的男生仅有前者61.4%的可能性想在毕业后继续升学。

（6）自评综合能力量表：对于男女生而言，越认为自己能力比同龄人强，越有可能选择毕业后继续升学，可能性分别提升到原来的2.214倍和1.694倍。

（7）自己期望的最高学位：不管男女生，只要自己期望的最高学位达到硕士或博士，都会比"不确定"自己在这方面的想法要更可能选择继续升学。同样地，不难理解，对男生而言，如果只是期望本科毕业，那么毕业后选择就业的可能性就要提升近3倍。

（8）父母期望中的最高学位：该因素仅对女生有效，如果父母只期望女生达到本科水平，那么她们在毕业后就业的可能性会是父母"没有要求"者的3.16倍。

（9）是否找过工作：对于男生而言，找过工作会提升他们在毕业后选择就业的可能性是未找过工作者的1.545倍。

（10）职业规划量表：模型中的参数无一例外表明，具有积极能动的职业规划会使大学生更明确自己要在毕业后选择升学或就业。如果职业规划量表往消极的方向倾斜1分，那么对于女生而言，继续升学的可能性只有原来的35.8%，而就业的可能性也只有原来的47.9%，男生相应变化为原来的 46.4% 和 41.7%。

（11）政治面貌：对于女生而言，相对共青团员，身为共产党员会使她们只有前者 62.4% 的可能性选择就业。

总之，研究发现，在毕业后去向上，对女生作出升学规划有统计显著性的影响因素包括年龄、目前就读的年级、自评综合能力量表、自己期望的最高学位和职业规划量表；而影响就业规划的因素则是户口类型、目前就读的年级、父母期望中的最高学位、职业规划量表和政治面貌。

在男生群体中，影响升学规划的显著因素有目前就读的年级、学科门类、自评综合能力量表、自己期望的最高学位和职业规划量表；而影响就业规划的因素包括是否独生子女、自己期望的最高学位、是否找过工作和职业规划量表。

第六节　小结与建议

一　小结

本章我们利用本次调查的数据资料和访谈资料，集中考察了包括就业意愿、职业规划、就业准备、求职经历、成就动机等一系列高校女生就业方面重要的主观因素与行为活动。初步得到以下一些结论：

（一）高校女生就业意愿

第一，就业倾向方面，相比于本科阶段，高校学生在研究生和博士生阶段更倾向于直接工作。

第二，成才期望方面，高校女生更多希望成为管理人才。

第三，工作单位期望方面，男女两性大学生都表现出强烈的愿望进入政府、事业单位和国企这一类型的单位。

第四，女生对自己薪酬标准，有与男性不一样的解释。

（二）高校女生的职业规划

第一，在本科、硕士和博士阶段，职业规划比较清晰的女生都不如男生多，而且，在硕士阶段的女生甚至还不如本科阶段的女生。

第二，女生对未来职业发展充满信心的比例要远低于男生，而且随着学历的增长，男生对于未来职业充满信心的比例有所提高，而女生的比例则没有太大的变化。

第三，绝大部分女生都愿意为未来事业的发展付出艰苦努力，但是相较于男生而言，大多数女生并没有表现出非常坚定的意愿。

第四，数据显示，相比女生，男生似乎更愿意为了家庭因素而牺牲个人发展，这与一般意义上的传统性别分工不太一致；不过，从访谈中反映出，由于男生和女生对于"牺牲"的程度有不同的认识，导致他们在表达愿意牺牲时有不尽相同的含义。

（三）高校女生的就业准备

第一，男女生在能力自我评价方面总体上相当，但在具体能力方面，如实践/操作能力、创新能力、心理承受能力、抗挫折能力、计算机水平方面女生弱于男生，而交流沟通能力、书面表达能力、外语水平方面优于男生。

第二，女生比男生更倾向于获得各种专业证书，女生对就业压力比男生更为敏感。

第三，绝大多数女生参加过实习和兼职，并且因为不同的兴趣、专业和家庭背景，选择不同种类的兼职，其感受也有不同程度的差别。

（四）求职经历

第一，大学生有过求职经历的比例非常高，而女生有过求职经历的比例要比男生高。

第二，接近一半的女生表示在求职过程中受到过性别歧视。

（五）职业动机

第一，女生的职业定位要弱于男生，而且随着学历的上升，女生职业定位的幅度下降。

第二，女生的职业成就期望也要弱于男生，同样随着学历的上升，职业成就期望下降。

第三，在职业成就感方面，女生与男生一样认为对于职业发展非常重要。

以上反映出目前对高校女生就业的主观因素和活动造成负面影响的，有以下一些因素：一是落后的性别文化。我们发现，给女生就业造成主观层次包袱的，往往是传统性别文化对女生的各个方面的影响，比如让她们过分内化女性的家庭责任，降低她们的职业信心，等等。二是不够健全的法律法规及由其影响的话语。我们发现，女生在就业时面对的各种歧视，往往是法律法规的不健全，以及这种不健全制造的话语和人们应对的畸形策略造成的。三是学校职业教育内容的偏颇。我们没有发现学校方面对于反抗落后性别文化和普及法律教育，有太多的作为。

二　建议

针对上文对高校女生就业问题得出的结论，我们特提出以下建议，以期提高高校女生的就业能力，改善她们的就业环境。

（一）在高校通过各种渠道树立先进的性别文化

在当代，大学既是人类知识的制造者和传承者，也是人类先进文明、进步文化的代表者，有能力承担移风易俗、启智化德的重要使命。故而，应该通过设立性别平等和性别解放方面的课程，开办相关主题的讲座、读书班、展览，成立女大学生互助组织，通过各种渠道在大学生群体中宣传先进的性别文化。需要特别指出的是，这种文化的宣传教育不能只针对女生，而是要让男生和女生一起接受先进的性别文化，树立两性合作的家庭责任感和互相扶持的职业发展意向。

（二）建立健全法律法规和大学生普法教育相结合

要对就业领域的性别歧视行为从法律上予以明确界定，并通过完善现有法律和增强其他保护妇女就业权益的法律法规，来弥补现行法律的不足。还需要进一步明确规定受歧视者的诉讼权利和程序，以及对受到歧视者给予援助的办法，真正做到从立法方面保障实现平等就业。另外，对相应的违法行为要追究法律责任，加大对违法者的惩罚力度。同时，在大学的普法教育中，强调性别平等在法理和法律实践中的意义，让可能在就业过程中受到歧视对待的女大学生树立其敏感的反歧视意识，熟练掌握保护自己的法律武器。

（三）开展形式灵活多样、内容有针对性的就业指导和教育

应该在高校以讲座、展览、见习、实习、法庭观摩、新老生经验交流会等形式，让高校女生了解最新的就业信息、人才需求的趋势，帮助她们分析各个行业的优点和劣势，鼓励她们从多渠道就业，帮助她们坚定职业信心，进行合理的职业规划，做好各种层面的就业准备。更可以以在高校学生群体中喜闻乐见的 BBS 展开指导和教育，在 BBS 这种容易滋生不良情绪和宣扬不良性别文化的地方，让高校女生看到正面的信息。

特别地，统计模型表明，有必要充分认识大学生先赋背景与自致因素的作用。在详析各自变量的作用方向及程度后，我们谨慎提出以下可能有

利于促进就业难问题解决的政策和措施建议：

第一，加强大学生的职业规划能力建设和择业观念引导。数据显示，没想过或没想好毕业后生活的大学生比例并不低，需要及时掌握思想情况，尽早作出相应的辅导。

第二，关注城市户口和独生子女群体的职业规划，避免该类大学生因家境较好或依赖原生家庭而不愿如期进入劳动力市场实现经济独立。

第三，注重培养大学生对自身能力的自信，对于期望获得更高学位的大学生要积极鼓励，因为本科毕业后的继续深造也有利于将来满足高端劳动力市场的需求，实现高质量就业。

第四，构筑与学生家长间的联系网络。研究发现，父母期望显著影响学生对未来的设想，有必要通过先进技术手段如微信公众平台来与父母保持互动，及时沟通，从而使家长的观念尽可能与学校的培养目标保持一致。

第五，在职业规划教育方面有必要区分不同性别群体，有针对性地进行辅导和扶持工作，尤其是与党建工作相结合。数据表明，女大学生中的党员群体可能考虑毕业后升学或就业的更少，这说明她们可能遇到更多的困难或观念上的障碍。

（四）从学校层面开设更多同时适于女生特点和劳动力市场需求的专业

为高校女生树立职业信心最有帮助的因素就包括其所学专业在劳动力市场中具备较高的竞争力。但是现在的专业设置将高校女生大量安排在"传统适合女性学习"的学科中，既没有考虑到劳动力市场的需求，也没有能够充分发挥女性的特点。所以，我们建议，在高校学科建设改革的过程中，鼓励各个优势学科多招收女生，尤其在一些高精尖的理工学科。并且在实际的教学研究中，逐渐摸索出适合女性特点的教学方法，使女性的聪明才智在学校中充分发挥，在就业市场中充分转化为竞争力。

（五）用人单位为女大学生就业制造良好环境，拓宽就业渠道

鉴于近年来用人单位在聘用高校女生时出现的各种歧视行为对就业市场和对高校女生造成的恶劣影响，应该在建立健全相关法律法规的基础之上，在用人单位的层面，推动女大学生就业环境的建设，拓宽就业渠道。在保证传统适合女性的职位向高校女生敞开的同时，研究更多适合女性特点、发挥女性聪明才智的职位。同时帮助用人单位领导认识到聘用高校女生、促进女大学生就业对于就业市场整体的意义。

（六）完善社会保障机制，降低女性的生育成本

以往研究发现，生育成本对于女大学生职业规划、成就动机的影响巨大。国家应进一步完善社会保障制度，将用人单位的社会保障责任转移出去，将生育成本社会化，让政府承担生育保险责任和女工劳动保护责任。比如可以在工作地点附近建设更多公立的幼儿园和育婴机构，切实降低女性劳动者为照顾孩子所要付出的劳动。这将极大地利于女大学生就业，因为用人单位将不会再为雇用女大学生的高成本而将其拒之门外。

（范譞　周旅军）

第五章

高校女生的社会参与

　　社会参与指人们以某种方式介入到公共的政治、经济及文化生活中的过程。社会参与研究通常会讨论政治参与问题，从广义的角度看是对公共事务的参与。① 女性社会参与问题是女性研究最重要的主题之一，丁娟曾从全球女性政治参与的角度分析女性社会参与状况，认为社会参与是女性发展的全球性薄弱环节。② 女性的社会参与状况是衡量女性是否拥有平等的社会权利和是否主动争取平等的社会权利的一个重要标准。

　　从发展的角度看，研究高校女生的社会参与状况对未来女性发展无疑具有重大影响。胡子祥等认为大学生社会参与主要包括校园活动参与、社会活动参与和参加社会组织，他们的研究表明当代大学生社会参与水平较高，但由于缺乏性别视角，对高校女生的社会参与状况没有明确的说明。③ 高校女生群体是女性最具活力的部分，应该是社会参与能力和意愿最强烈的一个群体，考察高校女生社会参与的现状既可以了解当前社会权利的性别平等状况，更是透视未来性别平等状况的一个基本路径。

　　高层次女性人才的培养主要包括文化素养、政治参与、社会参与等方面的内容，因此，考察高校女生社会参与状况对认识社会参与在女性成才过程中的作用有重要意义。

第一节　高校女生群体社会参与的现状

　　高校女生群体的社会参与主要包括学校活动、社会活动和政治活动。

---

① 刘红岩：《国内外社会参与程度与参与形式研究述评》，《中国行政管理》2012 年第 7 期。

② 丁娟：《社会参与：女性发展的一个全球性薄弱环节》，《浙江学刊》2006 年第 4 期。

③ 胡子祥、陈洁：《当代大学生社会参与行为的实证研究》，《中国青年研究》2006 年第 10 期。

其中的社会活动和政治活动包括的内容比一般的社会参与要少。本章的社会活动主要包括志愿者活动、各种研究会、公益活动、社区活动和宗教活动等；政治活动主要讨论加入政治组织的行为。

一　参与学校活动

学校活动是学生的基本生活内容，学校活动主要表现为担任学生干部，参加学校组织和学生社团，学生的学校活动除了学习以外，社会活动主要是通过以上几方面推动的。

（一）参与学校活动的状况

高校女生在学校活动参与方面与男生差别较小，从调查结果来看，女生担任学生干部、参加学校组织和学生社团的比例甚至高于男生，其中女生参加学校组织的比例明显高于男生，这意味着学校提供的环境可能较为开放和公平，在学校活动中的性别歧视可能已经得到了改善（见表5-1）。

表5-1　　　　不同性别大学生参加学校活动的差异（％）

	男	女	卡方检验
担任过学生干部	28.8	29.1	—
参加过学校组织	26.1	28.6	***
参加过学生社团	23.9	24.6	—

注：*** 表示 $p < 0.01$。

从男性个案的访谈内容中也可以发现这种差异已经不再明显：

> 她是副班长。大部分（学生干部）都是（女孩）。这学期换了，主要还是女生，男生少，她挺受欢迎的。（访谈编号：1201j07）

我们经常认为女生是很少参与班级乃至学校的组织活动的，但访谈的内容在一定程度上否定了那些传统观点，高校女生实际上已经在社会参与方面取得了长足的发展。

（二）参与学校活动对职业目标的影响

学校活动是学生踏入社会确立自身职业目标的一个准备工作，对于很多学生来说，参加各种学校活动实际上是根据长辈或同辈的经验来准备就业的一些条件。从这个角度看，学校活动的参与状况可能与学生职业目标之间有一定的联系。

表 5 - 2 中的数据表明学校活动的经历可能对毕业后的生活打算产生一些影响。卡方检验表明担任学生干部和参与学校组织对毕业后的打算有影响，但两个因素带来的影响的差异似乎并不大，他们的选择基本一致。没有参加学生社团活动的学生对直接工作似乎表现出更大的兴趣。

表 5 - 2　　高校学生在不同社会参与状况下对毕业后生活的打算 （%）

		目前，您对毕业后的生活有何打算？						卡方检验
		(0)没想过	(1)直接工作	(2)国内升学	(3)出国留学	(4)自主创业	(8)没想好	
在大学或研究生期间，您担任过学生干部吗？	(0) 否	0.9	22.6	8.0	3.7	1.2	5.6	***
	(1) 是	0.7	32.3	12.4	4.7	1.6	6.2	
A. 学校组织（如学生会、团委等）	(0) 没有	0.9	26.8	7.6	3.4	1.2	5.4	***
	(1) 有	0.7	28.2	12.8	4.9	1.6	6.4	
B. 学生社团（如舞蹈社、足球队）	(0) 没有	1.0	31.9	8.3	3.5	1.3	5.5	***
	(1) 有	0.7	23.0	12.1	4.8	1.5	6.4	

注：*** 表示 $p < 0.01$。

表 5 - 3 中的数据似乎表明参与学校活动的学生对成为经营管理人才和党政人才有较多的偏好。但从数据来看，参加学生社团活动的学生对党政人才的偏好似乎在逐渐下降。

数据显示的情况也可能同时是一种社会趋势的表现。事实上，近些年的公务员热和国有企业待遇的飞速提升，可能使得大部分学生都对这两个职业领域有偏好。但学校活动对职业目标的影响仍然多少可以看到。担任学生干部的学生对党政人才更有偏好，参加学校组织和学生社团的同学对企业经营管理人才有更大的偏好，而参加学生社团的同学对实用技术人才的偏好也较大。以上结论虽然从数据的卡方检验中得到了一定的验证，但同时也是根据数据的支持得出的推测性观点，在很大程度上还需要更深入数据的支持。

表5-3 高校学生社会参与状况与成才期望（%）

		您最想成为下列哪种人才？								卡方检验
		(0)没想过这方面的问题	(1)党政人才	(2)企业经营管理人才	(3)实用技术人才	(4)科学研究人才	(5)其他（请注明）	教育	(8)没想好	
在大学或研究生期间，您担任过学生干部吗？	(0) 否	1.8	4.2	12.0	9.7	8.7	0.9	0.3	4.4	***
	(1) 是	1.3	9.1	18.9	10.0	12.4	1.0	0.6	4.7	
A. 学校组织（如学生会、团委等）	(0) 没有	1.8	5.2	11.3	9.7	11.3	1.0	0.5	4.5	***
	(1) 有	1.3	8.0	19.6	10.0	9.9	1.0	0.5	4.5	
B. 学生社团（如舞蹈社、足球队）	(0) 没有	1.9	6.9	14.0	10.0	12.2	0.9	0.5	5.2	***
	(1) 有	1.3	6.2	17.0	9.7	8.9	1.1	0.4	3.9	

注： *** 表示 $p < 0.01$。

（三）参与学校活动对生活方式的影响

参与学校活动对学生的生活方式多少会有影响，但并不能从表面的一些情况就作出判断。比如上网时间、锻炼的时间、克服困难的方式，等等。因为这些内容可能与很多因素有关。但从数据中我们仍然可以发现一些细微的差异，似乎可以解释参与不同的学校活动对学生的生活方式的影响。日常生活中最亲密的三个人的变化在一定程度上解释了学校互动与个体生活之间的微妙关系。

调查中，所有被访者最亲密的第一个人一般都是父母，其次是恋人和同学（见表5-4）。大学期间担任过学生干部或者参加过学校组织的学生选择老师的比例逐渐升高。这或许表明学生社团、学校组织、学生干部实际上在学生生活方式中具有相对不同的功能，学生干部与教师的交往更为频繁。

二 参与社会活动

大学生参与社会活动既是学生生活的一部分，也是为将来走向社会奠定社会资本的过程。不同性别大学生对于各类社会组织的偏好有一定的差异。表5-5显示，男生参与行业组织（14.8%）的比例高于女生（12.4%）。但女生参加公益组织的比例（45.9%）则高于男生（37.4%）。

表 5 - 4 　　　　　　　　**高校学生社会参与状况和最亲密的人（%）**

		(1)父母	(2)其他亲人	(3)老师	(4)配偶/恋人	(5)同学	(6)网友	(7)老乡	(8)其他朋友	卡方检验
在大学或研究生期间，您担任过学生干部吗？	(0) 否	18.7	1.1	0.4	8.7	11.3	0.1	0.4	1.5	***
	(1) 是	25.4	0.9	0.7	14.9	14.0	0.1	0.3	1.5	
A. 学校组织（如学生会、团委等）	(0) 没有	19.4	1.0	0.7	11.4	10.9	0.1	0.3	1.5	**
	(1) 有	24.8	1.0	0.5	12.1	14.4	0.1	0.4	1.5	
B. 学生社团（如舞蹈社、足球队）	(0) 没有	22.7	1.0	0.6	13.2	12.2	0.1	0.4	1.2	***
	(1) 有	21.6	1.0	0.5	10.3	13.0	0.1	0.4	1.8	

注：*** 表示 $p < 0.01$，** 表示 $p < 0.05$。

表 5 - 5 　　　　　　　　**高校男女生社会组织参与状况比例（%）**

	(0) 男	(1) 女	性别差	卡方检验
C. 专业、行业组织（如企业家协会、历史学会等）	14.80	12.40	2.40	*
D. 社会公益组织（如爱心社、志愿者组织等）	37.40	45.90	-8.50	*

注：* 表示 $p < 0.1$。

　　这种差异在参与各类社会活动中也有所印证。表 5 - 6 显示，女生多次参加捐款、捐血、志愿者活动的比例（32.0%）要高于男生（26.9%）；多次向周围人提供辅导和情感慰藉的比例（74.2%）也高于男生（61.1%）。相反，男生担任集体活动的领导和策划的比例（30.4%）略高于女生（28.4%）；男生主动向学校社区等机构提建议的比例（23.9%）也略高于女生（21.6%）。这似乎显示女生更倾向于帮助他人的活动，而男生则更倾向于组织和干预活动。看起来他们在为不同的社会目标做准备。

　　从参加社会组织的目的来分析可以为我们上面的假设提供更多的支持，男生的第一个目的主要是结识朋友、满足兴趣、获取信息和资源、打发时间；女生的第一个目的主要是丰富生活、服务社会、锻炼能力（见表 5 - 7）。这种差异我们或许可以这样理解：男生的目的更多地和社会资本有关，而女生的目的更多地和个体满足感有关。尽管服务社会能积累声誉和社会资本，但一般的公益活动只是一个组织过程，其中的某一个工作并不一定建立密切的社会关系，反倒是投身其中的人更多地可以从活动中获得某种声誉和精神方面的满足感。

表 5 - 6　　　　　　　　高校男女生社会活动参与状况比例（%）

		您的性别		性别差	卡方检验
		（0）男	（1）女		
A. 主动参与捐款、无偿献血、志愿者活动等	（0）没有	40.3	35.4	4.82	*
	（1）有 1 次	32.9	32.5	0.37	
	（2）有多次	26.9	32.0	- 5.18	
B. 主动向周围的人提供帮助（学习辅导、情感慰藉等）	（0）没有	12.0	6.9	5.10	*
	（1）有 1 次	26.9	18.9	7.98	
	（2）有多次	61.1	74.2	- 13.08	
C. 担任集体活动的领导者或策划者	（0）没有	46.6	50.7	- 4.13	*
	（1）有 1 次	22.9	20.9	2.03	
	（2）有多次	30.4	28.4	2.10	
D. 主动给所在班级、院系、学校或地区提建议	（0）没有	54.8	58.0	- 3.25	—
	（1）有 1 次	21.3	20.4	0.92	
	（2）有多次	23.9	21.6	2.33	

注：* 表示 $p < 0.1$。

访谈资料也可以印证这种差异。如女性个案对社团活动有下面的看法：

> 对。后期大三的时候参加手语社，主要是这个。其实大学里面大部分都是表演之类的。去年春天的时候，残疾人年会的时候给他们当翻译，其实他们已经配了翻译，我们在一边辅助，觉得挺有意义的。（访谈编号：030lfy02）

而男性个案的看法则有不同：

> 是学生会干部。都很多，就是感觉本科四年时间，就是人脉啊，都打开了。就是学校一些关系啊。对，包括专业，行政的老师关系都比较好，包括校党委的老师，都认识一些。还有社会上一些，比如说法院的，一些社会上的，反正我认识的人比较多。我们法政学院一些

学生干部，关系很铁，就是四五个人在一起，互相帮助。这个朋友并不是那种天天吃喝的朋友。对，肯定不是这种，就是很好的朋友。（访谈编号：0501j03）

表5－7　　　　　　高校男女生参加社会组织目的的比例（%）

| | | 您的性别 | | 性别差 | 卡方检验 |
		（0）男	（1）女		
第一	（1）结识更多的朋友	27.2	16.9	10.3	*
	（2）满足兴趣爱好	16.6	13.7	2.9	*
	（3）获得更多信息和资源	8.4	6.7	1.7	*
	（4）丰富自己的生活	14.0	18.9	-4.9	*
	（5）打发时间	0.4	0.3	0.1	—
	（6）帮助他人/服务社会	3.4	4.8	-1.4	*
	（7）锻炼自己的能力	29.2	38.3	-9.1	*
	（8）奖学金加分	0.3	0.3	0.0	—
	（9）其他（请注明）	0.5	0.1	0.4	—

注：*表示 $p < 0.1$。

宗教生活作为社会活动的一个部分，既可以体现价值观的状态，也是人们对社会伦理道德的一种看法。从表5－8的数据来看，不同性别的大学生对宗教活动的参与程度没有太大的差别（卡方检验无显著性差异）。这可能和学校的环境、个人的家庭背景、经历等很多方面有关。

表5－8　　　　　　高校男女宗教信仰的比例（%）

| | | 您的宗教信仰是 | | | | |
		（0）无宗教信仰	（1）基督教	（2）佛教	（3）伊斯兰教	（4）其他（请注明）
您的性别	（0）男	91.2	2.3	4.3	1.2	1.0
	（1）女	91.9	2.0	4.3	1.4	0.4

三　参与政治活动

大学生参与政治活动主要是为未来参加更广泛的政治活动奠定基础。本章主要考察学生加入政治团体的活动。加入中国共产党和中国共青团是学生主要的政治活动，不同性别的被访者中，加入共青团和共产党的男女比例有明显差异（$p < 0.01$），入党女生的比例要高于男生（见表5-9）。

参与政治活动同时也是大学生证明自己优秀程度的一种方式。男性个案对入党行为有如下的看法：

> 大学入党可以证明你比其他人要优秀一点儿，因为现在只有优秀的人才可以入党。如果说学习成绩特别差，学生工作又不做，各方面表现都比较差，就是想入都入不了。只有那些成绩还可以的，学生工作做得比较积极，和学生关系比较好，各个方面相对比较优秀的人才可以入党。（访谈编号：070whl01）

表5-9　　　　　　　　高校男女生政治面貌的比例（%）

		您的政治面貌是		
		（1）共青团员	（2）共产党员（包括预备党员）	（3）其他（请注明）
您的性别	（0）男	52.4	43.6	4.0
	（1）女	50.1	47.4	2.5

第二节　高校女生群体社会参与的结构

大学生的社会参与与其他人群有很大差异：一方面，大学生的社会参与有狭窄的一面，如政治生活基本上只限于入党入团，公开的选举等活动很少参与；但另一方面大学生的社会参与又有其丰富的一面，大量的学生活动经常是那些已经工作的人们根本不会再考虑的活动。大学生的社会参与的结构可能和未来走入社会之后的发展方向、未来的职业目标、对生活的态度、对性别关系的态度都有关系。因而我们在这里讨论大学生社会参与的结构，其基本构成包括内容结构、层次结构。

一　社会参与的内容结构

大学生社会参与的内容结构代表了大学生社会参与的丰富程度，是从覆盖范围的角度衡量社会参与的程度。不同性别的社会参与结构的差异体现了性别社会化的基本过程和结果。我们根据调查的项目可以初步将大学生社会参与的内容概括为：领导组织性活动（学生干部、创办和负责社团)、社会资本积累活动(交朋友、获取更多信息)、个人休闲活动(打发时间、丰富生活)、精神满足和社会公益活动(献血、志愿者、公益活动)、专业技能发展活动(参加行业、专业组织)。

按照上述社会参与的内容来分析不同性别大学生的结构差异,我们可以在样本中看到表5-10显示的不同性别之间的差异。男生更注重领导组织性活动、社会资本积累活动和专业技能发展活动。而女生更注重社会公益活动、精神满足活动、丰富生活;而领导组织、专业技能、社会资本积累的活动相对比重较低。

表5-10　　　　　　　　高校男女生社会参与项目排序 (%)

	您的性别		性别差
	(0) 男	(1) 女	
有多次主动向周围人提供帮助	61.10	74.20	-13.10
大学或研究生期间担任学生干部	58.30	57.50	0.80
参加了学校组织	52.70	56.60	-3.90
参加过学生社团	48.40	48.60	-0.20
在组织中是活跃成员	37.70	35.20	2.50
参加了社会公益组织	37.40	45.90	-8.50
是社团的普通成员	31.00	38.90	-7.90
多次担任集体活动的领导者或策划者	30.40	28.40	2.00
参与社会活动是为了锻炼自己的能力	29.20	38.30	-9.10
是社团的负责人	28.30	24.30	4.00
参加社团是为了结识更多的朋友	27.20	16.90	10.30
有多次主动参与捐款、无偿献血、志愿者活动等	26.90	32.00	-5.10
多次给所在班级、院系、学校或地区提建议	23.90	21.60	2.30
参加社团是为了满足兴趣爱好	16.60	13.70	2.90
参加专业、行业组织	14.80	12.40	2.40
参加社团是为了丰富自己的生活	14.00	18.90	-4.90
获得更多信息和资源	8.40	6.70	1.70
参加社团是为了帮助他人/服务社会	3.40	4.80	-1.40
是社团创始人	3.00	1.60	1.40
参加社团活动为了打发时间	0.40	0.30	0.10

尽管我们不能肯定地说男女生这种社会参与内容结构上的差异一

定是真实的结果，但从样本的情况来看，至少表明传统的性别观念仍然影响着大学生群体，他们实际上并没有因为大学教育而改变传统性别观念的深刻影响。那么，他们未来参与实际的社会活动时可能仍然会重复过去的习惯，这也从侧面表明传统性别观念仍然是十分强大的社会价值观。

二 社会参与的层次结构

社会参与似乎更多地和集体活动相关，但正如韦伯所言，每个社会行动实际上都有个体的意愿体现其中，我们需要理解其中的个体意愿。个体的社会行动同时又受到社会团体的影响，体现出不同的目的和功能。涂尔干所表达的社会团结实际上也是在讨论这个问题。这里实际上都关涉到一个重要的问题：个体与社会的关系。据此，我们可以考虑社会参与实际上也面对同样的问题，究竟更多地和个体有关还是更多地和社会有关。这种思考直接指明了社会参与的基本层次：个体—社会。

在此基础上我们还可以进一步划分更细致的层次。从本次调查的数据来看，社会参与的层次结构基本可以划分为：个体需要层次、人际关系层次、群体组织层次、社区层次、社会层次五个层次。根据这五个层次，我们可以将社会参与的内容按照表5-11进行分类。根据以上的分类方式，可以从表5-11中观察到两性差异最大的五项社会参与活动的层次归属情况。男生的归属主要在社区、人际关系和群体这样的层次上，而女生主要归属于社会和群体组织层次上。进一步的分析可以发现，女生更重视参与活动的丰富性和广度，即参加活动，体验生活；而男生更重视参与活动的深入性，强调要在活动中扮演重要角色。

表5-11 不同层次社会参与的内容

层次	内容			
个体	打发时间	满足爱好	给奖学金加分	丰富自己生活
群体组织	创办负责组织	参加学生社团	锻炼能力	
社区	是否担任学生干部	学生干部层级	主动给所在班级、院系、社区提建议	
社会	行业、专业组织	帮助他人/服务社会	参加公益组织	政治面貌 宗教信仰

第三节　影响高校女生群体社会参与结构的因素

高校女生群体的社会参与结构实际上是家庭背景、教育经历、生活方式等多方面塑造的结果。社会参与体现了高校女生社会化过程中以上方面的特点和未来发展的方向。

一　家庭背景对社会参与的影响

家庭是青年人社会化的起点，也是塑造青年人社会性别观念的一个基本过程。这里的家庭背景主要讨论地区、是否独生子女、父母受教育程度、父母职业状况、家庭经济条件等。家庭背景的不同内容对大学生社会参与的影响可能会有不同。为了更清晰地反映家庭背景和社会参与的情况，本章将原有变量进行了重新编码，其中社会活动变量（过去半年参与捐款、向周围人提供帮助、担任集体活动领导、主动提建议）变成四种行为的累加，得分越高，参加的社会活动越多；社会组织变量（是否参加了某类社会组织）变成五种行为累加，得分越高，参加的社会组织越多。家庭所在地将乡镇以上区域归为城市；受教育程度分为初中以下、高中及大专以下、大学本科以上；职业状况将国家社会管理者、企业管理人员、私营企业主、专业技术人员、办事人员归为上层，自营劳动者、商业服务业人员、产业工人、农业劳动者归为中层，家务劳动者、离退休、无业人员归为下层；[①] 家庭经济条件将非常好和比较好的归为经济条件好，不太好和很不好的归为不好。下文的具体分析将依据以上重新编码后的变量进行分析。

（一）影响社会参与的主要家庭背景因素

从男性的情况来看，是否担任过学生干部和家庭背景之间的关系并不显著，但那些担任过学生干部的人中，他们所担任的学生干部的层次可能和家庭背景因素是有关的（见表5－12）。

男性参加社会活动和独生子女的身份有相对密切的联系，参加社会组

---

① 此处的分层依据主要根据陆学艺的中国社会阶层调查方法，综合考虑权利、经济、社会声望三方面的内容进行分类。

织的情况则和城乡差异、父母职业状况可能有关。

男性参加社会组织的主要目的和独生子女的身份、母亲受教育程度、父母职业及家庭经济条件有关；在组织中扮演的角色也经常和家庭背景有关。

男性入党入团的行为经常和所有家庭背景有关；但宗教信仰行为则更多地和城乡区域、独生子女身份、家庭经济条件有关。

表 5 – 12　　　　　　　　男性社会参与和家庭背景因素之间的关系

	I1 家庭所在地	I2 是否独生子女	I3 父亲受教育程度	I4 母亲受教育程度	I5 父亲职业状况	I6 母亲职业状况	I8 家庭经济条件
D1 是否担任过学生干部	—	—	—	—	—	—	—
D2 担任过的学生干部的最高级别	***	***	***	***	***	***	***
D3 社会活动	—	**	—	—	—	—	—
D4 社会组织	*	—	—	—	***	**	—
D4b 参加组织的主要目的	—	**	—	***	**	*	***
D4c 在组织中的主要角色	***	*	***	***	***	***	***
D5 政治面貌	**	***	*	***	***	***	**
D6 宗教信仰	**	*	—	—	—	—	*

注：*** 表示 $p < 0.01$，** 表示 $p < 0.05$，* 表示 $p < 0.1$。

从女性的情况来看，是否担任过学生干部和家庭背景之间有较多的联系，那些担任过学生干部的人中，她们所担任的学生干部的层次可能和家庭背景因素是有关的，但母亲的职业状况对这方面的行为似乎没有太多影响（见表 5 – 13）。

女性参加社会活动和城乡区域、母亲受教育程度、父亲职业状况、家庭经济条件有一定关系；参加社会组织的情况则和独生子女身份、父母亲受教育程度、父母职业状况、家庭经济条件可能有关。

女性参加社会组织的主要目的和城乡区域、父母受教育程度、母亲职业及家庭经济条件有关；在组织中扮演的角色也经常和家庭背景有关。

女性入党入团的行为经常和独生子女身份、母亲受教育程度、父母职业状况有关；宗教信仰行为则更多地和城乡区域、独生子女身份、父母职业状况、家庭经济条件有关。

表 5 – 13　　　　　　　　　女性社会参与和家庭背景因素之间的关系

	I1 家庭所在地	I2 是否独生子女	I3 父亲受教育程度	I4 母亲受教育程度	I5 父亲职业状况	I6 母亲职业状况	I8 家庭经济条件
D1 是否担任过学生干部	***	***	**	—	***	***	***
D2 担任过的学生干部的最高级别	**	**	**	**	**	—	*
D3 社会活动	***	—	—	***	***	—	**
D4 社会组织	—	**	*	**	***	***	**
D4b 参加组织的主要目的	*	—	***	***	—	***	***
D4c 在组织中的主要角色	***	***	***	***	***	***	***
D5 政治面貌	—	***	—	***	***	***	—
D6 宗教信仰	*	*	—	—	**	*	*

注：*** 表示 $p < 0.01$，** 表示 $p < 0.05$，* 表示 $p < 0.1$。

综合来看，女性社会参与的情况与家庭背景之间的关系更为密切。与女性相比，男性的社会参与情况尽管也在很大程度上受家庭背景的影响，但所受影响还是会比女性少一些。这或许也可以从另一个角度来理解，就是男性在受家庭背景影响的同时，可能存在更多的家庭背景之外的因素影响他们的社会参与，比如他们的社会生活本身、思想观念、社会期待等。而女性可能更多地和家庭期待有关。

（二）家庭背景对社会参与方向的影响

不同性别的大学生受家庭背景影响的社会参与方向可能会有差异。担任过学生干部的城市女生的比例要高于农村，而担任过学生干部的农村男生要高于城市。非独生子女担任学生干部的比例要高于独生子女。父母受教育程度和父母的职业层次处于中间位置的学生，在担任学生干部方面的比例较高。家庭经济条件处于一般及以下的学生担任学生干部的比例较高（见表 5 – 14）。

在担任学生干部的最高层级方面，担任较高层次学生干部的男生中，来自农村的要高于来自城市的；父母受教育程度不高的要高于父母受教育程度高的；父亲的职业地位处于中上层更有利于男生担任高级别的学生干部；但家庭经济条件一般和较差的男生更有为高层学生干部奋斗的决心。女生的情况与男生有类似的方向，但担任高层学生干部的城市女生要高于农村女生（见表 5 – 15）。

表 5 - 14　　　　　　　家庭背景对担任学生干部经历的影响（％）

		（0）男		（1）女	
		在大学或研究生期间，您担任过学生干部吗？		在大学或研究生期间，您担任过学生干部吗？	
		（0）否	（1）是	（0）否	（1）是
家庭所在地	农村	61.40	57.20	49.70	39.70
	城市	38.60	42.80	50.30	60.30
是否独生子女	（0）否	63.30	61.00	62.20	56.00
	（1）是	36.70	39.00	37.80	44.00
父亲受教育程度	初中及以下	44.60	42.10	36.90	31.00
	高中及大专	43.60	45.40	47.00	50.00
	本科及以上	11.80	12.50	16.00	19.00
母亲受教育程度	初中及以下	61.30	58.60	50.70	45.30
	高中及大专	32.90	35.10	39.10	43.60
	本科及以上	5.80	6.30	10.20	11.10
父亲职业	上层	31.10	35.80	39.30	46.90
	中层	56.20	51.20	46.90	41.10
	下层	12.70	13.00	13.80	11.90
母亲职业	上层	19.30	20.60	25.70	29.50
	中层	54.90	49.80	43.50	38.40
	下层	25.80	29.70	30.90	32.10
家庭经济条件	好	8.80	10.60	10.20	15.20
	一般	56.60	57.80	59.70	62.30
	不好	34.60	31.60	30.10	22.60

在参加社会活动方面，男女生表现出较为一致的方向，城市中的独生子女，父母受教育程度较高、父母职业层次较高、家庭经济条件较好的学生，在参加社会活动方面更为积极。在参加社会组织方面，男女生同样表现出较为一致的方向，城市中的独生子女，父母受教育程度较高、父母职业层次较高、家庭经济条件较好的学生，在参加社会活动方面更为积极（见表 5 - 16）。

在政治面貌方面，农村的男生入党入团的比例高于城市，非独生子女的男生入党入团的比例高于独生子女，父母受教育程度不高的男生入党入团的比例较高，父母职业层次处于中层的男生入党入团比例较高，家庭经济条件一般和不好的男生入党入团的比例较高。女生在城乡方面与男生不同，城市非独生子女的女生入党入团的比例较高，其他情况与男生类似（见表5－17）。

表5－15　　　　家庭背景对担任学生干部层级的影响（％）

| | | (0) 男 | | | | (1) 女 | | | |
| | | 您担任过最高一级的学生干部是哪一层次的？ | | | | 您担任过最高一级的学生干部是哪一层次的？ | | | |
		(1) 班级	(2) 院系	(3) 学校	(4) 学校以上	(1) 班级	(2) 院系	(3) 学校	(4) 学校以上
家庭所在地	农村	66.00	53.30	47.40	60.00	44.50	39.00	32.30	0.00
	城市	34.00	46.70	52.60	40.00	55.50	61.00	67.70	100.00
是否独生子女	(0) 否	67.90	55.80	58.60	40.00	58.90	56.50	50.20	0.00
	(1) 是	32.10	44.20	41.40	60.00	41.10	43.50	49.80	100.00
父亲受教育程度	初中及以下	47.60	39.80	35.70	60.00	36.70	30.70	21.60	0.00
	高中及大专	44.50	46.00	47.00	20.00	48.80	49.90	51.90	100.00
	本科及以上	8.00	14.20	17.50	20.00	14.50	19.40	26.50	0.00
母亲受教育程度	初中以下	66.60	55.50	49.30	40.00	51.70	43.70	37.40	50.00
	高中及大专	29.20	37.30	41.60	60.00	40.40	45.00	46.00	50.00
	本科及以上	4.20	7.20	9.20	0.00	8.00	11.30	16.60	0.00
父亲职业	上层	28.60	40.60	40.00	40.00	39.90	47.40	59.80	0.00
	中层	59.70	45.60	45.70	60.00	46.00	41.40	30.90	50.00
	下层	11.70	13.80	14.30	0.00	14.10	11.20	9.40	50.00
母亲职业	上层	15.40	22.00	28.60	0.00	26.10	29.30	36.90	0.00
	中层	55.20	48.40	40.70	50.00	42.40	38.30	30.80	50.00
	下层	29.40	29.60	30.60	50.00	31.50	32.40	32.30	50.00
家庭经济条件	好	7.30	11.30	16.30	0.00	11.60	16.80	17.30	50.00
	一般	57.50	59.40	53.80	100.00	61.60	61.60	65.00	50.00
	不好	35.30	29.30	29.90	0.00	26.70	21.60	17.70	0.00

　　在宗教信仰方面，农村中无宗教信仰的男生比例较高，城市中无宗教信仰的女生比例较高。经济条件较差的学生有宗教信仰的比例较高（见表5－18）。

表 5 - 16　　　　　家庭背景与高校男女生参与社会活动经历
和参加社会组织的经历

		社会活动		社会组织	
		（0）男	（1）女	（0）男	（1）女
		均值	均值	均值	均值
家庭所在地	农村	3.85	3.94	1.85	1.93
	城市	3.94	4.13	2.01	2.04
是否独生子女	（0）否	3.87	3.99	1.88	1.92
	（1）是	3.91	4.15	1.95	2.09
父亲受教育程度	初中及以下	3.87	3.85	1.87	1.89
	高中及大专	3.87	4.10	1.91	2.01
	本科及以上	4.04	4.32	2.09	2.13
母亲受教育程度	初中及以下	3.82	3.97	1.86	1.93
	高中及大专	4.00	4.09	1.96	1.99
	本科及以上	3.93	4.36	2.10	2.30
父亲职业	上层	3.98	4.23	1.97	2.13
	中层	3.85	4.02	1.88	1.94
	下层	3.89	3.72	1.91	1.74
母亲职业	上层	4.02	4.34	2.06	2.22
	中层	3.84	4.02	1.88	1.98
	下层	3.94	3.88	1.88	1.81
家庭经济条件	好	4.07	4.46	2.16	2.26
	一般	3.94	4.00	1.91	1.97
	不好	3.76	3.99	1.85	1.92

表 5 - 17　　　　　　　家庭背景对政治面貌的影响（％）

		（0）男			（1）女		
		（1）共青团员	（2）共产党员（包括预备党员）	（3）其他（请注明）	（1）共青团员	（2）共产党员（包括预备党员）	（3）其他（请注明）
家庭所在地	农村	59.00	58.40	72.00	42.70	45.50	46.00
	城市	41.00	41.60	28.00	57.30	54.50	54.00
是否独生子女	（0）否	58.90	65.00	73.70	53.90	63.40	68.30
	（1）是	41.10	35.00	26.30	46.10	36.60	31.70

续表

		(0) 男			(1) 女		
		（1）共青团员	（2）共产党员（包括预备党员）	（3）其他（请注明）	（1）共青团员	（2）共产党员（包括预备党员）	（3）其他（请注明）
父亲受教育程度	初中及以下	45.20	40.40	50.00	33.20	33.00	47.60
	高中及大专	41.70	48.60	39.00	46.70	51.70	39.70
	本科及以上	13.10	11.00	11.00	20.10	15.30	12.70
母亲受教育程度	初中及以下	61.10	57.50	70.70	45.60	48.90	56.50
	高中及大专	31.90	37.60	22.20	41.40	43.00	30.60
	本科及以上	7.00	4.90	7.10	13.00	8.10	12.90
父亲职业	上层	33.40	34.70	25.50	45.10	42.90	32.80
	中层	55.10	51.30	53.20	44.80	42.60	41.40
	下层	11.50	14.00	21.30	10.10	14.50	25.90
母亲职业	上层	21.60	18.40	13.50	31.40	24.80	19.30
	中层	53.20	50.20	57.30	40.50	40.40	40.40
	下层	25.20	31.40	29.20	28.10	34.80	40.40
家庭经济条件	好	10.40	9.10	11.30	12.60	13.30	16.70
	一般	57.00	57.90	44.30	60.10	62.40	61.70
	不好	32.50	33.10	44.30	27.30	24.30	21.70

表 5 – 18　　　　家庭背景对宗教信仰的影响 （%）

		(0) 男		(1) 女	
		无宗教信仰	有宗教信仰	无宗教信仰	有宗教信仰
家庭所在地	农村	60.20	49.50	44.00	44.40
	城市	39.80	50.50	56.00	55.60
是否独生子女	（0）否	61.80	65.00	57.90	68.30
	（1）是	38.20	35.00	42.10	31.70
父亲受教育程度	初中及以下	43.60	40.10	33.60	32.20
	高中及大专	44.40	47.00	49.00	48.30
	本科及以上	12.10	12.90	17.40	19.50
母亲受教育程度	初中及以下	60.30	56.50	47.70	44.40
	高中及大专	33.70	37.00	41.60	44.90
	本科及以上	6.00	6.50	10.70	10.70

续表

		(0) 男		(1) 女	
		无宗教信仰	有宗教信仰	无宗教信仰	有宗教信仰
父亲职业	上层	33.20	38.40	43.40	47.50
	中层	53.70	50.70	44.40	34.30
	下层	13.10	10.90	12.10	18.20
母亲职业	上层	19.80	20.00	27.80	31.00
	中层	52.90	44.20	41.10	33.00
	下层	27.30	35.80	31.10	36.00
家庭经济条件	好	9.30	16.30	12.50	19.80
	一般	57.10	55.00	61.50	57.40
	不好	33.60	28.70	26.10	22.80

二　教育经历对社会参与的影响

教育经历是一个复杂的过程，这里我们只关注大学之后的教育经历对社会参与的影响。其中学科门类较为复杂，为了便于比较，我们将学科门类简化为人文社会科学和自然科学，哲学、经济学、法学、教育学、文学、历史学、管理学、军事学归为人文社会科学，理学、工学、农学、医学归为自然科学。将有关学习时的一些行为变量，个人在受教育方面的基本感受，含7个问题通过累加的方式形成新变量"学习兴趣"；将有关个人能力评价的变量（有关个人对自身知识和能力的评价，含12个项目）通过累加的方式归为新变量"个人能力"，分数越高，代表学习兴趣越高和个人能力评价越高。

（一）影响社会参与的主要教育背景因素

从教育经历来看，这一因素对不同性别大学生宗教信仰行为的影响并不大。教育经历和是否担任学生干部之间相互影响；期望最高学位和学生干部的最高层级之间没有明确的关系。男生参加社会活动的行为与教育经历有较大关系，女生参加社会活动的行为较男生来说相对较小，其中不同专业的男生对社会活动的兴趣有较大区别，而不同专业的女生对社会活动的兴趣并没有较大差异。男生参加社会组织的行为与期望最高学位之间没有明确关系，女生参加社会组织的行为与学科门类没有明确的关系（见表5-19）。

表 5 – 19 教育经历与社会参与的关系

	B7 学科门类	B10 学习兴趣	B11 个人能力	B13 综合测评	B15 期望最高学位
	男性				
D1 是否担任过学生干部	***	***	***	***	**
D2 担任过的学生干部的最高级别	***	**	*	***	—
D3 社会活动	***	***	***	***	*
D4 社会组织	*	***	***	***	
D4b 参加组织的主要目的	—	***	—	—	**
D4c 在组织中的主要角色	***	***	***	***	—
D5 政治面貌	**	***	***	***	***
D6 宗教信仰	—	—	*	—	—
	女性				
D1 是否担任过学生干部	***	***	***	***	*
D2 担任过的学生干部的最高级别	**	***	***	**	—
D3 社会活动	—	***	***	***	
D4 社会组织		***	***	***	***
D4b 参加组织的主要目的		**	—	***	**
D4c 在组织中的主要角色		***	***	***	
D5 政治面貌		**		***	***
D6 宗教信仰	—	**	—	—	*

注: *** 表示 $p < 0.01$, ** 表示 $p < 0.05$, * 表示 $p < 0.1$。

男生参加社会组织的主要目的与学习兴趣和期望最高学位的关系更密切，女生参加社会组织的主要目的除与这两个因素有密切关系外，同时和综合测评的成绩有较为密切的关系。所学专业对参加社会组织的男生扮演的角色有影响，而对女生的影响不明显。男生的政治面貌与教育经历有较大关系，而女生的政治面貌与学科门类和个人能力评价基本没有明确的关系。综合来看，教育经历和男女生社会参与状况之间有较大的关系。

（二）教育经历对社会参与方向的影响

人文社会科学的男生担任学生干部的比例要高于自然科学的，而女生则大致相当。学习兴趣小但个人能力自我评价较高的学生担任学生干部的比例较高。成绩优秀的学生担任学生干部的比例较高。担任学生干部的男生期望最高学位为硕士的比例较高，而担任学生干部的女生期望最高学位为博士的比例较高（见表5－20）。

表5－20　　　　　　　　不同性别教育经历与是否担任学生干部

		(0) 男				(1) 女			
		在大学或研究生期间，您担任过学生干部吗？				在大学或研究生期间，您担任过学生干部吗？			
		(0) 否		(1) 是		(0) 否		(1) 是	
		比例	均值	比例	均值	比例	均值	比例	均值
专业	人文社会科学	37.90%		62.10%		43.50%		56.50%	
	自然科学	45.20%		54.80%		41.10%		58.90%	
学习兴趣			11.20		10.17		11.83		10.30
个人能力			40.43		42.68		39.55		42.20
您上一学年综合测评在班级大体居于	(1) 优秀（或前10%）	23.40%		76.60%		25.50%		74.50%	
	(2) 良好（或10%—30%）	38.10%		61.90%		40.50%		59.50%	
	(3) 一般（或30%—70%）	49.80%		50.20%		53.90%		46.10%	
	(4) 不好（后30%）	64.60%		35.40%		67.40%		32.60%	
	(7) 没评过	42.30%		57.70%		43.30%		56.70%	
	(8) 不清楚	46.00%		54.00%		55.10%		44.90%	
您期望自己的最高学位是	(1) 本科	52.30%		47.70%		52.50%		47.50%	
	(2) 硕士	39.70%		60.30%		42.80%		57.20%	
	(3) 博士	40.30%		59.70%		40.00%		60.00%	
	(8) 不确定	45.40%		54.60%		43.60%		56.40%	

人文社会科学的男生参加社会活动的倾向要大于自然科学的男生，而女生则没有太大差异。成绩优秀的学生参加社会活动的倾向较大。期望最高学位对男生参加社会活动的倾向没有明显影响，期望最高学位较高的女生参加社会活动的倾向也较高（见表5－21）。

人文社会科学的女生参加社会组织的倾向较高，而男生则在专业上没有明显的差异。学习成绩好的学生参加社会组织的倾向也较高。期望最高学位看起来对参加社会组织倾向的影响并不明确（见表5－22）。

表 5 – 21　　　　　　　　**不同性别教育经历与社会活动参与状况**

		您的性别	
		（0）男	（1）女
		均值	均值
专业	人文社会科学	4.14	4.05
	自然科学	3.66	4.05
您上一学年综合测评在班级大体居于	（1）优秀（或前10%）	4.95	4.95
	（2）良好（或10%—30%）	4.05	4.14
	（3）一般（或30%—70%）	3.52	3.49
	（4）不好（后30%）	2.73	3.36
	（7）没评过	3.67	3.67
	（8）不清楚	3.69	3.70
您期望自己的最高学位是	（1）本科	3.36	3.66
	（2）硕士	3.85	4.05
	（3）博士	3.97	4.12
	（8）不确定	3.91	4.04

表 5 – 22　　　　　　　　**不同性别教育经历与社会组织参与状况**

		您的性别	
		（0）男	（1）女
		均值	均值
专业	人文社会科学	1.98	2.03
	自然科学	1.85	1.94
您上一学年综合测评在班级大体居于	（1）优秀（或前10%）	2.22	2.36
	（2）良好（或10%—30%）	1.97	2.06
	（3）一般（或30%—70%）	1.95	1.95
	（4）不好（后30%）	1.64	1.80
	（7）没评过	1.51	1.60
	（8）不清楚	1.76	1.66
您期望自己的最高学位是	（1）本科	1.89	1.96
	（2）硕士	1.99	2.06
	（3）博士	1.86	1.91
	（8）不确定	1.91	1.99

　　人文社会科学的男生卷入政治生活的比例较高，而女生卷入政治生活

的行为与所学专业没有明显关系。成绩好的、期望学历高的学生，卷入政治生活的比例也较高（见表 5 - 23）。宗教信仰与教育经历之间没有明显的关系。

表 5 - 23　　　　　不同性别教育经历与政治面貌（％）

		(0) 男			(1) 女		
		(1) 共青 团员	(2) 共产 党员 （包括预 备党员）	(3) 其他 （请 注明）	(1) 共青 团员	(2) 共产 党员（包 括预备 党员）	(3) 其他 （请注明）
专业	人文社会科学	49.40	46.60	3.90	50.90	46.60	2.40
	自然科学	54.90	40.90	4.10	49.00	48.50	2.50
您上一学年综合测评在班级大体居于	(1) 优秀（或前10%）	30.30	66.90	2.80	35.50	63.10	1.50
	(2) 良好（或10%—30%）	45.30	51.10	3.60	46.80	50.70	2.50
	(3) 一般（或30%—70%）	66.20	29.80	4.00	64.70	32.40	2.90
	(4) 不好（后30%）	88.50	9.50	2.00	84.40	15.60	0.00
	(7) 没评过	50.00	44.00	6.00	49.60	47.20	3.20
	(8) 不清楚	55.30	38.00	6.70	57.80	39.50	2.70
您期望自己的最高学位是	(1) 本科	76.00	18.00	6.00	67.20	30.30	2.50
	(2) 硕士	59.50	38.40	2.10	55.40	43.10	1.50
	(3) 博士	41.30	54.00	4.70	38.70	57.60	3.70
	(8) 不确定	61.80	33.00	5.30	55.30	42.40	2.30

三　职业目标对社会参与的影响

为了能更清晰地讨论职业目标与社会参与之间的关系，本章选择职业因素中有关毕业后打算、首份工作期望月收入、哪个性别群体更易成功、职业规划情况作为主要讨论的变量，并将这些变量进行了重新编码。关于毕业后打算重新编码为工作、升学、创业；首份工作期望月收入根据当前市场工资状况重新分为 4000 元以下、4000—6000 元、6000—10000 元、10000 元以上；关于职业规划的说法则采用累加 6 个选项的方法计算总得分，得分高的职业规划的意识较差，得分低的职业规划意识较强。

从职业目标和社会参与的关系来看，男生的职业规划意识、对不同性别群体的判断和是否担任学生干部有关系；而毕业后的打算和首份工作的期望月收入则与所担任干部的最高层级有关；男生参加社会活动和社会组织，参加社会组织的主要目的、扮演的主要角色主要和未来的职业规划有关；而其他的职业要素与参与社会组织的主要目的有关系，扮演的主要角色则和毕业后生活打算有关。男生在职业方面的考虑与政治参与活动有关，但和宗教信仰活动无关（见表5-24）。

表5-24　　　　　　不同性别职业因素与社会参与之间的关系

	C3 毕业后生活打算	C6 首份工作期望月收入	C7 哪个性别群体更易成功	C9 职业规划
	男性			
D1 是否担任过学生干部	—	—	***	***
D2 担任过的学生干部的最高级别	**	**	—	—
D3 社会活动	—	—	**	***
D4 社会组织	—	—	—	***
D4b 参加组织的主要目的	**	**	*	***
D4c 在组织中的主要角色	***	—	—	***
D5 政治面貌	***	***	***	***
D6 宗教信仰	—	—	—	—
	女性			
D1 是否担任过学生干部	—	**	*	***
D2 担任过的学生干部的最高级别	—	***	*	—
D3 社会活动	**	—	—	***
D4 社会组织	***	**	***	***
D4b 参加组织的主要目的	—	***	—	**
D4c 在组织中的主要角色	*	***	—	***
D5 政治面貌	***	***	**	—
D6 宗教信仰	**	—	—	—

注：*** 表示 $p < 0.01$，** 表示 $p < 0.05$，* 表示 $p < 0.1$。

　　女性的职业规划意识、对性别群体成功难易的判断及首份工作的期望月收入和是否担任学生干部之间有关；对性别群体成功难易的判断及首份工作的期望月收入和她们担任学生干部的最高层级有关；女性对毕业后的基本打算及职业规划的想法和她们参与社会活动有关；四项职业要素都和她们参加社会组织的行为有关。女性参加社会组织的目的主要和她们的期望月收入、职业规划有关；而扮演的角色还和她们毕业后的打算有关。女性职业方面的考虑和她们的政治面貌有关，而和她们的宗教信仰之间的关系并不密切。

政治参与实际上已经成为大学生为职业做准备的一个基本条件，这一点大学生都很清楚。同时入党也是依靠组织力量改变很多事情的重要因素。比如女性个案对入党有这样的看法：

> 我现在是预备党员，因为大一的时候上的党课，拿结业证书今年才预备。因为我想考公务员，所以司法考试这些对于党员是必需的。我真的不知道怎么说，可能以前我在上高中的时候接触的社会不太一样，在我上小学一年级的时候会写的第一个词语就是"共产党"，我一直都觉得共产党可神圣了，我高中的时候还是一直这样坚定地认为，然后一直到大学，我身边越来越多的人开始对共产党表示一种抨击，然后我开始慢慢觉得我的那种信仰已经不是信仰了，因为已经遭到太多人的唾弃。所以我现在也特别犹豫，就像刚开始我说我想考公务员，我有一腔抱负，我希望能改变一些现状。但是我现在觉得我可能也有点儿无能为力。（访谈编号：121lj05）

另一个女性个案也有类似的看法：

> 辅导员也问过这个问题。其实，首先就是怎么说呢，这对我以后有帮助，我以后的话可能会进事业单位。然后就是入党的话它其实是一个标准，别人会觉得入党了你就会比较优秀，这是一个很客观的事实。就找工作的时候很多人都会问到你是不是党员，很重要的。（访谈编号：071whl02）

四　性别观念对社会参与的影响

性别观念总体可以体现为对男女地位的看法，大学生的社会参与经常是性别观念的反映。男生对当前男女地位的看法倾向于男女地位大致相当，这体现在男生社会参与的各个方面（见表5－25）。但女生更多地倾向于认为男性地位较高，这也体现在女生社会参与的各个方面（见表5－26）。从女生的角度来看，她们在社会参与过程中必须付出更多努力，与男性的优越地位相抗衡。但从男生的角度来看，两性的社会地位基本一致，只是方向有所不同。这或许可以理解为：在大学生中，男女地位不平等的观念正在改变，但来自校园外和其他群体的男女地位不平等的观念影响着大学生的判断，女生受到这种判断的影响产生了较强的危机感，倾向于认同这种判断；而男生受到这种判断的影响较弱。

表 5 - 25　　　　　　　　　　　　男生的性别观念与社会参与

		您如何看目前我国男女两性的社会地位?							
		(1) 男性更高		(2) 女性更高		(3) 男女差不多		(8) 说不清	
		比例	均值	比例	均值	比例	均值	比例	均值
担任过学生干部吗?	(0) 否	36.8%	—	12.1%	—	42.4%	—	8.6%	—
	(1) 是	38.8%	—	11.7%	—	41.9%	—	7.6%	—
担任过最高级的学生干部	(1) 班级	37.3%	—	12.3%	—	42.2%	—	8.3%	—
	(2) 院系	39.4%	—	10.5%	—	42.5%	—	7.6%	—
	(3) 学校	41.4%	—	13.3%	—	39.8%	—	5.6%	—
	(4) 学校以上	40.0%	—	0.0%	—	40.0%	—	20.0%	—
社会活动		—	3.98	—	3.81	—	3.82	—	3.89
社会组织		—	1.92	—	1.89	—	1.93	—	1.80
参加社团活动的目的	(1) 结识更多的朋友	35.4%	—	12.6%	—	45.6%	—	6.3%	—
	(2) 满足兴趣爱好	42.2%	—	13.3%	—	35.5%	—	9.0%	—
	(3) 获得更多信息和资源	37.0%	—	10.3%	—	45.5%	—	7.3%	—
	(4) 丰富自己的生活	42.7%	—	10.0%	—	37.6%	—	9.7%	—
	(5) 打发时间	12.5%	—	12.5%	—	50.0%	—	25.0%	—
	(6) 帮助他人/服务社会	33.8%	—	13.2%	—	45.6%	—	7.4%	—
	(7) 锻炼自己的能力	37.8%	—	11.5%	—	43.2%	—	7.5%	—
	(8) 奖学金加分	16.7%	—	33.3%	—	50.0%	—	0.0%	—
	(9) 其他（请注明）	50.0%	—	10.0%	—	40.0%	—	0.0%	—
您在组织中的角色	(1) 创始人	37.9%	—	13.8%	—	39.7%	—	8.6%	—
	(2) 负责人	40.6%	—	12.2%	—	40.1%	—	7.0%	—
	(3) 活跃成员	38.3%	—	12.2%	—	42.4%	—	7.1%	—
	(4) 普通成员	36.1%	—	11.4%	—	43.7%	—	8.8%	—
您的政治面貌是	(1) 共青团员	36.9%	—	11.0%	—	43.8%	—	8.3%	—
	(2) 共产党员（包括预备党员）	39.6%	—	12.6%	—	40.8%	—	7.0%	—
	(3) 其他（请注明）	32.3%	—	16.2%	—	38.4%	—	13.1%	—
宗教信仰	无宗教信仰	38.2%	—	11.7%	—	42.1%	—	7.9%	—
	有宗教信仰	34.3%	—	14.4%	—	43.5%	—	7.9%	—

表 5 - 26 女生的性别观念与社会参与

		您如何看目前我国男女两性的社会地位？							
		（1）男性更高		（2）女性更高		（3）男女差不多		（8）说不清	
		比例	均值	比例	均值	比例	均值	比例	均值
在大学或研究生期间，您担任过学生干部吗？	（0）否	54.0%	—	2.3%	—	33.1%	—	10.6%	—
	（1）是	55.1%	—	2.1%	—	31.3%	—	11.4%	—
您担任过最高一级的学生干部是哪一层次的？	（1）班级	56.0%	—	2.4%	—	28.7%	—	12.9%	—
	（2）院系	54.8%	—	2.2%	—	32.0%	—	10.9%	—
	（3）学校	53.2%	—	1.5%	—	35.1%	—	10.2%	—
	（4）学校以上	50.0%	—	0.0%	—	50.0%	—	0.0%	—
社会活动		—	4.11	—	4.35	—	4.05	—	3.73
社会组织		—	1.98	—	2.18	—	2.10	—	1.72
参加社团活动的目的	（1）结识更多的朋友	53.1%	—	1.9%	—	36.7%	—	8.3%	—
	（2）满足兴趣爱好	57.3%	—	1.7%	—	30.0%	—	10.9%	—
	（3）获得更多信息和资源	60.1%	—	2.1%	—	27.3%	—	10.5%	—
	（4）丰富自己的生活	50.7%	—	3.2%	—	33.4%	—	12.6%	—
	（5）打发时间	57.1%	—	0.0%	—	42.9%	—	0.0%	—
	（6）帮助他人/服务社会	53.9%	—	2.0%	—	32.4%	—	11.8%	—
	（7）锻炼自己的能力	55.7%	—	2.3%	—	32.4%	—	9.5%	—
	（8）奖学金加分	42.9%	—	0.0%	—	42.9%	—	14.3%	—
	（9）其他（请注明）	0.0%	—	0.0%	—	66.7%	—	33.3%	—
您在组织中的角色	（1）创始人	54.5%	—	3.0%	—	24.2%	—	18.2%	—
	（2）负责人	53.6%	—	2.5%	—	32.3%	—	11.5%	—
	（3）活跃成员	55.7%	—	2.0%	—	34.6%	—	7.7%	—
	（4）普通成员	54.2%	—	2.3%	—	31.9%	—	11.6%	—
您的政治面貌是	（1）共青团员	53.0%	—	2.6%	—	33.9%	—	10.4%	—
	（2）共产党员（包括预备党员）	56.2%	—	1.8%	—	30.6%	—	11.4%	—
	（3）其他（请注明）	52.4%	—	0.0%	—	30.2%	—	17.5%	—
宗教信仰	无宗教信仰	54.7%	—	2.3%	—	31.7%	—	11.3%	—
	有宗教信仰	52.7%	—	1.0%	—	38.5%	—	7.8%	—

五 恋爱婚姻对社会参与的影响

在分析恋爱婚姻情况对社会参与的影响时，本章主要考虑对家庭的重视程度、对传统家庭模式的认可程度、兼顾恋爱学业的程度这三个因素，这三个因素分别由变量 F1（您赞同以下关于婚姻和家庭的说法吗?）、变量 F2（近一年来是否发生过学习太忙无法兼顾个人情感的事情?）经过重新计算得来。

其中变量 F1 中的前三项（为了照顾孩子牺牲个人事业、照顾长辈牺牲个人发展、配合夫妻感情牺牲个人发展）累加后的得分为新变量：重视家庭的程度，该变量得分越低越重视家庭，得分越高越重视个人发展。

F1 的男人以事业为重、挣钱是男人的事情、女人相夫教子、丈夫事业重要、男人也应该承担家务劳动等内容合并为新变量：认可传统家庭模式的程度，该变量得分越低越认同传统家庭模式，得分越高越不认同传统家庭模式。

F2 的前三项（学习忙没时间发展个人情感、没时间顾及恋人、因个人情感耽误学习）累加后得到新变量：无法兼顾恋爱和学业的程度，该变量分数越高，表明越无法兼顾学业和恋爱。

那些承担较高层级学生干部的学生对传统家庭模式的认可程度较高，这一点在性别上没有差异。最高层级的学生干部中，男生无法兼顾恋爱和学业的程度不高，但女生无法兼顾恋爱和学业的程度较高，基本是男生的两倍。党员、社会组织中的创始人、负责人通常对传统家庭模式更加认可，这一点在性别上也没有差异（见表 5 - 27）。

表 5 - 27　　　　　不同性别大学生恋爱婚姻情况与社会参与的关系

| | | | 重视家庭的程度 | 认可传统家庭模式的程度 | 无法兼顾恋爱和学业的程度 |
			均值	均值	均值
(0) 男	您担任过最高一级的学生干部是哪一层次的?	（1）班级	8.48	12.69	2.73
		（2）院系	8.64	12.44	2.76
		（3）学校	8.96	12.69	2.89
		（4）学校以上	7.60	11.80	2.00
	C 您在组织中的角色是（参加两个及以上的，答自己最看重的一个）	（1）创始人	8.82	11.41	3.07
		（2）负责人	8.76	12.55	2.69
		（3）活跃成员	8.62	12.92	2.74
		（4）普通成员	8.47	13.20	2.59
	D5 您的政治面貌是	（1）共青团员	8.62	13.23	2.53
		（2）共产党员（包括预备党员）	8.54	12.21	2.84
		（3）其他（请注明）	8.49	12.54	2.67

续表

			重视家庭的程度	认可传统家庭模式的程度	无法兼顾恋爱和学业的程度
			均值	均值	均值
（1）女	您担任过最高一级的学生干部是哪一层次的？	（1）班级	9.63	16.28	2.21
		（2）院系	9.39	15.85	2.43
		（3）学校	9.77	16.45	2.88
		（4）学校以上	7.50	10.50	6.00
（0）女	C 您在组织中的角色是（参加两个及以上的，答自己最看重的一个）	（1）创始人	9.44	15.65	2.74
		（2）负责人	9.56	16.11	2.70
		（3）活跃成员	9.58	16.36	2.37
		（4）普通成员	9.64	16.18	2.32
	D5 您的政治面貌是	（1）共青团员	9.82	16.78	2.39
		（2）共产党员（包括预备党员）	9.32	15.41	2.41
		（3）其他（请注明）	8.98	15.33	2.68

第四节　小结与讨论

一　主要发现和讨论

不同性别大学生的社会参与有各自的特点，同时也有相同之处。从整体来看，不同性别的大学生在社会参与方面已经基本平衡。在大学生活动范围内的社会参与中，性别因素并不是最重要的。但社会参与活动一旦跨入社会层面，性别差异就开始有所体现，比如女生担任校级以上学生干部的比例较低。

从方向上来看，传统的观念、家庭背景、教育经历、恋爱婚姻状况等对不同性别的大学生在社会参与的方向上给出了不同的指引。男生社会参与的状况受家庭影响的程度要弱于女生，这种程度的减弱体现为女生更容易按照家庭的安排进行社会参与，而男生则更容易接受某种观念后结合社会生活的实际开展社会参与活动。由此，女生在社会参与的内容上更多地关注社会公益；而男生更多地关注个体的社会资本积累。在社会参与的层次上，男生更倾向于在人际、社区层次谋求社会参与以获得成就感；而女生更多地在群体组织、社会层次上参与丰富的社会活动来体验生活，获得愉悦感和充实感。

从影响因素来看，非独生子女、家庭经济条件中等、父母受教育程度中等、父母职业相对稳定的学生在社会参与方面更为积极。但独生子女、家庭经济条件较好、父母受教育程度高、父母职业声望较高的学生在社会参与方面更有条件和更为便利。

入党这一政治参与对大学生未来的职业方向有很大影响。那些希望未来有稳定职业、收入稳定且处于中等水平的学生倾向于入党。学习成绩优秀、能力较好的大学生通常入党的比例会比较高。

那些认同传统家庭模式的学生会有更高的社会参与率，但女生在社会参与层次提高后，恋爱婚姻和社会参与之间有可能变成二选一的情况，但男生似乎并不面对这种情况。这或许可以从侧面表明女性的社会参与仍然面临上升的瓶颈。

大学生的社会参与使他们更多地和教师乃至其他社会人士接触，在人际交往、个人能力自我评价、生活内容的丰富性等多方面都获得了很大的改善。尽管社会参与有时会影响学习成绩，但这一点在女生身上并不明显。总体来看，那些社会参与较多的学生，学习成绩也并没有落后很多，而其他方面的能力则有提高。

社会参与似乎和大学生的独立自主和创业能力有关，那些希望创业的学生通常会更乐意进行社会参与。

调查的数据只能提供一些方向上的感受，这些结论事实上只能作为一种对数据的揣测存在，而不能直接说明社会参与的实际情况。从表面的社会参与状况来看，不同性别的大学生没有非常明显的差异，但从社会参与背后的各种影响因素，以及社会参与体现的社会观念来看，大部分大学生实际上仍然认同传统性别观念和分工模式。但在具体的不同内容上，大学生会作出相应的调整，看起来这种调整更多地和个体自身的意识有关。

二 政策建议

社会参与已经成为大学生在校期间的一个非常重要的内容，从它和未来职业规划、生活方式、教育经历、婚姻家庭等多方面的关系来看，社会参与都非常重要，甚至和大学期间的专业学习同样重要。对于那些希望将来创业和更好地扮演社会角色的学生来说，社会参与的重要性甚至超过了专业学习，这一点不容忽视。

　　因此，大学校园里长期以来形成的仅仅重视专业学习而忽略社会参与的风气应该改变。尽管自然科学专业的大学生社会参与的情况略低于人文社会科学，但仍然是非常重要的。大学生实际上有能力在社会参与和专业学习之间进行自我平衡，大学根本不需要担心鼓励学生社会参与会削弱专业学习动力和兴趣。

　　从鼓励大学生社会参与的角度来看，在以下几个方面作出政策性的指引是必要的。

　　第一，大学学校和国家都应给大学生的社会参与提供更多的经费支持，同时给予更多的政策支持，将社会参与和专业学习重要程度等同看待。当前很多高校采取的压缩专业课，给学生更多课余时间的做法是值得推广的。但事实上目前的课程学习比例仍然较高，这不利于大学生的社会参与。

　　第二，加强大学生社会参与和社会生活之间的联系，为学生提供更丰富的社会参与内容。尽管目前各种社会活动都在向校园渗透，但大学生的社会参与内容仍然有限，因而继续鼓励社会机构和大学的合作是非常必要的。

　　第三，在大学中鼓励女性的社会参与是为未来社会实现性别平等奠定基础。女性在大学的社会参与将促使女性更独立、自主，也更具竞争力。尽管女性可能还是会认同传统性别观念，但良好的社会参与在一定程度上可以削弱传统性别观念的影响。

　　第四，应有意识拓宽政治参与的内容，将更多的社会主义民主政治的思想转化为具体的社会活动，从而更有效地实现大学生的政治社会化。大学生入党只是为未来的职业做准备与政治参与的根本目标并不完全契合，政治参与的根本目标是推进社会主义民主政治。因而不能把入党变成一种职业准备，而应让大学生意识到政治参与是在进行社会主义民主政治建设。

（王宏亮）

第六章

高校女生的生活方式

生活方式是指人们长期受一定社会文化、经济、风俗、家庭影响而形成的一系列的生活习惯、生活制度和生活意识。生活方式是由个人和社会群体、整个社会的性质和经济条件及自然地理条件所决定的个人社会群体和整个社会的方式和特点。人们的行为表现直接显现在外，构成生活方式的显现部分，但支配人们行为的价值观却隐含在内，是不可忽略的重要成分。一个人的生活方式总是客观存在的，可以是传统的，也可以是现代的。不管何种生活方式，总要受到多种因素制约。生活方式的构成要素是由生活的行为习惯、生活时间、生活节奏、生活空间、生活消费等部分组成的。

生活方式是人的社会化的一项重要内容，决定了个体社会化的性质、水平和方向。生活方式直接或间接影响着大学生的思想意识和价值观念，从而影响着其行为方式和对社会的态度。因而，大学生的生活方式与大学生的素质培养和成长密切相关，大学生生活方式是制约大学生成长成才的一个重要方面。[①] 大学生作为社会中具有较高综合素质的群体，担负着建设国家的重任，他们的生活方式健康与否，关系到他们能否更好地成才。

随着高校的扩招，高校女生的数量也越来越多，作为女性高层次后备人才，她们的生活方式是否健康，直接关系到她们今后的成长和成才。本章从高校女生的生活方式现状入手，分析高校女生生活方式的特点、存在的问题及其影响因素，最后提出相应的对策和政策建议。

第一节　高校女生生活方式现状

我国学者 1981 年起就开始了对生活方式的研究。他们根据不同的线

[①]　曾燕波：《中国大学生生活方式研究》，《当代青年研究》2008 年第 9 期。

索和逻辑标准，选择不同的角度，对生活方式问题进行了大量研究。其中，对大学生生活方式的研究主要有三个方面。第一种思路是从消费角度对大学生进行研究。受到西方学术界的影响，这种思路是把生活方式转换为消费方式来研究。第二种思路是从身心健康角度对大学生的生活方式进行研究。从这个角度探讨大学生具体的生活方式与身心健康之间的关系。如抽烟喝酒等行为与身心健康之间的关系及相应的对策。例如，有学者通过问卷调查发现大多数大学生在珍惜健康和为健康投资上做得不自觉，也很不理性，存在吸烟、酗酒、熬夜、锻炼不科学等不良行为习惯。[①] 第三种思路是生活方式总体研究。探讨的内容多数从日常生活、学习、闲暇生活、人际交往、消费、婚恋等角度全面描述大学生生活方式，或者通过问卷调查对大学生进行生活类型分类，并提出相应的思想政治教育对策。

　　尽管学术界针对大学生生活方式的研究较多，但专门针对高校女生的生活方式研究不多，对高校女生的生活方式研究往往是融合在大学生这个群体中进行的。根据本课题的设计思路及本次调查的资料，本小节从时间安排与分配、社会活动、消费观念与行为、网络活动四个方面对高校女生的生活方式进行分析。

一　时间安排与分配

　　在大学里，大学生可支配自由时间较多，对于时间的安排和分配就成为大学生上大学后首先要面临的问题。大学生能不能合理有效地分配和安排使用自己的时间，关系到他们能否有效地进行学习，进而影响到学生个人的成长和进步。

（一）学习时间

　　学习，大学生生活的核心内容，是高校女生生活中的重要组成部分。但并不是所有的学生都能够合理安排自己的时间，尤其是大一新生，刚刚从高中上来，还处在摸索阶段。

　　在访谈中，有一位女生表示：

　　　　大学生活虽说比高中自由一点儿，但是有一种盲目的感觉，尤其是去年刚来的时候都不知道该干什么，虽然上课时间少，但上完课就

---

① 谢佩娜、张健忠：《大学生生活方式现状研究》，《吉林体育学院学报》2004 年第 4 期。

不知道该干什么了。然后去年专业课也没开几门，上完课也不知道该干什么，回宿舍要不就吃，要不就睡，要不就聊天。今年到大二专业课一开就知道该学点儿东西了。（访谈编号：1211j06）

大部分高校女生的时间安排与分配状况如何？通过调查，我们认为，在学习的时间投入上，本科阶段和研究生阶段的情况不尽相同。在本科阶段，女生的平均学习时间为 5.399 小时，标准差为 3.3632 小时；男生的平均学习时间为 4.793 小时，标准差为 3.3304 小时。男女生学习时间的方差检验 $F = 23.051$，$p < 0.001$，表明不同性别本科生的学习时间存在显著性差异，女性的平均学习时间更长。

但是这一差异到了研究生阶段，发生了改变。数据显示：在理科生中，男女研究生的学习时间没有显著的性别差异，硕士生的平均学习时间为 5.228 小时，博士生的平均学习时间为 7.014 小时。

但在文科生中，男女研究生的学习时间出现了逆转：男研究生的平均学习时间更长，女研究生反而相对较低。在文科硕士生中，女生的平均学习时间下降到 4.060 小时，标准差为 2.8500 小时；而男生的平均学习时间为 4.533 小时，标准差为 2.9467 小时。文科男女硕士生学习时间的方差检验 $F = 5.204$，$p < 0.023$。类似地，在博士阶段，女生的学习时间平均为 5.463 小时，标准差为 2.7548 小时；而男生的学习时间为 6.197 小时，标准差为 2.9848 小时。方差检验 $F = 4.861$，$p < 0.028$。

男女生学习行为的差别还进一步表现在学习的反思性和争取资源的主动性上。在被问到以下表述是否符合自己的情况时，有 63.5% 的男大学生认为自己完全符合或比较符合"我会主动争取我想要的机会或资源"；而同样类型的女大学生只占 56.2%。类似地，在被问到自己是不是"有时会对书本上的观点提出质疑"时，有接近一半的男性认为完全符合或比较符合自己的情况（48.9%），而同等类型的女大学生只占 35.3%。具体如图 6-1 所示。

从表 6-1 中可以看出，在学习的自我管理和控制上，女大学生的表现较好，有更多的男大学生上课时经常觉得无聊（男生为 37.9%；女生为 31.6%），有更多的女大学生在学习中表现出更强的自我管理和控制的能力（男生为 52.5%，女生为 55.0%）。

而在自主学习上，男大学生表现出一些优势，有 81.4% 的男大学生愿意花时间学习自己感兴趣的知识，而作出相应选择的女大学生只占 78.2% ，且卡方检验结果表明性别差异显著（ $\chi^2 = 15.906$ ， $df = 4$ ， $p < 0.003$ ）。

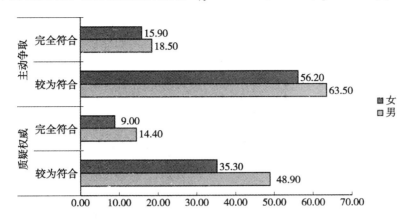

图 6-1　分性别看男女大学生学习方式的差异①（%）

表 6-1　男女大学生在自我管理和自主学习上的表现

（赞成下列说法的人所占的比例:%）

		男性	女性	卡方检验
自我管理 和控制	上课时，我经常觉得很无聊	37.9	31.6	***
	学习中我有很强的自我管理和控制的能力	52.5	55.0	*
	做一件事情，我会尽力把它做好	85.2	85.4	
自主学习	我愿意花时间学习自己感兴趣的知识，哪怕 与考试内容无关	81.4	78.2	***
	参与课程以外的学术、科研活动或学术会议	52.1	52.6	

注： *** 表示 $p < 0.01$ ， * 表示 $p < 0.1$ 。

（二）休息与锻炼时间

男女大学生的平均睡眠时间为 7.493 小时，标准差为 3.0503 小时，并不存在明显的性别差异。有 1148 名女大学生曾经"瘦身"（包括节食、服药或采用其他物理办法），占女性应答者总数的 45.2% ，只有 12.4% 的男大学生有过此类经历。

男大学生平均每天锻炼的时间为 0.971 小时，标准差为 1.0791 小时，女大学生为 0.647 小时，标准差为 0.8601 小时。方差检验 $F = 138.798$ ，

①　其中"较为符合"项为累计值。

$p < 0.000$，表明不同性别的大学生在参加体育锻炼的时间方面的确存在显著性差异。男大学生的平均锻炼时间更长。

大部分男大学生都保持了非常良好的体育锻炼的习惯，有 72.4% 的男大学生保持每周一次以上的锻炼，但却有高达 48.2% 的女大学生只是偶尔锻炼或从不锻炼。大学生具体的锻炼频率如图 6 - 2 所示。

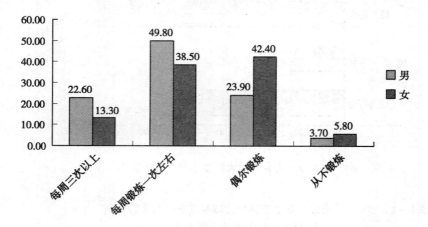

图 6 - 2　男女大学生体育锻炼频率比较（%）

某女生认为，她平时体育活动就是打乒乓球，有时候打网球，但打了网球之后腰酸背疼。

身边的女生都比较喜欢打篮球，而更不喜欢打排球及健美操和瑜伽。感觉瑜伽挺好的，可以修身养性。平常一天工作下来很烦躁的话，或者在外面很忙碌，回家之后练练瑜伽，感觉舒服很多。（访谈编号：031lfy01）

男女大学生对体育锻炼的认识具体见表 6 - 2。

表 6 - 2　　　　　　分性别看男女大学生对体育锻炼的认识
（赞成这一观点的人所占的比例:%）

	男性	女性	比例之差
增强体质	96.2	90.7	5.5
丰富生活	89.9	87.0	2.9
锻炼意志	83.4	75.6	7.8

续表

	男性	女性	比例之差
结识朋友	66.2	48.7	17.5
增强合作精神	67.0	47.4	19.6
保持身材	69.1	78.2	-9.1

男女大学生在体育锻炼上投入的差异可能与双方对体育锻炼的认识有关。除了增强体质这一主要益处之外，更多的女大学生认为体育锻炼会让自己"保持身材"（78.2%）；而更多的男大学生则认为体育锻炼除了强身健体之外，还能够"锻炼意志"（83.4%）、"结识朋友"（66.2%）和"增强合作精神"（67.0%）。

（三）娱乐休闲时间

随着我国社会和经济的发展，人们的生活发生了巨大变化，社会生活和人们的生活方式也发生了很大变化，个人生活趋向多元化、复杂化。随着高校大学生闲暇时间的增多，他们的娱乐休闲活动也呈现出多样化的状况。

本次调查数据显示，在时间的安排上，女生比男生花更多的时间用于学习和科研、勤工俭学和兼职，以及做家务。男生则比女生花更多的时间用于参加社团活动、体育锻炼及休闲娱乐，男生睡眠时间也略多于女生。

另外，根据对访谈资料的分析，高校女生的娱乐休闲方式大致有逛街购物、网购、上网、看电影、聚餐、旅游等。

一位在北京上学的女生说，"周末时，我和同学一起爬过一次长城，去过一次香山，还有逛公园、逛街。逛街主要是在西单、动物园，都是卖衣服的地方，或者去逛卖吃的地方。另外，还因为一个同学特别喜欢逛图书大厦，她可以在里面待一天，受到她的熏陶，所以有时跟她一块去逛图书大厦。"（访谈编号：031lfy01）

另一女生也表示，"业余生活就是上网，之前觉得很单调，现在就是逛街、买东西。自己参加的体育活动很少。"（访谈编号：021lfy03）

某女生说，

　　我们学校网购的人挺多，每天快递都在校门口等着。我网购买东西，心情就好了。我这个人就喜欢消费嘛。（访谈编号：021lfy01）

　　看看电影，纯属个人娱乐。像本科大四的时候，吃饭这种事特别多，或者跟朋友出去聊聊天，跟宿舍里的两个女生一起去旅行。（访谈编号：011lfy01）

　　我偶尔看看电影，在图书馆时间比较多一点儿。在图书馆看书，也是看闲书。平时也逃课，逃课的原因是老师讲得不吸引人，逃课的时候有时候在宿舍睡觉，有时候去图书馆。（访谈编号：120lj07）

利用假期进行旅游，是很多大学生的一种休闲活动。部分学生利用平时的兼职所得，假期出去旅游。

某男生每年都出去旅游，用他自己的话说，是：

　　确实转了各个地方，有陕西、江苏、浙江、天津，近的有哈尔滨、长春。（访谈编号：030lfy02）

但是由于受经济条件的限制，不是每个人都能出去。当问及一名女生闲暇时间是否旅游时，她说：

　　太贵了，没去过，去那儿至少得两千元吧，所以没有去过。（访谈编号：021lfy03）

在闲暇时间安排上，本科生和研究生之间也存在差异。研究生花更多的时间用于学习和科研、兼职、做家务和睡眠，而本科生则花更多时间用于参加社团活动、参加体育锻炼，以及休闲娱乐。

可以看出，在高校女生的休闲娱乐生活中，存在性别及学历差异。同时，休闲也受到家庭经济条件的制约。

二　社会活动

（一）参与社团、政治活动

1. 参与社团活动

在社会活动参与方面，总体而言，女大学生并不弱于男大学生，且表现出了自己的特点。

有 57.5% 的女大学生曾经担任过学生干部，略低于男性 58.3% 的比例，但卡方检验表示这种差异并不显著。男女生担任学生干部的层次如图 6-3 所示：女大学生在班级、院系、学校及以上层次的学生干部中，都占据了与男生大体相当的比重。

一位女生谈到自己学校的班干部情况时说：

> 我们年级有六个班，我是我们班的班长，另外五个班，我想一下，几乎每个班都是一个女班长和一个男班长，就看男的是正班长还是女的是正班长，以前对于六个班的正班长是三男三女，是分布平衡的，今年可能就是因为男生的性格和辅导员有点儿不和，到现在为止五个班的正班长都是女生，只有一个班的正班长是男生。（访谈编号：1211j05）

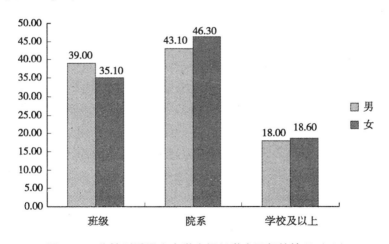

图 6-3　分性别看男女大学生担任学生干部的情况（%）

在具体参与社会事务的途径上，男女生表现出不同的特点。例如，有更多的女生以参与捐款、无偿献血和志愿者活动来参与公共事务（男生为 59.8%，女生为 64.5%）；有更多的男生在网上参与有关公共事务的讨论（男生为 44.7%，女生为 31.8%）。此外，在担任集体活动的领导者和策划者，以及向所在班级、院系、学校或地区提意见的男生的比例比女性稍多。男女生以哪些具体方式参与社会事务的比例见表 6-3。

表 6 - 3　　　　　　　　分性别看男女大学生参与社会事务的方式

（参加的人数比例：%）

	男性	女性	卡方检验
参与志愿者活动	59.8	64.5	***
担任活动领导者	53.3	49.3	**
主动提建议	45.2	42.0	*
在网上讨论公共事务	44.7	31.8	***

注：*** 表示 $p < 0.01$，* 表示 $p < 0.1$。

男女生在参与社会团体的类型上也表现出各自不同的特点：更多的女生参与了社会公益组织（如爱心社、志愿者组织等）；在各个学历层次和专业类型中，都有更多的男生参加了专业、行业组织（如企业家协会、历史学会等）。但是在参加学校组织、学生社团和其他类型的社会组织方面，分各子群体之后，男女生的差异并没有表现出一致的特点。

例如，某女生在学校加入了志愿者部，有时候组织一些活动去做一些服务性的、义务性的活动，教一些智障儿童。

我今年参加了一年博爱园，那就是义务性的教育，觉得挺有意义的。我就是觉得挺有爱心的，给大家服务一下，也体现一下自己的价值。在大学空闲时间挺多的，如果不出去也在学校浪费了，还不如出去见一见世面。（访谈编号：1211j06）

男女生参加社团组织类型的具体分布见表 6 - 4。

表 6 - 4　　　　　　　分性别男女大学生参加社会组织的类型

（人数所占的比例：%）

	男性	女性	比例之差
学校组织	52.7	56.6	-3.9
学生社团	48.4	48.6	-0.2
社会公益组织	37.4	45.9	-8.5
其他社会团体	38.3	35.8	2.5
专业行业组织	14.8	12.4	2.4

从男女大学生在社团中承担的角色来看：男生更多地承担了创始人、

负责人和活跃成员的角色，而女生则更多的是社团中的普通成员，如图6-4所示。

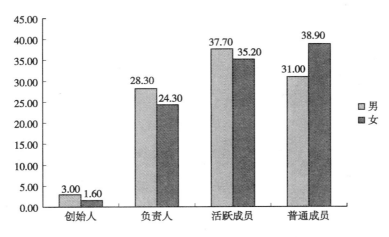

图6-4　分性别看男女大学生在社团中的角色（%）

此外，男大学生在参与社团活动的时间上，也显著高于女大学生。在被调查的样本中，男大学生平均每天用于社团活动的时间为0.313小时，标准差为0.9672小时，女大学生为0.236小时，标准差为0.7662小时，方差检验$F=9.99$，$p<0.002$。表明男大学生在参与社团活动的时间上显著高于女大学生。

在回答参加这些社团组织的主要目的上，男女生表现出一些不同的特点。例如，有更多的女生是出于锻炼能力、丰富生活和帮助他人/服务社会的目的参加社团，而有更多的男生是出于结识朋友、获取信息/资源的目的参加社团（见图6-5）。结合访谈资料来看，女生加入社团具有更强的情感驱动，而男生则有更强的功利驱动。

某女生谈到自己的支教活动时表示：

> 我今年暑假参加了一个社会实践，就是去甘肃支教，而且这件事对我触动特别大。我现在有时候想要实现一下我的人生价值，当我以后真的找不到工作我就去支持西部，我真的这样想。大家可能更多地就是想着去锻炼一下自己。因为城里的孩子都是想着去体验一下生活。到最后剩下四五天的时候大家就开始留恋了，甘肃那边的山特别的光秃秃的，然后大家就开始发现这山怎么也这么亲切，因为看惯了

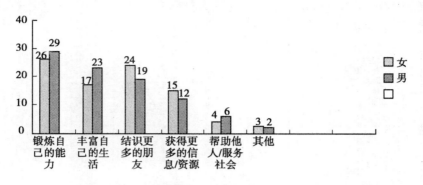

图 6 – 5　男女生参加社团的主要目的（%）

就觉得特别好，到最后走的时候大家都流泪。（访谈编号：121lj05）

某北大女生认为自己参加的社团活动很多：

> 社团活动占用了我很多时间。大一、大二的时候一般会加入两三个社团，他们的活动我都会去参与，到大三的时候就只留在一个社团里面，因为很多事情比较操心，大三是比较关键的时期，不管怎么说，还挺忙的，熬夜肯定少不了。不过还好，至少在北大的生活还蛮有意思的，你会认识很多奇怪的人，各种各样的朋友，参加不同的社团、不同的活动，每次都可以认识不一样的人，当然不可能和所有的人都结为好朋友，但是如果一次活动你认识七个人，就可能跟其中一个成为好朋友。每次跟他们聊天，都感觉收获很多，了解了很多以前不知道的东西，挺有意思的，我比较热衷参加各种各样的活动，去各个地方。（访谈编号：011lfy01）

某男生在校期间参加了不少社团活动，自认为在这方面的经历比较丰富，对自己的影响也比较大。

> 比如说和人的交往，还有让你考虑的问题。因为当社员和管理社团是完全不一样的。我发现在当社团之前，你对上面有种种的想法，但是你去管理社团的时候，有种种不好做，所需要考虑的事情好多，还有一些指令度，还要考虑得全面。（访谈编号：030lfy02）

从上述访谈内容可以看出，由于性别的不同，男生和女生参与社团活动的目的不一样。另外，我们在访谈时也发现，随着学历的升高，参与社团活动的女生越来越少。

某女硕士表示：

> 我在本科时候参加的活动多，演讲比赛、当主持人、演唱都参加，我是我们班的文娱委员、组织去敬老院、监狱、太阳村等地慰问演出。可能上研究生时没有激情了。（访谈编号：021lfy01）

另一位女硕士也表示：

> 上研了就慢慢不做了。因为你留在那儿也没有什么意思，你学不到新东西了。本来那些活动就是本科生参加得比较多，应该把机会给下面的师弟、师妹。（访谈编号：011lfy01）

2. 入党

加入中国共产党对于很多大学生来说，是人生中的一个重大事件。调查数据显示，女大学生加入中国共产党的比例高于男性。这一点在研究生阶段表现得更为明显。样本中男女大学生加入中国共产党的比例如图6-6所示。

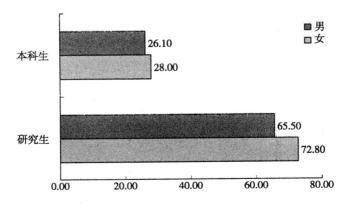

图6-6 男女大学生加入中国共产党的比例（％）

从人数上看，高校女生入党的比例高于男生，那么高校女生的入党动机是什么呢？

某女生表示：

> 我现在是预备党员，因为大一的时候上党课，拿结业证书，今年才预备。因为我想考公务员、司法考试等，所以入党是必需的。（访谈编号：121lj05）

另一女生这样谈她的入党情况：

> 我党课刚刚结束，我想入党，我们班很多同学都想入党，我们班有39个人，只有一个预备党员。入党挺难的，需要上初级党课、高级党课，高级党课考完之后，还有考察期，考察期就需要一年多。问：你为什么想入党？我觉得作为一个公民，入党是一件比较光荣的事情，同时，也有现实考虑，我们宿舍的人私下讨论过。比如你工作了之后，对于某些职位的竞争，如果你是党员的话，竞争优势更强。（访谈编号：031lfy01）

另一女生也表示：

> 首先它对我以后参加工作有帮助。我以后可能会进入事业单位，入党其实是一个标准，别人会认为你比较优秀，这是一个很客观的事实，找工作的时候很多人都会问到你是不是党员，所以入党是很重要的。（访谈编号：071whl02）

从上述访谈来看，高校女生入党明显带有实用的目的，最直接的目的是将来更好地就业。

3. 宗教信仰

男女大学生在宗教信仰上并没有表现出显著的性别差异。绝大部分大学生都没有宗教信仰（男生91.2%，女生91.9%），拥有宗教信仰的男女大学生人数所占的比例如图6-7所示。

一个彝族女生表示，他们生下来就信仰自己的无姓祖先：

> 我们也是信一个东西，但是那东西很抽象，不知道怎么用汉语表

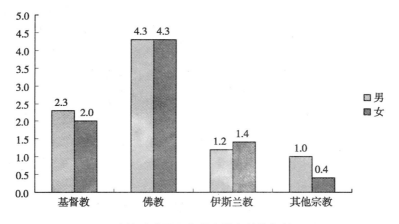

图6-7　分性别看男女大学生的宗教信仰状况（%）

达。会很舒服，很有归属感。虽然我们那个活动每家一年会搞一次大一点儿的，那叫作迷信。但其实它又不迷信，不是那种邪教，反正我觉得每个人都很清醒，不是盲目地去崇拜什么，我们也不会有病不去看医生，反正还是比较理智的，只是觉得这是一个思想上的寄托。一般都是一个家庭一个家庭去做，不会整个族在一起做。（访谈编号：161lj08）

一个女生在被问到有无宗教信仰的时候，她说：

有一点儿信佛教，但不是很正规的教徒。在小学五六年级的时候，因为家里面有人生病，从那个时候开始老是去上香。后来觉得有效果，就信了。所以，在北京上学的时候，经常去雍和宫上香，再还愿。家人也信，但都不是很正规，是不成体系的。（访谈编号：021lfy03）

（二）社会兼职

前面在分析娱乐休闲时间时已显示，高校女生比男生花更多的时间做兼职，通过访谈，我们更深入地了解了高校女生做社会兼职的动机。

第一种动机是为了体验生活和锻炼自己。

例如，某女生利用暑假的时间去饭店做服务员。她认为：

在此过程中，虽然我觉得挣钱不多，一个月就给了八百元钱，但那是我第一次打工。因为以前我妈一直阻止我，这次我就非要去，我妈最后也就妥协了。我说你就让我出去锻炼一下吧，整天在家待着也没事干。我和我妈说了半天，然后我妈就让我去了。我妈说你挣那点儿钱能干什么。我说我不为钱，我就为去锻炼一下。在那儿坚持了一个多礼拜，就觉得特别特别辛苦，因为每天早上九点就去，到晚上八点才回家。我妈说看你这么累干吗，我说没事，我就想坚持一下，我看我能坚持下来不，我就坚持了一个月。（访谈编号：121lj06）

某女生从外地考入北京上大学，她做过的兼职种类较多。

去餐馆当过服务员，挺累的，要背东西，端菜、点菜，要背一些条规，才能过关，挺严的。其他的兼职还有杂志社实习，其实就是打杂的，暑假的时候在那干了一个月。另外，还断断续续地做过一些促销，其他的还有写作翻译，帮别人审稿子，校正词语。也摆过地摊，做过英语家教。做这些，一方面是觉得好玩，另一方面是想锻炼自己。（访谈编号：031lfy01）

第二种动机是为了改善经济条件。

例如，在北京上大学的某女生，因为姨妈的去世，父母还要供养姨妈家的三个孩子，家里经济条件一下子变差了。

"我经常出去做兼职，以减轻家庭的经济负担。我做兼职一般是在餐厅当服务员及促销。一个国庆能挣到七八百元钱。"（访谈编号：161lj08 ）

还有一位女生，家住河北保定，父母务农，她在北京上大学，家里还有一个弟弟上高中。每年学费加住宿费需要四千多元，家里每个月给一千元生活费。这对家里来说是很大的一笔开支，所以她很早就出来打工了。

大二的寒假，从去年"十一"我就开始在回到北京之后兼职，"十一"之后做了零促的礼仪小姐，寒假的时候跟着我们班同学去一

个餐厅做兼职。寒假我就做了 27 天，赚了 2000 元钱，也做礼仪促销等工作。（访谈编号：161lj09）

该女生认为：

> 在我的身边，兼职的多是贫困生，女孩子都比较虚荣，你不想跟人比，但是你内心其实还是会有那个想法。我们班就有一个兼职的，她也是贫苦生，我听人说，她就有那种想法："我宁愿自己吃不好，我也要穿得好。"她可能不想让人从外面看出来她家境不好。因为这个社会对穷人还是有歧视。当时我看到一本杂志上有一篇类似于教导人成功的文章，其中有一条是穿着永远比你想象中重要，你就会发现同一个人，就我自己，换一个装束可能真的别人对你的态度就不一样了。（访谈编号：161lj09）

相较于女生做的兼职，男生的视角可能有些不一样。

例如，某男生在北京上学，他平时也做兼职，但他说，他不做像麦当劳、星巴克之类的兼职，他觉得没意思，并且没有技术含量。他喜欢做的是家教：

> 这是我最喜欢的工作，一是钱多，而且轻快。初高中的都能辅导。还有就是给外国人当导游，赚得很多，而且很锻炼英语。（访谈编号：030lfy02）

可见，高校女生做社会兼职的主要动机是锻炼自己和改善经济条件。其中，改善经济条件型的多为家庭贫困生。

（三）社会支持

对男女大学生而言，大学时期也是其建立社会资本、积累人际关系的关键时期。所以本次调查还对大学生建立社会资本的情况展开了调查。调查表明：男大学生更多地建立起了功利性的群体关系；而女大学生则更多地基于情感纽带建立起亲密性的关系。

在问到日常生活中交流最密切的人时，大部分大学生都选择了父母亲人、同学朋友和配偶恋人，如图 6-8 所示。不过在男女生之间存在一些微妙的差别。例如，有更多的女大学生选择了父母亲人（男生为33.91%，女生为 36.21%）和配偶恋人（男生为 14.29%，女生为15.43%），即女大学生更多地偏好与初级群体建立密切交往关系。而有更多的男大学生选择了同学（男生为 29.10%，女生为 28.36%）和老师（男生为 8.05%，女生为 5.30%），即男性更多地偏好与次级群体（学业群体）建立密切交往关系。

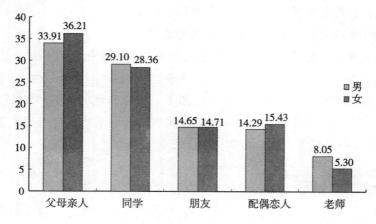

图 6－8　分性别看男女大学生交流最密切的人（%）

一位女生在谈到自己接触最密切、关系最好的人是谁时，认为：

> 高中的好朋友都不在身边，只有假期的时候约好去某个地方玩一阵子。如今主要是大学时的知心朋友，感觉我们之间是无话不谈的那种，而且感觉对他们特别放心，什么事都跟他们说。我的知心朋友其实都还是女生，因为有些话不可能跟男生说，其实知心朋友还是女生更重要的，比如我说我缺钱的时候，别的人肯定会犹豫一下，她们会说"你要多少我给你打过来"，即使她们没钱的时候也会找人借，然后把钱打过来让我赶紧急用，挺重要的。……自己在大学期间会有意识地开拓自己的人脉，多认识一些各个专业、各个系的学生，因为觉得人脉资源对以后特别重要，所以会通过各种场合、各种方式去认识更多的人，只要一认识他们就找他们要电话。为此，还闹了一些笑话，可能有些男生以为对他有意思。我觉得，认识这种朋友就是希望抱有一丝幻想，希望在未来的某个时间如果自己有什么事可以找到他们帮忙。（访谈编号：1211j05）

　　并且这一趋势到了研究生时期更为明显。从图6－9可以看出：伴随着年龄的增长，男女研究生对父母亲人的依赖都有所降低（女性依然明显高于男性，男生为32.23%，女性生为34.44%）；而对配偶恋人的亲密关系开始增长；其中，女生对恋人的依恋程度更为明显（男生为18.03%，女生为20.31%）。此外，更多的男性研究生和教师建立起密切交流关系，男女生之间的差异进一步扩大（男生为12.53%，女生为7.82%）。研究生是在导师指导下展开研究的，女大学生与导师交往得少，可能是导致其科研开展不力的重要原因。

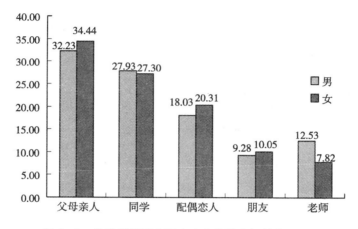

图6－9　分性别看男女研究生交流最密切的人（%）

　　以吉利根为代表的女性主义研究者发现：男性的自我认同更多地建立在独立、竞争性的关系基础之上；而女性的认同更多的是在和他人的联系与关系中建立起来的。[①] 通过对数据的分析我们也发现了类似的结论：女大学生经常主动向周围人提供帮助（男生为61.10%，女生为74.20%），同时也更多地就学业和日常生活中的问题向他人寻求帮助（见图6－10）。

　　有趣的是，在问到有没有人能帮助他们解决经济、就业、学习、情感等方面的问题时，有更多的女性能够在学习和情感上得到多人的帮助，而男性则在经济上能够得到更多人的帮助，如图6－11所示。这再一次验证了我们上面关于女性的社会支持网主要是情感性的；而男性的社会支持网主要是功利性的观点。

---

　　① ［美］吉利根：《不同的声音——心理学理论与妇女发展》，肖薇译，中央编译出版社1999年版。

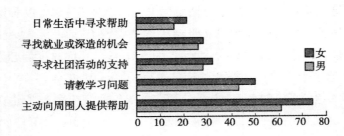

图 6 – 10　分性别看大学生和他人建立社会联系的情况（%）

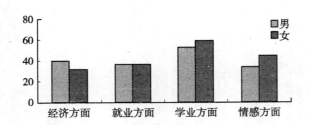

图 6 – 11　分性别看大学生获得社会支持的情况（%）

　　不同学历之间的求助情况也有差异，在学习问题或学术探讨方面，研究生倾向于寻求帮助，在社团活动或集体活动需要支持或帮助及个人日常生活中的困难这两项中，本科生倾向于寻求帮助。

　　通过访谈发现，高校女生在学校老师那里获得的社会支持相对较少。

　　当问及"你们课下会跟老师讨论问题吗"，较多的女生表示了高校期间和老师关系的疏远。某女生说：

　　　　不会，很少很少，上完课之后同学走了，老师也走了，然后就那样，一周上课见一两次面，平时也没有过多的交集。反正很少问老师问题。（访谈编号：121lj05）

另一女生也表示：

　　　　有时候我学习上遇到一些问题，或者情绪不稳定的时候，我从来没想到找老师。（访谈编号：031lfy01）

但也许不同的学校存在不同的氛围，如一个北大女硕士说：

大三、大四之后有读书会，毕业论文、学年论文都是同一个指导老师，我的老师特别好，很熟很熟的那种，他对我的影响很大，包括转系做的这些决定。（访谈编号：011lfy01）

高校女生的社会支持还表现在当她们遇到学习和生活压力时怎么去面对。某女生认为自己在生活上没有太多压力：

只是学习上，因为给自己设定了目标，不想跌下去，想一直保持这种状态，就会比较忙。给自己定一个目标，这次考试考四级，考完四级之后考六级，考完六级还要考托福，感觉比较累。我高中的时候比较喜欢数学，当我做其他课题烦的时候，就做数学。现在还好，有时烦的话，会做数学，看看杂志，或者出去玩、逛逛街，去姐姐那里。当自己情绪不好时，就是想找别人聊一下天，排解一下自己的情绪。聊一下天什么的，可能自己一下子就想通了，不聊我的事情，就聊一些其他的事情。其实归根结底困难还是自己去解决，除非遇到一些客观的问题，不是因为我自身的原因，其实生活上问题可以靠朋友解决。女学生同宿舍的人或者朋友之间，经常讨论生活上的事情，什么事情都有。也会跟一些男生也讨论，班上可能玩得好的朋友，跟人家开开玩笑什么的，课余的时候，或者老乡什么的。（访谈编号：031lfy01）

和女生排解压力的方式不同，某男生说，他平时的社会网络不大，主要是和同学、家人、朋友交往。在生活中遇到情感、经济或其他困难时：

不向人求助，自己分析分析，当生活有压力时，我有一种方法，效果比较好。比如，这个事让我特别焦虑，我会想到这个事给我带来的最大坏处是什么，把它们都写出来，让自己看一下最坏的是什么情况。我会想一下有没有什么办法可以改善这些坏的条件、情况。但是到最后会发现结果还是比较好的，我列的最坏的情况一般都没有发生过。（访谈编号：020lfy02）

社会支持是维系正常的社会生活所必需的，一个人所拥有的社会支持越多，就越能够应对生活中的各种问题和挑战，良好的社会支持有助于高校女生的健康成长。从上述分析可以看出，高校女生的社会支持主要是情感性的、表达性的，而男生的社会支持则倾向于工具性。

三　消费观念与行为

由于韦伯和凡勃伦的理论方法的影响，对生活方式的研究出现了一种新思路，即把生活方式的研究转化为对消费方式的研究。大学生通过消费满足自身物质和精神方面的需求。作为高校女生，她们的日常消费是否和高校男生有较为显著的特点和差异？她们的消费观念和消费行为如何？高校女生的消费观念和消费行为对她们的成长有何影响？

本研究针对高校女生的日常消费现象进行了调查。

所调查的样本中，大部分学生的经济来源主要为父母、奖学金和自己的打工收入。也有一些其他的来源。男生中经济来源主要为靠父母，靠奖学金及靠自己打工，其中，来源为父母的占71.9%，来源为奖学金的占12.2%，靠自己打工收入的占5.6%；女生中靠父母的占72.4%，靠奖学金的占10.2%，靠自己打工收入的占5.4%，性别间并无显著差异。从学历上比较，研究生与本科生相比，父母资助的百分比已经减少，自己收入的比例增加。

当问及上个月的消费情况时，男女生的消费金额差异不大，大多集中在500—1000元，但消费内容有所差异。例如，男大学生在通信、个人交往、学习深造及旅游休闲娱乐方面的消费高于高校女生，而高校女生在美容美发、服饰方面的消费高于男生。

在访谈中，我们了解到一些具体的情况，可以看出高校女生的消费状况。某北京高校的女生说：

> 父母给我的月生活费是每个月1500元，这相对是较多的。在学校基本的伙食费需要900元，如果伙食费是六七百元的话，那就是比较省的了。比如，一天的伙食是早上3元，中午10元，一天20元，如果不算酸奶和水果吧。食堂里面有许多人吃一个馒头、一个菜的，只要3元钱。（访谈编号：021lfy03）

北京一个高校的女生，是彝族人。在大学期间，由于家庭中的一些变故，致使家庭经济条件变差。

> 学费都是父母给，生活费自己承担一半，比如说我们学费是五千多元，他们就一次性打七千元过来。因为我们车费很贵，来回火车票都要一千元，所以这七千元钱里面，就有一千元钱是车费，我自己再挣一些钱。然后还有补助，因而在学校申请了贫困生。补助是每个月三百元钱。就是这学期的时候，因为我们就要交学费了，就不会像下学期来的时候只会带一点儿生活费那样会比较轻松，所以我就推迟了很多天来学校，就是因为学费还没够，我妹妹读大学，我也读大学。（问：是否考研时？）以前想过，现在就不想了，考什么研，赶紧出来工作吧。我现在买衣服那些也很少，这些都已经是我高二时候的衣服了。（访谈编号：161lj08）

在被访的学生中，不同家庭背景的学生消费存在明显差异。

> 例如，某法律系男生，家住农村，"我上有一个哥哥和一个姐姐，平时的学费是靠哥哥打工挣来的。"（访谈编号：120lj07）

某女生是播音专业的学生，她每年需要交的学费为1.1万元，每个月生活费需要五六千元，主要消费用于化妆品、服装，以及平常出去跟同学玩，比如自己报的一些班。

> 比如像我报的舞蹈班，就跟着人家学，因为学英语雅思也得报班，就是这些花销。我报的各种各样的班是一部分大的开支。我比较喜欢买衣服，而且买衣服频率可能稍微比别人高一点，其实也不是特别高，他们可能一下出去买那么多件，我可能就是这一周有时间出去就买那么一两件，频率稍高一点。因为这也有一点儿职业需求在里面，其实有时候你觉得没有必要买，但是你看了这衣服觉得上镜穿肯定特别好看，或者以后上镜就OK，就不用再去寻寻觅觅到别的地方。（访谈编号：161lj10）

在大学校园里，不可避免地存在着部分贫困生。例如，班上有一两个贫困生。

> 贫困生的话，能看出来，就比如说我们有时候一块儿出去吃东西，一块儿去办事就发现，他明显是很在意这顿饭到底要花多少钱，然后很在意这顿饭到底是谁在掏腰包，就是这样。（访谈编号：161lj10）

此外，恋爱消费也是大学生日常消费中的一项，这一项多由男生承担。如某男生所说：

> 一般是男孩子承担得多些。如果你和女孩子去吃饭，女孩子主动付钱，你会不会觉得面子上过不去？其实可能出去吃饭的时候，顾面子的时候可以付，但是女孩子可能在别的方面有一些表示？（访谈编号：030lfy02）

总的来看，高校女生的消费观念是趋于理性的，消费内容除了基本的生活费之外，和男生相比花在美容、服饰方面的相对较多。同时，学生的消费也受到专业及家庭经济状况的影响。

四　网络生活

随着计算机和网络的普及，大学生上网已经越来越普遍。网络活动是大学生生活方式的重要组成部分。无论是上网查阅资料，还是聊天打游戏，网络都已经深深地嵌入了大学生的生活，成为他们大学生活中不可分割的一部分。

网络生活，包括利用网络获得相关资源和信息、建立社会纽带、参与公共事务等方面，这是生活方式中的重要方面。对网络生活相关技能的掌握和参与在一定程度上影响大学生的未来发展。我们将从上网时间、网络行为，以及虚拟世界对现实生活的影响等几个角度来考察高校女生的网络生活状况。

（一）上网时间

在本次调查的样本中，大学生的平均上网时间较长（平均上网时间的3.594小时，标准差2.64小时），其中本科生平均上网时间为2.795小时，标准差为2.05小时；研究生为4.612小时，标准差为2.95小时。

　　男女大学生在上网时间上并不存在显著的性别差异，男大学生的平均上网时间是 3.642 小时，标准差为 2.69 小时，女大学生的平均上网时间是 3.547 小时，标准差为 2.59 小时。方差检验 $F = 1.631$，$df = 1$，$p < 0.202$。

　　（二）网络行为

　　男女大学生在上网主要从事的活动上存在较为显著的性别差异，见表 6-5。具体而言，男大学生比女大学生更经常"浏览新闻"（男生为 48.1%，女生为 32.9%）；在公共论坛上参与讨论（男生为 11.1%，女生为 9.9%）；玩游戏（男生为 14.0%，女生为 3.7%）；此外，有更多的男大学生曾经在网上投资、炒股（男生为 18.4%，女生为 9.8%）。

　　而有更多的女大学生经常在网上购物（男生为 6.0%，女生为 17.5%）；查找生活资料（男生为 35.9%，女生为 47.8%）；维护个人空间、博客、微博（男生为 17.2%，女生为 32.2%）；通过社交网站和朋友保持联系（男生为 21.7%，女生为 24.8%）或利用网络工具与朋友聊天（男生为 35.5%，女生为 40.5%）；此外，女大学生经常利用网络学习科研的比例也较大（男生为 32.9%，女生为 35.9%）。

表 6-5　　　　　　　　分性别看男女大学生的网络活动（%）

	男性				女性				卡方检验
	从不	偶尔	有时	经常	从不	偶尔	有时	经常	
浏览新闻	1.2	27.1	23.6	48.1	1.7	37.3	28.1	32.9	***
学习科研	2.6	25.7	38.8	32.9	1.4	22.6	40.2	35.9	***
查找生活资料信息	1.6	20.5	42.0	35.9	0.6	12.9	38.8	47.8	***
购物/团购	26.3	45.6	22.1	6.0	15.6	38.5	28.3	17.5	***
维护个人空间、博客、微博	17.1	38.9	26.8	17.2	10.3	30.8	26.7	32.2	***
在 BBS 论坛上看帖、发帖、回帖	27.6	38.7	22.7	11.1	33.2	37.6	19.2	9.9	***
加入社交网站，与朋友保持联系	16.1	29.5	32.8	21.7	18.0	26.3	30.8	24.8	***
用各种即时通信工具与朋友聊天	2.4	23.7	38.4	35.5	2.4	21.8	35.3	40.5	***
玩游戏	22.4	38.6	24.9	14.0	43.5	40.0	12.8	3.7	***
看视频	4.4	25.0	44.2	26.5	3.6	22.6	42.1	31.7	***
投资、炒股	81.7	10.7	5.5	2.2	90.2	6.6	2.2	1.0	***

　　注：*** 表示 $p < 0.01$。

在访谈中，某女生表示，"我和同学、朋友交流的时候经常用QQ联系，比较好的朋友就打电话。"（访谈编号：161lj11）

某法律系的男生说，"空闲的时候都不一样，宿舍有五个人，有的玩游戏，有的上网看电影什么的。"（访谈编号：120lj07）

可见，男大学生更多地利用网络了解并参与公共事务，从事理财投资，以网络游戏的方式娱乐休闲。而女大学生则更多地利用网络满足生活需要（查找生活信息、购物）；作为一种个人生活和情感表达的渠道；与朋友保持联系；同时也能较好地利用网络从事学习科研活动。男女大学生具体参与网络生活的方式表现出一定的性别差异。

（三）虚拟世界对现实生活的影响

虚拟世界的生活并不是一个与现实生活完全不相关的生活领域和空间，事实上，越来越多的虚拟生活开始影响人们的现实生活世界，反过来说，许多现实社会生活也需要借助虚拟空间来实现。

调查发现，总体而言，男大学生的网络生活更多地和他们的现实生活联系起来或者对现实生活经验产生影响。如表6－6所示，有更多的男大学生参与网络事务的管理（男生为10.0%，女生为6.2%）；参与现实生活中的网友聚会（男生为17.6%，女生为12.9%）；通过网络渠道销售或代理各种产品、服务（男生为10.2%，女生为8.4%）；或是在网上参与国家、公共事务的讨论（男生为44.7%，女生为31.8%）。

表6－6　　　　分性别看网络生活对现实生活的影响（%）

	男性			女性			卡方检验
	没有	1次	多次	没有	1次	多次	
担任版主或管理各种公共页面、论坛	89.9	7.5	2.5	93.8	4.9	1.3	***
参加现实生活中的网友聚会	82.3	9.4	8.2	87.0	6.4	6.5	***
通过网络渠道销售或代理各种产品、服务	88.8	7.9	2.3	91.5	5.4	3.0	***
在网上就国家事务、社会事件发表评论、参与讨论	55.3	18.3	26.4	68.3	16.2	15.6	***

注：*** 表示 $p < 0.01$。

第二节 高校女生生活方式分析

一 高校女生生活方式的特点及问题

（一）高校女生生活方式的特点

通过分析我们发现，目前，高校女生的生活方式主要呈现以下几个特点。

1. 时间安排上较为理性

高校女生对自己的时间安排较为合理，并且能够主动地用于学习；相对于男生而言，表现出更强的自我控制和管理能力，这对高校女生的个人发展是非常有利的。正如一位女生所说："女生比较踏实，比较认真"。（访谈编号：121lj05）

2. 娱乐休闲呈现出多样化的趋势

如前面所分析的，随着休闲时间的增多，高校女生的娱乐休闲方式也日益多样化，如上网、逛街购物、网购、看电影、聚餐、读书、旅游等。

有资料显示，与社会上的女性群体比较，受教育程度越高，花在学习上的时间越多，其参与的休闲活动形式也越多元化。①

3. 消费行为较为理性

调查显示，高校女生的主要经济来源是父母，少部分通过奖学金或课外兼职。个人消费主要为生活消费、学习消费及娱乐休闲消费，消费结构合理，消费观念趋于理性。无论家庭条件如何，绝大部分学生能够量入为出，做到"有条件的时候就讲究，没条件的时候就将就"（访谈编号：161lj09），且大部分女生能够在课余时间进行兼职，减轻家庭负担，并提高自己的消费能力和消费水平。

4. 社会活动参与活跃

无论是参与社团活动还是参与班级事务，高校女生都较为活跃。高校女生在这方面并不弱于男生。无论是参与校内外的社团活动，还是入党，

① 马惠娣、李享：《中国妇女生活方式的调查与思考：第三期中国妇女社会地位调查·生活方式问卷数据分析》，《洛阳师范学院学报》2013 年第 3 期。

高校女生都显示了积极的参与度。这种社会活动的参与，对于高校女生是一个很好的锻炼，通过参与这些活动，提高了女生各方面的能力。

5. 社会支持网络较好

在被问及交流最密切的人时，大部分学生都选择了父母亲人、同学朋友和配偶恋人。大部分高校女生的社会支持网络较好，当自己遇到困难时能够得到及时的帮助。在访谈中，当被问及"平时有心事的时候通常向谁说"这个话题时，一位女生这样表示："有心事的时候，主要向好朋友说，也会向父母说，一般跟妈妈说，偶尔跟爸爸说。遇到经济困难的时候，一般会找那个从小和自己一起长大的好朋友。"（访谈编号：071whl03）。良好的社会支持有助于学生的健康成长。

6. 网络生活越来越重要

网络在高校女生的学习和生活中占据了一个重要的位置。相较于男生而言，高校女生上网主要从事网上购物、维护个人空间、通过社交网站和朋友维持联系，利用网络工具与朋友聊天及查阅学习资料。网络在高校女生的生活中越来越重要。

（二）高校女生生活方式存在的问题

1. 体育锻炼相对较少

健康的生活方式理应包括适当的体育锻炼。但在调查中发现，尽管有部分高校女生花在体育锻炼上的时间较多，但从总体上来看，女生的锻炼显得较少。有一女生，她自己当体委，但她说："我也不喜欢体育，我是被推选的。"（访谈编号：161lj09）而一位男生也认为，"女生都是在操场上面跑步、打羽毛球，偶尔跳绳。她们主要以减肥为目的。"（访谈编号：070whl01）体育锻炼的缺少会影响到女生的身体素质及整个生活。

2. 交往圈子相对较小

尽管高校女生的社会支持网络普遍较好，但是，大部分只是局限于和同宿舍的人交往。圈子很小，特别是缺少和其他专业及外校的学生的交往和交流，这在某种程度上制约着个人的成长。某女生说：

> 现在感觉，上课也不在一块儿，上课的时间地点不固定，大家以宿舍为单位的，虽然说女生宿舍都离得比较近，但是毕竟跟同一宿舍的人比较熟悉，像我们现在都一年多了，跟班里有的男生连一句话都没说过。一般的活动还是以宿舍为单位。上周我们班长嫌我们班不太

团结，交流比较少，就带我们去聚餐。吃饭的时候感觉气氛挺好的，大家说说笑笑，但还是以宿舍为单位，一个桌坐的都是一个宿舍的。虽然说大家会相互交流，一个宿舍去别的宿舍，大家说一说话，当时气氛挺好的，但是回来第二天该是什么样还是什么样。（访谈编号：121lj06）

二　高校女生生活方式的影响因素

（一）学校因素

大学校园是高校女生成长的地方，校园的氛围直接影响着其中的学生。通过调查发现，学校因素会给高校女生的生活方式带来影响。

例如，体育锻炼是大部分高校女生较为缺少的，但在有的高校里，由于学校注重体育，推动了学生参与体育锻炼。正如一位女生所说：

> 我觉得我们学校女生参加体育运动的还可以。因为我们学校特别注重体育，所以我们学校体育一有挂科，别的评优都与你无关了。我们学校特别注重体育，什么课都可以调就是不能调体育课。女生去做体育运动的话，主要的项目是羽毛球、篮球和足球。但学校没有女足，足球作为一个上课的项目，我们大二有选修体育，我们选的是篮球跟武术，可难练了，别的院还选足球和排球。我们学校今年开始组了一个校排球队，从明年开始跟别的学校要打比赛。（访谈编号：121lj06）

校园环境对学生的影响，除了学校本身的因素外，还有就是同辈群体的影响。例如，一位女生这样认为：

> 我发现环境特别影响你。当你周围的同学，尤其是同一专业的同学都很会打扮的时候，你就会突然开始注意自己，思考这个东西什么样适合自己。比如说因为我们当时，因为要考试要注意自己的发型，然后带你们去做，那个老师特别好，带我们一个一个去试。（访谈编号：161lj10）

校园环境对社会交往也有影响。某女生表示：

　　　　高校期间的环境和高中非常不一样，所交往的人也不同。我觉得反正上大学跟高中还是不一样。高中毕竟是一个班的，教室是固定的，大家整天都在一块儿，感觉就可亲切了，关系都可好了。我记得我上大学第一年，刚来的时候也没有什么同学朋友关系的，好不容易知道我们班两个男生的名字，然后有一次在路上碰见了，我就跟他们打招呼，结果人家就用很淡然的表情看着我。（访谈编号：1211j06）

另外，大部分学生表示，在大学期间难以和老师建立起亲密关系。

　　　　大学的时候老师上课之前进教室，上完课就走了，找不到人了，因为他带很多学校的课，而且自己在外面可能还有公司，做法律顾问可忙了，你也找不到人。刚开始觉得没人管，但是慢慢就习惯了。（访谈编号：1211j06）

（二）家庭因素和个人因素

　　生活方式是个人价值观的体现，不同的人有着不同的生活方式。除了校园环境的影响外，家庭和个人因素也是重要的方面。

　　家庭是每个人的初级群体，很多个人的价值观念、行为方式都是从家庭习得的。作为高校女生，家庭仍然是影响她们生活方式的重要因素之一。较为明显的是家庭经济条件与学生消费之间的关系。在调查中，贫困生的生活压力较大，有的无力支付学费、生活窘迫，这严重影响着他们的学习和日常生活。

　　学生本身的个人因素也影响着其生活方式。比如，有的学生缺乏合理安排自己的时间和生活的意识。因为高校生活丰富多彩，但也面临更多压力，学习竞争压力、人际关系压力、就业压力等，如果不能处理好各种压力，势必会影响到自己的生活方式。

　　此外，也跟每个人本身的个性有关，如某女生个性非常要强，她从不喜欢体育运动到成为篮球队的主力。

　　　　我后来喜欢上了打篮球。去年我们刚刚大一，有一些篮球赛，是必须要有人参加，我们班当时找不出来人。我作为班长，就想，咱能在球场上输球，但咱不能丢人，然后我就上了，以前我从来没接触过。当时我表现得还行，招人的时候直接就把我招进去了，说是我动作什么的都比较明显，从此我就和篮球结上了渊源。然后我们篮球队刚刚那个女孩她也是打后卫的，和我是一个宿舍的，而且我们关系比较好。我们篮球队的队员都说自己不是女人，而是男人。所以我们在篮球队里基本上都是按哥称呼，比如那个女孩中锋叫金建谋，我们都叫她"谋哥"，还有"靖哥哥""银哥"反正都是哥。女生喜欢打篮球的比较少。（访谈编号：1211j05）

第三节　小结与讨论

一　主要发现

（一）男女大学生在时间安排与分配上存在性别差异

在本科阶段，女生的平均学习时间为 5.399 小时，标准差为 3.3632 小时；男生的平均学习时间为 4.793 小时，标准差为 3.3304 小时。男女生学习时间的方差检验 $F = 23.051$，$p < 0.000$，表明不同性别本科生的学习时间存在显著性差异，女性的平均学习时间更长。

（二）男女大学生在主要社会活动上存在着性别差异

在社会活动参与方面，总体而言，女大学生并不弱于男大学生，且表现出了自己的特点。

有 57.5% 的女大学生曾经担任过学生干部，略低于男性 58.3% 的比例，但卡方检验表示这种差异并不显著。女大学生在班级、院系、学校及以上层次的学生干部中，都占据了与男生大体相当的比重。男女生在参与社会团体的类型上也表现出各自不同的特点：更多的女生参与了社会公益组织（如爱心社、志愿者组织等）；在各个学历层次和专业类型中，都有更多的男生参加了专业、行业组织（如企业家协会、历史学会等）。但是在参加学校组织、学生社团和其他类型的社会组织方面，分各子群体之后，男女生的差异并没有表现出一致的特点。

（三）网络生活已经成为大学生生活方式的重要组成部分，且网络生活的具体方式也存在性别差异

男女大学生在上网主要从事的活动上存在较为显著的性别差异。具体而言，男大学生比女大学生更经常"浏览新闻"、在公共论坛上参与讨

论、玩游戏。此外，有更多的男大学生曾经在网上投资、炒股。而有更多的女大学生经常在网上购物、查找生活资料、维护个人空间、博客、微博，通过社交网站和朋友保持联系或利用网络工具与朋友聊天。此外，高校女生经常利用网络学习科研的比例也较大。

二 小结与讨论

生活方式的选择反映了一个人的文明状况，也是整个社会进步和文明的标志，对于高校女生而言，健康的生活方式无疑有助于她们综合素质的提高和生活质量的提升。但这需要各方面做出努力，个人、家庭及学校层面都要做出努力。

（一）学校层面

1. 建构丰富的校园文化

校园文化具有潜在的隐含的教育功能，是加强大学生思想素质教育必不可少的条件，高品位的文化环境，可以令学生受到潜移默化的影响，让学生受到熏陶，从而形成健康良好的生活方式，促进大学生的健康成长。

2. 加强生活方式教育，促进个人成长

指导大学生选择健康、文明的生活方式，规划日常生活，成为当代大学教育必须面对的问题。生活方式教育把大学生的日常生活纳入到教育视野中，以提高生活质量为目标。在高校中对学生加强这方面的教育，有利于学生的自我成长。

3. 关注大学中的弱势群体

贫困大学生往往表现出诸如心理障碍、学习困难等问题。大学生弱势群体不仅表现为经济困难的学生，也表现为生理、心理或学习困难的群体。学校需要关注这部分学生，引导他们尽早走出困境。

（二）家庭和个人层面

首先，作为家长，尽可能给予子女良好的成长环境，教给子女积极向上的心态，并在生活方式方面给予一定的引导。

其次，作为高校女生个人，要学会提高自己，学会规划自己的生活，养成良好的生活习惯。

三 政策与高校女生生活方式

健康、积极向上的生活方式有助于高校女生的成才。通过研究，我们发现，高校女生的生活方式受到社会、校园和家庭几个因素的影响。从政策方面说，高校女生的生活方式和宏观的国家政策似乎关系不大，而和各个高校具体的政策较为相关，高校可以通过以下政策措施引导学生形成健康的生活方式。

（一）高校可以通过出台相关政策引导学生的生活方式

例如，调查中，某高校把体育成绩作为一项考核要求，从而引导学生积极进行体育锻炼。

（二）利用党团组织引导学生

对大学生党员要加强党员先进性教育，使他们严格要求自己，提高党性修养，充分发挥在大学生思想政治教育中的骨干带头作用和先锋模范作用。发挥共青团和学生组织作用，推进大学生思想政治教育。共青团是党领导下的先进青年的群众组织，是党的助手和后备军，在大学生思想政治教育中具有重要作用。高等学校团组织要把加强大学生思想政治教育工作摆在突出位置，充分发挥在教育、团结和联系大学生方面的优势，竭诚为大学生的成长成才服务。要全面实施大学生素质拓展计划，组织开展丰富多彩的思想政治教育活动。

（三）大力建设校园文化

校园文化具有重要的育人功能，要建设体现社会主义特点、时代特征和学校特色的校园文化，形成优良的校风、教风和学风。大力加强大学生文化素质教育，开展丰富多彩、积极向上的学术、科技、体育、艺术和娱乐活动，把德育与智育、体育、美育有机结合起来，寓教育于文化活动之中。要善于结合传统节庆日、重大事件和开学典礼、毕业典礼等，开展特色鲜明、吸引力强的主题教育活动。重视校园人文环境和自然环境建设，完善校园文化活动设施，建设好大学生活动中心。加强校报、校刊、校内广播电视和学校出版社的建设，加强哲学社会科学研讨会、报告会、讲座的管理，绝不给错误观点和言论提供传播渠道。

（四）高等学校要充分发挥大学生思想政治教育主阵地、主课堂、主渠道作用

要把大学生思想政治教育摆在学校各项工作的首位，贯穿于教育教学的全过程。要建立和完善党委统一领导、党政齐抓共管、专兼职队伍相结合、全校紧密配合、学生自我教育的领导体制和工作机制。高等学校党委

要统一领导大学生思想政治教育工作，经常分析大学生思想状况和思想政治教育工作状况，制订思想政治教育的总体规划，对大学生思想政治教育作出全面部署和安排。

（李芳英）

第七章

高校女生婚恋观及行为

　　恋爱、婚姻是大部分人生命中一个重要的过程。美国心理学家埃里克森认为，青年期的主要任务是建立亲密感，恋爱和结婚是建立亲密感的主要任务。目前，我国在校大学生年龄大多正处于风华正茂的青春期，随着心理和生理的成熟，恋爱也成为大学生生活的重要组成部分。如今大部分学生为独生子女，较之于父母，他们所处的社会环境、生活环境、学习环境等都发生了很大变化，处于身心发展的特殊时期的高校女生，她们选择恋人的能力、择偶标准、对于婚姻家庭的观念如何，这些问题会直接影响高校女生个体的人格发展，对高校女生个体的成长、成才和发展有重要意义。

　　目前，我国社会正处于转型期，社会上各种剧烈发生的变化对高校女生的婚恋观念和行为都产生着重大的影响。在高校，一些女生成为急嫁族，认为学得好不如嫁得好，一些女生希望成为全职太太，过上相夫教子的家庭生活。婚恋观是人们在恋爱、婚姻问题上的价值观的体现，是指人们对恋爱、婚姻家庭及性爱等现象的基本看法。婚恋观不仅影响着个人对配偶的选择，也影响着个体对未来婚姻、家庭责任和义务的承担，影响到他们未来的家庭及事业的选择和发展。不同的婚恋观念导致不同的婚恋行为。高校女生作为未来社会的精英群体，她们的婚恋观和婚恋行为如何，直接影响着她们在校期间及未来的成就动机和成才意向，影响着她们的自身发展和人生路向。

　　在社会整体环境变迁的背景下，社会中的种种现象对高校女生的婚恋观产生了重大的影响。物质至上的拜金主义思想，享乐主义的生活方式等，都让高校女生的婚恋观受到冲击。有的女生因为未能树立正确的婚恋观而导致个人生活的不幸和失败；有的被金钱左右而导致成为"二奶"等不光彩的角色，给自己的整个人生留下阴影；也有的对婚恋充满着美好的憧憬，但却在恋爱问题上感到迷茫。为了更好地分析当今高校女生的婚恋观和婚恋行为，以及高校女生婚恋与成才及国家政策之间的关系，本章着重从高校女生的恋爱情感经历、恋爱动机、择偶标准、恋爱挫折、择偶方式、期望的婚姻模式、性观念等方面展开分析，在此基础上，比较高校男生与高校女生的婚恋观和婚恋行为差异，以及高校女本科生与女研究生婚恋观和行为的差异，并进一步从政策层面上提出相应的建议。

第一节　高校女生婚恋现状

对于高校女生婚恋观及行为的研究，国内外学者都研究过。国外大学生恋爱方面的研究主要有：大学生对恋爱婚姻的看法，对性观念的态度，以及婚恋观念的影响因素。研究发现，国外大学生对恋爱和婚姻持较为积极的态度，大学生赞成婚前性行为的较多，且男生的性观念比女性的更为开放。婚恋观的影响因素包括：个人因素，如性别、年龄、身份、个性品质、个体受教育程度、信仰等；家庭因素，如家庭结构、家庭背景、家庭成员的沟通与交流情况、父母的婚姻关系与婚姻状况、父母对子女的养育方式等；社会因素，包括所处的社会经济地位、社会文化氛围、社会政策等。[①] 我国国内对大学生婚恋观及行为的研究主要集中在恋爱态度、婚姻态度、性爱观，大学生婚恋观的影响因素等方面。研究发现，我国大学生对恋爱和婚姻持赞同态度，对婚前性行为态度较为开放。刘娅俐通过调查发现，大学生的专业、所处城市和地域、父母学历等因素对择偶标准和性与婚姻态度的某些方面产生影响。这些研究都是把男女大学生放在一起进行的，鲜有针对高校女生婚恋观及行为的专门研究。本研究认为，性别角色对大学生的婚恋观及行为有着重要的影响，高校女生作为女性高层次人才的中坚力量，其观念及行为对本人及家庭随着社会的变迁，我们可以假设：高校女生的婚恋观将介于传统和现代之间，趋向务实和理性，在追求浪漫爱情与婚姻的同时，也逐渐考虑现实性和功利性。

---

① 苏红、任永进：《国内外大学生婚恋观研究综述》，《河南职业技术师范学院学报》（职业教育版）2008 年第 2 期。

一　高校女生的婚恋现状

(一) 恋爱情感经历

1. 恋爱情感经历状况

恋爱情感经历是高校女生婚恋行为的一个体现，或多或少的情感经历影响着她们的学习和生活。在被调查的对象中，大部分大学生表示有过恋爱情感经历，有的甚至在高中或者更早就有过恋爱经历，也有的女生在大学期间依然坚持着和高中男友的异地恋情。从男女两性来看，有 73.6% 的男大学生有过此类经历，72.2% 的女大学生有过此类经历，但是性别差异并不显著（$\chi^2 = 1.242$，df = 1，$p < 0.266$）。这表明，高校恋爱现象不再像之前那样遮遮掩掩，社会环境和大学校园对恋爱现象的宽容，大学生对恋爱的态度是认可的，大学生恋爱现象已经普遍化和公开化。无论是男生还是女生，恋爱都是当今大部分大学生生活中的重要内容，他们把大学生活中的恋爱当作了寻求爱情的主要殿堂。

从学历层次上看，恋爱情感经历方面存在着一定差异。数据显示，85.4% 的研究生有过恋爱经历，而本科生中有恋爱经历的只有 62.2%。从总体上说，研究生（包括硕士生和博士生）平均年龄大于本科生，相应地也有着更多的恋爱情感经历。当然，在高校中，也有学生一次恋爱都没谈过。一位高校女生表示，她高中及大学都未曾恋爱过，她认为她在大学期间没有谈恋爱的原因，一方面是因为"没有碰到比较适合的对象，另一方面是认为大学恋爱和以后的婚姻相差很大"，所以，她现在"专注于学习，以后的事随缘分吧"。这位女生表示，她身边也有不少像她这样的人。（访谈编号：0311fy01）

2. 学业与情感的平衡

恋爱生活、自身的情感经历会不会影响学习？谈恋爱会不会占用太多的学习时间？当问及学业和情感关系之间的平衡问题时，高校女生表现出一定的优势。从问卷情况来看（见表 7-1），有更多的高校女生表示能够平衡好个人情感和学业之间的关系（男生为 38.1%，女生为 47.2%）。而男大学生由于学习太忙，没有时间发展个人情感关系（男生为 58.7%，女生为 50.6%）或没时间顾及恋人、配偶（男生为 51.2%，女生为 47.9%）。

表7-1　　　　　**男女大学生在学业—情感关系上的平衡状态（%）**

	男性				女性				卡方检验
	没有	偶尔	有时	经常	没有	偶尔	有时	经常	
因为学习太忙，没有时间发展个人情感关系	41.3	24.3	19.3	15.1	49.4	22.4	15.3	12.9	***
因为学习太忙，没时间顾及恋人、配偶	48.8	22.5	18.0	10.7	52.1	23.2	15.0	9.7	**
因为家庭或个人情感关系耽误了学习	52.0	30.1	14.9	2.9	53.0	29.8	14.5	2.8	
能平衡好个人情感和学业之间的关系	13.8	16.1	32.1	38.1	10.2	13.3	29.4	47.2	***

注：*** 表示 $p < 0.01$，** 表示 $p < 0.05$。

如图7-1所示，女性被调查者大部分是能平衡好个人情感与学业之间的关系的。只有一半左右的被调查女生不存在因为学业影响婚恋，或因婚恋关系影响了学业。剩下的一半被调查的女生的婚姻和恋爱情况都在一定程度上会受学业的影响。而受学业影响这一方面，女生受影响程度低于男生，由此可推测，女性在自控能力及学习的自觉性这些方面要高于男性，女大学生相比男大学生能更好地处理好学业与婚恋之间的关系（见图7-2）。

在访谈中，部分女生认为，恋爱和学习并不一定矛盾。恋爱也有可能使得学习和生活更有动力，可以起到互相促进、互相监督的作用。例如，某高校女生恋爱已经一年多，双方关系比较稳定，她认为，合理安排时间的话，恋爱不会影响学业，她说，"在我工作学习时间段内，我把工作学习做好，之后我是要享受温暖的爱情。"（访谈编号：161lj11）

这表明高校女生在恋爱与学业的认识上有了理智的认识，尽管渴望爱情，但并不主张为了爱情而牺牲学业，她们大部分能做到学业和爱情的共同发展，在爱情与学业之间平衡。

（二）恋爱动机

恋爱动机是指恋爱行为产生的原因，即一个人为什么要谈恋爱，动机源于需要，恋爱动机反映了一个人恋爱观的价值取向，它对一个人的理想、人生走向有着重要的影响。在高校，既然恋爱现象已经普遍渗透到大学生的学习和生活中，那么对高校女生的恋爱动机的探讨也尤为必要，因为不同的恋爱动机带来不同的恋爱行为，这不仅关系到她们的恋爱生活，更影响到她们未来的婚姻家庭的幸福和事业的发展。

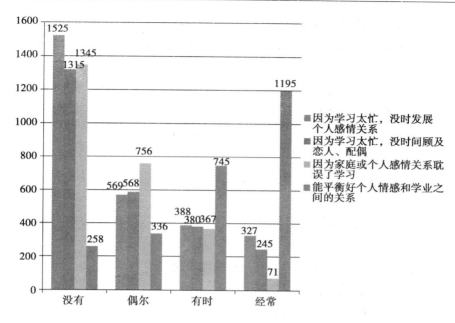

图7－1　女大学生学业对婚恋的影响

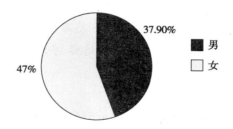

图7－2　男、女大学生平衡个人情感与学业关系比例

由于问卷中未设计关于恋爱动机的选项，这部分分析主要基于对高校女生的访谈，通过分析发现，在当今的大学校园里，高校女生的恋爱动机主要有以下几种。

1. 追求爱情

在谈到自己为什么谈恋爱时，部分高校女生表示，她们恋爱是为了追求美好的爱情，这些人更注重自己的情感体验，而较为忽略恋爱和婚姻的联系。

例如，一位女生这样说：

我需要谈一场比较纯粹的恋爱，我不要想太多。有些人如果考虑结婚，就会考虑得很现实。比如两个人的家庭背景不能差太多，以后能够在一个地方工作、生活，我觉得如果抱着这种想法去谈恋爱，多多少少会有一些限制，不是完全出于爱而来谈恋爱。

　　我觉得恋爱更重要的是一种感觉，我跟我男朋友是日久生情，虽然主要是因为感觉，但是那种感觉不是一时的冲动，这个我很确定，因为我们很了解彼此。（访谈编号：011lfy01）

另一位女生谈到自己和男友时，说：

　　我们俩是走在路上一见钟情的。（访谈编号：051lj01）

为了追求美好的爱情而恋爱，这种动机是最为纯真的，以彼此的好感和喜爱为前提，追求精神上的感受。

2. 为了寻找人生伴侣建立家庭

这部分女生是为了婚姻而恋爱的，目的非常明确，也非常理性。

　　某女硕士和男朋友是高中同学，从高中开始早恋，至今10年了，两人准备结婚，恋爱的目的就是结婚组建家庭。　（访谈编号：021lfy01）

一位女生说受妈妈影响比较大，她已经有了自己的男朋友，她说：

　　因为我家庭观念很传统，我不想谈一个再分手再谈一个，我想谈一个结婚。（访谈编号：021lfy03）

此种恋爱动机以寻找人生伴侣、缔结婚姻为目的，说明这部分人的恋爱态度是非常认真的。

3. 排解寂寞，寻求情感寄托

持这种观点的高校女生通过恋爱来消解寂寞，希望从恋爱中得到温暖、关心和体贴。

一位女生表示，在高校期间未遇到合适的人选，其实心里还是挺想找的：

因为到了这个年龄阶段了，肯定会有需要的。有的时候，你自己内心的想法可能同学之间不太方便说。比如特别累的时候，就想找一个肩膀靠一靠，找一个同性不太好。（访谈编号：1611j09）

某女生经历了两次恋爱，在第一次恋爱结束之后，很快又有了新的男友，当问及为什么谈第二次恋爱时，她回答：

这一次主要是想找一个人关怀一下自己，能说说话，就是相当于找一个很贴心又了解自己的人，该关怀的时候关怀，该安慰的时候安慰。（访谈编号：091whl06）

大学生活中，高校女生性心理逐渐成熟，同时大学生活也充满着各种压力，部分女生为了排解寂寞，缓解压力，从而寻求情感寄托而恋爱。

4. 从众心理

这部分女生受到社会和学校环境的影响，担心自己不谈恋爱会被人看不起，觉得是自己没有魅力，为了证明自身的价值而恋爱了。

某大三女生曾经有过一次短暂的恋爱经历，她认为：

刚开始是因为大三的时候对自己不负责，因为寂寞而谈恋爱。大三上学期谈的，然后大三下学期分的。几乎所有人基本上大三的时候都是那样吧，感觉就是一个风气问题。其实当初是有点儿喜欢他的，后来发现他不是自己想要的。我觉得结婚和谈恋爱是两码事，但是在结婚之前谈一下恋爱会好一些。（访谈编号：071whl02）

除了该女生所说的风气之外，宿舍环境也是影响学生恋爱的场所。同一宿舍的同学也可能受到影响，如在某个男生的宿舍里，4个男生中就有3个恋爱的。（访谈编号：030lfy02）

别人都谈恋爱，自己不谈显得掉价。谈恋爱的学生会对没有谈恋爱的学生造成巨大的压力，或者会令其觉得心理不平衡。从而引发自己也谈一次恋爱的念头，盲目效仿别人去恋爱，这种恋爱动机是不理性的。

总的来看，随着社会的发展变化，当代高校女生的恋爱动机不再是单一的以单纯的感情、缔结婚姻为目的，而是多种多样，呈现复杂化、多元化的特点。

（三）择偶标准

择偶一般是指青年男女选择自己结婚对象的过程，是大部分人一生中的重要阶段，它是缔结婚姻、成立家庭的必要前提，是影响婚姻幸福、家庭稳定乃至社会安定的重要因素。择偶标准则是人们在择偶方面的价值定向，是价值观集中而具体的体现，它也是一个包括多种因素的综合指标，具有综合性、多重性的特点。[①] 简而言之，就是一个人选择结婚对象的条件和要求。

作为高校女生，她们比社会上的其他女性群体有着更高的文化水平，她们的择偶标准如何，与高校男生相比，又有着怎样的差异？经过对访谈资料的对比和分析，我们发现，当今高校女生的择偶标准中大家较为看重的标准可以归纳为以下几个。

1. 能力

在访谈中，大部分女生表示，她们第一看重的是对方的能力。

某女生在谈到自己的择偶标准时说：

> 女生找男朋友要找一个"潜力股"，可能年轻的时候没什么钱，以后的发展潜力会很大。（访谈编号：031lfy01）

一位女硕士说：

> 比如有的女生会看得很现实，她们会看重有没有房子和车，我不在乎这些，关键是他自己怎么样。即使他现在有房、有车，肯定都是他父母给的，他怎么可能刚大学毕业就拥有这些。关键是他自己是有上进心的人，对生活有热情、希望更进一步的人，这个更重要，可以叫作"潜力股"。（访谈编号：011lfy01）

所以，无论是本科生还是硕士生，对配偶的能力方面都是非常看

---

① 宋晓侠：《当代苏州城市青年择偶标准与择偶方式研究》，硕士学位论文，苏州大学，2007 年。

重的。

2. 人品

来自西北的女大学生小 A，父亲是跑运输的，她下面有一个弟弟。她从没有谈过恋爱，认为要先工作几年再成家，她是这样谈自己的择偶标准的。

> 我觉得最重要的是那人要有责任心，这是第一重要的，然后就是脾气比较好一点儿的，孝敬父母之类的，挺好的。（访谈编号：121lj06）

3. 性格

除了能力、人品之外，很多女生看重对方的性格。

> 还有一个是性格方面要合得来，起码两个人在一起感觉挺舒服的。（访谈编号：031lfy01）
>
> 其实在你生活中真正遇见的时候，很多外在的东西是没有必要的，你不会很看重的，最主要的还是性格，两个人合得来。身边谈恋爱的，有很多因为性格不合而分手。两个人在一起，相处的时间并不长，刚开始的时候挺好的，但是时间久了，觉得合不来。（访谈编号：031lfy01）

不仅女生择偶时会在乎对方的性格，部分男生也是持这种观点，如武汉的一名男生认为：

> 在谈恋爱时，首先要找一个合得来的。（访谈编号：070whl01）

4. 年龄

年龄问题是择偶当中的一个重要因素，男女双方的年龄差影响着年轻人的择偶选择。在调查中，当问及理想配偶的年龄问题时，部分女生表示，希望对方比自己大，只有少部分女生愿意接受比自己小的。

> 年龄要比我大，比我要成熟一点儿，因为我看到很多我们同年级

的女生，找的男生比自己小，结果那个女生特别累，像带小孩或带弟弟似的。最理想的是对方比我大3—5岁，最大不超过8岁。（访谈编号：031lfy01）

我要找比我大的，10岁之内能接受。也能接受姐弟恋，如果他心理年龄很成熟，但是目前我觉得还是不好。（访谈编号：161lj09）

我觉得其实差不多吧，比我小一点点是可以接受的，只要他心理上比较成熟，沟通起来不会有问题，不会有代沟。（访谈编号：071whl02）

倒是有男生表示：

年龄上不是差特别大的话，没什么问题。上下浮动两三岁都挺正常。（访谈编号：020lfy04）

5. 外貌

很多女生认为，自己选择配偶时，不会很在意对方的外貌，但同时强调，会看重对方的身高。

例如，一位女生强调：

长相不是很重要，但是要高大。一定要比我高。（访谈编号：161lj09 ）

6. 经济条件

尽管大部分女生在谈到自己的恋爱动机时，不怎么考虑婚姻，但是当谈及择偶对象的时候，她们都认为，自己及父母都会在意对方的经济条件。

如果我确信他是一个很有能力的人，现在没有钱不是问题，但是如果是一贫如洗的那种，肯定不行。（访谈编号：031lfy01）

其实我爸妈要求很低，只要这个男孩子挺上进的，两人感情好就是最重要的。可能到最后谈婚论嫁的时候，家人也会考虑到房子之类的。我爸妈讲随便他，一毛钱不给也没有关系，只要你们俩关系好。

但是还是希望能有一点儿物质基础，因为生活也不是空中楼阁。（访谈编号：051lj01）

希望我的男朋友能够在事业上有成就，对我好就行了，其他也没什么要求，对长相这些都没要求。经济有点儿要求，我就觉得我妈经常跟我说，婚姻是女人一辈子第二次选择，一定要选好了，所以我觉得如果一个经济不太好的人，当然我并不是多么的物质，我就觉得最起码要平稳，让我能够不愁吃不愁穿。如果我整天饥寒交迫，为了所谓的爱情和你在一起，我感觉可能有一天我会精神崩溃。（访谈编号：1211lj05）

结婚的话，我觉得要有一定的经济基础。比如说，最好是有房，但是如果没有房的话，就是不要太穷，能够让我过上小康的生活。因为我觉得我以后也不会太穷，所以我要找的对象至少要比我强。（访谈编号：071whl02）

这表明，高校女生在择偶时考虑的经济因素越来越多了，开始注重婚姻的现实性。

7. 门当户对

在访谈中，很多女生均表示了对门当户对的看重。

一位自认为自己家庭条件一般甚至较差的女生这样说：

对方家庭背景不要太豪华、太奢侈的，那种可能不太适合我。因为我们家里条件不是很好，门当户对差不多就可以了。（访谈编号：031lfy01）

某些男生也有这样的观点。

因为我自己本身就是农村出来的，所以说我不会注重家庭。但是有一点，现在在北京的同学，有的家里背景特别好或特别有钱，我不会考虑。因为那种情况下，我觉得即使走到一起了，也不会特别如意。（访谈编号：020lfy04）

某女生是贫困生，她说母亲对她的择偶要求是"对你好，比咱们家条件好就行"。该女生自己也表示：

> 家庭条件一定不要比我家差。如果两个家庭都很差的话，将来负担会更重。我现在就觉得自己压力挺大，家里边现在就净指着我，将来我还要养家糊口。（访谈编号：161lj09）

除了经济条件上的门当户对之外，有个女生还说了自己择偶时对民族的要求。该女生是彝族人，没有谈过恋爱，当她谈到自己的择偶标准时说：

> 第一是还想找一个彝族，但并不一定是大学生，我觉着他一定要是一个很有担当的人，然后我们彝族有很多习俗和规矩，所以就要会处事，但是这个处事又不是说只会圆滑，他知道每步该怎么做。最好就是学历高一点儿，这样才会有共同语言。我爸爸妈妈以前就说过，如果嫁给一个汉族同学的话，以后他们去世了没什么亲戚在那儿，我丈夫那边都没有人来，就只有他的爸爸妈妈那儿的几个人会来，好荒凉啊，好惨啊。我妈就这样说。（访谈编号：161lj08）

从以上各个具体的择偶标准可以看出，经济条件在婚恋选择中日益占有重要的地位。

据《广州女大学生价值观调查红皮书》显示，因为"可少奋斗很多年"，59.2%的女大学生愿意嫁给"富二代"，愿意选择"潜力股"为结婚对象的占57.6%，有意嫁给"铁饭碗"的占38.4%。[①] 著名学者徐安琪在1996年主持实施的"中国城乡婚姻家庭状况调查"中反映，注重家庭经济社会因素的城市青年比重日益上升。[②]

本次调查的情况也印证了这个趋势，高校女生更为看重对方的能力、品格等内在因素，在乎对方本人所具有的特质，同时也看重对方的经济基础，这说明当今高校女生在择偶方面更为理性。对经济基础的看

---

① 梁茜：《近六成女大学生愿嫁"富二代"》（http://gcontent.nddaily.com/8/5f/85f007f8c50dd25f/Blog/56a/d72fab.html）。

② 转引自崔玉凤《"80后"青年婚恋观的变迁及走向》，《青年探索》2010年第6期。

重，反映了当代高校女生不得不屈服于现实，追求情感之外的曾被她们视为"世俗"的东西。一个有意思的现象是，大部分女生表示注重对方的经济条件的同时，又不大愿意攀高枝，都希望对方和自己是门当户对的。

（四）择偶方式

择偶方式是对未来配偶的选择方式。在传统社会，择偶权一般掌握在父母与家庭手中。随着社会的进步，择偶权逐渐转向了当事人手中，择偶方式也发生了变化。通过访谈得知，在高校女生的恋爱生活中，一般都是自由恋爱。说明她们的婚恋选择方式日益自主化，当然，在具体的择偶方式上，也有网恋或者相亲的。

当问及一位学生如何看待相亲和自由恋爱时，她说：

> 这是两种不同的途径，目的都是找一个正确的人。我不排斥相亲。两个人在一起，要考虑各方面的条件。喜欢人的时候是有一个框框在那里的，然后一个人来符合那个框，那也没什么不好。然后两个人刚好一见钟情，那是挺好的一段姻缘，也是一段缘分。自由恋爱的话，自己去选择、去认识人，这也是一种途径。找到自己喜欢的人，那也挺好的。两种方式我都不会排斥。只要能找到相互喜欢的人，达到一定的标准那就可以了。（访谈编号：071whl02）

随着网络的普及，网络生活成为现代社会的重要特征之一。网恋作为一种新兴事物，也逐渐成为一种新的择偶方式。作为高校女生，接触网络，进行网恋的人也在增多。通过上网聊天等方式，认识异性朋友，并进一步交流发展感情。部分高校女生对网恋不赞同，认为网恋不靠谱，也有的女生想在网络中体验爱情。还有部分女生处于异地恋的状态，但也有女生明确表示，不要异地恋，因为：

> 如果大学毕业之后，你和他不在同一个地方工作，任何一方如果要舍弃自己的事业，都不合适。如果以后发生什么事情，会有后悔的事情发生。如果我为他牺牲一些东西的话，我的心里会有个疙瘩，如果他为了我牺牲，以后发展不好的话，我会内疚的，他也会抱怨的。（访谈编号：031lfy01）

相对于传统社会，当今高校女生的择偶方式主要是自由恋爱，但同时也不乏相亲、网恋等方式，形成了多种择偶方式的现状。择偶方式的多样化也为高校女生在选择对象的时候提供了更多的选择。

（五）恋爱挫折

恋爱挫折，是指人们在恋爱过程中遭遇到的打击和变故。由于生理、心理的差异，以及社会文化及传统的影响，高校女生更容易迷失在爱情中，也更容易受到各种恋爱挫折或感情纠葛。如果不能很好地处理恋爱挫折，将影响她们的日常学习和生活，处理不好也将影响她们对恋爱和婚姻的看法，从而影响到她们的成长和成才。

在调查高校女生的婚恋行为中，问卷中设计了关于恋爱挫折的相关问题。如表7-2所示，被调查女生中，有767位没遇到过恋爱挫折，而遇过的挫折中，最多的原因为：难寻理想恋人，人数为1137人，占总数的30.76%；单相思和失恋的数量分别为745人和694人，陷入三角恋或多角恋的女性数量为255人，其他原因有98人。而男生被调查者没遇到过恋爱挫折的有630人，遇过的恋爱挫折中，最多的因素是单相思，有1062人，占总数的27.24%，紧随其后的为：难寻理想恋人，共计1050人，占总数的26.93%；失恋人数为875人，高于女性被调查者；陷入三角或多角恋关系的男性数量为213人，数量低于女性。

表7-2　　　　　　　　　恋爱受挫情况统计分析（人）

| | | 恋爱受挫合计 | | | | | | |
		（0）没遇到过恋爱挫折	（1）单相思	（2）难寻理想的恋人	（3）三角恋或多角恋	（4）失恋	（5）其他（请注明）	总计
您的性别	（0）男	630	1062	1050	213	875	69	3899
	（1）女	767	745	1137	255	694	98	3696
	总计	1397	1807	2187	468	1569	167	7595

关于恋爱挫折的原因，主要原因是一方或双方不够成熟。如图7-3所示，女大学生情感受挫第一原因中选择人数最多的原因为一方或对方不够成熟。而总体女大学生受挫原因分析中，所占比例最多的也是因为一方或对方不够成熟，占总体的25%。大学期间，许多人的思想还不够成熟，还在不断地学习和成长，由于一方或双方的不成熟导致感情受挫是我们可以理解的。

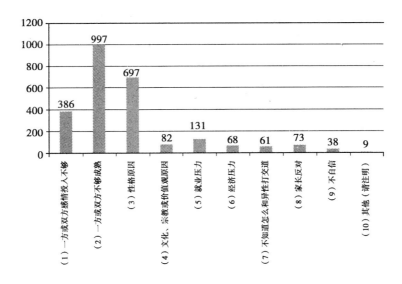

图7－3　女大学生情感受挫最主要原因（人）

如图7－4所示，性格导致女大学生感情受挫的比例为24%，为第二大影响因素。性格不合是不分年龄的，而一方或双方投入不够则会使感情中出现不公平，是第三大原因，占总体比例的14%。相较其他原因，如文化、宗教、价值观的不同或经济、就业压力及家长反对、不知如何与异

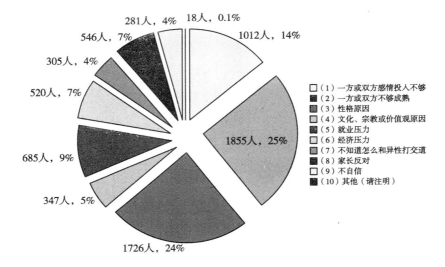

图7－4　女大学生情感受挫原因分布

性相处和自身不自信等情况也会影响女大学生的感情状况。

根据对高校女生的访谈，有不少学生是因为性格、就业等原因而分手的。例如：

> 我们读硕士时是同学，他毕业以后去其他地方工作了。因为我比较想继续读书，所以就异地了。（访谈编号：051lj02）

在访谈武汉的一个大四男生时，他也诉说了自己在恋爱过程中的挫折，他和女友从高中开始恋爱，一直到大学，但接受访谈时已经分手了。两人在一起的时间有三年半，分手后，男生形容，"总的来说一场恋爱下来像大病一场，爱与痛的纠结"。分手的原因是女生想早一点儿结婚，男生认为没有办法接受：

> 还有一些性格之间的矛盾调和不良，于是分手了。我觉得就是刚毕业以后没有一点儿经济基础，真的结婚会面临很多的问题。还有一些其他的原因，比如说性格有一些不太相配，距离相距也是比较远，以后工作地点基本上也是不会在一起。我现在的打算是去杭州工作，她可能会留在郑州工作。这样的话工作地点不在一起，这个矛盾就是不能调和。（访谈编号：070whl01）

也有女生认为，导致恋爱中分手的原因还有异地恋及经济压力。某女生经历了两次恋爱，第一次恋爱，从高三一直到大三，最后还是分手了。谈到分手的原因，该女生认为是男友在北京上大学，两个人处于异地。

> 刚开始就是上大学，他一个人在外其实也蛮辛苦的，然后我平时会比较关心他一下、鼓励他一下。但是最后可能他压力也比较大，毕竟在那边，慢慢地，我发现他最后越来越鄙视我了。再说两个人隔这么远，时候长了可能会坚持不下去。他每次回来看我也是过年的时候，就提早回来顺便看我，然后一起回家。再要么就是"十一"、"五一"，但是那之前他要做准备，就是省吃俭用攒点儿钱好过来玩。分手跟经济也有点儿关系，还有，我觉得他是上进心很强的那种人，

让我感觉我有点儿在拖他后腿似的。（在大四的时候，这个女生开始
了第二次恋爱）觉得第一段恋爱很有变数，因为感觉那个人可能会
飞得很远，也可能会出国，拿不准。但在这次恋爱中，现在这个他已
经工作了，他高我一届。恋爱两年吧，他比较沉稳和老实，内敛一
些，恋爱中性格很好。我觉得我跟他之间还是我比较占主动的一方
面，他比较迁就我。（访谈编号：091whl06）

在遇到恋爱挫折方面，本科生和研究生存在一定的差异。如图 7 -
5 所示，女本科生和女硕士生情感受挫原因主要集中在一方或双方不够
成熟和性格这两方面。女本科生在双方感情投入及成熟度、性格这三方
面原因中，受挫程度略高于女研究生，而考虑到就业压力、经济压力和
家长反对这三方面，女研究生比例高于女本科生。女研究生在一定程度
上面对的社会压力更大，也会更多地考虑经济和家庭因素，随着年龄的
增长和进入社会的脚步加快，面临的就业和经济方面压力越来越大，而
随着年龄的增长，恋爱基本都以结婚为前提，家长因素对婚恋的影响也
是不可小觑。

恋爱挫折会给当事人带来怎样的影响呢？如表 7 - 3 所示，恋爱受挫

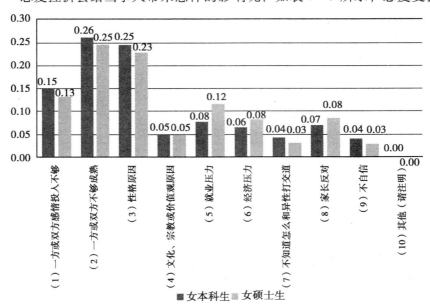

图 7 - 5　女本科生与女硕士生感情受挫原因分布

对当事人的影响有不同程度之分，少部分人认为无影响。有 243 位
（4.8%）被调查女性认为恋爱受挫对当事人没有影响，但更多的人会受
或轻或重的影响。男女在感情受挫之后，会产生焦虑的人占大多数，女性
还会在更大程度上对异性或恋爱产生负面情绪，生病、失眠、厌食等情况
也会经常发生，对个人身体健康造成巨大影响。还有近27%左右的女性
在感情受挫之后会感觉生活没有意义，产生自卑情绪等。由此可见，恋爱
受挫对当事人造成的影响，无论身心，都是非常大的，且在一定程度上，
女性受的影响大于男性，所以学会如何减轻恋爱受挫对自身的影响、调节
自身身心健康已成为恋爱的必修课。

表 7 - 3　　　　　　　恋爱受挫对当事人影响的情况分布（人）

| | | 恋爱受挫对当事人的影响 | | | | | | |
		（0）无影响	（1）焦虑	（2）感到生活没有意义	（3）生病、失眠或厌食	（4）自卑	（5）对异性或恋爱产生负面情绪	（6）其他（请注明）
您的性别	（0）男	320	1337	702	583	819	839	84
	（1）女	243	1240	659	924	721	1171	101
	总计	563	2577	1361	1507	1540	2010	185

由此可见，无论是男生还是女生，恋爱挫折给当事人首先带来焦虑及
感到生活没有意义；其次，男生感到自卑，对异性或恋爱产生负面情绪，
女生则容易生病、失眠或厌食，以及对异性或者恋爱产生负面情绪。如果
当事人不能很好地处理恋爱挫折带来的影响，势必影响其正常的学习和生
活。这说明，高校女生遭遇恋爱挫折已是一种正常现象，当遇到挫折时，
她们一般能够主动调整自己的心态，通过不同的途径来解决问题。在这些
不同的解决途径中，寻求专业机构的辅助和治疗的人相对较少，说明这些
机构的服务还并不是为大家所知晓或认同。

（六）性观念

贞操观是传统两性道德观念中最为重要的价值尺度，对于一个人的婚
姻和家庭具有极为重要的意义。贞操主要是针对女性在生理上的守身如玉
而言的。在现代社会，贞操的含义更加宽泛，它包括心理贞操和生理贞操
两个层面，且超越性别界限。大学生的贞操观可以反映他们在贞操问题上
对自己和对方的道德约束。

不同时代的大学生看重"贞操"的比率存在着较大的差异，如

1989 年黄希庭与徐凤姝的有关调查表明，2/3 以上的大学生对"贞操"非常看重，但到了 1999 年，仅有 30.5％ 的大学生认为必须考虑"贞操"问题。①

由于在问卷中未设计关于性观念的选项，所以相关问题只在访谈时被提及。

一位来自东北的男生，他自己不曾恋爱过，谈及身边的同学有挺多在外面租房子的，他说：

> 可能是受家庭观念的影响，婚前同居还是不要的好。我可能比较保守，我觉得婚前同居这种方式不是特别稳定，不是特别好。（同时，他觉得，自己作为男性，还是很在意对方是不是处女的。）我觉得中国人嘛，都比较注重这个。（访谈编号：030lfy02）

而部分女生表示认同和理解婚前同居。

总的来说，当代大学生对婚前性行为较为宽容和接受，认为婚前性行为作为个人隐私不应受到外界和他人的指责和评点，个人拥有对此的一切权利和态度。有人表示可以接受自己或他人的这种行为。卢淑华分别在 1982 年、1996 年调查统计的"不结婚，则不能有性行为"的赞同人数由 75％ 下降到 65％。② 当代大学生对待婚前性行为的态度随着时代的发展、社会的变迁，持肯定态度的比率呈现上升趋势。女生对配偶婚前性行为的宽容度高于男生，而男生对配偶的婚前性行为则多数持否定态度。

（七）对理想婚姻模式的期望

尽管在被调查的学生中，仍有部分学生未曾恋爱过，但当问及对理想中的婚姻模式有何期望时，大部分高校女生表示期望在双方平等的基础上的"男主外，女主内"的家庭模式。

由于受社会中对男女家庭角色分工的固有观念影响，女性在更大程度上承担家务劳动。如图 7-6 所示，从女性是否愿意为了照顾孩子牺牲个人事业的发展或照顾家中长辈牺牲个人发展、配合夫妻感情牺牲个人发展

---

① 郑夕春：《当代大学生性观念与性道德调查报告》，《中国青年研究》2005 年第 9 期。

② 卢淑华：《婚姻观的统计分析与变迁研究》，《社会学研究》1997 年第 2 期。

等情况看，只有极少数女性持非常赞同的态度，大多集中为不一定和比较
不赞同两种态度；关于工作方面，传统上男人应以事业为主，女人应以家
庭为主，挣钱养家主要是男人的事情，相夫教子是女人最重要的工作，对
妻子而言，更重要的是帮丈夫成就事业，丈夫的事业发展比妻子的发展更
重要等观念上，绝大部分女性呈比较不赞同的态度，大部分呈不一定和很
不赞同的态度，只有极少数呈非常赞同和比较赞同的态度；在关于男人也
应该主动承担家务劳动、女研究生应该享有产假和生育医疗服务两个方
面，绝大部分女性都是非常赞同的和比较赞同的，极少数为比较不赞同和
很不赞同。由此可见，女性为家庭牺牲的传统观念已经越来越薄弱，男女
平等观念在我国有了较大发展，女性在争取自己福利和地位的意识上有了
很大提升。

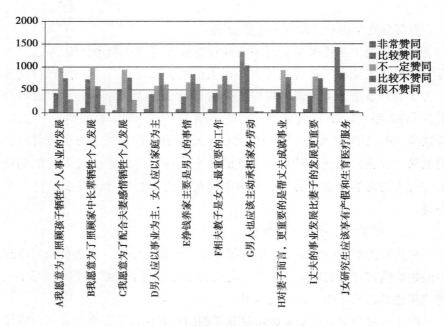

图 7-6　女性对婚姻家庭的看法

一位女生说：

　　我读了这么多年书，毕业没工作几年就结婚，然后再有了小孩，
待在家里面带小孩、做饭什么的，我会觉得我读了这么多年书都没有

用武之地。但我还希望在兼顾家庭的同时去工作，也不要像女强人一样，把家丢一边，工作也不会压力太繁重的。我觉得我可以处理家里面平常琐碎的事情，在大事上，我希望两个人可能共同商量，我不太喜欢大男子主义的人。（访谈编号：031lfy01）

一位女硕士认为：

一般对于妻子来说，要给丈夫和孩子最基本的关爱，包括处理家里的各种人际关系，这是作为妻子的一个很重要的功能。家务这些无所谓，现在科技那么发达，什么事情都有各种电器，买了之后很方便。我希望家务可以分工，不要全部都是我一个人做，应该一半一半比较好。（访谈编号：011lfy01）

当谈到女博士的婚姻压力时，这位女硕士这样说：

会有压力，女生的最终幸福是在家庭里面，即使她有博士学位，她还是要结婚的。在确实平衡不了的情况下，应该优先考虑家庭，因为一份工作没了，可以再找。（访谈编号：011lfy01）

某男本科生也反映出这样的愿望。他说：

我想找个贤内助，在外面很能干，在家里也很能煮饭那种。（访谈编号：120lj07）

当被问及家庭和事业如何平衡和选择时，不同的女生有不同的答案。一部分女生强调家庭的重要性。

我觉得还是生完孩子，先尽好母亲的责任，再考虑其他的事情。那时我也就三四十岁，要淡定一点儿，做一些自己想做的事情，不一定要工作。他比较忙，做家务对我来说，没什么问题。（访谈编号：031lfy01）

另一位女生表示：

> 当一个妻子，做饭，相夫教子，有个清闲稳定的工作，工资不高无所谓，丈夫挣得越高越好。工作和家庭有矛盾时，肯定会顾及家庭，我性格里没有我妈的冲动，关键是家庭，我这个人也不喜欢去外面闯荡。（访谈编号：021lfy03）

一位赞同男主外、女主内模式的女硕士说：

> 我们那儿都是男主外、女主内。我觉得女主内也不是很容易的事情，每天要做很多家务，而且家务事并不仅仅是打扫卫生那么简单，还会涉及处理家庭以外的各种复杂的社会关系，这是需要精明头脑的人才做得来的。（访谈编号：011lfy01）

还有一些女生，开始强调自己的事业，而后又认为，最终还是看重家庭。

> 我觉得我首先会考虑自己在事业上有所发展。但是如果自己这方面没有那么多天赋或者潜力的话，我就会倾向于家里，找一个比较安稳的工作。当工作和家庭出现冲突的时候，我觉得还是家庭比较重要吧。（访谈编号：071whl03）

> 我感觉评价男性成功主要是偏重于他的事业，但是当然有一些女性可能也认为事业很重要，但是我现在也不那样看了。我觉得一个女性她的事业和家庭都兼顾好，那样才好。而且我想过，当我以后的事业和家庭发生冲突的时候，虽然我是一个很重事业的人，但我肯定会选择家庭，我会放弃所有去照顾我的家庭。我觉得我是应该回归到女性的那种本位上去，就算我在外边再怎么打拼，可我终归还是一个女性，以后我还会成为一个母亲，我就是那样想的。（访谈编号：121lj05）

访谈中一个女硕士表示：

我的事业心很强，我希望结婚以后有事业。长大后我慢慢发现家庭也很重要，但是家庭和事业之间不可避免地会有冲突。因为我成长的地方很传统，多多少少受了很大影响，当事业和家庭冲突的时候，我还是会以家庭为重。我希望我的牺牲和付出能够得到认可，我的丈夫能够体谅我的付出，而不是认为这是理所当然的。（访谈编号：011lfy01）

部分男生也是这样看待这种家庭模式的，如一位男硕士生说：

家庭和事业两个都要兼顾。但是我更愿意顾事业，在家庭中，对于孩子的家庭教育，我会给出一个宏观的指导。但是具体的操作，让我未婚妻来做，她也需要去赚钱，但是她赚钱是次要的。（访谈编号：050lj04）

还有一种观点是强调女性的事业。来自中华女子学院的一位女生这样说：

我觉得我是比较倾向于强调事业的那种人。我一定要实现自己的个人价值，在社会上的价值，我的出现不能是没有价值的。（访谈编号：161lj11）

关于理想的婚姻模式，其中还涉及婚后的生育问题。

在问及婚后是否要孩子、准备什么时候生孩子及希望生几个孩子时，女生们有着自己的思考。一位女生说：

我要等一切稳定下来之后再生孩子，如果太早生孩子的话，我自己承担不起那个责任。我没有把生孩子看作是人生中必须要经历的事情。孩子是一定要有的，但不一定是自己亲生的，如果年龄太大了，可以考虑领养一个孩子，也许我现在想得太简单了。（访谈编号：031lfy01）

而关于生孩子的目的，一位女硕士这样说：

有一个孩子的家庭才是完美的家庭，我不接受丁克，别人接受是别人作出的选择，没有涉及别人，我希望以后只要一个小孩。（访谈编号：011lfy01）

还有一位大三的女生认为：

以后就对他教育啊，他的社会化可能会更成功一些。生孩子首先是传宗接代，其次是最主要你觉得孩子是自己培养起来的，也算是自己的一部分，养一个孩子挺有成就感的，也会给你一定的安慰和温暖，都需要有一个家，对孩子挺重要的。至于生小孩的时间，最好三十岁之前生，和孩子的话年龄差太大也不太好，可能会有代沟。如果他的青春期碰到你的更年期就更不好管他了。（访谈编号：071whl02）

另一位女生的想法非常有趣，她说：

为什么生小孩，是有人跟我玩。而且我觉得把一个小孩子培养长大，是一件非常有成就感的事情。（访谈编号：071whl03）

二　研究生群体的婚姻与生育状况

（一）婚姻与生育

从婚姻状况来看，因本科生未参与婚姻状况调查，便当作未婚。被调查女研究生初婚人数为 30 人，占总人数的 3.8%，再婚和离婚分别各有 1 人，博士初婚人数大幅提升，结过婚的比例占女博士总人数的 31.6%。随着学历的增高与年龄的增长，结婚比例也随着升高。

在研究生群体中，11.5% 的男性已婚，11.9% 的女性已婚，并不存在显著的性别差异（$\chi^2 = 1.415$，df = 1，$p < 0.702$）。在对婚姻关系的满意度上，有 34.4% 的女性对自己在家庭中的地位感到非常满意，52.8% 的女性感到比较满意；有 22.0% 的男性对自己的家庭地位感到非常满意，62.6% 的男性感到比较满意。卡方检验的结果表明男女研究生对自己在家庭中地位的满意度并不存在显著性别差异（$\chi^2 = 5.436$，df = 5，$p < 0.365$），85% 以上的研究生对自己的家庭地位都持满意态度。

在已婚的研究生群体中，59.2%的男性研究生已经育有子女，但相比之下，只有47.3%的女性研究生育有子女，性别差异显著（$\chi^2 = 3.618$，$df = 1$，$p < 0.061$）。这表明女研究生很可能由于追求学业，推迟生育年龄。

在孩子的养育上，仍然是由母亲主要承担了孩子3岁以前的看护任务。在被问到孩子3岁之前主要由谁看护时，只有3.1%的男性选择了由本人看护，相比之下，有36.1%的女性选择了由本人看护，性别差异非常显著。

孩子的出生给男女研究生所带来的影响也存在一些差异。子女出生给男性研究生带来的主要是经济压力。如表7-4所示，有67.6%的男性认为子女的出生给自己带来了更大的经济压力，而只有44.3%的女性持相同观点，性别差异显著。

对女研究生而言，孩子的出生一方面让她们更多地学会了高效率地利用时间（非常赞同这一表述的男性为10.8%，女性为32.8%）；但是另一方面，孩子的出生也让她们感到身心疲惫（赞同这一表述的男性为28.4%，女性为45.9%）和耽误了自己的学习科研（非常赞同这一表述的男性为5.4%，女性为13.1%）。

表7-4　　　　　　　孩子的出生给男女研究生带来的影响（%）

	男性				女性				卡方检验
	非常赞同	比较赞同	不一定赞同	不赞同	非常赞同	比较赞同	不一定赞同	不赞同	
更大的经济压力	20.3	47.3	16.2	16.2	23.0	21.3	16.4	39.3	***
更有责任心	47.3	50.0	2.7	0.0	52.5	44.3	1.6	1.6	
感到身心疲惫	8.1	20.3	41.9	29.7	13.1	32.8	29.5	24.6	
生活更有意义	44.6	51.4	2.7	1.4	52.5	41.0	4.9	1.6	
耽误了学习科研	5.4	20.3	41.9	32.5	13.1	21.3	31.1	34.4	
学会更高效率地利用时间	10.8	52.7	28.4	8.1	32.8	41.0	23.0	3.3	**
对未来的生活更有规划	25.7	55.4	13.5	5.5	34.4	54.1	11.5	0.0	

注：*** 表示 $p < 0.01$，** 表示 $p < 0.05$。

（二）家庭与事业

在调查中，我们还发现了一个有趣的现象：与人们惯常认为的不同，在被问到家庭和事业发展出现矛盾该如何选择时，反而有更多的男大学生

表示愿意为了照顾家人（孩子、长辈、夫妻感情）牺牲个人事业的发展
（见图7-7）。

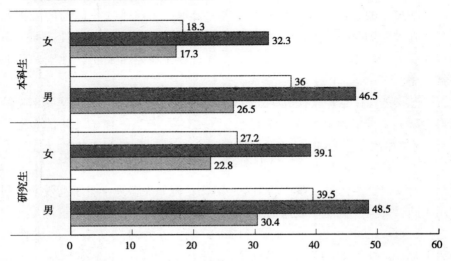

图 7-7　分性别和学历看男女大学生的家庭—工作倾向

（赞成这些说法的人所占的比例：%）

伴随着学历的上升，愿意为家庭牺牲事业的人数所占的比例在男女两性中都有所增长。这可以部分地解释为：在本科阶段，大学生更多地考虑的还是个人发展问题；而伴随着年龄的增长，他们的家庭观念也开始逐步成长起来，开始更加认真地思考家庭责任，并权衡家庭与事业发展之间的关系。

但是无论在本科生还是研究生群体中，男性都比女性表现出更强的愿意为家庭牺牲事业的倾向。如某男博士生认为：

> 家庭比事业重要一点儿。事业再重要，如果没有家庭的话，我不知道这个事业是为了什么。反正现在我要选的话，会选家庭。不知道以后会不会有变化。事业想做得好，重要目的之一是让身边的人或者是家人能够生活得更好，这是一个非常重要的因素。所以我还是认为家庭重要一点儿。（访谈编号：040wy01）

　　这个调查结果值得人们深思。究竟是调查设计自身存在漏洞（例如调查者的身份是全国妇联，影响了应答者的填答）；还是女大学生对传统性别角色和家庭角色的叛逆；抑或是其他更为复杂的原因，还需要通过深入调查和详析分析进一步加以解释和说明。

　　如图7-8所示，在婚姻与家庭的分工中，女本科生和女研究生在是否愿意为了照顾孩子牺牲个人事业的发展情况下，大致分布情况一致，但存在细微差距。在非常赞同、比较赞同和不一定赞同的比例上女硕士生高于女本科生，而在不太赞同和很不赞同上女硕士生低于女本科生。由此，女硕士生的家庭观念强于女本科生，更愿意为家庭及子女牺牲自己的事业。

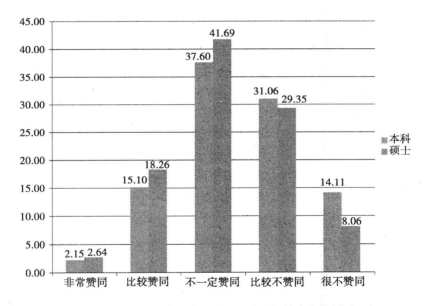

图7-8　女本科生与女硕士生为照顾孩子牺牲事业比例（％）

　　女本科生与女硕士生关于男性应以事业为主、女性应以家庭为主这一观念的赞同程度如图7-9所示，女硕士生的赞同程度明显高于女本科生。

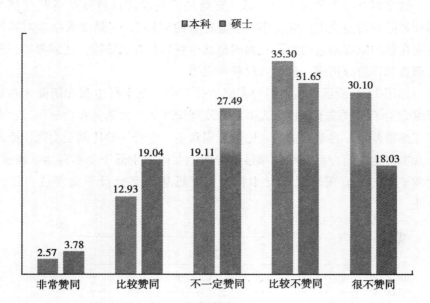

图7-9　女本科生与女硕士生关于男女事业家庭分工比例（%）

第二节　高校女生婚恋状况特点及其影响因素分析

一　高校女生婚恋现状的特点

通过分析，我们发现，当前高校女生的婚恋现状呈现出以下特点。

（一）恋爱普遍化

在大学校园里，多数高校女生都有过恋爱情感经历，有的正处于恋爱中。恋爱确实已经成为大部分高校女生日常生活的一部分，在今天的高校，恋爱已经普遍化和公开化。

（二）恋爱动机多元化

随着社会的发展和整个社会环境的影响，高校女生的恋爱动机也在逐渐发生变化，有以婚姻为目的而恋爱的，更有以纯洁爱情为追求目标的，更有排解寂寞而恋爱的。以及从众心理而恋爱的。不同的恋爱动机反映了当今高校女生在恋爱问题上的价值观，显示出高校女生恋爱动机的多元化和复杂化。

（三）择偶标准复杂化

择偶标准随着时代的变迁而变迁，每一个时代都有不同的择偶标准。作为当今的女大学生，其所处的是一个迅速变化的时代，无疑打上时代的烙印。高校女生的择偶标准也发生了变化，大部分女生在注重能力、人品、性格、年龄、身高等个人特质的同时，也看重来自家庭的经济条件，看重自己与对方是否门当户对。这反映了当今高校女生在择偶观念上更为理性和务实的态度。

（四）性观念开放与保守并存

性观念和性行为是婚恋观的组成部分。贞操观念和婚前性行为是当今高校女生必须面对的一个问题，通过访谈了解到，女生对婚前性行为的态度更为宽容，但也相对谨慎；男生对待配偶的婚前性行为态度趋于保守。

（五）理性对待恋爱挫折

当遇到恋爱挫折时，大部分高校女生能够理性冷静地面对，并且能够通过向亲人或者朋友倾诉、通过做别的事情分散注意力等消除恋爱挫折带来的痛苦。调查发现，当发生恋爱挫折时，极少的人能够向专业机构及老师寻求帮助。

（六）重视事业和家庭的兼顾，但更侧重家庭

高校女生作为接受高等教育的女性，其理想的婚姻模式是家庭和事业的兼顾，但当二者发生冲突时，大部分女生选择了以家庭为主，因而，其婚姻和家庭观念仍表现出一定的传统性。只有极少部分女生表示自己更倾向于事业的成功。

二　高校女生婚恋状况的影响因素分析

随着时代的变迁，高校女生的婚恋观念和行为正在发生着深刻的多维度的变化，在社会传统文化及现代文化交融的背景下，影响高校女生婚恋观念和行为的因素有很多，如下从社会因素、学校因素、家庭因素和个人因素四个方面进行分析。

（一）社会因素

婚恋观是社会文化的一面镜子，人的社会生活无时无刻不受到社会大环境的影响，而高校女生在这个方面更为突出。当前的社会大环境是高校女生婚恋观多元化的一个主要影响因素，她们的婚恋观和行为是一定的社会文化和心理的写照，必然受到社会婚恋观的影响。社会婚恋价值观、大

众传媒、社会婚姻家庭伦理等，都影响着高校女生的婚恋观。如某女生家境并不好，她在择偶时觉得很有压力。她认为：

> 可能到最后谈婚论嫁的时候，家人也会考虑到房子之类的。我的堂姐妹就嫁得特别好，比如姐姐是医生，嫁了一个军官，妹妹在四川上大学，嫁了特别好的一个人。另外一个妹妹，只是上了大专，现在的老公也有九套房子。我感到有一点儿压力，所以我爸妈希望，即使没有房子，他的爸妈也要付得起首付，这样两个人的压力不会太大。因为我们家可能在物质方面对我的帮助不会太大。（访谈编号：051lj01）

随着社会的转型和变迁、社会文明的进步、个人生活空间的扩大，人们的价值观、伦理观、道德观正在发生变化。社会环境和大众媒体的影响令高校女生价值取向变得更多样化。

（二）学校因素

学校不仅是传授知识的场所，是学生的第二家庭，而且是一个对学生理想、道德、情操、品质等方面以深刻影响的地方，对学生的成长和发展起着重要的作用。高校女生的婚恋观受到老师、同学及校园婚恋文化的影响。高校是否开设恋爱婚姻及社会性别教育方面的课程，也会影响到学生婚恋观的形成。在访谈中了解到，不同女生的高中学校对待恋爱的态度是不一样的，这也影响着其中某些人的恋爱观。如个女生回忆起她高中时的情景，认为高中时谈恋爱的人较多。她说：

> 这是我们学校的传统吧，以前两个人在一起了，管也来不及了，如果管的话可能既会影响他们自己，也会影响别人，所以干脆让他们坐一起。所以我们班到最后全是男女同座，高二的时候老师根本不让男女同座，高三的时候才这样。一般女女同座，男男同座。高三的时候他们特别想坐一起，老师也知道情况，就让他们坐在一起。（访谈编号：021lfy03）

因为学校的宽容，所以那个学校恋爱的学生较多。

在大学期间，学生受同辈群体的影响同样较大。同一个校园里的女生在共同的校园里学习、生活和交往，思想观念相似，致使她们在恋爱问题上也容易表现出从众的趋向。很多女生之所以恋爱也是因为"同学在恋爱"。

通过访谈了解到，不同的大学关于恋爱婚姻观及社会性别观念的教育不一样。大部分学校没有开设此类相关课程。在访谈中也发现，接受过婚恋观及社会性别教育的女生，其婚恋观与未接受过此类教育的女生是存在差异的。因而，学校开展相关的教育和培训是十分必要的。

（三）家庭因素

家庭是大学生成长的重要环境，家庭结构是否完整、父母婚姻是否幸福、家庭经济条件、父母的期望、父母的婚恋观及亲子关系的沟通关系等，都会对大学生的成长及其婚恋观造成极大影响。

在访谈中我们发现，大部分高校女生的择偶观念和标准受到家庭的影响，其中，父母的婚姻状态、幸福与否直接影响着女生对自己的择偶要求。如某女生的母亲再婚时嫁给了一个比自己小的男子，因此该女生认为：

> 我妈希望我不要找比自己年龄小的人。我有一个北京的朋友，她妈妈比她爸要大，她妈整天唠叨说，"你以后不要找比你年龄小的人，挺累的，家里一切都要张罗着"。有时长辈会唠叨，听久了之后，也觉得不能找比自己年龄小的人。（访谈编号：031lfy01）

另一位女生的家庭情况是这样的，父亲是从农村奋斗出来的公务员，喜欢安逸的生活，母亲从小长在城市，在家里较为强势。

> 在家里都是我妈说了算，我爸一般不发表意见。因为我爸是公务员，工资比较固定，而我妈是工作很努力、心很强的那种人，会经常加班，比我爸挣得多。我爸是闲散的，我妈是特别上进的。在子女的恋爱方面，我爸基本不管，他一般活在自己的世界里，我妈什么都要管。我上高中没有早恋过，高中毕业的时候我妈已经给我规定好了一个范本。（所以，该女生受母亲的影响特别大）基本上我的任何观点都是我妈的观点，因为从小我妈管我特别多。我非常看重男方的学历，要硕士，一定要成绩好。我现在的男朋友是硕士，性格很老实，

很低调。现阶段的要求是我妈说的那些，感情经历不要太丰富，老实一点儿，和我一样，稍微内向一点儿。我喜欢理工科的男生，我觉得文科男生太活跃了。我喜欢那种搞研究，笨笨、傻傻的，戴着眼镜对着电脑的那种人。（访谈编号：021lfy03）

一位女硕士觉得父母的婚姻不幸福，她说：

这对我会有影响。我想，如果要结婚的话，一定要找一个一辈子都不要吵架的人。（另外，她觉得父亲的性格对她很有影响。）我爸爸教给我，最重要的是要有责任感，做事要有恒心，即使现在已经很好了，好了还要追求更好。我希望我的另一半也是这样的，因为我慢慢也练成了，我自己还没有做到，但是我努力朝这个方面发展，希望我的另一半也能够做到让我尊重的程度。我很看重这方面，如果他没有做到的话，我很难尊重他。（访谈编号：011lfy01）

一位女生表示：

我特别害怕以后找到一个家庭暴力倾向的。这可能和我学法律有关系，而且也和我的家庭有关系。我的爸爸就比较喜欢喝酒，他喝完酒之后回来有时候会和我妈争吵。我觉得真的和我的家庭有关系，所以我就特别害怕我以后找到一个也有家庭暴力倾向的人，但是我爸不是家庭暴力，我就是害怕比我爸更进一个程度。因为他有时候喝完酒之后，也会对我和我弟吼，所以我就特别害怕。（访谈编号：121lj05）

在访谈中我们还发现，大部分家庭很少和子女沟通关于择偶方面的问题，尤其是父亲与女儿沟通得少，母亲沟通得相对多一些。正如一位女生所说：

他们很少谈这方面的问题，也没有希望我将来的男朋友是什么样子的，用我妈的话说就是"男人的话有责任心比较重要，责任心是第一的"，所以最好找一个顾家的男人。（访谈编号：071whl02）

由此可以看出，很多家庭对子女的婚恋教育是远远不够的。其实，家庭对个体社会化的影响较为深远，有些家长对子女的婚恋观缺乏正确的指导，甚至提出一些不恰当的限制和要求，影响到子女婚恋观的形成。

（四）个人因素

除了社会、学校及家庭这些影响因素之外，还有一个重要的因素，那就是高校女生个人的因素。每个女生的个性品质、道德修养、年龄、性别、社会阅历、知识结构、是否独生子女、交际圈子、自己的人生规划、个人情感经历、是否遭遇过恋爱挫折等，都会对她们的婚恋观产生不同程度的影响。

高校女生个人的观念影响着她的婚恋观和行为。某女生在高中和大学期间都没有谈过恋爱，她觉得，个人的奋斗比恋爱更重要，所以她不急着恋爱。

> 我也不准备谈恋爱。我觉得外地来的学生，学习比较刻苦。我现在没有谈恋爱是想通过自己的努力，把经济情况提上去。对于父母，我也没有把对他们的责任寄予到我的另一半身上，以后我要通过自己的努力赚钱，去养他们。（访谈编号：031lfy01）

在访谈中还有一个发现，那就是高校女生的婚恋需求会影响到自身的学业追求，很多女生表示，自己不愿意继续读博士。一个女生认为：

> 读完硕士就行了。读完博士都二十六七岁了，对我来说年龄太大了。（访谈编号：031lfy01）
>
> 另一女研究生说，"女生不愿意读博士，有一个原因，是觉得自己学历读得太高以后，找男朋友不好找。有的女硕士甚至说，我找男朋友没什么要求，只要他不要嫌我学历太高就好。"（访谈编号：051lj02）

对于女性来说，接受更高层次的教育，有利于自身和社会的发展，但是我们发现，很多高校女生似乎有一种对高学历的恐惧心理，大部分人降低了自己的学业和事业追求，这对女生的成长和发展其实是很不利的。

第三节 结论与讨论

一 主要发现

第一，男女大学生的婚恋观存在着差别。

当前，大学生恋爱现象极为普遍，但男女大学生的婚恋观表现出一定的差异。在择偶标准中，男大学生更为关注对方的性格、外貌等条件，女生更为注重对方的能力、人品，但无论男女，均表现出对门当户对的关注。女生表现出对经济条件的重视和理性。另外，在性观念上，男生比女生更为保守，男生更为看重对方的贞操观念。

第二，男女大学生的恋爱动机和行为存在着差别。

大学生的恋爱动机主要包括追求爱情、为了婚姻而恋爱，以及为了排解寂寞或者从众而恋爱。高校女生更多因寂寞或从众而恋爱。

第三，面对恋爱挫折时，高校女生比男生更容易受伤。

相对于男生，高校女生更少遇到恋爱挫折，在经历过恋爱挫折的女生中，主要挫折有单相思、难寻理想的恋人、失恋、三角恋或多角恋。当遇到恋爱挫折时，女生更容易生病、失眠或者厌食，其次是对异性和恋爱产生负面情绪及感到生活没有意义。

第四，与男大学生相比，高校女生更看重爱情和家庭。

尽管受着同样的高等教育，但是在对待爱情和家庭的关系上，大部分高校女生倾向于家庭，男生则随着学历的提高而倾向于家庭。

第五，性别观念影响着高校女生对理想婚姻模式的期望。

高校女生在自身的成长环境中接受的性别观念会影响着自己对理想婚姻模式的期望，接受过性别教育的女生更看重自身的发展，这进而影响到女生的成就动机。

二 讨论和对策

婚恋观反映了一定时代人们的婚姻价值取向的基本特征，在某种程度上也反映出未来一段时间民众的婚姻家庭状况。每个人在现实生活中都有自己的选择，高校女生的婚恋行为和观念也将随着时代的变化而变化，具有一定的动态性。

为了更好地帮助高校女生形成正确的、健康的婚恋观，需要社会、学校、家庭和学生个人的合作和努力。

第一，高校应加强婚恋观教育，帮助学生树立正确的恋爱观。

当代高校女生的婚恋观呈现出多元化的倾向，面对恋爱和婚姻，有着不同的表现形态。高校需要采取多样化的途径，加强对高校女生的婚恋观及性别观念的教育，引导她们树立自信、自强的性别意识，纠正她们婚恋观方面存在的偏差，解决她们在恋爱婚姻方面的困惑和苦恼，促进高校女生更健康地成长、成才。

第二，家长应加强对子女的婚恋观教育。

家庭教育对大学生婚恋观的形成具有长期、深远的影响。父母对家庭的观念和认识直接影响着子女的婚恋观。由于父母和子女长期相处，对子女的情况较为了解，所以教育更具有针对性和及时性。因而，父母需要适时地对子女进行婚恋教育。这些直接影响着子女的恋爱态度和婚姻观念，关系到高校女生的身心健康、人格走向及事业发展，也关系到她们以后的家庭观念和婚姻幸福。

第三，女生个人方面需要加强学习，提高认识。

在个人因素中，影响着婚恋观的方面较多，但个性、受教育程度及对婚恋观的认识程度，都影响着女生的婚恋观和行为。因此，作为高校女生，需从自身做起，加强学习。

三 国家政策与高校女生成才

在我国，与高校女生婚恋相关的政策为婚姻家庭政策，婚姻家庭政策包括全国人大及其常务委员会制定的法律、国务院及其有关部委制定的行政规章、条例，以及政府公布的各种措施、规划、通知、意见、决定等，还包括各级地方尤其是少数民族自治区人大和政府根据各地实际情况所制定的某些变通的或补充的规定。新中国成立以来，我国基本上形成了以《中华人民共和国宪法》为基础，以《中华人民共和国婚姻法》为中心，其他各种法令、条例、规划为辅的婚姻家庭政策体系。

随着我国社会制度的改变和经济、政治、文化的变迁，婚姻家庭政策也发生了相应的变化，婚姻家庭政策的变迁，不可避免地对女性的成才和发展有着重要的影响。

我国婚姻家庭政策对女性的影响主要体现在三个方面。

第一，女性的家庭和社会地位得到跨越式提升。

1950 年，《婚姻法》作为新中国的第一部法律颁布，确立了男女平等的基本原则，其后与之配套的一系列政策法规的制定和执行，确保了这一原则的实施。因此，新中国的婚姻家庭政策无论是深度还是广度，都是对传统性别制度的一种冲击和破除。更为难能可贵的是，国家直接出面，通过行政手段和政治运动来推动这些法律政策的贯彻执行，使得中国妇女免去了某些西方国家由妇女孤军应对父权制度的奋战阶段，迅速地将法律上的男女平等转变为事实上的广泛的平等，迅速地缩小了男女两性在社会和家庭地位上的历史差距，也为日后女性的发展奠定了重要基础。

第二，照顾了女性的特殊需求。

我国婚姻家庭政策在保护女性的合法权益上，可以分为两个方面，一是保护女性与男性共享的平等权利，二是保护女性独享的权利。妇女作为母亲，不仅承担着社会生产的职能，还承担着人口再生产的职能。她们在生命周期中的三期（经期、孕期、生产哺乳期）中，有着特殊的生理需求和特殊的利益诉求。国家充分认识到了妇女这种需求和利益的特殊性，在婚姻家庭政策体系中，对妇女应该单独享有的一些权利进行了规定。譬如《中华人民共和国宪法》《中华人民共和国婚姻法》《中华人民共和国刑法》《中华人民共和国妇女权益保障法》《中华人民共和国劳动法》和《中华人民共和国母婴保健法》，都有对妇女特殊权利保护的条款，充分体现了政府对妇女特殊需求的重视。根据新的社会发展形势，在 2001 年《婚姻法》修正案中增加了禁止家庭暴力、夫妻间相互忠实等基本原则，还首次承认了婚姻投入的无形资产。由于女性往往为家庭投入更多的时间和精力，付出更多的劳务贡献，因此，在法律上承认家庭角色的隐性贡献，使她们在婚姻存续期间的付出和投资在离婚时获得回报和补偿，是在维护女性合法权益方面实现了质的飞跃。

第三，女性的主体意识增强，走向自立。

国家通过不断建立健全婚姻家庭政策和法律体系的措施，来保护妇女在家庭和社会中已经取得的独立地位，并为妇女的进一步发展提供法律依据。同时，鼓励广大妇女"自主、自信、自立、自强"，努力提高自身能力和素质，应对新的挑战和机遇。这种完善法制建设的举措，促使妇女从过去的过分依赖国家保护的心态中走出来，逐步地走向自我觉醒，自主应对。中国女性的整体素质在不断提升，主体意识在不断提高，在社会进步与发展中发挥着越来越大的作用。但 20 世纪 80 年代以来，随着社会转型，在市场经济追求效益原则的冲击下，广大妇女处于不利的发展地位，参政、就业、入学等方面的权利不同程度地受到侵害，妇女的解放面临新的挑战。作为广大女性中受教育程度较高的高校女生，她们的成长也和国家婚姻家庭政策息息相关。

目前的高校女生，大多数是"90 后"，她们的成长环境较之于过去，有着更多新的特点。我国在 21 世纪接连出台的一系列关于婚姻、计划生育方面的政策法规，对青年的恋爱、婚姻与家庭都会产生重大的影响。2001 年 4 月，修订后的《中华人民共和国婚姻法》规定同居不再非法，离婚不需要审查期和介绍信。同年 12 月，《中华人民共和国人口与计划生育法》通过，规定国家稳定现行生育政策，鼓励公民晚婚晚育，提倡一对夫妻生育一个子女，符合法律、法规规定条件的，可以要求安排生育第二个子女。2003 年 7 月，《婚姻登记条例》对婚前医学检查未作强制性规定。2007 年 7 月，《关于高等学校在校学生计划生育问题的意见》规定学生结婚无须学校批准。

这些政策对高校女生的婚恋状况的影响主要体现在以下几个方面。

第一，初恋年龄降低，初婚年龄推迟。

调查显示，大部分高校女生都有恋爱情感经历，但大学期间结婚的高校女生较少（部分女研究生已结婚，有的女研究生已生孩子）。

第二，婚前同居的现象趋于普遍。

由于社会环境的宽容、人们性观念的变化，以及政策对于在校大学生恋爱和结婚的允许，高校学生的婚前同居现象越来越普遍。此类现象的存在，一方面可能影响学生的正常学习，另一方面对于女生来说，流产等身体上的伤害难以避免。

第三，学习、恋爱与结婚和生育的关系难以处理。

尽管政策允许了在校大学生可以结婚，但结婚者依然很少，少部分结婚者，也难以处理学业和结婚之间的关系。尤其是对于女研究生来说，因为年龄偏大，结婚后的生育问题成为她们需要面对的一个问题。生育与学习有一定程度的冲突。

第四，政策影响着高校女生的生育期望。

调查显示，大部分高校女生渴望婚后生育自己的孩子，并表示希望生2 个以上。

　　高校女生的婚恋是值得我们认真关注的事情。做好高校女生婚恋方面的研究，不仅对于她们自身恋爱和婚姻有帮助，也有助于帮助她们更好地成才。对于国家有关部门相关政策的制定，对于计划生育国策和优生优育政策的研究与实施，这也可以提供新的依据。但面对高校女生目前的实际情况，许多政策仍然需要作出更为合理的调整，才能够使高校女生在学业、恋爱与婚姻、生育等方面协调。

（李芳英）

第八章

高校女生的身心健康

身心健康是人才发展重要的基础素质。《简明不列颠百科全书》1985年中文版对健康的定义是："健康，使个体能长时期地适应环境的身体、情绪、精神及社交方面的能力。"所谓身体素质包括先天与后天形成的生理条件，在问卷中主要指大学生的身体健康状况。心理素质是指表现在人的认识活动、情感活动、意志活动和个性方面比较稳定的品质。

针对身心健康的研究是心理学、医学、社会学等学科的重要研究主题，研究的取向主要有两个方面：一是研究某个群体的身心健康状况，如农民工的身心健康状况[1]、护士的身心健康[2]；二是研究影响身心健康的因素，如积极情绪对身心健康的影响[3]。而研究身心健康的工具通常倾向于使用心理学的量表来进行测量，以及通过身体检测来判断身体健康状况。

在本次调查中，我们特别关注了大学生群体的身心健康状况，特别是心理健康状况和大学生焦虑的主要缘由。本章主要关注大学生群体身心健康与社会环境的关系，关注大学生自身成长过程和身心健康之间的关系。在身心健康的测量工具方面，以被调查者的主观感知和判断为主，同时关注失眠状况等客观指标。事实上，身心健康更是女性成才的重要基础，面对传统性别制度的歧视，女性不仅要从生理上克服性别优劣的偏见，更要面对心理上的偏见，同时要承受巨大的社会压力才能打破传统的性别桎梏，因此，考察高校女生身心健康状况对分析女性成才规律有重要意义。

---

[1] 颜琴：《新生代农民工身心健康问题研究》，《中国劳动关系学院学报》2010年第5期。

[2] 涂玲、张新庆、李映兰：《我国护士群体身心健康现状及分析》，《医学与哲学（A）》2012年第6期。

[3] 董妍、王琦、邢采：《积极情绪与身心健康关系研究的进展》，《心理科学》2012年第2期。

第一节 女大学生群体身心健康的现状

大学生身心健康的衡量方法是复杂的，本章为简化讨论，主要关注了和大学生群体身心健康有关的一些社会现实和社会热点的内容。同时在了解身心健康状况的方法上自我评价问卷。尽管用这种简化的方式讨论健康问题显得粗糙和苍白，但却符合日常生活中的实际习惯。人们在日常生活中大部分是以这种方式来考察自身的身心健康的。为了能更简洁地了解大学生在形象改变、性骚扰等方面的看法，本章对原调查问卷中的变量 G7a 增高、瘦身、整容经历，G8a 对性骚扰的看法，G8b 性骚扰的经历三个变量进行了重新整理。

其中 G7a 采用累加的方式计算被访者在"增高""瘦身""整容"三个方面的选择频数，其取值范围为 [0，3]。

G8a 采用累加的方式计算被访者在"给您看您不愿意看的黄色图像""给您讲您不愿意听的黄色段子""对您进行您不愿接受的肢体行为""对您提出您不愿意接受的性要求"四个选项上的选择频数，其取值范围为 [0，4]。新变量表示对性骚扰的敏感度。

G8b 采用累加的方式计算被访者在"给您看您不愿意看的黄色图像""给您讲您不愿意听的黄色段子""对您进行您不愿接受的肢体行为""对您提出您不愿意接受的性要求"四个选项上的选择频数，其取值范围为 [0，4]。新变量表示经历性骚扰的严重程度。

一 生理健康的一般状况

大学生的健康状况首先表现为身体的健康状况，本章对身体健康状况的考察是以受访者本人的自我评价为依据的。为了更好地关注性别的差异，本章也关注了近年青年女性越来越多关注的女性月经周期问题。

调查数据显示，绝大部分大学生身体状况良好或一般，分别占55.7% 和 38.9%，两项合计占 94.6%。男女生之间在身体健康状况上没有显著的性别差异（$p = 0.488$）。

在女性生殖健康方面，有 27.4% 的女生自报月经周期不规律，高达

59.5%的女生自报最近半年来，自己出现过痛经的现象（见图8－1）。女性的月经现象和生活方式、健康状况、社会观念可能都有关系，其原因复杂，并不能将其归结为健康问题。但女性月经现象却和女性的日常生活紧密相关，如何看待月经不规律和痛经实际上不仅是一个生理问题，更多地关系到人们如何看待男女差异。

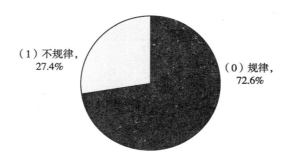

图8－1　您的月经周期规律吗

失眠已经成为困扰现代人的重大健康问题。因此，考察失眠对大学生群体的困扰同样重要。如表8－1所示，在睡眠方面，男生的情况比女生好（卡方检验＜0.01）。男生没有失眠的为21.5%，比女生的18.3%高3.2%；男生和女生偶尔失眠的比例分别为20.6%和22.3%；经常失眠的女生为2.8%。从数据来看，失眠并没有成为困扰受访者的主要问题。

表8－1　　　　　　　　　高校男女生失眠状况（%）

	A 睡不着觉（失眠）				合计
	（0）没有	（1）偶尔	（2）有时	（3）经常	
（0）男	21.50	20.60	5.80	2.10	50.00
（1）女	18.30	22.30	6.50	2.80	50.00
合计	39.80	42.90	12.30	4.90	100.00

二　心理健康的一般状况

在问卷中，我们设计了一组由8个问题组成的心理健康状况量表，如表8－2所示。将这8个问题的得分相加，我们能简单计算出该名大学生在这个心理健康量表上的得分，其得分范围应该为0—24分。

表 8 - 2　　　　　　　　　　　大学生心理健康状况

	没有	偶尔	有时	经常
A 睡不着觉（失眠）	0	1	2	3
B 觉得身心疲惫	0	1	2	3
C 烦躁易怒	0	1	2	3
D 容易哭泣或想哭	0	1	2	3
E 对什么都不感兴趣	0	1	2	3
F 感到很孤独	0	1	2	3
G 觉得自己没有用	0	1	2	3
H 觉得活着没意思	0	1	2	3

对男女大学生的心理健康量表得分进行均值比较及方差检验表明：男大学生的平均得分为 6.21 分，标准差为 4.32 分，女大学生为 7.78 分，标准差为 4.81 分。方差检验结果进一步证明男女大学生之间的心理健康水平得分的差异是显著的（$F = 146.01$，$p < 0.000$），女大学生在心理健康量表上的得分更高，换言之，女大学生的心理状况更为紧张。

对男女大学生而言，学习科研、就业压力和恋爱或婚姻关系都是其焦虑的主要议题（见图 8 - 2），对此，男女生之间并无显著差异。男女生焦虑的不同主要表现在经济压力、生活目标和身材相貌这三个方面。

从实际情况来看，大学生的就业压力主要表现为对未知生活的担忧，而在学习和人际关系方面的压力却是现实。

（一）现实的学习压力

女性个案的谈话表达了这样的事实：

（在学习、生活方面）有压力，但是我自己给自己的压力。生活方面没有什么压力，有些学生会因为宿舍的问题不满意，会有一种不好的情绪。我还好，大一的时候，宿舍里都是外地人，大家都相处得比较融洽，现在都有联系。现在我们大二的宿舍，三个是外地人，其他都是北京人，她们本地的平常都不在宿舍。外地就只有我们三个人在宿舍，很空旷。大家感情很好，因为都是一个班的人。学习上的压力就是你已经做得很好了，不想跌下去，想一直保持这种状态，就会比较忙，有点儿累，给自己定一个目标，这次考四级，考完四级之后考六级，考完六级，还要考托福，感觉比较累。我高中的时候比较喜

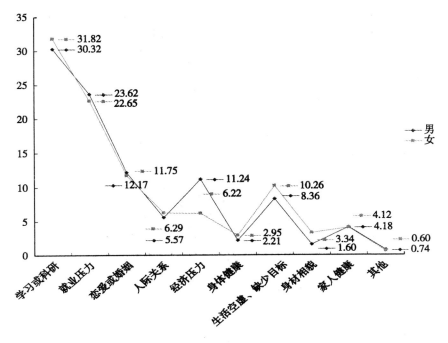

图 8 - 2　男女大学生的焦虑原因（%）

欢数学，当我做其他课题感到很烦的时候，就做数学课题。现在还好，有时烦的话，会做数学，看看杂志，或者出去玩、逛逛街，去姐姐那儿。（访谈编号：31lfy01）

男性个案也表达了同样的感受：

身体还行。学习是感觉挺有压力的。我们导师没留什么作业，就是感觉学科，这两年人比较多，给自己造成无形的压力。专业肯定是学得好，而且其他东西也搞得很好，其他朋友们做得挺不错的。（访谈编号：100wy05）

女性个案对学业和科研有这样的感受：

（平常主要是）上课。课程挺多的，我感觉要累一点儿。肯定有去教研室的压力，就是实验室。我觉得现在基本上属于忙不过来的状

态。每天就是上课，没有什么时间去玩，有时候教研室也会分任务，有时候搞得人很崩溃、很抓狂。（访谈编号：101wy07）

（二）对未来就业的担忧
而女性个案对工作就业则有这样的看法：

（关于压力）对我自己来说主要是户口的问题。一般都有就业的压力。可能是我们学科的原因，就业情况一般，而且我们在北京不是数一数二的学府，大家如果想留在北京，户口压力也挺普遍的，如果单纯找工作还是很好找的。……不大，主要还是工作。（访谈编号：021lfy01）

从现实的情况来看，研究生的压力实际上会更重。表面上看来研究生的课程比较少，但学习和就业压力却同时存在于研究生的身上，

除了学习、就业和婚恋这三大主题之外，男生最焦虑的就是经济压力，有535个应答者选择了此项，占男性全部应答的11.24%；仅有302个女性应答者选择了此项，占女性所有应答的6.22%。女性的第四大焦虑来源为"感到生活空虚，缺少目标"，选择这项的女性为498人，占女性应答次数的10.26%。而选择这项的男性为398人，占男性应答者的8.36%，仅排为男性的第五大焦虑来源。此外，女性还表现出对自己的"身材相貌"更为关注，有162名女生对自己的"身材相貌"感到焦虑，占全部女性应答者的3.34%；仅有76名男性应答者对此感到焦虑，只占男性应答者的1.60%。

在排解焦虑的主要渠道上，有更多的女大学生采取了转移注意力（男生为40.6%，女生为43.4%）、和家人朋友交流（男生为35.0%，女生为43.6%）等积极方式；有更多的男大学生采取"闷在心里"（男生为15.2%，女生为10.4%）或抽烟、喝酒（男生为7.6%，女生为1.4%）等消极方式。总的来说，男女大学生都很少通过寻求心理咨询或其他专业机构的方式来排解焦虑（男生为0.9%，女生为0.7%）。

三　社会健康的一般状况

社会健康一般反映在是否与社会保持良好的接触，是否能正确认识社

会和了解社会，是否能够与社会发展协调一致。① 具体来说，社会健康主要包括个体对社会环境的适应，处理人际关系的基本能力及对社会的正确认知，如合作能力、同情和理解别人、助人的态度，等等。本章的社会健康主要考察大学生人际交往的基本情况。此外，我们也关注当下的一个社会热点——性骚扰。之所以在社会健康中关注性骚扰问题，有以下几个原因：

第一，性骚扰问题是在人际交往中出现的一种现象，广义来看，它是一种基于性的具有违背他人意愿性质的人际交往过程。这种行为实际上已经不仅存在于传统的男性对女性的领域，同时也存在于女性对男性和同性之间。

第二，性骚扰已经成为社会大众非常关注的热点，其基本特征是很多人可能要面对这一人际交往现象，而且还要处理和应对这种现象。应对性骚扰行为的过程本身就可以体现大学生身心健康的状况，尤其反映社交关系的状况。

除了性骚扰之外，我们还关注大学生整容、增高、减肥等改善形象的行为。这三个内容已经成为很多人的生活内容，甚至成为一种社会潮流。大学生在这些方面的做法可以体现他们在社会交往过程中重视的因素。也可以体现他们和社会潮流之间的协调状况。

（一）社会交往状况

在问到日常生活中，交流最密切的人时，大部分大学生都选择了父母亲人、同学朋友和配偶恋人。不过在男女生之间存在一些微妙的差别。例如，有更多的女大学生选择了父母亲人（男生为33.91%，女生为36.21%）和配偶恋人（男生为14.29%，女生为15.43%），即女大学生更多地偏好与初级群体建立密切交往关系。而有更多的男大学生选择了同学（男生为29.10%，女生为28.36%）和老师（男生为8.05%，女生为5.30%），即男性更多地偏好与次级群体（学业群体）建立密切交往关系。

伴随着年龄的增长，男女研究生对父母亲人的依赖都有所降低（女性依然明显高于男性，男生为32.23%，女生为34.44%）；而对配偶恋人的亲密关系开始增长；其中，女生对恋人的依恋程度更为明显（男生为18.03%，女生为20.31%）。此外，更多的男性研究生和教师建立起密切

---

① 陈宁等主编：《适应与成长：青少年身心健康研究》，上海交通大学出版社2011年版。

交流关系，男女生之间的差异进一步扩大（男生为 12.53%，女生为
7.82%）。研究生是在导师指导下展开研究的，女大学生与导师交往稀
少，可能是导致其科研开展不力的重要原因。

以吉利根为代表的女性主义研究者发现：男性的自我认同更多地建立
在独立、竞争性的关系基础之上；而女性的认同更多的是在和他人的联系
与关系中建立起来的。通过对数据的分析我们也发现了类似的结论：女大
学生经常主动向周围人提供帮助（男生为 61.10%，女生为 74.20%），同
时也更多地就学业和日常生活中的问题向他人寻求帮助（见图 8-3）。

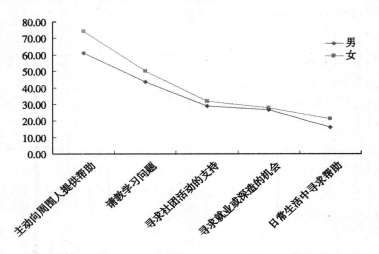

图 8-3　分性别看大学生和他人建立社会联系的情况（%）

有趣的是，在问到有没有人能帮助他们解决经济、就业、学习、情感
等方面的问题时，有更多的女性能够在学习和情感上得到多人的帮助，而
男性则在经济上能够得到更多人的帮助（见图 8-4）。这再一次验证了我
们上面关于女性的社会支持网主要是情感性的；而男性的社会支持网主要
是功利性的观点。

（二）形象改变状况

大学生对形象的重视已经成为不争的事实。瘦身、增高、整容已经成
为社会大众的日常生活，大学生也不例外。

正如图 8-5 所示的，大学生已经开始以瘦身、增高、整容等行为来
改善自己的形象。尽管整容的比例还不高，但至少已经表明这个社会潮流
已经开始影响大学生。三种行为中，瘦身的情况在女生中较为普遍，
45.2% 的女生有过瘦身的经历，高出男生 32.8 个百分点。其他两种行为，

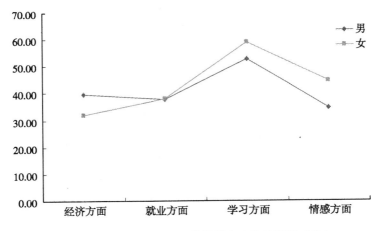

图 8 - 4　分性别看大学生获得社会支持的情况（%）

女生的比例也高于男生。这一现象可以有两种解释：一是女生更注重自身形象；二是传统的性别观念仍然强大，更重视女生的外在形象而非才能。

不同性别大学生改善自身形象的行为主要动力是自己的意愿，男性有68.8%、女性有78.6%的大学生是自愿实施这些行为的（见表 8 - 3）。其次的原因都是来自同辈群体。有趣的是，第三个主要动力有很大差异，男性的动力来自父母，而女性的动力来自社会压力。这似乎从侧面表明社会观念仍然很看重女性的容貌等身体形象条件，而女性自身也深刻地感受到了这一点。

表 8 - 3　　　　　不同性别大学生形象改变来自谁的要求（%）

男		女	
（6）自己的意愿	68.8	（6）自己的意愿	78.6
（5）来自周围同龄人的压力	9.7	（5）来自周围同龄人的压力	11.1
（1）父母的要求	8.0	（4）来自社会的压力	4.6
（3）找工作的需要	4.6	（1）父母的要求	3.1
（2）恋人的要求	4.3	（3）找工作的需要	1.4
（4）来自社会的压力	3.9	（2）恋人的要求	0.9
（7）其他（请注明）	0.7	（7）其他（请注明）	0.2

（三）对性骚扰的认识和应对

由表 8 - 4 中的数据可以发现，"性骚扰"问题很明显已经成为大学生生活中的一个重要经历。同时，大学生们对性骚扰行为也有了比较明确

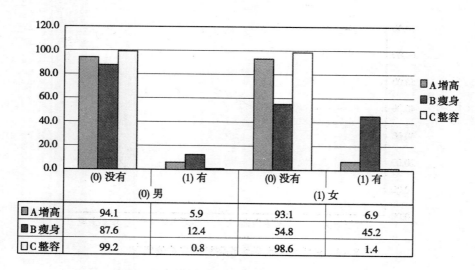

	(0) 男		(1) 女	
	(0) 没有	(1) 有	(0) 没有	(1) 有
▨A增高	94.1	5.9	93.1	6.9
■B瘦身	87.6	12.4	54.8	45.2
□C整容	99.2	0.8	98.6	1.4

图8-5　分性别看大学生形象改善行为（%）

的意识。从调查结果来看，女生对性骚扰行为的敏感程度及认知比男生高。对于黄色图片、黄色段子，男生在认知方面比较模糊，半数左右的男生并不认为属于性骚扰。

表8-4　　　不同性别大学生对性骚扰行为的判断（%）

		您的性别	
		(0) 男	(1) 女
看不愿看的黄色图片	(0) 否	41.6	20.3
	(1) 是	58.4	79.7
讲不愿听的黄色段子	(0) 否	54.6	38.2
	(1) 是	45.4	61.8
进行不愿接受的肢体行为	(0) 否	19.6	6.5
	(1) 是	80.4	93.5
提出不愿接受的性要求	(0) 否	12.8	5.4
	(1) 是	87.2	94.6

　　相比之下，女生对各种性骚扰行为的认知就清晰、明确很多，从黄色图片到不愿接受的性要求，女性都表现出强烈的认知和反映。这种情况可能和高校男女生群体中对于相关行为的认知亚文化有关，也可能和成长过程中的家庭教育、社会舆论导向等有关。

　　"性骚扰"问题不再是个别人的苦恼,甚至成为个体社会交往过程中的一个重要内容,这一点从表8-5中可以发现。男女生有过"讲不愿听的黄色段子"经历的被访者比例较高。男生经历"看不愿看的黄色图片"和"讲不愿听的黄色段子"的比例要比女生高;而女生经历"不愿接受的肢体行为"和"不愿接受的性要求"的比例比男生高。

表8-5　　　　　　　不同性别大学生经历性骚扰行为的情况（％）

		您的性别	
		（0）男	（1）女
是否经历过"看不愿看的黄色图片"	（0）否	82.0	92.0
	（1）是	18.0	8.0
是否经历过"讲不愿听的黄色段子"	（0）否	65.3	75.2
	（1）是	34.7	24.8
是否经历过"进行不愿接受的肢体行为"	（0）否	87.7	79.6
	（1）是	12.3	20.4
是否经历过"提出不愿接受的性要求"	（0）否	96.8	95.7
	（1）是	3.2	4.3

　　从表8-6中可以发现,在处理性骚扰行为的方式方法上,男女生面对四种性骚扰时首选的应对方式就是"直接表达不满或制止"。选择比例排在第二位的方式会因行为的不同而不同。在面对"黄色图片"和"黄段子"时,男女生第二选择的应对方式都是"忍忍算了";但在面对"肢体行为"和"性要求"时,男生选择"忍忍算了"的比例较高,而女生选择"向公安机关报案"的比例较高。

表8-6　　　　　　　不同性别大学生应对性骚扰行为的方法（％）

		您的性别	
		（0）男	（1）女
A 给您看您不愿意看的黄色图像、图片	（1）忍忍算了,不声张	29.9	12.6
	（2）直接表达不满或制止	60.4	79.0
	（3）跟朋友倾诉/商量对策	3.6	4.2
	（4）告诉老师或学校	0.6	0.6
	（5）向公安机关报案	2.2	1.7
	（8）其他（请注明）	3.4	2.0

		您的性别	
		（0）男	（1）女
B 给您讲您不愿意听的黄色段子和笑话	（1）忍忍算了，不声张	35.4	21.1
	（2）直接表达不满或制止	54.2	70.5
	（3）跟朋友倾诉/商量对策	4.6	4.9
	（4）告诉老师或学校	0.4	0.3
	（5）向公安机关报案	1.6	0.9
	（8）其他（请注明）	3.7	2.4
C 对您进行您不愿接受的肢体行为	（1）忍忍算了，不声张	7.4	2.9
	（2）直接表达不满或制止	72.4	75.9
	（3）跟朋友倾诉/商量对策	6.2	8.6
	（4）告诉老师或学校	3.2	1.9
	（5）向公安机关报案	8.8	9.8
	（8）其他（请注明）	2.0	0.9
D 对您提出您不愿意接受的性要求	（1）忍忍算了，不声张	4.4	1.1
	（2）直接表达不满或制止	60.8	60.7
	（3）跟朋友倾诉/商量对策	4.1	6.0
	（4）告诉老师或学校	2.2	1.9
	（5）向公安机关报案	26.3	29.4
	（8）其他（请注明）	2.1	0.8

第二节　女大学生群体身心健康的社会建构

身心健康并不只是一种客观的表现，建构论学者认为身心健康是个体和社会环境相互影响的结果。所谓健康状况，不仅体现为医学上的客观指标，更体现为对社会环境的适应。因此，有必要考察青年人对健康的评价和他们的社会生活之间的关系。

一　生理健康的社会建构

从生理健康情况来看，不同性别大学生的健康状况主要与学习压力、就业压力有关，卡方检验大学生最苦恼的事与身体健康状况有显著关系。

从表8-7的数据来看，大学生在学习和科研方面的压力是最苦恼的事情，也是健康状况的主要相关因素。身体不好的女生在学习方面的压力也更大，相比之下，那些身体良好的男生在学习方面感受到的压力较大。此外，就业也是影响生理健康评价的一个主要因素。这表明社会生活确实对大学生的身体健康评价有影响。

表8-7　　不同性别大学生最苦恼的事与身体健康状况的比例（%）

		总的来说，您觉得您目前的健康状况如何？			
		（1）良好	（2）一般	（3）不好	（8）不知道
（0）男	（1）学习或科研	44.90	42.80	35.20	46.20
	（2）就业压力	27.70	24.50	21.30	15.40
	（3）恋爱或婚姻	5.80	7.30	5.70	23.10
	（4）人际关系	3.50	3.80	4.10	7.70
	（5）经济压力	7.20	6.00	10.70	
	（6）身体健康	0.40	2.60	7.40	
	（7）生活空虚、缺少目标	6.50	9.20	11.50	
	（8）身材相貌	0.40	0.40	0.80	
	（9）人身安全	0.10	0.20		
	（10）家人健康	2.60	3.10	2.50	
	（11）其他（请注明）	0.90	0.10	0.80	7.70
（1）女	（1）学习或科研	46.50	45.90	47.20	35.70
	（2）就业压力	26.50	23.60	21.10	21.40
	（3）恋爱或婚姻	5.50	6.80	5.70	
	（4）人际关系	3.20	3.10	5.70	
	（5）经济压力	3.50	2.60	2.40	
	（6）身体健康	0.40	3.00	10.60	
	（7）生活空虚、缺少目标	9.90	10.40	4.10	21.40
	（8）身材相貌	0.90	1.10	1.60	7.10
	（9）人身安全		0.20		
	（10）家人健康	3.00	3.10	1.60	14.30
	（11）其他（请注明）	0.70	0.40		

随着人们对女性生理健康特点的关注，女性的月经状况经常被认为是和社会生活状况相关的主要因素。有人认为女性的痛经和月经周期可能和

学习、工作、生活方面的困扰有关。但从表 8 - 8 的数据来看，卡方检验表明月经规律性和痛经现象与女性在社会生活方面没有明显的关系。痛经现象更多地可能是一种纯生理现象，社会生活并不会影响痛经。月经周期是一个复杂的问题，虽然不能说社会生活和月经周期的规律性有关系，但实际上也无法否认它们之间可能存在某些间接的联系。

表 8 - 8　　　　女性痛经状况、月经周期状况与最苦恼的事（%）

	最近半年，您有痛经的现象吗？		您的月经周期规律吗？	
	（0）没有	（1）有	（0）规律	（1）不规律
（1）学习或科研	47.70	45.40	46.40	46.20
（2）就业压力	23.00	26.50	25.70	23.40
（3）恋爱或婚姻	6.00	6.00	5.90	6.30
（4）人际关系	3.70	2.90	2.90	3.90
（5）经济压力	3.20	2.90	3.30	2.30
（6）身体健康	1.30	2.30	1.70	2.20
（7）生活空虚、缺少目标	10.40	9.50	9.30	11.30
（8）身材相貌	0.80	1.10	1.00	1.00
（9）人身安全	—	0.10	0.10	0.10
（10）家人健康	3.30	2.80	3.00	3.00
（11）其他（请注明）	0.70	0.50	0.70	0.30

　　焦虑是一种心理现象，但排解焦虑的方式经常表现为社会行为，如和朋友聊天、寻求社会支持等。同时，强烈的焦虑也会使人们对生理健康的评价造成负面的影响。这里我们关注那些排解焦虑的社会行为与人们对自身健康状况评价之间的关系。卡方检验表明，男女大学生的健康状况与他们排解焦虑的社会行为之间有显著关系。无论是男生还是女生，用"闷在心里"的方式排解焦虑的人，自评健康状况为"不好"的比例也较高；而用"和家人、朋友交流"的方式排解焦虑的人，自评健康状况为"良好"或"一般"的比例较高（见表 8 - 9）。这表明社会生活对人们的健康状况有非常重要的影响，善于参与到社会交往之中的学生健康状况会更好。

　　男性个案下面的表达在一定程度上解释了社会生活对保持健康状况的作用：

（心事）向谁说？朋友说得多一点儿吧。可能对大学同学说得比较多一点儿。（睡前聊天）那一般都不是心事了，侃着玩的。朋友挺多，但是能把你所有心事都告诉的这样的人不是很多。（跟父母）说得不是很多。可能就是你觉得这个问题要坦诚跟父母去说，以他们的社会经历或者阅历，这个问题在他们那里可以很轻松就地解决了才应该跟他们说。打球就忘记烦恼。一般也没那些事。有什么心事首先解决，解决不了了就是发泄一下就完了。（访谈编号：090whl05）

同时，我们也发现，女性更喜欢参与到社会生活之中从而排解焦虑，而选择这一排解方式的健康状况为"良好"的女生比例也比男生高出约20.7%（见表8－9）。

表8－9　　　　高校男女生不同焦虑排解方式下的健康状况（%）

| | | 总的来说，您觉得您目前的健康状况如何？ | | | |
		（1）良好	（2）一般	（3）不好	（8）不知道
（0）男	（1）闷在心里	13.30	21.10	27.90	30.80
	（2）抽烟、喝酒	5.20	7.90	11.50	7.70
	（3）和家人、朋友交流	41.70	35.60	27.90	15.40
	（4）通过其他方式转移注意力	38.50	34.80	31.10	38.50
	（5）寻求心理咨询等专业机构的帮助	0.50	0.40	0.80	
	（6）其他（请注明）	0.80	0.20	0.80	7.70
（1）女	（1）闷在心里	8.30	13.00	19.70	28.60
	（2）抽烟、喝酒	0.60	1.50	1.60	
	（3）和家人、朋友交流	62.40	54.50	49.20	14.30
	（4）通过其他方式转移注意力	28.00	30.10	28.70	35.70
	（5）寻求心理咨询等专业机构的帮助	0.20	0.30	0.80	14.30
	（6）其他（请注明）	0.40	0.60		7.10

女性的月经现象和社会生活之间虽然没有显著的关系，但并非一定没有其他微妙的关系。表8－10进一步从侧面证明痛经现象可能确实更多的是一种纯生理现象，卡方检验表明痛经状况与排解焦虑的方式没有显著关系。但表8－10却提示我们女性月经周期的规律性与焦虑排解方式有关，卡方检验也表明二者之间有一定的相关性。选择"和家人、朋友交流"方式排解焦虑的女生月经周期规律的比例显著高于选择其他方式的女生，也高于月

经周期不规律的女生的比例。这种差异或许可以解释社会生活与女性月经之间的相互影响，二者之间的作用可能和焦虑程度及人际交往有关。

表8－10　　　　高校女生痛经、月经期间焦虑排解方式（％）

	最近半年，您有痛经的现象吗？		您的月经周期规律吗？	
	（0）没有	（1）有	（0）规律	（1）不规律
（1）闷在心里	10.90	10.80	10.10	12.90
（2）抽烟、喝酒	1.00	1.00	1.00	0.70
（3）和家人、朋友交流	59.20	58.10	60.30	54.00
（4）通过其他方式转移注意力	27.90	29.40	27.80	31.50
（5）寻求心理咨询等专业机构的帮助	0.60	0.20	0.40	0.30
（6）其他（请注明）	0.50	0.50	0.40	0.60

二　心理健康的社会建构

心理健康经常和社会生活有密切的关系，往往是社会生活适应状况的体现。这里我们考察最苦恼的事情、排解焦虑的方式、经历性骚扰的情况与心理健康状况之间的关系。表8－11表明：恋爱婚姻、人际关系和身材相貌是影响大学生心理健康状况的最重要的三个因素，这三项的得分值要高于其他选项。那些经历过性骚扰的学生心理健康状况也比那些没有经历过的差。其中经历过"不愿接受的肢体行为"和"不愿接受的性要求"这些性骚扰行为的学生，心理健康状况要更差些。

表8－11　　　　　　社会生活与心理健康状况

		心理健康状况
		均值
第一苦恼的事情	（1）学习或科研	6.50
	（2）就业压力	7.23
	（3）恋爱或婚姻	8.37
	（4）人际关系	8.24
	（5）经济压力	6.57
	（6）身体健康	7.35
	（7）生活空虚、缺少目标	7.96
	（8）身材相貌	8.29

续表

		心理健康状况
		均值
第一苦恼的事情	（9）人身安全	6.40
	（10）家人健康	6.20
	（11）其他（请注明）	4.07
第一种排解焦虑的方式	（1）闷在心里	8.85
	（2）抽烟、喝酒	7.68
	（3）和家人、朋友交流	6.78
	（4）通过其他方式转移注意力	6.48
	（5）寻求心理咨询等专业机构的帮助	7.14
	（6）其他（请注明）	4.61
a 是否经历过"看不愿看的黄色图片"	（0）否	6.87
	（1）是	7.83
b 是否经历过"讲不愿听的黄色段子"	（0）否	6.78
	（1）是	7.52
c 是否经历过"进行不愿接受的肢体行为"	（0）否	6.72
	（1）是	8.42
d 是否经历过"提出不愿接受的性要求"	（0）否	6.92
	（1）是	8.96

　　从不同性别的情况来看，女性的心理健康状况普遍比男性的心理健康状况差。影响男生心理健康状况的最主要的三种苦恼依次是人际关系、生活空虚、恋爱婚姻；影响女生心理健康状况的最主要的三种苦恼依次是人身安全、恋爱婚姻和身材相貌（见表 8 - 12）。

　　从排解焦虑的方式来看，选择"闷在心里""抽烟喝酒""寻求专业心理机构帮助"作为排解焦虑方式的男生心理健康状况较差；选择"闷在心里""抽烟喝酒""和朋友、家人交流"作为排解焦虑方式的女生心理健康状况较差。有趣的是，专业心理咨询对女生心理健康的作用要大于男生。

　　性骚扰对男生心理健康状况的影响要小于对女生心理健康状况的影响。"黄色图片"和"不愿接受的性要求"对女生的心理健康状况影响最大；而"不愿接受的肢体行为"和"不愿接受的性要求"对男生的心理健康状况影响最大。

这些情况表明，保持良好的心理健康状况并非仅仅有良好的认知和心理素质就可以了。社会生活对心理健康有重要的影响。

表 8 – 12　　　　　不同性别社会生活与心理健康状况

		您的性别		均值差
		（0）男	（1）女	
		心理健康状况	心理健康状况	
		均值	均值	
第一苦恼的事情	（1）学习或科研	5.71	7.25	– 1.54
	（2）就业压力	6.16	8.34	– 2.18
	（3）恋爱或婚姻	7.57	9.25	– 1.68
	（4）人际关系	7.74	8.80	– 1.06
	（5）经济压力	6.13	7.55	– 1.42
	（6）身体健康	7.05	7.61	– 0.56
	（7）生活空虚、缺少目标	7.71	8.16	– 0.45
	（8）身材相貌	7.00	8.88	– 1.88
	（9）人身安全	2.67	12.00	– 9.33
	（10）家人健康	5.50	6.83	– 1.33
	（11）其他（请注明）	4.25	3.85	0.40
第一种排解焦虑的方式	（1）闷在心里	7.69	10.70	– 3.01
	（2）抽烟、喝酒	7.39	9.46	– 2.07
	（3）和家人、朋友交流	5.73	7.47	– 1.74
	（4）通过其他方式转移注意力	5.83	7.30	– 1.47
	（5）寻求心理咨询等专业机构的帮助	7.42	6.78	0.64
	（6）其他（请注明）	3.20	6.23	– 3.03
是否经历过"看不愿看的黄色图片"	（1）是	7.08	9.49	– 2.41
	（0）否	6.00	7.64	– 1.64
是否经历过"讲不愿听的黄色段子"	（1）是	6.69	8.69	– 2.00
	（0）否	5.94	7.50	– 1.56
是否经历过"进行不愿接受的肢体行为"	（1）是	7.57	8.93	– 1.36
	（0）否	6.00	7.50	– 1.50
是否经历过"提出不愿接受的性要求"	（1）是	8.40	9.38	– 0.98
	（0）否	6.13	7.72	– 1.59

三　社会潮流对身心健康的影响

人们的社会生活经常会受到社会潮流的影响，时尚、大众文化等常常改变人们已有的行为方式和生活态度。而这些社会潮流中经常潜藏着某些对身心健康造成影响的风险因素。人们有时对社会潮流的风险认识不足，因而无法判断是否应该避免社会潮流的影响；人们有时对社会潮流的风险认识很多，但同样有很多人遵从社会潮流而置风险于不顾。这里，我们考察在青年人中流行的三种重要的社会潮流——增高、瘦身和整容。我们希望发现这三种潮流和青年人的身心健康之间有怎样的关系。

从表 8 - 13 中可以发现有以上三种行为的大学生的健康状况自评"良好"的比例较低，其中"瘦身行为"与其他两种行为不同，瘦身的大学生自评健康状况"良好"的比例要高于其他两种行为。我们并不能说这三种行为对大学生的健康状况构成威胁，但已经可以表明其中可能存在某些风险。

表 8 - 13　高校男女生增高、瘦身、整容选择和健康状况（%）

			总的来说，您觉得您目前的健康状况如何？			
			（1）良好	（2）一般	（3）不好	（8）不知道
A 增高（使用物理或药物方式）	（0）男	（0）没有	93.70	94.40	95.90	92.30
		（1）有	6.30	5.60	4.10	7.70
	（1）女	（0）没有	93.60	92.70	91.00	85.70
		（1）有	6.40	7.30	9.00	14.30
B 瘦身（包括节食、服药或采用其他物理办法）	（0）男	（0）没有	89.10	86.20	81.10	84.60
		（1）有	10.90	13.80	18.90	15.40
	（1）女	（0）没有	54.30	55.60	56.90	28.60
		（1）有	45.70	44.40	43.10	71.40
C 整容	（0）男	（0）没有	99.40	98.80	99.20	100.00
		（1）有	0.60	1.20	0.80	0.0
	（1）女	（0）没有	98.50	98.70	99.20	100.00
		（1）有	1.50	1.30	0.80	0.0

但表 8 - 14 进一步表明，女生瘦身行为影响到女生的月经周期规律性，卡方检验表明这种联系是明确的。有瘦身行为的女生，月经不规律的比例比较高，达到 50.6%。

表 8 – 14　　　　　　女性生理周期规律性与瘦身行为（%）

您的性别			您的月经周期规律吗?		合计
			（0）规律	（1）不规律	
（1）女	B 瘦身（包括节食、服药或采用其他物理办法）	（0）没有	56.7	49.4	54.6
		（1）有	43.3	50.6	45.4
	合计		100.0	100.0	100.0

我们再来看心理健康状况与三种行为的联系。表 8 – 15 表明，三种行为对不同性别大学生的心理健康产生的影响有些不同。"瘦身"和"整容"后的男生心理健康状况要比没有这些行为的人差。女生则表现出没有三种行为的人的心理健康程度相对好些，因为数值差异不大，也可以说是否有这三种行为和心理健康之间并没有明确的联系。但卡方检验表明，女性的心理健康状况与瘦身之间有相对密切的关系。

表 8 – 15　　　　　不同性别心理健康状况与形象改善行为

		您的性别	
		（0）男	（1）女
		心理健康状况	心理健康状况
		均值	均值
A 增高（使用物理或药物方式）	（0）没有	6.21	7.71
	（1）有	6.14	8.53
B 瘦身（包括节食、服药或采用其他物理办法）	（0）没有	6.09	7.39
	（1）有	7.01	8.25
C 整容	（0）没有	6.19	7.77
	（1）有	8.32	7.87

第三节　小结与讨论

一　主要发现和讨论

从我们的分析来看，大学生的总体健康状况处于一般偏上，半数以上的被访者自评健康状况良好，大约 80% 学生的心理健康状况得分在 10 分以下（量表得分越低心理健康状况越好）。

从生理健康的方面来看，女性痛经现象较多，达59.5%。从心理健康状况来看，男生的心理健康状况好于女生。对不同性别的大学生来说，学习和科研、就业、婚恋、人际关系都是非常重要的压力来源。而男生还很容易因为生活空虚而感到苦恼。大学生普遍认为和家人、朋友交流或者转移注意力是很好的排解焦虑的方式，但男生更容易闷在心里。而专业的心理咨询对女生更起作用。

从社会健康的角度来看，大学生的适应社会，保持良好的社会交往的积极性是比较高的。家人、朋友、同学是大学生社会交往的主要对象。尽管瘦身、整容、增高等社会潮流在日常生活中被广泛谈论，但大学生中实际接受并实施这些行为的比例并不高。不过，对那些有过改善形象行为的大学生来说，他们的身心健康确实受到了影响。虽然不同的行为对身心健康的影响有所不同，有时可能还是正面的，但总体来看还是隐藏了风险，比如瘦身的女生月经不规律的比例会相对高。

性骚扰作为一种社会现象，也间接反映了大学生身心健康的状况。调查表明性骚扰已经成为一种认知度较高的社会事实。女生在遭遇性骚扰后，身心健康受到损害的程度要高于男生。但在遭遇性骚扰时，女性会更容易表达不满并制止这种行为，相反，男生却显得有些不够勇敢，选择"忍忍算了"的比例比较高。或许，对性骚扰的理解应该有一个更深入、更广泛、更客观、更具性别平等观念的讨论。

大学生的身心健康和社会因素有密切关系，各种社会生活内容，由于适应社会生活而产生的焦虑、紧张，社会潮流等都对他们的身心健康产生影响。也就是说，我们不能忽略身心健康的社会建构性。大学生的身心健康实际上反映了社会生活中的问题及和谐程度。

二 政策建议

根据我们对大学生身心健康状况的调查和分析，为了能更好地促进大学生保持良好的身心健康状况，在引导大学生社会生活方面应注意以下几点。

第一，应维持大学生的学业压力以保证高层人才培养质量。尽管大学生最苦恼的问题是学业方面的压力，但并没有构成身心健康的主要障碍。作为学生最重要的生活内容，维持一定程度的学业压力反而更容易让学生明确未来方向和生活目标。但需要调整的是学业压力应来自可以有效提升大学生能力的学业，而不是通过开设大量理论课程来维持压力。

第二，通过调整劳动力市场运行方式调整大学生就业压力。比如平衡白领和蓝领工作的社会声望，调整较高社会声望的工作岗位的用人标准，从而促使大学生调整对就业的期待和看法。尤其要倡导白领和公共工作岗位去性别化，降低女大学生对白领工作、事业单位和公务员岗位的偏好。

第三，倡导和支持大学生开展丰富多样的社会交往活动。调查表明，社会交往对缓解大学生压力、排解焦虑有较好的作用。通过进一步活跃校园文化，吸引大学生参与到多种多样的社会活动中，对促进大学生身心健康有良好的作用。

第四，要注意提醒各种社会潮流可能给大学生身心健康带来的风险。应通过开展多种多样的社会讨论促使大学生深入认识和了解各种社会潮流。类似整容、瘦身等社会潮流对女生的影响较为明显，更要通过不同性别人群的大讨论来破除社会潮流的风险，引导大学生选择有利于自身身心健康的行为。

第五，女生的生理周期不规律和痛经现象应受到关注，这可能和她们的生活方式、营养状况、身体素质有关。但更重要的是不能随意将女生的这一生理现象和影响工作学习联系起来。尽管从主观感受来看，女生在生理周期期间学习工作表现会受到影响，但这一影响可能是通过其他因素传导而来的。应注意女生的经期保护，但更要注意维护女生的工作学习权利。

（王宏亮）

第九章

高校女生的价值观

价值观是指有关最终目标的态度，或是指引行为选择或评价的标准，它超越了特定的情境，并且在重要性上存在等级差异①。价值观对人们自身行为的定向和调节起着非常重要的作用，它决定人的自我认识，并直接影响和决定一个人的理想、信念、生活目标和追求方向的性质。

高校学生是未来社会建设的重要人才力量，他们的价值观在一定程度上是社会未来价值观走向的重要预测指标。处于青年早期阶段的高校学生，其价值观正处在逐渐定型的阶段，并将对其未来人才发展道路起到至关重要的影响。因此，研究大学生的社会价值观具有非常重要的意义。影响大学生价值观念的因素是多方面的，一个人所处的社会环境及其所处的经济地位，以及其成长过程中的个人经历都会对一个人的价值观产生不可忽视的影响。

本章主要从社会性别观念和成功评价标准两个角度来研究高校女生群体的价值观。社会性别观念是指"在特定的时代、文化背景下，通过社会化过程形成的人们对男女两性的社会位置、权利、责任及彼此关系的认识和评价。一般将性别意识分为传统和现代两极，前者指人们对男女两性的社会位置、权利、责任及彼此关系的认识和评价更认同'男主外、女主内'等传统思想，后者指更趋于接受男女平等和平等权利等观念。"②先进的社会性别观念会让女性具有较强的事业发展动机和追求事业成功的愿望，因而会影响广大女性的人才发展轨迹。

现代社会评判职业生涯成功的标准日益多元化，除了传统上职位、薪

---

① Margaret Mooney Marini, Pi-Ling Fan, Erica Finley, Ann M. Beutel, "Gender and Job Values", *Sociology of Education*, Vol. 69, No. 1, 1996, pp. 49–65.

② 孟祥斐、徐延辉：《高层次女性人才的性别意识及其影响因素研究——基于福建省的调查》，《妇女研究论丛》2012 年第 1 期。

资、权力等外部指标之外，个体自身对成功的感知及事业—家庭平衡等维度也成为衡量职业生涯成功的重要指标。在成功标准日益多元化的今天，个体评判成功的价值观标准会影响他们的自我定位和人才发展道路。因此，本章将从社会性别观念和成功评价标准两个维度来探讨高校女生的价值观状况，以及其对她们未来人才发展道路的影响。

第一节　高校学生的性别观念状况

高校女生的社会性别观念一直是研究者密切讨论和关注的话题。2000年前后的一些调查研究发现："男高女低"的传统性别观念仍然在一定程度上影响着高校女生的自我规划和未来发展，相当一部分女生赞同社会上流行的"干得好不如嫁得好"这一说法。① 传统的社会性别观念仍然制约着女性的自我期待②，女生仍然在某种程度上存在着成功恐惧，③ 有些高校女生屈从于各种社会压力，甚至害怕事业上成功，因此降低成就期待值。很多人由原来要求自我发展变成了从婚姻中寻找出路。④ 而本次调查结果表明：新时期高校女生的社会性别观念日趋平等、理性。

高校学生的社会性别观念受到多种因素的影响和制约，包括家庭因素、成长经历、高校性别观念环境及就业市场对女性的接纳程度等因素都会影响高校学生的社会性别观念。本章将从上述角度考察外部环境对高校学生群体性别观念的影响和形塑作用。

一　高校女生社会性别观念现状

调查中我们发现：无论是和高校男生相比，还是和社会上的一般女性相比，新时期的高校女生都更多地反对传统的社会性别观念；并且近十年

---

① 李明欢：《干得好不如嫁得好？——关于当代中国女大学生社会性别观的若干思考》，《妇女研究论丛》2004 年第 4 期；刘淳松、张益民、张红：《大学生学习动机的性别、年级及学科差异》，《中国临床康复》2005 年第 20 期。

② 石彤：《女大学生社会性别观念研究》，《中华女子学院学报》2001 年第 4 期。

③ 王淑兰等主编：《中国女大学生发展与教育》，陕西人民教育出版社 2000 年版，第243 页。

④ 万琼华：《当代女大学生的社会性别意识探析》，《邵阳学院学报》2002 年第 5 期。

来，高校女生的社会性别观念也日趋平等、理性。更多的新时期高校女生开始认识到事业成功对女性地位的重要价值，绝大部分女生认为女性也应该追求自己的一番事业。但是在高校女生群体内部，却存在学历越高、性别观念越趋保守的特点。

（一）对传统性别角色的批判

传统的社会性别观念主张男女明确的性别角色分工：男主外、女主内，男性应该以事业发展为重，女性的主要职责是照顾丈夫、孩子和家庭。作为受教育程度较高、思维活跃、更易接受多元文化观念的青年人群，越来越多的高校女生对传统性别角色分工持反思和批判态度。

1. 近十年来，高校女生性别观念日趋平等

由于之前历次妇女社会地位调查都是以家庭户为抽样单位，并未将以住校学习生活为主的高校学生纳入调查对象，所以此次妇女社会地位调查是首次将高校女生作为典型群体展开调查，因而无法在本调查内进行高校女生群体纵向比较。但通过和 2000 年左右其他社会调查的一些结果进行对比可以发现：新时期高校女生的社会性别观念更趋向于现代，她们愿意摆脱传统性别观念的束缚。例如，在 1998—2002 年进行的面向 21 世纪上海女性高等教育调查中，只有 29.7% 的女大学生反对"男人以事业为重，女人以家庭为重"，23.5% 的女大学生反对"相夫教子是女人最重要的工作"；在面向 21 世纪中国女性高等教育调查（1998—2002 年）中，只有24.2% 的女大学生反对"相夫教子是女人最重要的工作"，均低于新时期高校女生反对传统社会性别观念的比例。[1]

而在本次调查中，有半数以上的高校女生对传统的"男主外、女主内"性别角色持批判态度。例如，58.2% 的高校女生反对"男人应以事业为主，女人应以家庭为主"；57.7% 的高校女生反对"挣钱养家主要是男人的事情"；55.9% 的高校女生反对"相夫教子是女人最重要的工作"。

2. 高校女生比一般社会女性的性别观念更加先进

作为女性群体中受教育程度较高的青年群体，相较于一般女性，高校女生群体更多地打破了传统社会性别观念的限制。例如，在面向社会女性的新时期妇女社会地位主问卷调查样本中，只有 25.8% 的应答者反对

---

① 李明欢：《干得好不如嫁得好？——关于当代中国女大学生社会性别观念的若干思考》，《妇女研究论丛》2004 年第 4 期。

"丈夫的发展比妻子的发展更重要";在高校学生群体中，51.0%的女性应答者对这一观点持反对态度。

在第二期妇女社会地位调查中，有50.4%的女性赞同"男性应以社会为主，女性应以家庭为主"；在新时期妇女地位调查中，赞同类似说法的比例攀升至54.8%；但同时期的高校女生中，赞同这一说法的比例只有30.0%，远低于社会上一般女性的水平。在第二期妇女社会地位调查中，87.9%的女性认为"男人应该承担一半家务"；新时期妇女社会地位调查中，赞同这一说法的女性比例上升到91.2%；而在高校女生调查样本中，女性赞同这一说法的比例为93.0%（见图9-1）。

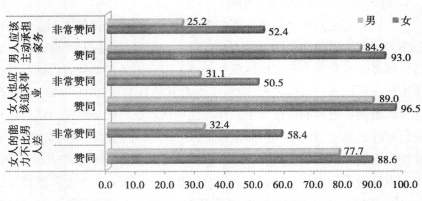

图9-1 高校男女生的社会性别观念（%）①

3. 高校女生比男生更多地反对传统性别角色分工

高校女生反对传统性别观念的比例远远高于高校男生（见表9-1），表现出较为明显的性别差异。在访谈中，一名教育学专业的女性硕士生的表述比较典型地代表了新时期高校女生在性别角色分工上追求男女平等的倾向，以及在现实生活中和男生可能会存在的观念冲突与矛盾：

> 其实我就感觉啊，有一个稳定的工作，没事的时候，很无聊。我家再好，我也不会做一个全职太太，我就感觉很无聊的，没事干的那种。……我不可能把所有的时间，……所有的精力都要放在孩子上

---

① 其中"赞同"栏给出的是积累比例，即持"非常赞同"和"比较赞同"的人数比例之和。

面。两个人，他（被访者现在的男友）或者是我，就是这个家务方面，谁有时间谁做。他虽然工作比我好，工资比我多，他都不在乎，但是他不做家务。（访谈编号：051lj01）

在这段访谈中，被访女生表明自己也希望有自己的工作和事业，并且渴望丈夫也能够和自己共同分担家务劳动；但被访者也同时坦陈自己的男友与自己在性别分工的观念上还依然存在冲突和矛盾。这种冲突和矛盾在一定程度上会导致高校女生对自己未来人生发展定位的怅惘和迷茫。

表 9 - 1　　　　　　　　高校男女生对传统性别角色的观点（%）

	男	女	男女比例之差
不赞同"男人应以事业为主，女人应以家庭为主"	28.0	58.2	−30.2
不赞同"挣钱养家主要是男人的事情"	24.6	57.7	−33.1
不赞同"相夫教子是女人最重要的工作"	32.1	55.9	−23.8
不赞同"对妻子而言，更重要的是帮丈夫成就事业"	29.2	44.1	−14.9
不赞同"丈夫的事业发展比妻子更重要"	35.2	51.0	−15.8

（二）对追求事业发展的向往

与十年前的调查数据相比，新时期高校女生也更多地表现出对工作与事业成功的向往和追求。无论是和高校男生还是与社会一般女性相比较，高校女生对女性成才环境的认识也更加理性。但在高校男女生之间，对事业女性的态度却存在较大分化。

1. 新时期高校女生追求事业成功的愿望日趋增长

与2000年前后其他调查数据相比，新时期高校女生也表现出更强的追求事业成功的愿望。例如，在上海女性高等教育调查（1998—2002年）中，85.7%的女大学生认为"当官是男人的事"，83.0%的女大学生认为"女性不适合当领导"，只有10.4%的女大学生赞同"工作应是女人生活的重要组成部分"。在中国女性高等教育调查（1998—2002年）中，对"女比男强，好景不长"这一表述，56.8%的女大学生表示赞同，22.0%的女大学生表示反对[1]。在2000年第二期妇女社会地位调查中，80.0%

① 李明欢：《干得好不如嫁得好？——关于当代中国女大学生社会性别观念的若干思考》，《妇女研究论丛》2004年第4期，第28页。

的女性"不甘心自己一事无成"。

而在本次调查中,高达96.5%的高校女生认为"女性也应该追求自己的事业";只有37.7%的高校女生赞同"总体而言,男性比女性更适合领导者的角色"。

2. 高校女生对女性成才的社会环境认识更趋理性

尽管新时代的高校女生更倾向于认同平等的社会性别观念,并愿意成就自己的一番事业,但是相较于一般女性和高校男生而言,她们对社会环境的认识都显得更加清晰,也清楚地认识到在现实环境下,女性要想取得事业成功,还需要自己付出更多的努力。例如,在新时期妇女社会地位调查的主问卷样本中,57.6%的被访者认为"目前我国男女两性的社会地位差不多",36.4%的女性认为男性的地位比女性高。而在高校女生样本中,只有32.2%的被访者认为男女社会地位差不多(男生为42.3%),54.6%的被访女性认为"男性社会地位更高"(男生为37.9%)。65.4%的高校女生认同"对女性领导的培养选拔不够",比男生高21.2个百分点,83.0%的高校女生认同"女性在事业上遇到的障碍更多",比男生高11.9个百分点(见图9-2)。

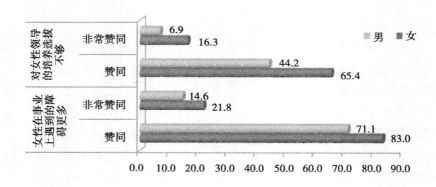

图9-2　高校男女生对女性成才的看法(%)①

3. 高校男女生在对事业女性的态度上存在较大分化

在对事业女性和女强人的态度上,男女生存在显著分化:有更多的女生反对"男人比女人更胜任领导的角色"(女生为26.7%,男生为

---

　　① 其中"赞同"栏给出的是积累比例,即持"非常赞同"和"比较赞同"的人数比例之和。

10.8%）；接近70%的女性认为对女性而言，事业成功也很重要（女生为69.4%，男生为44.9%）；并且她们更多地反对社会上对女强人的一些歧视性的观点；更多地认为事业成功的女性一样可以生活幸福（见表9-2）。

表9-2　　　　　　高校男女生对女性事业发展的态度（%）

	男	女	男女比例之差
反对"总体而言，男人比女人更胜任领导角色"	10.8	26.7	-15.9
反对"对女性而言，事业成功与否并不重要"	44.9	69.4	-24.5
反对"事业成功的女人往往没有女人味"	29.2	56.2	-27.0
反对"女强人的个人生活往往并不幸福"	19.0	36.5	-17.5

在此，我们一方面为高校女生社会性别观念的成熟与进步感到欣喜；但是另一方面，也要注意到：同样作为受教育程度较高的青年群体，高校男生的社会性别观念在本次调查中却显示出相对保守和传统的特点。具体表现在高校男女生之间的交往上，那些行为举止过于"强势"的女生往往很难获得男生的接纳和认可：

> 打个比方，我认识的一个女生，现在是大四的学生。她就是特别强势的那种，成绩也是挺不错的，工作能力特别好，还是学生会副主席。像这样的女生，其实跟她同级的男生，想追也不敢追。他们压力太大，就是因为她太强势了。工作能力又特别强，平时说话很强势的。所以，她现在还是单身。……太强势的话，让我有一点儿自卑。（小组访谈01）

在这段访谈中，被访的几名本科男生都表达了迫于社会观念的压力，他们很难同比自己能力更强的女生建立恋人关系，面对这种女生"会有畏惧感"，认为女生太过强势，自己"会驾驭不了"。可见，尽管在新时期下高校女生的社会性别观念日趋先进，但高校男生却仍然受到传统性别观念的束缚和影响，很难接受工作学习上过于"强势"的优秀女性。社会性别观念的改变是全社会共同的事，男性的社会性别观念是其中不可或缺的部分。作为受教育程度较高的青年群体，高校男生会是未来社会建设的重要力量，他们会成为女性人才的同事、丈夫和朋友，他们的观念和期待一样会影响女性人才的成长和生活。男女两性社会性别观念差异过大反而会引起家庭和社会矛盾的凸显，因此，如何加快改变高校男生的社会性别观念应当成为研究者们下一步关注的焦点。

（三）女研究生群体的社会性别观念相对保守

调查数据显示：无论是和受教育程度较低的女性，还是和同样接受高等教育的男性相比，高校女生的性别观念的确更为平等。但是在高校女生群体内部，却存在着学历越高、性别观念越趋保守的现象（见表9-3）。

表9-3　　　　　　　　分性别和学历的高校学生性别观念（%）

	本科生		硕士生		博士生	
	男	女	男	女	男	女
不赞同"男人以事业为主，女人以家庭为主"	31.6	65.4	23.3	49.7	24.0	46.0
不赞同"挣钱养家主要是男人的事"	28.7	64.8	19.8	49.2	18.9	45.7
不赞同"相夫教子是女人最重要的工作"	36.9	62.2	27.1	49.0	24.0	43.7
不赞同"妻子更重要的是帮丈夫成就事业"	32.3	48.1	24.4	39.2	28.0	38.2
不赞同"丈夫的事业发展比妻子的更重要"	39.8	57.3	29.3	43.8	30.2	40.7

从表9-3中可以看出，对"男主外、女主内"等传统性别观念的表述，在本科生阶段，有超过或接近60%的女性都表示反对；到了硕士生阶段，反对这些传统性别观念的女性所占的比例基本上下降到50%以下；到了博士生阶段，反对传统社会性别观念的女性所占的比例又进一步下降。在主问卷的数据分析中，也有类似的发现：以大学本科学历为界，在此之前，学历越高的女性社会性别观念越先进；而在研究生以上的女性人群中，又经历了一个向传统性别观念回归的阶段。[①] 在访谈中，一位女性博士生坦陈自己处于婚育年龄段所面临的困境与思考：

> 我不可能去做一个家庭主妇，无论对方的能力怎么样，或者说他有能力让你做一个家庭主妇，我不喜欢这样。我就认为一个人应该有一份职业。但是我又希望一个人的职业与自己的家庭生活应该平衡。

---

① 丁娟、李文：《关于妇女社会地位认知与态度基本状况的分析与思考》，《山东女子学院学报》2012年第12期。

所以我希望对方也要顾及家庭。

对于女性来说，家庭其实是一个挺重要的考虑。因为如果你的事业很成功，可能你的家庭方面就是真的很失意。因为我也接触到有一些老师真的就是单身，或是离异的那一种。我觉得那个老师，无论她的职业多么辉煌，自我感觉多么良好，但是我觉得其实，我的价值观可能比较传统，还是哪一方面都还挺重要啊！

我认为一个女性的成功，可以把她的家庭和事业都放成一样的50%，但是男性的可能事业会高一些。我是这种想法，更多的可能就是受一些传统的思想影响吧。其实我们也看到，就是在好多的领域，你看到走在前面的还是男性，而且在一些高端的会议上很少能见到女性，其实很悲哀。但其实你也能理解，就是好多女性比男性而言，她要把好多的时间和精力放在其他方面了。

我觉得要分时间、分阶段。比如说，一个女性，在做了妈妈之后，有一个小孩，在小孩出生后的前几年，我觉得很必然地，你的精力，会很多地集中在家庭。但是你的重心，或者说有所偏移，但是就不会说，完全放弃工作，我觉得是这样。（访谈编号：041wy03）

在这段访谈中，被访者谈到自己希望能够平衡事业和家庭发展的关系。但是处于博士生阶段，该被访者也更多地看到女性人才发展的环境制约因素，以及女性在特定生命周期上——比如子女年幼时——会分散相当部分的精力，因而也表达出对事业和家庭矛盾的困惑，以及对社会男女不平等现状的"悲哀"。这些因素都在一定程度上影响和制约了高学历女性后备人才的社会性别观念。

可见，改变女性后备人才的社会性别观念并不仅仅是高校女生个体及高等教育机构的议题，女性人才对自身能力的认识和评价还受到更为广阔的社会背景和文化观念的影响，因而是一个更加复杂和漫长的进程。

二　社会性别观念外部环境

社会观念的形成和发展是一个复杂和逐步的过程。高校女生群体的社会性别观念也是一个在家庭环境、成长过程和社会环境中逐步塑造、形成和发展的过程。在下文中，我们将分别从家庭环境、成长经历、高校教育环境和人才市场环境等几个方面入手。

（一）家庭环境

家庭是个体社会化过程的第一个主体，也是伴随个人成长的最亲密的初级群体，因而在个体的成长发展过程中扮演着至关重要的角色。调查显示中国目前的家庭环境在子女成长的问题上显现出不同的分化趋势，既有激励女儿自强自立、独立自主的家庭，也有强调传统上"男孩要有男孩样，女孩要有女孩样"、对子女区别对待的家庭。

1. 植根于既有社会制度的传统家庭性别观念

几千年来的小农经济传统塑造了中国"重男轻女"的性别观念，本次调查显示，这一传统观念在被访者父母身上仍然存在，在社会化养老不足的农村地区则更为明显：

（重男轻女的观念）像我爸妈那一代多少有一点儿……生孩子的时候，还是希望生男孩。现在好一点儿，基本上随着改变，生活也提高了，不太重要了，但是还有养儿防老的习惯。就是几千年了，根深蒂固了。像现在养老，我们农村也都是儿子养老，父母有病的话，基本上都是儿子掏钱。包括我们这一代，像我们这些人，即使长大了，也不会说赡养父母，都是说儿子去承担，实在没有儿子，只能由女儿来赡养。只要有一个儿子，基本上都是儿子来赡养父母。因为地、树就只给儿子，不给女儿。（访谈编号：020lfy04）

在这段访谈中，被访者谈道：父母的性别观念是更大的家庭结构和功能的结果；而农村"养儿防老"的传统又是与土地分配和继承制度密切相关的。可见，社会性别观念的改造是与更大的社会制度和文化观念的改造紧密联系在一起的，因而是一种更为复杂和长期的过程。

2. 父母传统性别观念对子女的影响

已有研究指出，父母的社会性别观念不仅会潜移默化地影响子女的性别观念，而且父母对子女的性别角色期待也会影响子女对自己的未来伴侣的角色期待。下述访谈比较典型地代表了中国父母对不同性别子女的教养方式和态度：

可能就是因为女孩和男孩的天性本来就不太一样，男孩子就比较叛逆，然后女孩子就更能够体贴一下父母。就像他们平常上班不在家，（我）帮他们干一些活，所以自我感觉他们有点儿偏向我；但是有时候觉得他们也有点儿爱我弟弟。

我们家刚刚又买了一套新房子，然后在装修的时候他们就会参考我弟弟的意见，就不让我发表意见，可能是觉得那个房子以后是我弟弟的，所以装修那些就不参考我的意见。（问：你会感到愤怒吗？）会有一点点，但是想一下就没什么了，毕竟女孩长大都要嫁人的，也就没什么了。

偏向我就是女孩子就比较爱买衣服、洋娃娃什么的，我和我妈逛街，只要是我看上的，我喜欢的，她就给我买。反正我爸对待我和我弟弟的教育是完全两种不同的概念，对我就是经常表扬，然后说"可乖"一些话；对我弟弟经常就是骂，甚至有时候还会动手去打他。

就像我妈和我爸上班，我弟在家，他又不会做饭，我帮他做饭。我妈就说："你姐在家的时候完全可以不管她吃，不管她喝，什么都不用管，都不用操心，你在家的时候能把我累死。"然后我妈就很希望我在家，因为我在家的时候就可以帮她照顾她儿子。（访谈编号：1211j05）

相当一部分的中国父母都仍然觉得儿子是自己家庭的继替，但这并不意味着父母不疼爱女儿。事实上，很多被访的高校女生都提到父母对自己是非常疼爱的，只不过这种疼爱还依然具有一些传统性别角色的特点。例如，在上述访谈中，女儿认为父母对自己的"疼爱"表现在会给自己买喜欢的洋娃娃和衣服，对自己说话的方式很温和；这种教养方式下的女儿对父母也很体贴，会帮助母亲做饭和料理家务，甚至"帮她照顾她儿子"。女儿的唯一不满只是表现在父母装修房子的时候只考虑弟弟的意见，而不考虑自己的意见，但想到"毕竟女孩长大都要嫁人的，也就没什么了"。在这一过程中，父母传统的性别观念透过教养过程继而影响和塑造了子女对性别角色差异的体察和认同。

3. 激励子女独立自主的家庭观念

也有相当一部分的家庭开始意识到女性只有独立自主、自强自立，才能在现代社会中获得独立的人格和自尊，而这些才是她们幸福生活的重要基础。调查发现，父母相对而言比较成熟、理性的性别观念在很大程度上会影响高校女生的自我判断和定位：

> 我想兼顾，我哪一方面都不想放弃吧。因为觉得家庭对于每一个人来说很重要。但是我觉得，活在 21 世纪的话，一个女生必须有自己的事业，不能太依靠别人。因为我妈都说，女人要有自己的事业，才能有底气说话嘛。因为看到有些人受电视剧的影响嘛，有一些女生，就是为了结婚，为了自己爱的人，为了孩子，就放弃自己的事业啊。最后啊，又被男的抛弃啊，然后孩子也不听话啊。在家里也没有地位，那样不好。就像我爸爸说，你的另一半去外面工作，去接受更广的世界，而你总是待在家里，然后他的眼界越来越广，你的眼界越来越窄，然后你跟他交流得就越来越少，这也是一个问题。（访谈编号：071whl08）

在这段材料中，被访者的父母都认为新时期的女性"必须有自己的事业"，母亲教育女儿"要有自己的事业，说话才有底气"；父亲则告诫女儿只有丰富的生活经历才能让自己和配偶有共同话语和交流。在这样的家庭氛围之下，子女也意识到独立自主才是女性确立自我和幸福生活的重要基础，而不能去单纯地"依赖别人"。对社会上流行的"干得好不如嫁得好"的说法，这位被访者继续说道：

> 我觉得这种人有一种依赖性心理吧，他们就觉得嫁得好的，就一定生活得好。我觉得不会的，这种事情不一定。就是说，自己做得好，那才是自己的，嫁得好，那都是别人的。有一天，别人厌烦了你，看你哪里不顺眼了，他就可以把给你的都收回去。那你就会变得很可怜，生活就会很可怜。你不但失去了所有你想依赖的，还失去了自我。（访谈编号：071whl08）

可见，成熟理性的父母观念在影响和塑造子女的性别观念和价值伦理上能起到至关重要的作用，正是在父母双方虽然侧重各有不同，但都是激励女儿发展独立人格的教养环境之下，子女才发展出健康、理性的性别观念，认为过度依赖男性最终"不但失去了所有你想依赖的，还失去了自我"。

（二）成长经历

青少年时期是个体性别角色社会化的重要阶段。在这一时期，个体通过内化他人的态度，来认识"自我"，并按其他人一般期待来调整自己的行为。性别角色社会化是个体在社会生活中，学会按自己的性别角色的规范行事的过程。儿童进入学龄期以后，学校和社会从多方面强化男女两性的角色差异。例如，学校和教师在升学期待、课余生活、体育锻炼项目等对不同性别的学生有不同的要求；教科书也表现出不同的性别期待。因此，对高校学生中小学时期社会化经历的回溯性调查将有助于我们了解高校学生社会性别观念和角色的形成过程。

本次调查发现：传统的社会性别观念仍然存在于一些教师和家长之中，并对青少年产生影响。例如，有81.1%的高校女生在成长过程中听到中小学教师或父母说"女生要有女生样，男生要有男生样"；69.7%的女性听到中小学教师、父母认为"女生适合学文科，男生适合学理科"等巩固传统性别形象的表述。一个被访女生这样谈到自己在成长过程中听到的对男女生区别的描述：

> 也是听别人那些说法吧，就是觉得，理工科嘛，男生做得比较好，理工科这方面嘛，男生应该学得比较好，然后动手能力也比较强啊。就像读研究生，这方面也是这样的啊，研究嘛，就是要把他们放出去自己做事，如果老是把女生放出去，然后还要担心她们各方面的事情啊。女生有时候也蛮娇贵啊，男生能吃苦一些啊，能受折磨一些。……老师这和说法，肯定有他的道理，他见过不同的男女生这样的吧。但是对于我自己来说，我不觉得我哪一点比男生要差，我就在想如果在那艰苦一点的环境里，我也不一定比那些人不能吃苦，我就觉得，咬咬牙，坚持下来，我也能做到。（访谈编号：071whl08）

在这段访谈中被访者表示在自己成长的过程中，听到过周围亲朋老师认为男生学理工科比较好，男生的研究、动手能力更强，更能吃苦，女生则显得更娇贵一些。但是被访者自身却认为自己并不比男性差，在艰苦的环境下也能够继续努力奋斗。

进一步的数据分析还发现：尽管在社会化经历和高校女生的社会性别观念中并未发现一致性的统计关联，但是成长过程中的这些性别观念的确会影响高校男生的社会性别观念。例如，在听过父母或中小学教师说"女孩适合学文科，男孩适合学理科"的高校男生中，有43.1%的人非常赞同或比较赞同"男人应以事业为主，女人应以家庭为主"，而没有听过这种表述的男生中只有32.8%的人持此类观点，统计差异显著；在听过父母或中小学教师说"男生要有男生样，女生要有女生样"的高校男生中，有42.9%的人非常赞同或比较赞同"男人应以事业为主，女人应以家庭为主"，而没有听过这种表述的男生中只有31.3%的人持此类观点，统计差异显著。

并且，还有相当数量的女性在成长过程中听到教师、家长对女性的负面评价。例如，有49.2%的女生在中小学期间，听到教师或家长说"女孩不如男孩聪明"。并且，来自农村、乡镇的女性更容易听到教师、家长对女性能力的负面评价（农村乡镇为51.4%，县级以上城市为46.1%）。有趣的是，尽管在这种负面评价经历和高校女生的性别能力评价之间并没有发生直接的统计关联，但是数据分析的结果表明：对女性能力的负面评价的确与高校男生对女性能力的观点之间有统计关联。在成长过程中没有听过"女孩不如男孩聪明"的高校男生中，有34.5%的人群非常赞同"女性能力不比男性差"，而在社会化经历中听过对女性能力负面评价的男性只有29.2%持相同态度，统计差异显著。

可见，传统的社会性别观念依然存在于青少年的成长过程之中，特别是在农村地区，这些传统观念的影响更为普遍。并且，传统社会性别观念环境特别容易对青少年时期的男性产生影响。在前文的分析中我们也注意到高校男生的社会性别观念的确更趋保守，今天的高校男生会是未来社会建设的中流砥柱，他们将会以"丈夫"和"同事"等角色影响未来中国妇女社会地位的塑造，因而，如何影响并塑造高校男生平等、理性的社会性别观念是研究者需要继续深入探讨的话题。

（三）高校教育环境

大学是社会各项专门知识和技能的生长和培训基地，同时也是新型文化思潮和社会资源的集合地，高等教育机构在推进男女平等的社会观念上将扮演至关重要的角色。推进男女平等基本国策不仅需要政府及社会各界的全力实施和落实，也需要高等学校的智力贡献，高校的性别教育和科研是迈向性别平等的重要渠道。

1. 积极开设妇女/性别研究相关课程

近年来，越来越多的高等教育机构开始设置性别与妇女研究等内容相关的课程，包括北京大学、南京师范大学等一批国内院校成为国家或省部级的妇女/性别研究培训基地，对创新性别平等理论、推进先进的性别意识和观念及推进高等教育机构内的性别平等关系起到了积极的推动作用。

本次调查涉及的 15 所高校都不同程度地开设了妇女/性别研究课程或讲座。其中，南京师范大学开设此类课程的推广效应最广，有高达52.0％的学生知道学校开设过此类课程，此外，华中科技大学（30.7％）、北京大学（28.9％）、南京大学（24.1％）、首都师范大学（23.2％）等妇女/性别培训基地的课程推广效应也较高。在全体学生中，有21.3％的应答者回答学校开设过性别平等或女性发展的相关课程或讲座。在回答学校开设过此类课程或讲座的学校中，有53.5％的高校女生参加过这类课程或讲座，43.1％的高校男生参加过此类课程或讲座。

2. 高校教师性别观念发展不均

高等教育机构中的性别平等意识不仅通过专门的性别平等课程传达，大学中的教师文化及师生互动模式同样会对在校学生的社会性别观念产生影响。教师文化构成了"一个组织所蕴含的关于行为、认知、假设、信仰、态度、意识形态和价值观念的持久模式"。[①] 霍尔和桑德勒在 1982 年提出的概念，意指课堂上那种微妙的甚至是公然的性别偏见。霍尔和桑德勒注意到：在大学课堂上，针对女性的"冷漠的氛围"广泛存在，教师往往并不是基于学生个体，而是基于学生性别，在交流过程中对其行为、能力、职业生涯和个人目标作出期待——这种期待在很大程度上仍是传统性别观念的产物。教师的行为或许是无意识的，但学生能敏锐地感受到这种氛围，并受到这种氛围的影响。[②] 本次调查结果的研究发现：中国当下高校教师的社会性别观念状况发展不均，仍然有一些教师在课堂内外表达一些不利于女性发展的言论，例如：

（1）"这个专业不适合女生学习"：在全体样本中，有28.9％的被访者听到大学教师说过类似的话。从表9-4中可以看出，在理工农医等传统上女性较少的学科中，更有38.2％的应答者报告此项。这在一定程度上将削弱原本就在学生数量上占劣势的理工科高校女生的学习热情和

① J. F. Milem, et al., "Faculty Time Allocation: A Study of Change over Twenty Years", *The Journal of Higher Education*, Vol. 71, No. 4, 2000, p. 247.

② R. M. Hall, B. R. Sandler, *The Classroom Climate: A Chilly One for Women*? Washington DC: Association of American Colleges, 1982.

信心。

（2）"男生的发展潜力更大"：在全体样本中，有44.2%的被访者听到大学教师说过类似的话。并且在普通院校和研究生群体中，听到教师有过此类表述的学生所占的比重更大。

（3）"男生更适合作研究/科研"：在全体样本中，有30.8%的被访者听到大学教师说过类似的话。伴随着受访者的学历越高，听过教师有此类言论的学生所占的比重也越高。在博士生群体中，有高达47.8%的被访者选择了此项。

表9－4　　　　　听过大学教师有以下表述的人所占的比例（%）

		这个专业不适合女生学习	男生的发展潜力更大	男生更适合作研究/科研
共计		28.9	44.2	30.8
专业	人文社科	20.2	42.5	30.2
	理工农医	38.2	46.2	31.4
学历	本科生	24.5	40.6	24.2
	硕士生	33.4	48.3	35.6
	博士生	36.7	50.2	47.8
学校类型	普通	30.0	47.2	25.3
	重点	28.1	42.3	34.4
	女院	17.7	30.5	24.3

访谈材料中也有类似的发现。一位湖北地区重点高校的男性本科生在访谈中提到自己的一位老师认为在很多方面（原话是"做任何事情"）男生都要比女生更优秀，"更有点儿灵性"：

> 有一次上课还是什么时候，好像是跟老师吃饭时候，有一次听到过这种思想。他觉得不管做什么事情就是男生更有一点儿优势，更有点儿灵性。本身的话很多老师要到外面做调查，比如说到的乡村和山区，他自己要带一大堆东西，有时候想招一个男生，可以帮我拎东西。找一个女生跟我出去的话，我还要帮她拎东西。（访谈编号：070whl01）

从表9－4中可以看出：尽管我们无法了解有多少教师曾对女性有过负面评价，但至少从结果上看，有接近一半的学生报告听过教师的此类言论。并且，理工科学生更多地听到教师对女性的负面评价；学历越高的学生听到的对女性的负面评价越多；普通院校学生相比于接触过社会性别意识的学校的学生（如中华女子学院）更多地听到教师对女性的负面评价。可见，我国的高等教育机构中仍然存在着一些不利于女性人才发展的话语环境，而改变这些不利于女性人才发展的外部环境是进一步促进高层次女性后备人才成长和发展的必然要求。

3. 师生互动对高校女生的影响

在问到班主任或主要指导教师对自己的态度时，女性感受到自己受重视的程度却低于男性。数据分析结果显示：有 9.2% 的高校男生认为老师对自己非常重视，而选择此项的高校女生只占 6.1%；37.0% 的高校男生认为老师对自己比较重视，选择此项的女性只有 30.8%；一半以上的高校女生认为老师对自己的态度"一般"或"不太重视"（见图 9-3）。

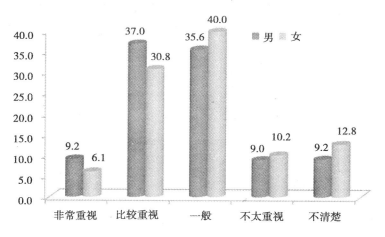

图 9-3　教师对不同性别学生的重视水平（%）

由于这一结果是学生主观评价教师对自己的重视程度，所以我们只能认为它部分印证了教师对学生的实际重视水平。但是这一结果也提醒高等教育机构的管理者注意到：高校女生对教师的关注程度尚有较高的要求和期待。有证据表明：相比于男性而言，女性更容易从和教师的交流中获得情感支持。[①] 下述访谈材料也证实了这一判断：

① Karen R. Rosenthal, Ellis L. Gesten, Saul Shiffman, "Gender and Sex Role Differences in the Perception of Social Support", *Sex Roles*, Vol. 14, No. 9, 1986.

女生经常就会有那种感觉，就是我比较主动地去做的话，别人觉得，你一个女生你能做吗？别人会怀疑我的能力，还有就是一种氛围，我觉得。（做实验的时候）很多女生不主动，因为男生都上去了，然后女生上去以后，会觉得不好意思，甚至还有男生怀疑你能不能做。然后很多女生就不上去，退在旁边看男生全挤在前面，老师也不会刻意做调整，让女生到前面来。老师认为，谁往前走，谁就是感兴趣。就像我在跟一群人说话，然后只有几个人对我的话作出了反应，那我就会跟这几个人越聊越投机。其他的人，我觉得你对我没兴趣，那我对你也没有兴趣了。（访谈编号：071whl03）

在上述访谈中我们看到了某种不利于女性人才成长和发展的"实验室氛围"——在其中，男性教师和学生往往居于主导地位，这种主导地位既可能是人数上的，也有可能纯粹是一种心理感受上的。女性在这种氛围中往往会感受到一种压力，不好意思过于主动地表现自己。而教师在这一过程中看似"公平"的表现——哪些学生表现得更为主动、积极，就更多地与这部分学生交流、指导——却反而在无形中降低了其他学生——特别是在传统性别观念影响下表现得不那么积极主动的女性学生——的学习热情和课堂参与程度。可见，高校女生，尤其是在传统上男性主导的自然科学专业中，还需要教师更有针对性的指导和关怀，才能够获得外部发展的更佳氛围。

（四）人才市场环境

就业市场是衔接高校女生从学校步入社会的重要环节，作为高等教育培养的"出口"，就业市场对高校女生的态度将在一定程度上影响她们的自我认知和定位。近年来，高校女生"就业难"的问题已经成为社会上广泛关注的社会问题，中国高校毕业生的就业问题与中国总体的就业面临巨大压力的现状紧密相连。在就业形势已相当严峻的情况下，高校女生就业难问题已引起社会各界的关注，国家出台了一系列有效的公共政策推进高校女生的就业。

然而在现实就业环境中仍然存在着各种或明或暗的性别歧视。本次调查结果显示：在有求职经历的高校女生中，1/4 曾经遭遇过性别歧视（25.0%），还有接近 1/4 的应答者不确定是否是由于性别歧视的原因导致求职失败（21.4%），只有 1/2 左右的高校女生明确表示在求职过程中没有遭遇过性别歧视（53.6%），而男生这一选项的比例则达到了75.3%。可见，尽管在前文的分析中，我们看到高校女生的综合素质并不落后于男性，但是现实就业市场中却仍然或多或少地存在着一些对女性不友好的因素。

一名工程类专业的女生提到在男性主导的专业领域中往往存在着对女性的一些偏见，如认为女性"思维比较情绪化，比较感性，比较散，做事的时候不是特别的集中"，因而不适合此类行业的发展，所以企业在招聘时往往存在男性偏好。

> 找工作的时候，像有的行业，有的公司就不考虑女生。我觉得单凭从研究方面来讲，如果这个女生足够认真，思维不是那么零乱的话，其实与男生是没有太大的差异的。但是可能因为女生思维比较情绪化，比较感性，比较散，做事的时候不是特别集中，对一件事情的研究，没有那么深入，所以限制她发展。所以可能觉得多多少少，现实生活中你们这个行业还是对男性有偏好。（访谈编号：071whl03）

求职过程中遭遇的性别歧视会进一步影响高校女生对职业追求的动力和男女性别分工的判断。研究结果显示：

第一，在求职过程中有过性别歧视经历的高校女生会更多地对女性的职业追求产生怀疑。例如，对"女性也应该追求自己的一番事业"这一说法，在没有经历性别歧视的高校女生中，有62.9%的应答者表示非常赞同，只有1.8%和0.3%的应答者表示"不一定"或"不太赞同"；而在有过性别歧视经历的女生中，非常赞同的比例降到51.5%，有3.8%和0.7%的女性表示"不一定"或"不太赞同"。类似地，对于"我希望自己在事业上能有所作为"这一说法，在没有经历过性别歧视的高校女生中，有42.5%的应答者表示非常赞同；而在有过性别歧视经历的女性中只有37.0%的应答者表示非常赞同。在没有遭遇性别歧视的女生中，15.7%的人群非常赞同"我对自己未来的职业发展充满信心"；而在求职过程中遭遇过性别歧视的女生中，这一比例降至11.7%。

第二，在求职过程中有过性别歧视经历的高校女生会更多地赞同"男主外、女主内"等传统性别观念。例如，对"男人应以事业为主，女人应以家庭为主"这一说法，在没有经历过性别歧视的高校女生中，有

25.5%和35.4%的人群表示"很不赞同"或"不太赞同"；而在有过性别歧视经历的人群中，只有17.4%和33.3%的应答者表示"很不赞同"或"不太赞同"，态度差异显著。类似地，对"丈夫的事业发展比妻子的发展更重要"这一说法，在没有性别歧视经历的高校女生中，有24.1%的人表示"很不赞同"；而在遭遇过性别歧视的高校女生中，这一比例降至14.5%，态度差异显著。

可见，尽管国家各级政府出台了一系列保护和推进高校女生就业的政策措施，但是现实就业市场中仍然存在着一些对女性不友好的因素，部分高校女生仍然在求职过程中经历过各种或明或暗的性别歧视。并且这一经历的确会影响她们对自身职业追求和男女性别角色分工的态度和看法。

第二节　成功评价标准的性别差异

高校男女生在评判成功标准上的差异可能会导致双方在人才发展道路上的不同取向。在下文中，我们将深入考察高校男女生的成功评判标准及其人才发展特点。

一　高校学生在评判成功标准上存在性别差异

调查中让应答者回答他们在评价一名男性或女性是否成功的时候看重哪些标准。本章认为，应答者评价一个人是否成功时，所强调的评价指标，能够反映出不同类型的价值观标准在其价值观念中的等级排列顺序，从而可以看作其价值观导向的反映。从表9-5中可以看出不同性别的应答者在评价男性对象和评价女性对象时所看重的标准存在一些显著的性别差异。这种差异主要表现在两个方面。

（一）大学生在评价不同性别的对象时，存在评判标准的差异

从表9-5中发现，在评价男性是否成功的时候，他们最看重的三个指标是事业成功（83.9%）、自我实现（82.1%）和受人尊敬（79.0%）；而在评价女性的时候，最看重的三个指标分别是家庭美满（87.2%）、有知心朋友（76.8%）和受人尊敬（69.6%）。相对而言，大学生更强调事业成功（83.9%）、成名成家（35.9%）、身居要职（34.7%）这些指标对评价一名男性是否成功的重要性；而在评价女性时，这些指标所占的重

要性则低得多（分别为：20.3%、17.5%、10.0%）。

表 9 - 5　　　评价男性或女性是否成功时看重下列标准的人所占的比例（%）

		评价男性	评价女性	卡方检验
社会联系	H3B 家庭美满	75.7	87.2	***
	H3G 有知心朋友	65.4	76.8	***
	H3F 受人尊敬	79.0	69.6	***
物质主义	H3A 事业成功	83.9	20.3	***
	H3C 生活富足	53.5	45.2	**
	H3D 成名成家	35.9	17.5	***
	H3E 身居要职	34.7	10.0	***
生命意义	H3H 自由	47.0	55.7	**
	H3I 自我实现	82.1	69.1	***
	H3J 服务社会	65.9	50.2	***

注：*** 表示 $p < 0.01$，** 表示 $p < 0.05$（双侧检验）。

访谈资料进一步印证了我们的上述判断。一位被访者认为：

> 我感觉评价男性成功主要是偏重于他的事业，但是女性当然有一些人可能也认为事业很重要，但是我现在也不那样看了，我觉得一个女性人物她的事业和家庭都应该兼顾好。而且有时候我想过，如果我以后的事业和家庭发生冲突，虽然我是一个很重事业的人，但我肯定会选择家庭，我会放弃所有去照顾我的家庭。我觉得我是应该回归到女性的那种本位上去，我就觉得我在外边就是再怎么打拼，再怎么拼搏，可是终归我还是一个女性，我还会是一个母亲，我就是那样认为的。（访谈编号：1211j05）

这位被访者认为社会上评价男性成功主要偏重于事业，而对女性而言，家庭就显得更为重要。这位被访者自己也表示当事业和家庭发生冲突的时候，自己会毫不犹豫地选择家庭，因为"我觉得我是应该回归到女性的那种本位上去"，"终归我还是一个女性，我还会是一个母亲"，可见传统的性别价值观念对影响高校女生评判不同性别对象成功与否仍然具有很大的作用。

（二）不同性别的应答者在评价男性或女性是否成功的标准上也存在差异

从表 9 - 6 可以看出，当评价对象为男性时，男性应答者更多地强调了物质维度和竞争性指标。有 58.3% 的男性认为生活富足对于评价一名男性是否成功至关重要，而选择这一项的女性只有 48.9%。类似地，有 43.1% 和 39.1% 的男性认为成名成家和身居要职是衡量男性是否成功的重要标准，而选择这两项的女性分别只有 28.9% 和 30.4%。

而当评价对象为女性时，女性应答者更多地强调了社会联系和生命意义的维度。例如，有 81.4% 和 76.1% 的女性应答者认为有知心朋友和受人尊敬是评价一名女性是否成功的重要标准，而选择这一项的男性应答者只有 72.0% 和 62.8%。类似地，76.8% 的女性应答者认为自我实现是评价女性是否成功的重要标准，而选择这一项的男性应答者只有 61.0%。

可见，在评价对象为男性时，男女大学生价值观评判标准的主要区别在于对物质主义的强调与否，相较于女性应答者，男性应答者更多地强调利益、竞争等"物质主义"的相关指标。而当评价对象为女性时，男女大学生价值观评判标准的主要区别在于对社会联系和生命意义是否看重，相较于男性而言，女性应答者更多地强调社会联系和生命意义的相关指标。

表 9 - 6 不同性别的应答者看重下列标准的人所占的比例（%）

		评价男性		评价女性	
		男性应答者	女性应答者	男性应答者	女性应答者
社会联系	H3B 家庭美满	74.4	76.9	85.6 **	88.8 **
	H3G 有知心朋友	65.4	65.5	72.0 ***	81.4 ***
	H3F 受人尊敬	76.4 ***	81.6 ***	62.8 ***	76.1 ***
物质主义	H3A 事业成功	83.3	84.5	13.6 ***	26.8 ***
	H3C 生活富足	58.3 ***	48.9 ***	45.2	45.2
	H3D 成名成家	43.1 ***	28.9 ***	17.5	17.6
	H3E 身居要职	39.1 ***	30.4 ***	8.9 ***	11.2 ***
生命意义	H3H 自由	50.9 ***	43.2 ***	53.1 **	58.2 **
	H3I 自我实现	81.1	83.0	61.0 ***	76.8 ***
	H3J 服务社会	66.8	65.1	46.0 ***	54.2 ***

注：*** 表示 $p < 0.01$，** 表示 $p < 0.05$（双侧检验）。

一般而言，人们对上述两种性别评价标准的第一种差异更为熟悉，即人们倾向于以不同的标准来评价男性和女性。这与我们的社会文化规范是一致的，即男性要以事业发展为主，女性要以家庭生活为主。而对第二种评判标准的差异人们实际上注意得较少，即在评价男性（或女性）是否成功的标准上，不同性别的应答者是否存在差异？这些性别差异背后的原因是什么？以及它如何反映了应答者头脑中更为深刻的价值观标准？

本章主要关注的就是性别评判标准的第二类差异，即不同性别的应答者在评价男性（或女性）对象是否成功时，在评判标准上存在价值观基础的差异。在下文中，研究将以表9-6中的测量指标为基础，构建反映大学生价值观导向的潜在因子；并依据评价对象的性别，分别考察应答者的性别对其评价标准的影响；本章继而将进一步探讨为什么不同性别的大学生在价值观评判标准上会存在差异，即性别差异背后的更为深层的社会环境和文化观念的原因是怎样的。

二　高校学生评判成功标准性别差异的社会文化根源

在借鉴比特、马里尼[①]等前人研究的基础上，本研究拟从"社会联系""物质主义"和"生命意义"三个维度来研究男女大学生在评判成功的价值观标准上是否存在差异。其中，"社会联系"因子是指对和他人建立良好关系的关注，如看重拥有亲密朋友、受人尊敬等维度；"物质主义"因子是指对物质享受和竞争的强调，如对生活富足、身居要职等方面的强调；"生命意义"因子是指对生命目标和意义的关注，如强调自我价值的实现和生命意义的实现等方面。本章认为：男女大学生在价值观念上存在性别差异。但是这种差异并不是与生俱来的"本质主义"上的差异，而是与男女两性大学生的成长环境和社会文化期待息息相关的。

为了更好地解释不同性别的应答者在评价标准上的差异，本章还引入了"社会支持"因子和"社会性别观念"因子作为控制变量，来揭示男女大学生价值观差异的社会文化原因。其中，"社会支持"因子是指在社会生活中能够获得实际关怀和帮助的水平；"社会性别观念"因子是指"人们对男女两性的社会位置、权利、责任及彼此关系的认识和评价"[②]。本章认为，正是男女大学生基于社会文化期待所产生的"社会性别"差异继而导致其价值观上的深层差别（见图9-4）。

---

① Ann M. Beutel, M. Mooney Marini, "Gender and Value", *Ameirican Sociological Review*, Vol. 60, No. 3, 1995, pp. 436 – 448.

② 孟祥斐、徐延辉：《高层次女性人才的性别意识及其影响因素研究——基于福建省的调查》，《妇女研究论丛》2012 年第 1 期。

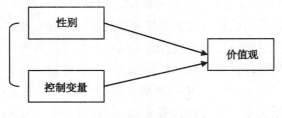

图 9 - 4　研究设计结构

（一）构造评判成功标准的不同价值观因子

基于上述描述性研究的发现，我们注意到当评价对象为男性时，男女两性评判标准的主要差别在于对"物质主义"相关指标的强调程度；而当评价对象为女性时，男女两性评判标准的差别主要出现在"社会联系"和"生命意义"的相关指标中。所以我们依据评价对象的性别，分别建立了评价男性的"物质主义"因子及评价女性的"社会联系"和"生命意义"因子。对价值观潜变量的估计模型可以用下述公式表示：

$$y = \Lambda_y \eta + \varepsilon \qquad (9-1)$$

其中，潜变量 η 是我们构造的价值观因子，可观察变量 y 是这些潜变量的测量指标。Λ_y 是指标变量的因子负荷量，而 ε 为可观察变量的测量误差。研究采用极大似然估计法对因子负荷进行计算，得出的结果见表9-7。

表 9 - 7　　　　　　价值观因子与测量指标因子负荷

因子和指标	因子负荷	
	评价男性	评价女性
Lv1 社会联系		
H3G 有知心朋友		0.808
H3F 受人尊敬		0.808
Lv2 物质主义		
H3C 生活富足	0.705	
H3D 成名成家	0.854	
H3E 身居要职	0.845	
Lv3 生命意义		
H3I 自我实现		0.788
H3J 服务社会		0.860

续表

因子和指标	因子负荷	
	评价男性	评价女性
特征根	1.940	1.306
		1.479
方差贡献率（％）	64.669	65.321
		73.962

其中，评价男性的"物质主义"因子 KMO = 0.640，巴特利特球形检验结果显著，适合做因子分析，该因子解释了总变异的 64.669%。评价女性的"社会联系"因子和"生命意义"因子检验结果类似，方差贡献率分别为 65.321% 和 73.962%，都解释了相当部分的方差变异。

（二）当评价女性是否成功时，男女两性的价值观标准差异

为了衡量性别对价值观因子影响的程度和显著性，我们建构起公式（9 - 2）中的结构方程模型，其中，η 是我们构造起来的价值观因子，ξ 是性别哑变量（1 = 女性，0 = 男性），Γ 是性别对价值观因子的结构系数矩阵，ζ 是无法由该结构方程解释的残差项。

$$\eta = \Gamma\xi + \zeta \qquad\qquad (9-2)$$

通过参数估计我们发现：当评价对象为女性时，应答者的性别会影响"社会联系"和"生命意义"因子的得分。女性应答者比男性应答者更多地强调诸如"有知心朋友""受人尊敬"等社会联系的维度和"自我实现""服务社会"等生命意义维度在评价一个女性是否成功时的重要性。应答者性别对这两个评价因子的影响系数（标准化）分别为 0.232 和 0.193，削减误差比例 R^2 分别为 5.4% 和 3.7%，模型的整体拟合优度较好，各项配适度指数基本达到了临界配适标准，具体参数值见表 9 - 8 中"控制前"一栏。

削减误差比例代表了"社会联系"和"生命意义"两个内因变量被性别自变量解释的变异度。尽管削减误差比例数值看起来似乎并不高，但是考虑到个体的价值观是一个受到个人性格、成长环境、社会情境等多种因素影响的复杂变量，单独一个性别因素就能削减 3.7 个和 5.4 个百分点的变异程度，这一发现仍然是具有研究价值的。事实上，比特和马里尼 1995 年发表在《美国社会学评论》（American Sociological Review）上的研究也曾得出过类似的结论：在研究中，她们从"同情""物质主义""意义"三个维

度测量了美国人的价值观念，结果发现性别能解释5.1%的"意义"因子的方差变异，并由此认为"性别在三个价值观因子上都能解释相当程度（considerable amount）的变异"[1]。

表9-8　　　　　　评价对象为女性时，性别和"社会支持"
因子对应答者价值观的影响

	评价女性			
	控制前		控制后	
	社会联系	生命意义	社会联系	生命意义
性别（1=女性）	0.232***	0.193***	0.210***	0.177***
社会支持	—	—	0.164***	0.123***
R^2	0.054	0.037	0.080	0.052
拟合度检验	GFI=0.993，CFI=0.971 RMSEA=0.078， $\chi^2=54.158$，df=3 χ^2自由度比=18.05 N=2822		GFI=0.993，CFI=0.977 RMSEA=0.039， $\chi^2=81.481$，df=15 χ^2自由度比=5.43 N=2822	

注：*** 表示 $p<0.01$，** 表示 $p<0.05$（双侧检验）。

为何在评价女性是否成功时，男女两性的价值观标准会存在差异呢？有证据表明：相较于女性而言，男性较少获得情感支持，在遇到问题的时候也很少和人交流。[2] 由此，一个可能的推论是：女性之所以相较于男性而言，更强调"社会联系"和"生命意义"因子，是由于她们在成长过程中更多地体验到他人的亲密情感并相应地获得了更多的社会支持所导致的。女性的这种"社会支持"既表现在家庭亲密关系中，也表现在更大的社会交往范围内。例如，一位女性被访者这样提到自己和母亲之间无法割舍的亲密联系和真挚情感：

> 有一次就发现我妈头发鬓角那块就白了，突然间发现他们老了。以前我妈自己买好多衣服，不知道从什么时候开始，她一年都不给自己添几件衣服，感觉她舍不得花钱了。我和我弟弟上学，他们说要给

① Ann M. Beutel, M. Mooney Arini, "Gender and Value", *Ameirican Sociological Review*, Vol. 60, No. 3, 1995, pp. 444–445.

② Karen R. Rosenthal, Ellis L. Gesten, Saul Shiffman, "Gender and Sex Role Differences in the Perception of Social Support", *Sex Roles*, Vol. 14, No. 9, 1986, pp. 481–499.

我们攒钱。突然间感觉父母老了，然后会多去帮他们一下，体贴他们一下，就这样。（访谈编号：121lj05）

所以我们可以考虑引入"社会支持"因子作为控制变量①，来解释应答者在价值观上的差异，并允许性别外生变量和"社会支持"因子自相关。在控制了"社会支持"因子后，我们发现性别对价值观的影响力系数降低了（见表9-8"控制后"列中的数据），这说明性别对价值观的影响可以部分由"社会支持"因子所解释。此外，我们还发现，在引入了"社会支持"因子后，模型整体的解释力上升了，模型对"社会联系"因子的削减误差比例从5.4%上升到8.0%，对"生命意义"因子的削减误差比例从3.7%上升到5.2%，模型的拟合优度也得到了进一步的提升（见图9-5）。

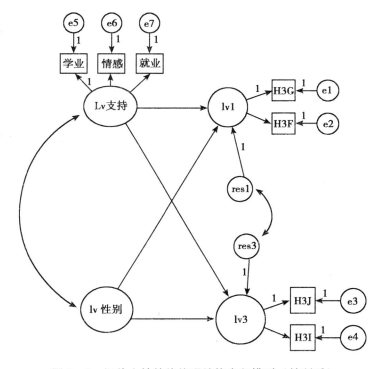

图9-5　评价女性的价值观结构方程模型（控制后）

---

①　问卷E7"当您遇到下列困难的时候，有人能给您提供帮助吗"分别就学习、就业、情感等方面询问应答者的社会支持情况。

在模型中引入"社会支持"因子的价值在于：它可以帮助我们理解为什么在评价女性是否成功时候，男女大学生会存在价值观标准上的差异。正是由于女大学生在成长过程中，在情感、学习和就业等方面获得了更多的亲密关系的社会支持，所以她们更加看重超越于个体利益和竞争之外的社会纽带和生命本身价值的重要性。

一位被访的高校女生则提到在学校参与志愿者活动的过程中，和一些智障儿童之间建立起的亲密情感关系让自己也感受到生活的充实和价值：

> 我刚开始报了一个学校的学生会，参加的是志愿者部，有时候组织一些活动去做一些给人家服务性的、义务性的活动，教一些智障儿童。我今年参加了一年博爱园，那就是义务性的教育，一些修女在那块给那些脑子不正常的娃，就是智障儿童给他们教一些基础的知识。然后让我们过去帮她带那些孩子，就是有时候给他们教一些写字、画画，教他们唱歌干啥的。有时候还带他们去外边，去公园、超市，或者去其他地方，带他们去见一见外面的世界，跟人沟通交流一下。
>
> 我觉得挺有意义的感觉，我就是觉得挺有爱心的，给大家服务一下，也体现一下自己的价值。在大学空闲时间挺多的，如果不出去也在学校浪费了，还不如出去见一见世面。跟那些小孩子在一起也挺开心的感觉。他们有的是身体有残疾，他们虽然说十几岁了，但他们智商也就是只有五六岁。还有一些身体方面的疾病的，多动症啥的，有的娃有时候还挺暴力的。我去的时候有一个娃就砸我。我第一次去可害怕了。但是去的时间多了，他认识你跟你熟了，就会叫你姐姐，看见你可高兴了，过来抱你拉你的手，感觉和你可亲切了。到最后给你感觉可熟了，要不去的话他们还会想，姐姐你上周怎么没来怎么怎么的，反正挺可爱的那种。感觉就是他们如果被封闭起来，跟外界交流少的话就感觉可孤独了，如果跟大家能接触一下跟他们一块玩一玩，感觉挺好的，对那些娃也挺有帮助的我感觉。（访谈编号：121lj06）

而另一位被访者则提到在自己的专业学习过程中如何更好地认识自我、实现生命本身的价值和意义：

> 因为这个专业人（社会工作）不多，然后竞争压力也不是很大。

后这个专业我觉得它就是一个以价值理念为主的专业，就是强调一种价值观，你去帮助人，它说的是一种科学的助人活动。然后就是我觉得或许我学了专门专业之后不能对别人有什么帮助，或许以后我不会做这方面的，但是我学这个专业它自己的一些价值理念，还包括它的一些方法，比如说什么自我暗示法啊之类的，就是给我自己有很大帮助。我自己会想到有时候如果我发生这种情况的话，我会做一个自我的心理疏导，来解决自己的问题。（访谈编号：071whl02）

（三）当评价男性是否成功时，男女两性价值观标准的差异

类似地，我们可以建构起评价男性是否成功时，应答者的性别对其评价标准选择的影响。在对数据进行描述性分析时，我们应注意到：在评价男性对象时，相较于男性应答者，女性应答者更少强调生活富足、身居要职等"物质主义"的标准。所以在评价对象为男性时，我们建构了应答者性别对"物质主义"因子的结构方程模型。

结果如表9-9"控制前"列数据所示：应答者性别对物质主义的影响系数为-0.152，表示与男性应答者相比，女性应答者更少强调个体利益和竞争相关的指标。性别外生变量对"物质主义"因子的削减误差比例为2.3%。削减误差比例的数值并非特别理想。我们可以进一步引入其他的可能对物质主义因子产生影响的外生变量。如引入家庭经济情况、年级、大学类型（重点与非重点）、专业大类（文史法哲与理工农医）后发现家庭经济情况对应答者价值观的影响系数并不显著，削减误差比例也非常小。在诸多自变量中，性别的相对解释力已经是非常突出的了。

但是我们对这一结果仍不满意，还想继续探询不同性别的应答者对与"物质主义"相关的指标存在态度差异背后的原因。这里需要进一步强调的是：本章并不认为男性和女性在价值观上的差异是"本质主义"的，而是认为这种差异从根本上而言是一种"社会性别"差异，即男女大学生所表现出来的价值观差异背后尚有更进一步的社会文化背景和意涵。[1]这就意味着在生物性别之外，我们还要将应答者的性别文化观念和性别角色认同考虑进来。

---

[1] Helga Dittmar, "Are You What You Have?", *The Psychologists*, Vol. 17, No. 4, 2004, pp. 206–210.

表 9 – 9　　　　　　评价对象为男性时，性别和"性别观念"
因子对应答者价值观的影响

	物质主义	
	控制前	控制后
性别（1 = 女性）	– 0.152 ***	– 0.025 ***
社会性别观念	—	– 0.224 ***
R^2	0.023	0.056
拟合度检验	GFI = 0.998，CFI = 0.994，RMSEA = 0.066，χ^2 = 13.297，df = 1，χ^2自由度比 = 13.297，N = 2822	GFI = 0.991，CFI = 0.984，RMSEA = 0.049，χ^2 = 45.234，df = 8，χ^2自由度比 = 5.65，N = 2822

注：*** 表示 $p < 0.001$。

就性别观念的变化而言，女性主义学者认识到：在进入到人类文明社会之后，男女两性原本模糊的性别分工模式开始日益清晰：男性负责养家糊口、在外拼搏，而女性负责生儿育女、维系家庭。因此，在传统性别文化中，男性成功与否的衡量标准主要是其经济收入和社会地位等"物质主义"因素。一位被访男生这样谈到社会观念是如何将物质维度更多地添加在男性成功标准之上的：

> 男生的成功首先就是你应该在社会上有一定的地位，有一定的经济收入，这是可以公认的衡量标准。女生的话，首先来说衡量你的成功要看你和谁在一起，比如说你老公是一个非常普通的人，这就不算很成功，如果你的对象是一个非常成功的人，变相地，你也会成功一点儿。家庭不好的话，有一些事业女强人，就是像男生一样只考虑事业，家庭不怎么考虑，我觉得有点儿不成功。可能两者都兼顾到才更好，但是对男生来说事业更重要一点儿，对女生来说家庭要稍微重要一点儿，这样算是更好的一种状态。
>
> 就现在来看，找工作的时候男生的要求就稍微高一点儿，女生的话，客观地想，就是找一份工作够自己吃饭、穿衣服就可以了，男生不一样，要考虑自己以后结婚买房子。因为都是说男人要养家，没有说要女人养家的。这个社会给他的压力之后就变成自己的动力，就要想自己多赚钱，事业上升，等等。相对来说，女孩子这方面的担忧少

一点儿，不会说非要达到某个程度，有的话更好，没有的话差不多也好。（访谈编号：070whl01）

可见，在传统社会价值观念的衡量标准中，男性要承担养家糊口的责任，这在无形中增加了男性对自己物质层面的要求和侧重。然而在更为多元化的社会性别观念中，男女两性都是独立、完整意义上的存在，换而言之，男女两性都需要实现其物质—情感的双重价值，而不存在男性更功利化、女性更情感化的划分。所以一个合理的推论是，个体（无论男女）的社会性别观念越传统，越倾向于以经济和地位等因素来评价男性是否成功；而个体的性别观念越平权，在评价男性时，反而不太会特别强调功利和物质因素。

"新时期中国妇女社会地位调查研究"之"女大学生群体调查"问卷F1题是一组性别角色的李克特五分量表。从表9－10的描述性分析中可以看出男女大学生在性别观念上存在非常显著的差异：男大学生的社会性别观念更为保守，而女大学生的社会性别观念更为平权。对"男人应该以事业为主，女性应该以家庭为主""挣钱养家主要是男人的事"等传统性别观念的表述，有约30%的女性回答"很不赞同"，而选择同一选项的男性只有不到10%。男女大学生的社会性别观念之所以展现出如此之大的差距，一方面可能是由于女大学生作为受教育程度较高的女性群体，本身在社会观念上就更为先进，对传统"男主外、女主内"的家庭分工模式更多地持不同意见；另一方面可能是"新时期中国妇女社会地位调查研究"之"女大学生群体调查"的调查单位署名为全国妇联，调查者的身份可能会对填答者产生一些微妙的影响。①

既然男女大学生的社会性别观念存在如此显著的差异，那么不同性别的个体在评价男性是否成功时，在"物质主义"相关变量上之所以存在差异，可能是由于：男大学生的社会性别观念更传统，所以他们仍然主要以经济和事业作为衡量男性是否成功的标准；而女大学生的社会性别观念相对平权，所以她们在评价男性时，对物质因素的强调反而较

---

① 严格来说，并不能排除第二种测量工具本身存在问题的可能，所以该数据还应当和其他数据参照使用。

低（见图 9 – 6）①。

表 9 – 10　　　　　分性别看男女大学生的社会性别观念

	"很不赞同"的人所占的比例（％）		卡方检验
	男性	女性	
F1D 男人应该以事业为主，女性应该以家庭为主	8.7	30.1	***
F1E 挣钱养家主要是男人的事	7.9	31.6	***
F1I 丈夫的事业发展比妻子的事业发展更重要	12.5	26.5	***

注：*** 表示 $p < 0.01$（双侧检验）。

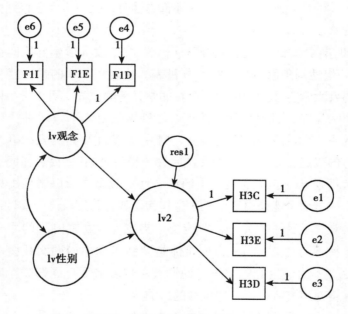

图 9 – 6　评价男性的价值观结构方程模型（控制后）

由此，我们在模型中引入"社会性别观念"因子作为控制变量来解释不同性别的应答者在价值观评判标准上的差异，并以表 9 - 10 中的三个可观测变量作为指标。结果发现，在控制了"社会性别观念"变量后，性别对价值观因子的回归系数从 - 0.152 降低到 - 0.025，基本可以忽略。而"社会性别观念"对物质主义的影响力系数高达 - 0.224，即在同一性别的应答者中，其社会性别观念越现代，在评价男性时，越不看重物质主义相关的指标。引入"社会性别观念"因子后，模型的削减误差比例也从控制前的 2.3% 上升到 5.6% （详见表 9 - 9 "控制后"列中的数据），模型的解释力得到了较好的提升。换言之，男女大学生在评价男性时，对物质主义因子态度的差异，在很大程度上可以由应答者不同的社会性别观念加以解释。

三　小结与讨论

在上文中，我们从社会联系、物质主义和生命意义三个维度讨论了社会性别因素对大学生价值观的影响。研究发现：当评价对象为男性时，男性应答者更多地强调经济利益和竞争的物质主义因子；当评价对象为女性时，女性应答者更多地强调社会联系和生命意义的维度。本章进一步指出，价值观的性别差异并非"本质主义"意义上的，而是和社会文化与情境相关的。由于女性的社会角色让她们更容易和他人建立联系，获得帮助，所以女大学生在评价女性的时候，更看重社会联系和生命意义的维度。而男大学生在性别角色定位上更趋于传统，即更多将男性成功定位在经济利益和社会地位上，因而在评价男性的时候，他们比女性更多地强调了利益和竞争相关的物质主义维度。

人类的价值观标准应该是多元的，既包括现代工业社会所强调的利益、竞争等男性原型的价值观，也包括被现代社会在某种意义上所忽略的社会联系和生命意义等女性原型的价值观。在这一点上，中世纪的凯尔特神话中帕西法尔寻找圣杯的故事或许是理解二者相结合的最好范本。神话中的帕西法尔是一个年轻勇武的骑士，他的任务是寻找象征生命终极价值的圣杯①。当他在故事中遇到了象征女性气质的布兰奇·福勒尔时，他生命中温情、天真和可爱的一面被激发出来，让他能够清晰地认识到自己的

---

① 凯尔特神话中的"圣杯"是指基督教《新约》中"最后的晚餐"所使用的圣餐杯，在故事中象征基督意识的觉醒。

终极目标和价值。但当他在继续游历中忘记和福勒尔相逢的意义时，亦即女性气质在他身上激发出的价值观离他而去时，他的内在自我就变得冷酷、追求战争带来的嘉奖和权势，忘记了自己生命的原本目标。"帕西法尔和布兰奇·福勒尔的圣洁结合说明人类心灵是雌雄同体，由男性和女性的元素构造而成。"①

在现代工业社会中，伴随着消费的扩张和市场化竞争的日趋激烈，人们似乎像游荡中的帕西法尔一样，越来越淡忘了自己身上那些建立社会联系和追寻生命意义的女性原型的价值观，而只剩下个人奋斗、功利主义和残酷竞争的男性原型。本研究的价值在于提醒我们，一个完整的人应该有一颗"雌雄同体的心灵"，亦即在追求成功和卓越的时候，不要忘记自己的社会纽带和生命价值，忽略了生命价值的成功仍然是"没有意义的成功"（success without meaning）。

第三节　结论与讨论

一　主要发现

第一，高校女生的社会性别观念日趋理性、先进。近十年来，越来越多的高校女生开始对传统性别观念持反思和批判的态度，并且更多地表达了对追求事业成功的向往。无论是和社会上的一般女性相比，还是和高校男生相比，高校女生的社会性别观念都更为先进。

第二，但是在高校女生群体内部，却存在学历越高，社会性别观念越趋保守的特点。访谈材料表明，这一方面是由于研究生阶段的高校女生已经迈入女性婚育的高峰年龄，更多地面临来自家庭、学业和就业市场的多重压力，因而在社会性别观念上更多地表现出矛盾和冲突的状态；另一方面研究生群体的女性也更多地接触到社会上，特别是一些社会高端人才的发展圈中，女性所占的比例仍然微乎其微，因而她们对女性的未来发展表现出"悲哀"和怀疑的态度。这些现象的存在还需要研究者的进一步关注和探讨。

---

① ［美］伊恩·普莱提斯：《"帕西法尔"和符号学结构主义》，载［美］伊万·布莱迪编《人类学诗学》，徐鲁亚等译，中国人民大学出版社 2010 年版。

第三，高校男生的社会性别观念相对保守。同样作为受教育程度较高、代表未来人才发展方向的高校男生在社会性别观念上，却更多地受到传统价值观念的影响和约束，因而显得更为传统和保守。作为未来女性高层次人才的同事、朋友和家人，高校男生的性别观念同样会影响未来女性人才的发展、定位和自我评价。因而，研究者还应当进一步关注高校男生群体性别观念的形成和塑造。

第四，高校学生群体的性别观念受到家庭背景、成长经历、高校环境和就业市场环境等多重因素的影响。在调查中我们发现：中国父母的社会性别观念状况发展不均，既有性别观念相对成熟、理性的家长，也有依然持传统性别观念的家长，而父母的性别观念在很大程度上会影响子女。就成长经历而言，部分传统落后地区依然存在对女性能力的偏见和歧视，并且偏见会给男性的观念带来更加直观的影响。尽管越来越多的高校认识到女性人才培养和性别研究的积极意义和重要价值，并开始开设性别研究课程，但仍有部分教师对女性的能力持有偏见，在课程上和实验室中仍然不同程度地存在着针对女性的"冷漠的氛围"。就业市场上各种或明或暗的性别歧视也影响了高校女生群体的自我定位和判断。

第五，当评价对象为男性时，男性应答者更多地强调经济利益和竞争的物质主义因子；当评价对象为女性时，女性应答者更多地强调社会联系和生命意义的维度。

二 讨论和对策

（一）进一步提升全社会的社会性别意识

无论是高等教育机构还是高校女生个体的成长，都嵌入于更广阔的社会环境当中。高校女生社会地位的提高不仅关乎女性社会性别意识的改变，也同样关乎全社会男性性别意识的改变。正如本研究在分析过程中所呈现的那样，尽管总体而言高校女生的社会性别意识较为平等，但高校男生的性别意识还相对传统，高校教师、中小学教师和学生家长的性别观念发展并不均衡，部分用人单位还存在各种或明或暗的性别歧视，这些都将影响高校女生群体的自我发展和妇女社会地位的提升。各级政府应逐步将社会性别意识纳入决策主流，通过多层面、多主体的共同努力，最终真正改变传统社会性别观念，为高校女生社会地位的提高创造一个更加良好的外部条件。

（二）将"社会性别意识"课程纳入高校教师培养体系

针对现有高校及其教师群体中社会性别意识水平发展不均的情况，应展开有针对性的性别平等和发展议题的培训。正如本次调查数据所揭示的那样，在一些社会性别意识已得到较好推广的学校中，针对女性的负面评价显著较低。类似地，在美国密歇根大学，2001 年以来所推广的女权主义体制改造行动项目——"前进"（Advance Program）也极大地改善了该校女性人才的发展空间和环境。① 针对我国目前高校教师性别观念水平发展不均的现状，我们建议在取得全国高校教师资格证书的统一培训过程中，将社会性别议题的相关培训课程引入进来，持续改变和推进教师队伍的社会平等观念。

（三）增强对女研究生群体发展道路的关注和指导

女研究生大多处在 22—30 岁的年龄阶段，这是女性生命周期中的一个重要的转折点，因而更多地面临着学业工作、婚恋、生育等问题的现实压力。调查发现，女研究生存在社会性别观念更趋保守、职业发展成就动机下降、职业规划准备不足等现象。此外，女研究生和指导教师的交流较少，科研创新能力落后于同等学历的男性。而已经生育子女的女研究生还更多地面临着抚养子女的责任。针对上述现象，我们希望高等教育机构增强对女性研究生群体人才发展道路的研究和关注，制订出符合这一年龄阶段女性人才发展规律的人才培养方案。例如，通过开展成功女性的经验交流、设立女研究生专项科研资助经费、鼓励指导教师对女研究生的培养和关注、开设专门针对女研究生群体的职业规划指导等方式，激励女研究生群体人才发展的潜力和动机；并为已经婚育的女研究生提供必要的弹性学制、社会保障和子女安顿，解除她们人才发展道路的后顾之忧。

（四）针对不同性别的高校学生开展有针对性的引导和激励

对于大学生培养实践而言，我们应当关注社会性别因素在其成长过程中所起到的促进和限制作用。男大学生更容易被功利主义的目标所驱动，但他们具有更高的发展目标和更强的竞争意识。但作为教育者，应当提醒他们不应忘记追求竞争和成功背后的终极价值，不要忽略周围的社会联系和生命意义价值。对于女大学生而言，她们有着更强的寻求社会纽带和生命意义的愿望，作为教育者应当从这一美好愿望出发，进一步激发她们对

---

① http：//sitemaker. umich. edu/advance/home.

美好社会生活的向往，培养她们的竞争意识并使她们追求更高层次的发展。更重要的是，女大学生要通过自己的努力去真正推动这一目标的实现。

（李洁）

第十章

高校女生中的研究生群体

在研究生阶段，女性的学业发展的特点表现为追求成功的成就动机逐渐下降、实践创新能力不足和科研成果相对较少等特点，以及女研究生群体在学业成就的总体表现上呈现出与本科时期相比相对下滑的趋势。导致这一现象出现的原因是多方面的，本章认为其中重要的影响因素之一为，女研究生的年龄大多集中在 22—30 岁，"性别化年龄"的因素影响了女性的自我认知和判断，从而导致在社会性别观念上比青年早期阶段更加保守，并进一步导致其事业发展的成就动机随之下滑。保守的社会性别观念和逐步放松的成就动机影响了女研究生科学研究的进一步发展和创新，从而影响了女性高层次人才优势的持续性发展。社会性别观念虽然没有直接影响女研究生的学业成就，但却通过对事业发展成就动机和实践创新能力培养两个中介变量，间接影响了女研究生的学业表现。

第一节　女研究生群体

一　女研究生群体介绍

高校女生是我国人力资源队伍重要的后备力量，而其中的女研究生群体（包括硕士生和博士生群体）更因其接受高等教育培养的长期性、专业研究的深入性和研究经验的丰富性，成为我国女性高层次人才的重要后备力量。

中国妇女第十一次全国代表大会上指出我国现已拥有不同层次女性科研工作者 2100 多万人，约占全国科研人员总数的 40%。但是，我国科研工作者队伍中，女性科研工作者的职称结构呈金字塔状，随着职称的升高，女性科研工作者的比重越来越低。大多数女性科研工作者在工作岗位上多承担的是非主要的、辅助性基础工作。虽然在各个专业领域这一表现会略有差别，但是总体来说，更多的重要的科研工作主要由男性来承担。

作为高层次人才特别是科研人才后备力量的女研究生，在我国高等教育扩招后总人数不断增加。女性硕士和女性博士受教育人数逐年增加，2009 年我国女研究生毕业生数从 2002 年的 39720 人增加到 2009 年的 177624 人，占总体毕业生数的比例从 2002 年的 37.7% 增加到 2009 年的 48.0%（见图 10 - 1）；女研究生的在校生数从 2002 年的 246459 人增加到 2009 年的 716277 人，占总体在校学生数的比例从 2002 年的 39.9% 增加到 2009 年的 48.3%（见图 10 - 2）。扩招为更多女性增加了社会参与机会，同时为她们进入科学研究领域提供了更多的机会。

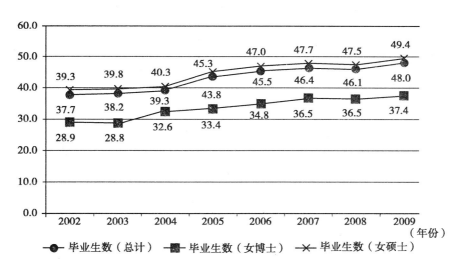

图 10 - 1　女研究生毕业生数占总体的比例（%）

首先，本章将对本次调查的女研究生的学业成就表现、科研情况及婚姻家庭情况进行基本介绍，进而对女研究生学业成就的影响因素进行综合分析。其次，本章将对女研究生婚姻与家庭角色的影响因素进行分析。

本次调查的有效问卷中，女硕士生为 794 人，男硕士生为 749 人；女博士生为 311 人，男博士生为 355 人。硕士生受调查者的年龄中位数为 25 岁，博士生的年龄中位数为 28 岁。受调查者中汉族占到 95% 以上，少数民族较少。入学前户籍来看，有农业户口的男性研究生占男性研究生的将近 5 成，有农业户口的女性研究生仅占女性研究生的将近 4 成。其中有农业户口的女硕士生占女硕士生的 37.4%，有农业户口的男硕士生为 48.5%；有农业户口的女

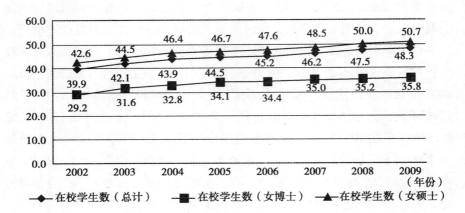

图 10 - 2　女研究生在校生数占总体的比例（%）

博士生占 37.9%，有农业户口的男博士生占 48.5%（见表 10 - 1）。

表 10 - 1　　　　　　　　　　女研究生样本基本情况

	硕士生		博士生	
	男	女	男	女
N（样本量）（人）	749	794	355	311
受调查时年龄（中位数）（岁）	25	25	28	28
民族（%）				
汉族	95.2	96	95.8	96.8
少数民族	4.8	4	4.2	3.2
入学前户籍（%）				
农业	48.5	37.4	48.5	37.9
非农业	47.1	58.9	49.0	58.5
不确定	2.8	2.5	1.4	2.3

二　家庭背景

在被调查的研究生中，家庭在农村的男研究生所占的比例更大，其中男硕士生为 58.5%，女硕士生为 43.8%；男博士生为 59.2%，女博士生为 45.0%。来自省会城市和直辖市的女研究生所占比例更大，其中来自省会城市和直辖市的男硕士分别为 6.8% 和 0.8%，而女硕士为 10.8% 和 2.0%，男博士为 5.9% 和 1.4%，女博士为 11.9% 和 2.6%（见表 10 -

2）。男女生家庭所在地存在显著性别差异。

表 10 - 2　　　　　　　　　研究生出生地（％）

		农村	乡镇	县城（包括县级市）	县级以上中小城市	省会城市	直辖市	合计
硕士生	男	58.5	10.8	10.4	12.7	6.8	0.8	100.0
	女	43.8	12.5	16.1	14.7	10.8	2.0	100.0
博士生	男	59.2	8.2	11.5	13.8	5.9	1.4	100.0
	女	45.0	11.6	15.4	13.5	11.9	2.6	100.0
合计	男	58.7	10.0	10.8	13.0	6.5	1.0	100.0
	女	44.2	12.2	15.9	14.4	11.1	2.2	100.0

家庭年收入在 1 万元以下的男性硕士占 14.3%，男性博士占 15.8%，而女性硕士仅为 9.8%，女性博士为 12.3%。男性硕士和女性硕士家庭收入方面存在显著的性别差异。可以看出，随着学历层次的增加，来自低收入家庭女性的比例相较男性而言要少，这说明低收入家庭女性获得较高等教育的机会相对较少。

三　婚姻家庭和生育情况

（一）女研究生婚姻状况

调查结果显示，在研究生群体中，11.5% 的男性已婚，11.9% 的女性已婚，并不存在显著的性别差异（$\chi^2 = 1.415$，$df = 1$，$p < 0.702$）。

在对婚姻关系的满意度上，有 34.4% 的女性对自己在家庭中的地位感到非常满意，52.8% 的女性感到比较满意；有 22.0% 的男性对自己的家庭地位感到非常满意，62.6% 的男性感到比较满意。卡方检验的结果表明男女研究生对自己在家庭中地位的满意度并不存在显著性别差异（$\chi^2 = 5.436$，$df = 5$，$p < 0.365$），85% 以上的研究生对自己的家庭地位都持满意态度。有关研究生婚姻状况的具体数据见表 10 - 3。

（二）女研究生生育情况

在已婚的研究生群体中，59.2% 的男性研究生已经育有子女，但相比之下，只有 47.3% 的女性研究生育有子女，性别差异显著（$\chi^2 = 3.618$，$df = 1$，$p < 0.061$）。表明女研究生很可能由于追求学业，推迟生育年龄。在孩子的养育上，仍然是由母亲主要承担了孩子 3 岁以前的看护任务。在

被问到孩子 3 岁之前主要由谁看护时，只有 3.1％ 的男性选择了由本人看护，相比之下，有 36.1％ 的女性选择了由本人看护，性别差异非常显著。

表 10 - 3　　　　　　　　　研究生婚姻状况（％）

性别	未婚	初婚	离婚无配偶	再婚	合计
男	50.2	49.2	25.0	66.7	50.0
女	49.8	50.8	75.0	33.3	50.0
合计	100.0	100.0	100.0	100.0	100.0

孩子的出生给男女研究生所带来的影响也存在一些差异。子女出生给男性研究生带来的主要是经济压力，有 67.6％ 的男性认为子女的出生给自己带来了更大的经济压力，而只有 44.3％ 的女性持相同观点，性别差异显著见表 10 - 4。

表 10 - 4　　　　孩子的出生给男女研究生带来的影响（％）

	男性				女性				卡方检验
	非常赞同	比较赞同	不一定赞同	不赞同	非常赞同	比较赞同	不一定赞同	不赞同	
更大的经济压力	20.3	47.3	16.2	16.2	23.0	21.3	16.4	39.3	***
更有责任心	47.3	50.0	2.7	0.0	52.5	44.3	1.6	1.6	
感到身心疲惫	8.1	20.3	41.9	29.7	13.1	32.8	29.5	24.6	
生活更有意义	44.6	51.4	2.7	1.4	52.5	41.0	4.9	1.6	
耽误了学习科研	5.4	20.3	41.9	32.5	13.1	21.3	31.1	34.4	
学会更高效率地利用时间	10.8	52.7	28.4	8.1	32.8	41.0	23.0	3.3	**
对未来的生活更有规划	25.7	55.4	13.5	5.5	34.4	54.1	11.5	0.0	

注：*** 表示 $p < 0.01$，** 表示 $p < 0.05$。

对女研究生而言，孩子的出生一方面让她们更多地学会了高效率地利用时间（非常赞同这一表述的男性为 10.8％，女性为 32.8％）；但是另一方面，孩子的出生也让她们感到身心疲惫（赞同这一表述的男性为 28.4％，女性为 45.9％）和耽误了自己的学习科研（非常赞同这一表述的男性为 5.4％，女性为 13.1％）。

婚恋情况对男女研究生的影响表现是存在差异的，针对女性因生育而对科研行为产生的消极影响，高校的培养机制方面并没有特定的关怀，呈现了女性在以男性为主导的科研领域的双重身份的矛盾。

第二节　女研究生教育状况

一　女研究生的学习成绩和综合测评情况

对于女研究生的学业成就的测量，本次调查采用两个指标，即学习成绩和综合测评。大学生综合素质测评是高校采用科学、合理的方法对大学生的德、智（包括能力）、体、美等方面制定一系列符合高校教育目标的量化指标与实施细则，并据此收集、整理、处理和分析大学生在校学习、生活、实践等主要活动领域中反映出的素质的表征信息，对学生作出价值或量值的综合评定及判断过程。

调查数据显示，女性研究生在学习成绩和综合测评方面的自我评价普遍较为自信，选择"不好"的女研究生相对而言少于男研究生。女研究生的考试成绩和综合测评为优秀的比例均高于男研究生（见表10－5和表10－6）。但是，与本科阶段相比，女性在学业成就上的优势到了研究生阶段之后开始逐步缩小，甚至有被男性追赶的趋势。如图10－3所示，在研究生阶段，综合测评取得优秀成绩的男女生比例正在逐步缩小；而在取得中等以上成绩的学生中，男性的比例已经超越女性。

表10－5　　　　　　　　研究生学习成绩（％）

学力	性别	优秀	良好	一般	不好	不清楚	合计
硕士生	男	12.6	45.3	24.2	1.3	16.7	100.0
	女	17.5	44.5	15.7	1.3	21.0	100.0
博士生	男	17.7	43.1	14.6	1.1	23.4	100.0
	女	21.9	37.6	13.2	0.3	27.0	100.0
合计	男	14.2	44.6	21.1	1.3	18.8	100.0
	女	18.7	42.5	15.0	1.0	22.7	100.0

换言之，男女生综合测评成绩的差距在本科时期最为显著（见第二章）；到硕士阶段，男女生之间的差异开始缩小；而到了博士阶段，男生的成绩甚至开始有超过女生的势头。女性学业成就的优势伴随着学历的增长呈现出逐渐滑落的趋势。

表 10 - 6　　　　　　　　　　研究生综合测评（%）

学力	性别	优秀	良好	一般	不好	没评过	不清楚	合计
硕士生	男	10.8	43.3	19.3	1.2	17.2	8.2	100.0
	女	17.0	36.0	13.7	0.4	19.9	13.0	100.0
博士生	男	16.6	42.5	13.0	1.1	14.6	12.1	100.0
	女	17.7	36.0	11.9	0.6	22.8	10.9	100.0
合计	男	12.7	43.1	17.2	1.2	16.4	9.4	100.0
	女	17.2	36.0	13.7	0.5	20.7	12.4	100.0

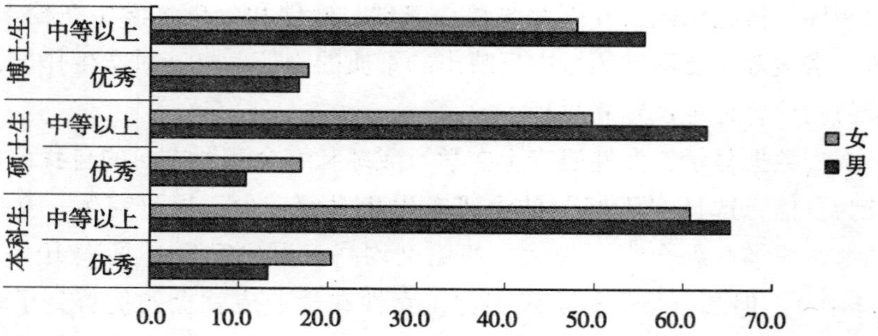

图 10 - 3　分性别和学历看大学生综合测评成绩（%）

伴随着学历层次的增长，女生的成绩优势——特别是综合测评成绩优势开始逐步缩小，甚至被男生超过。可能是因为本科阶段学生的主要任务还是知识的学习和积累，而伴随着学历程度的增长，对学生创造力和科研能力的要求越来越多。男性在提高，而女性基本保持不变。接下来，我们将对研究生的科研能力进行分性别的比较和讨论。

二　女研究生科研情况

为什么女性的成绩优势在研究生阶段不断滑落，一个可能的解释在于：本科阶段学生的主要任务还是知识的学习和积累，女大学生在本科阶段的能力测评指标较高主要是因为其在知识学习和考试成绩上占据了优势；然而伴随着学历程度的增长，对学生创造力和科研能力的要求越来越多，而女性在实践创新能力和创新成果上的不足导致其总体学业成就的下滑。描述性统计数据分析部分地支持了上述推论。从图 10 - 4 可以看出，无论是在课题参与、期刊发表、会议发言、产品获得专利等各个维度，女大学生都落后于男大学生，且卡方检验的结果表明性别之间的科研经历差异是显著的。从而部分支持了我们上述的观点，即女大学生在本科阶段的能力测评指标较高主要是因为其在知识学习和考试成绩上占据了优势；而在研究生阶段，由于科研创新的要求逐渐增加，女性在能力测评指标上的优势也不再明显，甚至落后于男性。

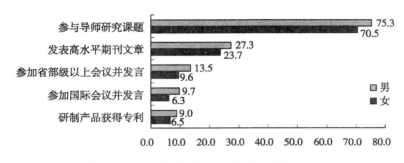

图 10 - 4　分性别看研究生的创新成果（%）

　　"实践创新能力"是近年来教育领域提出的一个新概念。赵建华认为实践创新能力属实践能力范畴，实践能力的结构变迁表现为基本实践能力、综合实践能力、实践创新能力三个由低到高的层次，其中实践创新能力是实践能力达到高级阶段的集中表现，是"大学生运用已经积累的丰富知识，通过自己不断地探索研究，在头脑中形成独创性的思维，创造性地解决实际问题的能力"。[1] 伴随着学习、科研的深入，实践创新能力成为研究生培养过程中必不可少的重要环节，直接影响研究生的科研水平的提高和学业成就的表现。

　　朱红等人对研究生创新能力的现状调查则表明：男生在参与课题、国内外学术会议、发表论文、专著撰写和拥有专利等多项创新成果方面均高于女生，并且在创新思维特征和人格特征方面显著高于女生，但在知识体系和行为特征方面男女研究生的差异并没有达到统计显著[2]。

　　赵艳红等人则对男女大学生的创新能力进行了更为系统的分析[3]，结

　　①　赵建华：《大学生实践能力的结构分析》，《江苏高教》2009 年第 4 期。

　　②　朱红、李文利、左祖晶：《我国研究生创新能力的现状及其影响机制》，《高等教育研究》2011 年第 2 期。

　　③　赵艳红、张海钰、周燕：《女大学生创新能力调查分析》，《河北大学学报》（哲学社会科学版）2009 年第 4 期。

果表明：第一，在基础知识方面，女生的知识面较窄，不太关心社会问题，对专业知识感兴趣的较少；第二，在学习能力方面，男生比女生更关心社会变革，更能主动求新、求变、积极参与讨论交流；第三，在创新思维方面，男生比女生更有主见，有更强的批判思维能力，不迷信权威，不盲从书本，敢于批判现状；第四，在创造力倾向方面，男生有更强的冒险性，喜欢尝试新事物，寻求刺激。而造成上述差异的原因认为主要是由于女大学生的自信心不足，学校缺乏对创新的重视和指导，以及性别刻板印象对女大学生的消极影响。

对女硕士研究生实践能力培养现状的调查则表明：女硕士研究生参与课堂教学和实际操作的机会较少，参与社会实践的规模较小、层次偏低，并且缺少人际交往和处理实际事务的能力。

调查数据显示，男性在实践创新能力上的自评分也显著高于女性。51.9%的男性研究生认为自己具有较强或很强的实践/操作能力，而只有39.3%的女性研究生对自己有类似的评价；41.3%的男性研究生认为自己有较强或很强的创新能力，而只有24.2%的女生对自己有类似的评价。

可见，在研究生阶段，与男性相比，女性不仅在创新成果上较为缺乏，而且还在科研创新所需要的实践/操作能力和创新能力上也得分不高，或者说在这些能力上更缺乏信心。而这在一定程度上导致其科研成果的不足和学业成就的下滑。

第三节　女研究生教育状况的影响因素分析

一　职业规划和成就动机

研究认为女性的职业规划和目标，会对女研究生的学业成就等产生影响。对于未来是否从事科研工作的选择，会影响到女性对于学术和科研的投入。调查中，高校学生提出选择继续深造的原因是获得高学历来增加就业砝码，多数选择进入科研机构或企业的学生提出只有在学习期间取得学业和科研成绩，才能获得进入学术机构或部分公司的机会。进一步深造或者未来的职业规划促进了学生在学习和科研中的投入。

（一）女研究生的职业规划

对于毕业后的生涯规划，7成以上的研究生选择直接工作。硕士阶段选择直接工作的研究生占 7 成以上，其中男性为 72.5%，女性为 77.6%，选择国内升学和出国留学的男硕士生多于女硕士生。硕士阶段男女性别差异显著。可以看出，相较于男硕士生而言，女硕士生选择直接工作而非继续深造的比例要高。博士阶段，75.2% 的女博士选择直接工作，而男博士为 69.9%；选择国内继续升学的女博士为 0.3%，男博士为 2.0%；选择出国留学的女博士为 12.9%，男博士为 13.2%。男女性别差异不显著（见表 10 - 7）。

表 10 - 7 　　　　　　　　　对毕业后的生涯规划 （%）

学力	性别	没想过	直接工作	国内升学	出国留学	自主创业	没想好	合计
硕士	男	1.1	72.6	7.4	7.1	1.7	10.2	100.0
	女	0.5	77.6	5.8	3.5	0.8	11.9	100.0
	合计	0.8	75.1	6.6	5.3	1.2	11.0	100.0
博士	男	1.4	69.9	2.0	13.2	2.3	11.3	100.0
	女	1.9	75.2	0.3	12.9	1.0	8.7	100.0
	合计	1.7	72.3	1.2	13.1	1.7	10.1	100.0

而自我期望的最高学位，女硕士生选择博士的为 36.3%，男硕士为 52.6%。女硕士生相较于男硕士生而言，有较低的学历期待（见表 10 - 8）。访谈中，部分女硕士生提到不读博是因为婚恋问题。

表 10 - 8 　　　　　　　　　自我期望的最高学位 （%）

学力		男	女	合计
硕士生	本科	0.7	0.3	0.5
	硕士	34.4	44.6	39.6
	博士	52.6	36.3	44.2
	不确定	12.3	18.9	15.7
	合计	100.0	100.0	100.0
博士生	本科	0.6	1.3	0.9
	硕士	0.8	2.6	1.7
	博士	90.1	84.8	87.7
	不确定	8.5	11.3	9.7
	合计	100.0	100.0	100.0

访谈中，研究生提及了女性读博面临较大的婚恋压力。一位女硕士提及：

> 我觉得有一些女博士，还没有结婚，也没有男朋友，会有压力。我认识一个学姐，她就是一个博士，好像是有压力。还有一个硕士学姐，她读研三，是我们专业的，她非常有压力，非常着急，想找一个男朋友。其实她的条件很好，身材很棒，自小学舞蹈，有舞蹈基础，又学习语文教育，学人文。她也是属于一个很不错的阶层了，父母家里也比较有钱，但是她一直迟迟找不到男朋友，就很焦急。她研三的时候，我们有一次碰面吃饭，她变得很自卑，因为她已经开始实习了，在实习单位也没有遇见合适的对象。我就觉得很奇怪，说为什么会自卑，你条件这么好。她说'我条件好为什么嫁不出去呢？还有一个博士的学姐，她本来就不爱讲话，然后她一直没有找到男朋友，也没有谈过恋爱，就是一路读上来的，反正也没有机会接触，她跟朋友一讲的时候，反正就是很凄惨地讲自己，那么别人就会觉得，她挺可怜的，那样的情况挺尴尬的。但是我觉得，她要把心态调整一下。这你没必要嘛，搞笑，你自己挣钱养自己，还愁嫁。别人会很同情地来说，找到伴了没有啊，然后就会让你觉得，是不是真的有些问题啊，所以我们整个社会环境变化了，可能会有好处啊，不会自卑，感觉压力这么大啊。（访谈编号：051wy04）

> 有一个博士的师姐跟我是一个地方的，她至今没有谈过恋爱，所以她上《非诚勿扰》了。她会有压力，因为她跟我是一个地方的，我们那里的想法很传统，女生的最终幸福是在家庭里面，即使她有博士学位，她还是要结婚的。因为她要念博士，如果再不找的话，以后会更难找，基本上我觉得压力都是来源于这里，很多人的压力不是来源于今年她就必须结婚，而是说在这个年龄段一次都没有谈过恋爱，首先人家觉得你很奇怪，你是不是自我保护意识太强，所以你一定是不愿意放下心理设防，致使你很难谈恋爱，或者别人会觉得你有哪些方面的缺憾，另外一个原因是跟你匹配的男生及单身的男生越来越少。而且同样年龄的单身男生跟女生相比，他的劣势不像女生那样，因为男生可以接受比自己小很多的女生，也可以接受条件不如自己的女生，但是女生很难接受条件比自己差的男生。很多女生都是这个原因。不仅女生这么想，男生也是这么想，不愿意找一个各方面条件都

比自己好的女生，这是相互的事情。（访谈编号：011lfy01）

有趣的是，访谈发现，高校学生认为男生和女生选择继续学业深造的原因是存在性别差异的。女性是对于职业的规划和职业向往作出选择，希望读博后进入更加稳定的高校成为老师；而男性是自我发展需要，为了竞争，获得更好的收入和地位。一位女性硕士生提出：

> 我发现很少有女博士对学术有超级的激情，所以我留在这儿。或者说我读博士，是为了全面提升自己，会去创办一个公司。她们很多人都不是这样想的。很多人要读博，是因为现在留校要求必须是博士，所以她们为了找到一个很稳定的在事业高校工作的机会，就读博。而男生，比如，现在是一个主任科员，我要再往上爬，上级就说，那你读博；或者已经在高校任职，要想评副教授，但是我是硕士生，不行，我要博士。男生可能是处于竞争的需要来读博。女生可能反而是出于对自己的将来职业的向往和职业规划。她那个职业是一个比较稳定的生活。（访谈编号：0511j02）

调查中关于毕业后希望成为的人才类型和进入的单位性质从一定程度上反映了男性和女性研究生对于自我的未来规划。硕士阶段，24.6%的男硕士生和26.8%的女硕士生希望成为企业经营管理人才。而选择成为科学研究人才的男硕士生为23.0%，女硕士生仅为18.9%。男女生性别差异显著。对于未来的工作性质选择，近6成的男性博士和女性博士选择成为科学研究人才，其中男博士为56.3%，女博士为56.6%。12.1%的男性博士选择成为党政人才，而女性仅为3.9%。性别差异显著。可以看出，特别是在博士阶段，选择成为科学研究人才的博士生占大多数。但是硕士阶段，愿意选择科研学术作为职业的男性要多于女性（见表10-9）。

而毕业后从事的工作，39.8%的女硕士希望进入医院、学校等事业单位，男性为24.3%；女博士高达69.5%，而男博士为59.2%。12.1%的男博士希望进入党政机关，女博士仅为5.5%。11.0%的男博士希望进入国有企业，女博士为5.8%（见表10-10）。无论硕士还是博士阶段，都呈现出显著的性别差异。可以看出，与男性相比，更多的女研究生选择进入医院、学校等事业单位，从事科研等工作。

表 10 – 9　　　　　　　　　毕业后成为哪类人才（%）

学力	性别	没想过这方面的问题	党政人才	企业经营管理人才	实用技术人才	科学研究人才	其他（请注明）	没想好	合计
硕士	男	3.1	21.0	24.6	20.8	23.0	1.5	6.1	100.0
	女	3.4	13.9	26.8	19.1	18.9	3.2	14.6	100.0
	合计	3.2	17.3	25.7	20.0	20.9	2.4	10.5	100.0
博士	男	1.1	12.1	9.0	13.8	56.3	1.4	5.6	100.0
	女	3.2	3.9	10.9	14.1	56.6	0.6	9.3	100.0
	合计	2.1	8.3	9.9	14.0	56.5	1.1	7.4	100.0

表 10 – 10　　　　　　　　希望从事什么类型的工作（%）

学力	性别	党政机关	医院、学校等事业单位	社会团体	国有企业	外资企业	私营企业	自主创业	自由职业者	其他	合计
硕士	男	23.4	24.3	1.1	20.7	14.8	1.7	6.4	6.9	0.7	100.0
	女	18.1	39.8	2.0	14.0	13.6	2.5	3.9	5.4	0.6	100.0
	合计	20.7	32.3	1.6	17.2	14.2	2.1	5.1	6.2	0.6	100.0
博士	男	12.1	59.2	0.6	11.0	5.4	2.3	3.4	5.6	0.6	100.0
	女	5.5	69.5	1.9	5.8	7.1	1.3	3.5	4.5	1.0	100.0
	合计	9.0	64.0	1.2	8.6	6.2	1.8	3.5	5.1	0.8	100.0

（二）女研究生的成就动机

成就动机是驱动一个人在某领域中力求获得成功或取得成就的一种相对稳定的人格特征。作为一种重要的社会性动机，对个体的工作和学习都有很大的推动作用，它可以表现为一个人的事业心、进取精神、自我实现的需要及力求卓越等外部形式。

张晓明和程萍等人对女硕士研究生的成就动机研究表明：女硕士研究生避免失败的动机高于追求成功的动机，男研究生的学习目标定向和成就动机的得分上显著高于女研究生，而这又进一步影响了他们在学位论文质量上的差别[1][2]。马缨则利用优势积累理论，通过对博士毕业生

----

① 张晓明：《女硕士研究生成就动机与自信的特点及其关系研究》，硕士学位论文，吉林大学，2006年。

② 程萍：《研究生成就目标定量、成就动机、自我效能感对学位论文质量影响的研究——以武汉理工大学为例》，硕士学位论文，华中科技大学，2007年。

在学术研究兴趣、科研能力、工作抱负上三个方面的研究表明：女博士对学术研究的兴趣低于男博士，她们的科研能力和工作抱负也低于男博士。这些差距有可能在今后的工作中积累和扩大，从而影响女性的科研地位和成就。

已有研究表明持续的学业成就需要强大的成就动机作为内驱力，然而本次调查的数据结果表明：伴随着学历层次的增加，男女生的事业发展成就动机也发生了不同的变化趋势。主要表现在：伴随着学历的增长，男生事业发展成就动机的变化不大；而女生则表现出较快下降的趋势。例如在女性中，非常赞同"我希望自己在事业上能有所作为"的比例，从本科阶段的43.7%下降到硕士阶段的34.9%，继而下降到博士阶段的29.9%；而男生非常赞同此项的比例却并没有发生明显变化。类似地，女性非常赞成"为了成就一番事业我愿意付出艰辛的努力"的比例，从本科阶段的39.1%下降到硕士阶段的29.2%，继而下降到博士阶段的26.4%；而男性选择此项的比例则一直稳定在40%以上。

如果说本科阶段男女生事业发展成就动机的差异还不太明显的话，那么到了研究生——特别是博士生阶段，伴随着女性事业发展成就动机的快速下滑，从而使得男性在事业发展成就动机上的优势非常明显地表现出来。作为力求成功、追求卓越的重要驱动力量，事业发展成就动机的下滑也影响了女性在研究生阶段持续取得更高学业表现的重要制约力量。

同时，过半数的女研究生和男研究生都认为所在领域男性更容易成功。同意女性更容易成功的男硕士为2.4%，女硕士为4.2%，而男博士仅为1.7%，女博士仅为1.3%（见表10-11）。硕士和博士阶段，男女性别差异不显著。随着学历层次的升高，研究生对于女性在领域内更易获得成功趋向负面的评价。这种评价在一定程度上影响了女性的成就动机。

表 10 - 11　　　　　　　　所在领域哪个群体更容易成功（%）

学力	性别	男性更容易	男女差不多	女性更容易	说不清	合计
硕士	男	55.1	32.6	2.4	9.9	100.0
	女	51.0	32.5	4.2	12.3	100.0
	合计	53.0	32.5	3.3	11.1	100.0
博士	男	53.4	34.7	1.7	10.2	100.0
	女	57.6	32.5	1.3	8.7	100.0
	合计	55.3	33.7	1.5	9.5	100.0

　　此外，伴随着学历的上升，愿意为家庭牺牲事业的人数所占的比例在男女两性中都有所增长。这可以部分地解释为：在本科阶段，大学生更多地考虑的还是个人发展问题；而伴随着年龄的增长，他们的家庭观念也开始逐步成长起来，开始更加认真地思考家庭责任，并权衡家庭与事业发展之间的关系。

　　而颇为吊诡的是，男性都比女性表现出更强的愿意为家庭牺牲事业的倾向。这个调查结果值得人们深思。究竟是调查设计自身存在漏洞（例如调查者的身份是全国妇联，影响了应答者的填答），还是女大学生的对传统性别角色和家庭角色的叛逆，抑或是其他更为复杂的原因，还需要通过深入调查和详细分析进一步加以解释和说明。

二　导师因素

　　国内外研究认为导师与研究生的科研绩效影响具有很强的相关性。导师的学术地位与终生职位会对其所指导的博士生的科研绩效显著相关。虽然从我国传统文化的角度来讲，这似乎有违以往对于师生关系的看法，但是在研究生特别是博士生的学习阶段，学习更加强调学术和科学研究。同时，我们可以看到，导师的榜样力量、学术水平、科研素养都会对研究生产生影响。积极的师生互动关系可以更好地促进研究生的学习及科研。

（一）导师的榜样作用

　　多数研究指出了导师的榜样作用。导师的学术水平和科研素养都会对学生产生深远影响。其中，女性导师的榜样作用值得引起我们的重视。目前高校研究生指导教师，截至 2009 年，女性仅占 27.2%，其中博士导师仅占 13.4%（见表 10 - 12 和图 10 - 3）。但是，学生的访谈认为，特别对于女研究生而言，女性导师的榜样力量对于促进其学业和职业规划及追求成功起到了积极作用。

表 10 - 12　　　　　　　　　　高校研究生指导教师

年份	2002	2003	2004	2005	2006	2007	2008	2009
总计（人）	115401	136151	147301	172051	188519	205271	220227	240023
其中：女（%）	20.8	21.7	22.6	23.9	24.6	25.8	26.4	27.2
分指导关系								
博士导师（人）	8229	8509	9317	9849	10396	10605	11275	12460
其中：女（%）	10.8	10.4	10.7	12.3	13.9	12.2	12.9	13.4

续表

年份	2002	2003	2004	2005	2006	2007	2008	2009
硕士导师（人）	91197	106608	114847	134444	146988	159928	172670	188596
其中：女（%）	23.6	24.9	25.9	27.3	27.9	29.4	29.9	30.6
博士、硕士导师（人）	15975	21034	23137	27758	31135	34738	36282	38967
其中：女（%）	10.1	10.4	11.0	11.5	12.4	13.8	14.3	15.0

资料来源：《中国教育统计年鉴》（2003—2010年）。

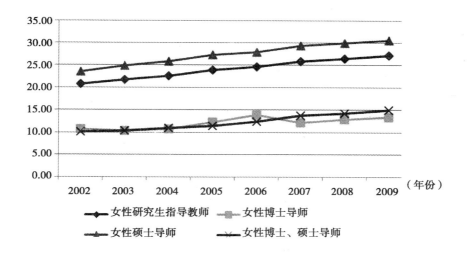

图 10-5　女性研究生指导教师比重（2002—2009年）（%）

资料来源：《中国教育统计年鉴》（2003—2010年）。

女研究生提及了女性导师的榜样作用。

> 女生在实验室里面，挺被照顾的。像我一开始做实验，我们三个人，干体力活他们（男生）不会让我干的，我就做数据采集这一方面。写一个采集程序就是看着电脑就可以了。拧阀门啊这种，他们都不会让我去看，他们就是让我记录个数据。如果专业里有成功的女性老师，对我有影响。就是找一个标杆，往那个方向努力。能达到最好，就是一直往那个方向发展。如果（专业里的女性成功者）越少，我就越是要往那一方面走。我就非证明一下看看。你越是说我不行，然后我就非要做出来不可。（访谈编号：101wy09）

一位理科女生强调了女性导师的榜样力量：

我们系里女老师不多，两三个，还有几个带实验的老师。一共有二三十个老师。我们有一个女老师是博导，我们系博导本来不多，可能就四个左右。她之前在美国，从美国回来嫁得很好，车开得很好。当时带过一门课觉得她是很年轻、挺有魅力的一个老师。我会感觉这种老师是我向往的榜样，我感觉小时候的愿望还有理想可崇高了，渐渐地你的理想就缩小了。我觉得可能是年龄增长了，现实一点儿了。我觉得我们那个老师是挺厉害的。我觉得有时候她会给你一个激励，你也想做成那种很事业的那种女生。我感觉她家庭挺好的。她好像结婚晚一点，可能在国外。（访谈编号：101wy07）

我将来当了老师，要对得起自己站在这个讲台上的位置才行，不要让老师或者同学说你不好。就以我的导师为榜样吧。她是女性，对我的影响很大。我们可能对专业比较敏感她们这种家庭事业双丰收的女人，就挺不错的。她家里很有钱，现在她做到了我们学校的系主任，她在学术方面特别的严谨，而且她现在40多岁，她的方法都是比较前沿的那种，比如说一些西方的理念，她都引进得比较好。（访谈编号：051wy04）

我认为一个导师，她成功是她的家庭和事业真的都是还不错，都能兼顾，才会认为她是一个楷模。如果是这样最好，如果不是的话，其实我们专业有两三个老师，她们都已经是40多岁的女性，她事业上很棒，但是她自己至今还是单身，虽然她自己活得挺好，但是在旁人看来，多少还是有一种同情，还有质疑我对她的看法，其实挺坦然，因为我觉得她喜欢单身，但是如果我自己真的也成了那个样子的话，我会觉得难受。虽然我学的是这个专业（女性学），但是我觉得我自己不能摆脱这个时代的看法。我觉得家庭对于一个人来说是很重要的，如果她家庭不好，有点儿缺欠，人生就有点儿不圆满。我的导师，她学科一把手，她更专注于学术，我们也更喜欢她这样子，她已经65岁了，孜孜不倦，每天都学习三四个小时，刚刚结束的一个国际会议，然后现在又开始接全国啊，联合国啊，儿基会的一些项目，就是真正热爱妇女儿童事业，真的就是那种人，她们那种人，可能更影响我们，但是我们觉得自己没有那么大的能力。（访谈编号：

051wy04）

但是，访谈中多数学生认为本专业的博士导师还是以男性居多。

> 我们系的博导、硕导，男老师大多女老师，女老师的话，我知道的，刚有一个升上教授。大部分都是男老师。除了那个女老师是教授以外，剩下的很多女老师，首先本来就是在教师队伍里面，女生就少。其次在硕博这几个老师，只有一个是教授，剩下几个女老师全部是讲师，然后这边的话，是庞大的男士群体。我们系，肯定就男性就是教授的话语也是主导权。男性那个博导，有院长，有党委书记，有系主任，而且是好几个主任。女性的话，就是院长助理，不过是刚升的。所以至今还没有看得出，她的话语权在哪里。因为天生男性对女性有一种宽容的心理，所以你在课堂上，比如一个男博导，他在开导一个问题，你在下面，就是觉得不对，就是直接表达说。而一般他们不会，反正我没有觉得他们有什么看法。但是女老师的话，因为到现在还不是博导，在博士生上，没有跟她接触，就是跟本科和硕士接触而言，她肯定会更加想证明自己是对的。所以我们下面，反而不会提出我觉得，我可能有其他想法这样一种。男老师他的权威是毋庸置疑的，所以学生挑战，他很高兴。但是女老师，其实她在这个系想立足，有一点儿难，就是更迫切地想证明，她的观点是对的，你们学生最好不要挑战她，所以你们也能感觉到她那种气势。她也欢迎人挑战，但是你挑战她以后，她会采取什么，证明你说的是错的。但是男老师的话，会说你说这个很有意思，那我们回头会再讨论讨论。就是男老师可能不会急于去否定你，好像就是这样子。　（访谈编号：051lj02）

而学生甚至认为，女性教师对于自我职业生涯的规划，仍旧是以家庭为主，"甘当副将"。一位女硕士认为：

> 我们院的话还是男性多，像我们院的博导，只有我们老师自己一个人是女的，其他的都是男老师。我们院整体来说，不能说男老师多，女老师也不少。做博导也是评职称慢慢上去的，有很多的女老

师，她的目标就是当副将，可以不评教授的那一种。（访谈编号：041wy03）

　　我们系都是男生。我们整个院，好像只有一位女博导。我们系，整体上看男老师比较多。像女老师，年轻的有一些，但是总体的比例少。比如说老师，有家庭之后，感觉女老师为家庭付出多一点儿。做学术方面，大体上来讲，男老师更有优势一点儿。男老师不用在家庭上费很多精力。有的女老师结婚之后就更看重家庭，可能一方面有的女性是因为这个。另一方面可能是迫不得已吧。比如说有小孩了，生理摆在这儿，你从怀孕到生产，时间在这儿。另外，小孩是女同志带得多一点儿。女性就会更顾家一点儿。有小孩之后，牵绊又会多一点儿。我知道有的老师，有小孩了，好像没怎么看过男老师在带，女老师倒是看到过。所以家庭还是有影响的。因为我们女老师也少。院里、系里领导好像没有女老师。之前，别的系有一个系主任是女老师，后来是她自己不大想做了。具体什么原因我不知道，可能她们做起工作来，和男老师有差别，或者说做工作的能力程度有差别。毕竟女老师也少，大部分是男老师。可能沟通起来，不如男的跟男的沟通起来那么容易。也有可能是家庭原因。有小孩了或者怎么样。（访谈编号：040wy01）

（二）研究生与导师的互动及存在的性别差异

　　调查显示，更多的男性研究生和教师建立起密切交流关系，男女生之间的差异进一步扩大。研究生是在导师指导下展开研究的，女研究生与导师交往少，可能是导致其科研开展不力的重要原因。而参与导师的课题方面，参与过的女硕士生少于男硕士生，性别差异不显著。而博士阶段，参与过的女博士则略多于男博士，性别差异显著。这一方面是由研究生导师的学科门类、课题数量类型等决定的，另一方面也反映出女性研究生对于科研活动的积极参与。

　　而访谈中，学生提及与导师的互动关系关乎导师的个人性格、经历及习惯，多数学生和导师的互动以学术为主。

　　跟导师之间互动，我觉得还挺好的，我研一的时候，三个同学跟我们导师嘛，因为他是刚刚过来，我们都是第一年到这儿来读研究生，之间的互动很多，对于我们老师来说是新的环境，所以我们之间的互动很多，而且我们老师也是一个比较潮的人，过的节日也很多，凡是节日我们都会一起庆祝啊，而且她有什么事情都会找我们去做，我们互动频率还是很高的，不像理工科，理工科实验室他们都会去，文科就会比较松散，有的老师也不会来学校办公，很多不会跟学生联系。和导师互为学术上他们也会定期给我们开读书会，然后我们也会在它到来之前很有压力，在学习上要求很严格，在生活上就很轻松。（访谈编号：041wy03）

但是，学生也提及了导师对于男研究生存在一定的选择偏好，出于体力、就业等因素。此外，导师在科研工作的专业实践中存在一定程度的"性别分工"。

我们老师对男生和女生还是有差异的。但是我们老师他的差异是这样的，老师更喜欢招的是男学生，因为我们学院女生偏多，尤其是硕士阶段女生偏多，40个人，其中有10个男生，大家都想要男生。我们同学们私下讨论，为什么想要男生呢，一方面就是男生可以方便干活，体力活也可以做，一方面就是出差的话男生可能也会比较好一些，女生可能就会比较麻烦一些。大家都这样想，但是我们老师他欣赏男生，我认为可能就这两个方面的原因，一个就是说，一个女生做学术的前景是有限的，就是说有的人可能是刚刚接触家庭之后，会发生很大的转移，但是男生到这儿很有闯劲儿，他会一直做下去。（访谈编号：041wy03）

我们系导师选学生现在普遍的情况是这样，都希望能找到一个男学生，但男生又比较少。可能对男学生的担心比较少吧，就像我们师门的情况，我们导师好像对男生找工作不是很担心，我们之前上一届的师姐，我那个同门，好像每次我们一见面他就说我现在担心的就是你们了。我觉得就是找工作上比较担心，工作没找到，毕业论文没有心情去认真写，结果又得担心写毕业论文的事情了。他觉得男生不一定从学校出来就直接到一个稳定的又固定的工作岗位上，他可以挣扎，还可以拼搏几年，但是女生你从学校出来没有找到一个平稳的工作好像就很失败，很不好，他有那种感觉。我觉得女生的期待还是不

高啊。（访谈编号：040wy02）

　　我们就是 2011 届，我们是招了四个，4 个全部是女生，我说老师明年必须要招一个男生。有好多事。干体力活啊，搬东西，还包括出差，比如说跟着他去，他带女生不方便。老师大部分都是男的。（访谈编号：050lj03）

部分女研究生，特别是工科类研究生提及导师对于男女学生在专业中的"性别分工"：

　　男老师对男生和女生我觉得差不多吧。就是来之前，他们都说老师会对女生好一些，不让干重活。我们做一些实验比较多，因为实验室都比较大肯定会很脏。女性的话，老师更愿意要做做数据模拟，在电脑上编个程序什么的。我们那边是女性不让上机床、车床，我们那边有自己的车床一般都需要加个东西，老师不让女生上车床，男生毕业之后都会一手。（访谈编号：101wy09）

而这种"性别分工"，也会带来对于男女研究生补助的不同。

　　老师给男生和女生会不一样啊，他根据你的工作量。如果工作量差不多的话，老师给，不会有差别。对钱是比较敏感的，如果说给人多、给人少的话就是不太好的。如果大家都是工人的话，你做事比较多的话，给多我们也没有什么啊。实验室的老师，给男生的钱要多一点儿，因为给他们派的活多，所以给他们也比较多。这个倒是没有什么不公平的，但是就觉得像是多劳多得吧。派活儿的量是导师自己定，看着谁比较适合做这个啊。导师他可能会联系成一个项目组吧。比如说我们一个项目来了，然后大家开一个会，大家商讨一下。然后你做什么，他做什么，做到一个阶段，再讨论一下，这里面肯定有表现得比较优秀的，做出来就是说在技术实验突破的一些人，老师也会看在眼里，老师也比较认可的。我们不太会觉得老师对男女生不太一样。女生其实跟男生也没有太大区别，我觉得女生还更细致一些。可能是老师没有直接说过不要女生。但是读博的话，有的老师可能会想一想。也有的老师可能会说，直接就说，"我不要读博士班的女生

啊。"太辛苦了。太脏了啊。（访谈编号：100wy06）

一位女硕士提出：

> 现在跟的是男导师。这个导师给男生可能发钱多一点儿。因为男生可能干活干得多一些。没有其他方面的差别。平常导师和我们不怎么聊，互动比较少，因为我们对导师有惧怕的心理。我跟别的导师能聊得比较顺畅一些，可能对自己的老师害怕一些。跟别的导师聊生活方面的多一些。有的时候与年轻老师学长一样，会一起聊天。导师的性别对我没有影响。导师是硕导，我在选的时候也不会看他是硕导还是博导，主要是我对他的研究方向自己还比较有兴趣。（访谈编号：101wy07）

我们可以看出，无论是男研究生，还是女研究生，均未对这种科研工作中的"性别分工"乃至补助薪酬差别提出异议，部分反映了学生的性别敏感度较低。专业领域内与导师的互动，从一定程度上影响着研究生的学业成就和成就动机。

三　性别观念

先进的社会性别意识对激发女性追求事业成功会起到积极的促进作用。李成彦对创业女性的研究发现：性别本身并不影响创业，真正影响创业的是个体的性别角色认定。通过对 225 名创业女性进行研究，李成彦发现：创业女性的性别角色认定与普通女性有着显著的不同，女性化所占比例不到 1/4，而男性化、双性化所占比例则超过 50%[①]。创业女性往往拥有竞争、力量、自治等男性化特征。

女研究生群体的社会性别意识也会对其成就动机和学业表现造成影响，然而在现实环境下，女研究生群体的社会性别意识却往往处在夹缝的边缘。张晓通过对在校女研究生的深度访谈，发现作为一个受教育程度较高的群体，女研究生非常渴望做到家庭和事业的兼顾，但是她们的性别角

---

① 李成彦：《创业女性性别角色认定的特征及差异研究》，《妇女研究论丛》2012 年第1 期。

色意识却同时受到传统和现代双重力量的影响，从而承受着更多的心理困惑和更大的社会压力①。

在女研究生群体实践创新能力相对较弱、事业发展成就动机逐步下滑的背后，势必隐藏着更为深刻的观念原因，这就要求我们对这一群体的社会性别观念进行更为深入的分析。调查显示，女研究生群体的社会性别观念相对保守。

作为受教育程度较高的群体，女大学生原本应该是更多地接触到先进性别文化、引领社会先进性别意识的重要群体。本研究的调查数据显示：无论是和受教育程度较低的女性，还是和同样接受高等教育的男性相比，高校女生的社会性别观念的确更为先进。但是在高校女生群体内部，却存在着学历越高，社会性别观念越趋保守的现象，具体见表10－13。

表10－13　　　　　分性别和学历看大学生的社会性别观念
（不赞成下列表述的人所占的百分比：%）

	本科生		硕士生		博士生	
	男	女	男	女	男	女
F1D 男人应以事业为主，女人应以家庭为主	31.6	65.4	23.3	49.7	24.0	46.0
F1E 挣钱养家主要是男人的事	28.7	64.8	19.8	49.2	18.9	45.7
F1F 相夫教子是女人最重要的工作	36.9	62.2	27.1	49.0	24.0	43.7
F1H 对妻子而言，更重要的是帮丈夫成就事业	32.3	48.1	24.4	39.2	28.0	38.2
F1I 丈夫的事业发展比妻子的发展更重要	39.8	57.3	29.3	43.8	30.2	40.7

从表10－13中可以看出，对"男主外、女主内"等传统性别观念的表述，在本科生阶段，有超过或接近60%的女性都表示反对；而到了硕士生阶段，反对这些传统性别观念的女性所占的比例基本上下降到50%以下；而到了博士生阶段，反对传统社会性别观念的女性所占的比例又进一步下降。可见，尽管总体而言，女大学生群体的社会性别观念较为先进，但是在这一群体内部，社会性别观念并没有伴随着学历的提高而日趋先进，却反而呈现出更加保守的趋势。

四　女研究生学业成就的影响因素的综合分析

许多研究发现，普通高等学校中女生的学习成绩一般不错，并不逊色

---

① 张晓：《当代女研究生性别角色的分析》，硕士学位论文，华中科技大学，2007年。

于男性，甚至普遍高于一般男生。甚至在人们印象中，女生不适宜学习的理工科中，女生的学习成绩也相当好。然而可惜的是，高校女生的这一学业优势表现却并未在之后的专业深造和职业发展中持续而普遍地表现出来，相反，伴随着女性的年龄增长，这一优势反而逐渐削减甚至被男性所超越，从而影响了女性人才的可持续发展与进一步扩大。

已有研究注意到：女性发展道路上的这一逆转与其生命周期密切相关。在 30 岁之前，男女两性的发展道路或许并无太大差别，但是步入到30 岁前后，伴随着女性步入其生育期，在男性职业快速发展的阶段，女性的职业发展无可避免地要与婚姻家庭相交织。

在我国研究生培养体制下，女研究生群体恰好处于 22—30 岁这一家庭—事业发展的矛盾期，从而给女研究生的学业表现带来了一定的影响和制约。蒋育红对成都市四所重点高校女硕士生角色定位和角色转换态度的调查发现：女研究生倾向于把自己定位为"家庭—事业兼顾型"，把接受研究生教育作为一种求职途径，对职业发展的期望普遍偏低，缺乏职业规划意识和职业发展冲刺意识。姜毅超则指出：在硕士群体中，女性比男性体会到的学业幸福感[①]显著较少[②]。在个人方面，造成这一现象的原因在一定程度上是由于女性硕士生更多地关注"人际关系""生活品质""自身的恋爱状况"及"未来家庭生活"等方面，而较少比例的女性硕士生会全身心投入学习及科研活动。而在环境方面学校管理者自身素质、提供服务、奖学金的设置与方法及科研活动开展的多样性等也影响了她们学业幸福感的提升。

女研究生处在生命周期转折的重要阶段，社会性别意识将在一定程度上影响其未来人才发展道路的实现。此外，已有研究也表明：事业发展的成就动机和实践创新能力将在很大程度上影响高学历人才的未来发展，并且男女研究生在事业发展的成就动机和实践创新能力上的培养也存在着一定差别。

在综合上述研究的基础上，我们试图进一步厘清影响女研究生学业成就的主要因素，探索女研究生的社会性别观念如何影响和制约其学业成

---

① 所谓学业幸福感（Academic Subjective Well-Being）是指学习生活主观幸福感，是学习者根据自定的标准对其学习生活质量的整体性评估，是衡量学习生活质量的综合性心理指标。

② 姜毅超：《女性硕士生学业幸福感及其影响因素探索——以沈阳地区为例》，《妇女研究论丛》2010 年第 3 期。

就，此外，女研究生的社会性别观念是否还通过影响女研究生事业发展的成就动机和实践创新能力的培养，继而影响其学业成就的提高，并试图给出具体的解释路径分析。

从社会性别观念的角度深入探讨影响和制约女研究生学业成就的主要因素，本研究认为：社会性别观念不仅会直接影响女研究生的学业表现，而且会通过影响女研究生的成就动机和能力培养，继而间接影响其学业成就。本研究以 AMOS 18.0 版对女研究生的数据进行结构方程的拟合，得到模型估计的参数结果见表 10 – 14。

表 10 – 14　　　　模型估计参数显著性程度及标准化数值摘要

参数	非标准化参数	标准误	T 值	标准化数值
潜在变项 → 潜在变项：				
性别观念 → 学业成就	− 0.014	0.030	− 0.467	− 0.018
性别观念 → 成就动机	0.269	0.036	7.537 ***	0.277
性别观念 → 能力培养	0.133	0.029	4.643 ***	0.200
成就动机 → 学业成就	0.051	0.030	1.712 ***	0.061
能力培养 → 学业成就	0.388	0.053	7.386 ***	0.319
潜在变项 → 观察变项：				
性别观念 → F1D	1.000	—	—	0.809
性别观念 → F1E	0.848	0.037	22.902 ***	0.711
性别观念 → F1F	0.918	0.038	24.332 ***	0.758
性别观念 → F1H	0.689	0.034	20.073 ***	0.633
性别观念 → F1I	0.776	0.038	20.623 ***	0.648
成就动机 → C9B	1.000	—	—	0.773
成就动机 → C9C	0.973	0.038	25.708 ***	0.878
成就动机 → C9D	0.704	0.039	17.893 ***	0.563
成就动机 → C9E	0.702	0.036	19.285 ***	0.606
成就动机 → C9F	0.663	0.037	17.834 ***	0.564
能力培养 → B11B	1.000	—	—	0.783
能力培养 → B11C	1.257	0.157	7.991 ***	0.649

参数	非标准化参数	标准误	T 值	标准化数值
学业成就 → B12	1.000	—	—	0.905
学业成就 → B13	0.803	0.081	9.921***	0.787

注: *** 表示 $p < 0.01$。

由上表可知，除了性别观念对学业成就的直接影响力系数未达显著之外，其他观察变项对潜在变项、潜在变项对潜在变项的负荷量均达到显著性标准，表示观察变项可以较好地反映其所代表的潜在变项，各潜在变项之间也存在显著性关系。

在模型的绝对配适度测量部分，模型的 RMSEA 值为 0.05（≤0.05 表示为良好配适），GFI 为 0.961（>0.9 表示为良好配适），以上各项指标表示此假设模型为相当良好的配适。在增值配适指标部分，NFI 为 0.946（>0.9 表示为良好配适），CFI 为 0.958（>0.9 表示为良好配适），IFI 为 0.958（>0.9 表示为良好配适），以上各指标表示此模型之测量配适改进比率的程度相当良好。此外，在简效规范配适指标部分，PNFI 为 0.728（>0.5 表示通过标准），PGFI 为 0.640（>0.5 表示通过标准）。由上述指标显示，本研究依据文献所假设的模型在各项指数的配适度均表现良好，显示本研究之模式是一个相当符合实证资料且具有较好解释力的模型。

女研究生"社会性别观念"对"事业发展成就动机"的标准回归系数为 0.277（$p < 0.001$），对"实践创新能力培养"的标准回归系数为 0.200（$p < 0.001$）。"事业发展成就动机"对"学业成就"的影响系数为 0.061（$p < 0.001$），"实践创新能力培养"对"学业成就"的影响系数为 0.319（$p < 0.001$）。但"社会性别观念"对"学业成就"的直接影响却并不显著。可见，女研究生的社会性别观念虽然不会直接影响其学业成就，但却会直接影响"事业发展成就动机"和"实践创新能力培养"这两个中介变量，并通过这两个中介变量的作用，间接影响了女研究生学业成就的大小。

研究结果显示：

第一，社会性别观念对女研究生事业发展成就动机的影响。

结构方程模型的拟合结果表明：女研究生"社会性别观念"对"事

业发展成就动机"的标准回归系数为 0.277（$p < 0.001$）。这说明女研究生的社会性别观念越是先进，在事业发展的成就动机上也越强；反之亦然。

女研究生的社会性别观念越趋向传统，越认为女性的价值实现主要在家庭，而男性的价值实现在于事业发展，因此会导致其事业发展的成就动机越低。而越是认同现代社会性别观念的女性，越可能在事业发展上有所追求。

何明洁提出"性别化年龄"的概念[1]有助于我们理解为什么女研究生相对于本科生而言，性别观念更趋保守。所谓"性别化年龄"是指被赋予了性别含义的年龄，它是性别视角下对生理年龄的社会和文化解释。这个概念的作用在于：第一，它指出社会文化传统对不同性别在同样年龄的言行举止有不同的期待；第二，它意味着同样的年龄对不同的性别有不同的意义。如果说在本科阶段，社会文化对男女两性的社会期待还没有出现明显分化的话，那么伴随着年龄的增长，社会文化对男女两性的社会期待开始出现了进一步的分化：男性伴随着年龄的增长，社会对其事业、地位的强调开始日益增强；而伴随着女性逐渐步入婚育年龄，社会文化观念对其家庭婚育角色开始更为强调，反而不太看重其社会成就和职业发展。这种社会期待势必在一定意义上影响了女研究生事业发展成就动机，从而在一定程度上造成其职业成就动机伴随学历的增长，反而呈现出降低的趋势。

第二，社会性别观念对女研究生实践创新能力培养的影响。

结构方程模型的拟合结果表明：女研究生"社会性别观念"对"实践创新能力培养"的标准回归系数为 0.200（$p < 0.001$）。这说明女研究生的社会性别观念越是先进，在实践创新能力上也越强；反之亦然。

社会性别观念之所以会影响女研究生的实践创新能力，是由于这一能力提高的基础要求个体具有一定的批判性思维。而传统的社会性别观念则要求女性具有温柔顺从、安于现状等特质。因此，具有传统性别观念的女性更容易选择顺从于现有体制和常规，不愿意打破既有约束，从而缺乏实践创新能力培养的基础。相反，具有现代"双性化"或"中性化"的女

---

① 何明洁：《劳动与姐妹分化——"和记"生产政体个案研究》，《社会学研究》2009 年第 2 期。

研究生，则更可能挑战传统权威，提出自己的创新思想和理念，从而具有更强的实践创新精神。

第三，社会性别观念对女研究生学业成就的影响。

本文关注的核心问题是社会性别观念对女研究生学业成就的影响。尽管从模型效果上看，社会性别观念对女研究生学业成就的直接效果并不显著，但这并不意味着社会性别观念并不会通过其他因素的中介作用，影响女研究生最终取得的学业成就。事实上，模型为我们揭示了社会性别观念影响女研究生学业成就的两条间接方式：其一，是通过影响事业发展成就动机，继而影响了女研究生的学业成就；其二，是通过影响实践创新能力的培养，继而影响了女研究生的学业成就。这四个潜变量之间的直接效果、间接效果和总效果见表 10 – 15：

表 10 – 15　　　　　　　　模型各潜变项之间的影响力

变项名称	直接效果	间接效果	总效果
性别观念 → 成就动机	0.277	—	0.277
性别观念 → 能力培养	0.200	—	0.200
成就动机 → 学业成就	0.061	—	0.061
能力培养 → 学业成就	0.319	—	0.319
性别观念 → 学业成就	—	0.063	0.063

注：所有系数均为标准化系数。

可见，尽管从模型拟合的结果上看，社会性别观念并没有直接影响女研究生的学业成就，但却通过显著影响女研究生事业发展成就动机和实践创新能力培养这样两个中介变量，间接影响了女大学生的成就动机（标准回归系数为 0.063，$p < 0.000$）。

第四节　小结与讨论

一　小结

第一，在研究生阶段，女性的学业发展表现出一系列新的特点，主要包括追求成功的成就动机逐渐下降、实践创新能力不足和科研成果相对较少等方面，而这些特点又进一步导致了女研究生群体在学业成就的总体表现上呈现出与本科时期相比相对下滑的趋势。

第二，导致这一现象出现的原因是多方面的，本章认为其中重要的影响因素之一为，女研究生的年龄大多集中在 22—30 岁这样一个女性婚育高峰的生命周期，在这样一个年龄阶段，"性别化年龄"的因素影响了女性的自我认知和判断能力，从而导致在社会性别观念上比青年早期阶段（18—22 岁）更加保守，更认同"男主外、女主内"的社会性别观念，并进一步导致其事业发展的成就动机随之下滑。保守的社会性别观念和逐步放松的成就动机影响了女研究生科学研究的进一步发展和创新，从而影响了女性高层次人才优势的持续性发展。

第三，从本章模型验证的结果看来，社会性别观念虽然没有直接影响女研究生的学业成就，但却通过对事业发展成就动机和实践创新能力培养两个中介变量，间接影响了女研究生的学业表现。具体而言，越是持先进社会性别观念的女研究生，其事业发展的成就动机就越强，批判性思维和实践创新能力也越强，而后两者则直接影响研究生阶段女性学业成就的高低。可见，接触并树立先进的社会性别观念，依然是提高研究生阶段女性学业成就的重要渠道。

二　讨论

第一，对女研究生个体而言，树立先进的社会性别观念依然是实现其自身学业成就的重要基础。

只有当女研究生个体在观念层次上真正树立起自身作为一个成熟、独立个体的完善意识，她们才有可能去更多地追求个人社会价值的实现和事业成就的目标。就此而言，一个具有先进社会性别观念的女性，将在事业发展成就动机和反思批判能力上取得更大的进步，从而也会进一步促进其学业成就的发展与提高。

同时，我们发现，性别教育对于女性群体的个人养成、生涯规划及职业动机等有着积极的影响。一位女性学专业的女硕士提及：

> 女性学会让我自己有非常大的影响。尤其是事业、家庭、看待男人和爱情的这种态度，我觉得我的专业更坚定了我以前的想法。其实我以前可能就是觉得，我也想找一个安安稳稳的人过一个安安稳稳的日子，就可以了，生个孩子。到后面，尤其是我导师，她对我的影响特别的大，她对事业上的追求让你觉得她一直非常的年轻，特别有魄

力，而且你就是觉得，如果说她对她的学术是非常投入的一个老师，你会觉得，她浑身散发着一种人格的魅力，我就想成为那种人，我不想成为一个，满口都是老公啊，孩子啊，没有什么自我，没有什么人生目的的那种女人，挺空虚、挺苍白的。就是自个儿成全自个儿嘛。学了这个专业，做成男人婆一样，像男性一样活着。（访谈编号：051wy04）

此外，我们认为，女性应当注重社会网络和社会资本的建立，特别是与导师关系的两性互动。

第二，高等教育机构应进一步加强性别教育，关注女研究生群体的人才成长道路，更多地针对这一年龄阶段的特点制订出符合女性人才发展规律的人才培养方案。

具体而言，处于22—30岁的女研究生由于进入到女性婚育年龄的高峰期，更多面临着学业和家庭之间的抉择。因而这一阶段的女研究生不同程度存在社会性别观念更趋保守、职业发展成就动机下降、科研创新能力落后于同等学历的男性等特点。针对上述现象，高等教育机构应更多地通过开展成功女性的经验交流、开设女性成功者的讲座等方式，进一步激励女研究生群体人才发展的潜力和动机；并通过设立女性专项科研项目和资助经费等方式，增强对女研究生实践创新能力的培养。

此外，在教育过程中，还应该注意到学生性别教育和生活经验的困境和矛盾。

我觉得就是学女性学的人，对这方面还是要敏感一些。虽然敏感，但是我觉得最后实际起来可能没有办法逃脱世俗，而且自己本身很矛盾，很多人很痛苦。比如我的这个专业的同学，她本来就是一个扬州的乖乖女，就是那种传统教育模式传统家庭的，父母相亲，然后跟男孩子保持远距离，淡淡地相处的那种，然后特别看中大家看重的女性的特质，然后接触女性学之后，就变得，现在要谈一个恋爱，她就觉得，事事都不公平，为什么我们女人要这样，她就会很矛盾，因为我生来就是这样的人，我反而不矛盾，我活得还挺开心，但是她那种人就很矛盾，就活得很痛苦。所以就真的会有这种，她在想我到底还怎么做，我生活中的事情，究竟应该按照什么样的一种规范，究竟

是按照学科教给我的，还是按照生活体验教给我的。很痛苦。（访谈
编号：051wy04）

　　社会和生活经验中存在的各种男女不平等现象和根深蒂固的传统性别
角色，使学生面对先进的性别知识与生活实际时出现困惑。教育应该注重
更好地引导学生用专业知识去解释和理解社会中的性别差异和不平等现
状，更好地树立正确的性别平权意识，确立积极的学业和事业成就动机。

　　第三，就社会层面而言，培养高层次女性人才队伍是一个复杂而长期
的动态过程。这不仅涉及高等教育机构的培养模式、用人单位的雇用模式
以及女性高层次后备人才自身的努力和追求，还涉及整个社会价值体系观
念如何能够给高层次女性人才的发展建立起一个更加多元和丰富的发展空
间，让更多的女性能够摆脱"男主外、女主内"的传统性别观念，摒弃
对"女强人"和"女博士"的社会偏见，让现代社会中的女性能够拥有
自主选择的权利和多样化的发展空间，从而最终让更多的女性走上高层次
人才发展的职业。

（王颖）

第十一章

高校女生的成才规律与发展对策

　　教育作为最重要的人力资本投资不仅具有典型的经济意义，同时也是实现社会平等的重要途径。在性别平等领域，教育同样扮演着重要角色，很多专家都认为实现教育平等是推进性别平等的重要条件。自1995年联合国第四次世界妇女大会在中国首都北京召开以来，中国女性经历了又一个高等教育高潮，至2012年，大学本科和研究生中的女性在校生数量都占到了51%左右，[①] 甚至在人文社会科学领域这一比例还会更高，这被认为是性别平等领域的重大成就。然而，在高校之外，女性受教育水平的提高似乎并没有改变各行各业存在的性别不平等现象，女大学生就业被认为是很难解决的问题，因而我们同时也看到越来越多的女大学生就业难的报道。

　　而"干得好不如嫁得好"的言论更是在大众中被普遍讨论，抛开教育转而考虑家庭、关系等因素的观点也比比皆是，一时间"拼爹""嫁个有钱人""权势"等各种观念如潮水般涌来。这让我们不禁要考虑：究竟怎样的社会性别政策才能造就女性人才并实现性别平等？世界女性发展历史实际上对此早已给出一个基本的经验：走出家门，走向职场！而李克强总理在《2015年国务院政府工作报告》中倡导的"大众创业、万众创新"同样给出了中国社会性别平等政策和高校女生成才的基本战略方向。因而，新时期高校女生成才的基本路径就是推动全面经济社会参与的社会性别政策的制定和实施，而这对实现"男女平等"的基本国策更是意义重大。

---

　　① 李凌等：《女生"来袭"，大学阴盛阳衰?》，《中国教育报》2013年10月17日第3版。

第一节　高校女生的成才规律

在对当下我国高校女生群体在校发展状况和环境的全方位考察的基础上，本研究对这一群体人才发展道路和规律进行了归纳和梳理，并在此基础上提出有针对性的政策和建议，希望对高等教育机构和国家相关部门及高校女生个体产生积极的影响和促进作用。

一　主要研究发现

根据本书的研究发现：高等教育过程中的女生总体表现并不落后于男生，在某些方面甚至略强于男性。但是在具体的群体和领域上，高校女生的校园参与和发展状况还值得进一步研究和思考，具体而言：

在教育和学习方面，高校女生在接受高等教育的机会上与男性基本相当。但低收入家庭的女性在接受研究生阶段的机会上低于其他群体。高校女生享受各类在校资源的机会与男性基本相当。女生学业表现并不低于男性，甚至还略高于男性。但女生的成绩优势伴随着学历层次的提高而逐渐缩减。男生对自己的各项能力评价比女生更有信心。女生的学业期待低于男性。

在职业期望和就业准备方面，女生的职业期望略低于男性，并且随着学历的上升，女性的职业期望反而呈现出下降的趋势。男女生在能力自我评价方面总体上相当，但在具体能力方面存在性别差异。女生比男生更倾向于获得各种专业证书。在求职过程中，仍有相当比例的女性遭遇过性别歧视。

在社会参与方面，女生的表现并不落后于男性，在参与社团活动和担任各级班干部的比例上与男性基本相当，但在具体的参与类型上存在性别差异。例如，有更多的女生从事公益活动或加入志愿者组织。尽管从统计结果上看，高校女生加入中国共产党的比例还略高于男生，但是在担任实际领导者和参政议政的比例上，女生的比例仍然落后于男性。

在具体的生活方式上，与男生相比，女生在时间管理和控制的能力上更强，在学习上所用的时间也更多。她们的休闲活动呈现出多样化的形式，消费行为较为理性。高校女生对亲密情感和初级群体的关系更加依赖，但交往范围比男生更加单一。网络化极大地改变了高校学生的生活方式，并呈现出一定的性别分化。例如，男大学生比女大学生更经常"浏览新闻"、在公共论坛上参与讨论、玩游戏。此外，有更多的男大学生曾经在网上投资、炒股。而有更多的女大学生经常在网上购物、查找生活资料、维护个人空间、博客、微博、通过社交网站和朋友保持联系或利用网络工具与朋友聊天。

在婚恋关系方面，大部分高校女生都有过恋爱经历，恋爱动机和择偶标准更加多元化。她们能够较好地处理感情和学业之间的关系，理性对待恋爱挫折。重视事业和家庭的兼顾，但更侧重家庭。高校女生作为接受高等教育的女性，其理想的婚姻模式是家庭和事业的兼顾，但当二者发生冲突时，大部分女生选择了以家庭为主，因而，其婚姻和家庭观念仍表现出一定的传统性。只有极少部分女生表示自己更倾向于事业的成功。

在健康水平上，绝大多数高校女生身体健康状况良好，对参与体育锻炼的积极性低于男生。男生的心理健康状况好于女生。对不同性别的大学生来说，学习和科研、就业、婚恋、人际关系都是非常重要的压力来源。而男生还很容易因为生活空虚而感到苦恼。大学生普遍认为和家人、朋友交流或者转移注意力是很好的排解焦虑的方式。仍有一定比例的高校女生经历过"不愿接受的肢体行为"等性骚扰侵害，并对其身心健康造成负面影响。

大学生群体的性别观念存在一定的性别差异。总体而言，高校女生的性别观念更为先进、开放；而男生的性别观念更趋于保守。但是女生的性别观念却伴随着学历的上升重新呈现出保守化的趋势。男女两性在评价成功的标准上也存在性别差异。男性更看重财富、权力、职位等物质主义的维度；而女性则更看重家庭、朋友和道德等非物质主义的因素。高校女生对女性所处的社会地位的认知更为客观。

家庭环境对子女的成长过程具有一定影响。具体表现在：高收入和高学历家庭的父母对子女的期望较高；但低收入家庭对子女往往会有过高期望，并给子女造成相应的心理负担和压力。父母对子女的期待存在性别差异，对男生的学历和事业发展期待更高。在就业地点的选择上，有更多的女生希望回到父母所在地或周边地区。

二　高校女生的成才规律

在上述研究发现的基础上，本研究综合国内外已有研究，进一步考察了我国当前环境下高校女生的成才道路，将其成才和发展规律总结和归纳

为下述四个方面:

(一) 更强的追求事业成功的动机

更强的成就动机和竞争意识能够激励高校女生追求事业发展和更高的人生价值。这部分女生对传统的男性至上的性别观念持摒弃的态度,在认知上形成平等的社会性别角色,积极通过教育等实现自我潜能的最大发挥。

> 我的满意状态就是我已经有了我自己的事业,我会在这当中作出一点儿成绩,我觉得那是我想要的生活。我觉得我是比较倾向于强调事业的那种人。(问:所以对于"干得好不如嫁得好",你怎么看?)我还是想通过自己的努力。我一定要实现自己的个人价值,在社会上的价值,我的出现不能是没有价值的。(访谈编号:161lj11)

这种独立自主的价值观念和人格特征也进一步影响到她们对自己未来发展的定位和职业发展的成就动机。调查数据显示:在非常赞同"挣钱养家主要是男人的事情"的高校女生中,有53.5%的人群非常赞同"女性也应该追求自己的一番事业";而在非常反对前一观点的女生中,非常赞成女性也应追求自己事业的比例提高为82.1% (在全体女生中,非常赞成这一说法的比例为58.4%)。类似地,在非常赞同"挣钱养家主要是男人的事情"的高校女生中,有28.2%的人群认为"对女性而言,事业成功与否并不重要";而在对前一观点持"非常反对"的女生中,只有4.6%的人群赞同这一观点 (在全体高校女生中,赞成这一说法的比例为6.6%)。在被问到是否愿意"为了成就一番事业付出艰辛努力"时,在那些"非常赞同""挣钱养家主要是男人的事情"的高校女生中,有35.7%的人表示非常愿意;而对这一观点"非常反对"的高校女生中,有53.0%的人群非常愿意做出艰辛的努力,态度差异显著 ($\chi^2 = 273.958$, $df = 16$, $p < 0.000$)。一位被访的硕士女生谈道:

> 其实我就感觉啊,就是其实有一个稳定的工作,没事的时候,很无聊。其实我家再好,我也不会做一个全职太太,我就感觉,很无聊的,没事干的那种。……我不可能把所有的时间……所有的精力都要放在孩子上面。两个人,他(被访者现在的男友)或者是我,就是这个家务方面,谁有时间谁做。(访谈编号:051lj01)

　　这段访谈较为典型地代表了新时期高校女生的性别观念，她们希望拥有自己的工作和事业，不愿意成为男性和家务劳动的附庸。正是这样一种独立自主、自强不息的人格特征成为推进高层次女性后备人才持续追求事业发展和自我实现的内部驱动。

　　（二）较为明确的发展目标和道路规划

　　一份事业（career）和一份工作（job）的主要差别在于，从事一份工作的主要目的是报酬，而一份事业则将投入更多的热情、信念与努力。一种明确的事业发展目标对个体的激励是持久而激烈的。对于高校女生成才而言，它就是不断推动她们在事业中奋斗的驱动器。在本研究中，我们将这种事业成就动机分为三个部分。第一，是对将要达到目标的定位。具体到职业发展中，就是对于职业的定位，包括是否重视这份职业，认为这份职业与自己的生活的关系，等等。对职业有一种较高的定位，认为职业对于自己非常重要，无疑是高成就动机的首要条件。第二，是对达到目标的标准设定，即以一种以高标准要求自己力求取得活动成功为目标。拥有越高的目标标准，就会有越高的成就动机。第三，是成就感的直接获得，这可以成为成就动机发展和增值的直接动力。

　　除了一个强烈而持久的事业成就动机之外，还需要对自己的职业发展目标具有较为清晰而明确的道路规划。"职业规划"是"职业生涯规划"的简称，是指对职业生涯进行计划的行为，涉及个人发展与组织发展相结合，在对个人和内外环境因素进行分析的基础上，确定一个人的事业发展目标，并选择实现这一事业目标的职业或岗位，编制相应的工作、教育和培训行动的计划，对每一步骤的时间、项目和措施作出合理的安排。职业规划是继就业意愿之后又一个重要的就业主观因素，可以将其视为就业意愿的具体化和现实化，它和就业意愿的关系相当于蓝图和理想的关系。职业规划对女性成才道路至关重要，它会影响高校女生的自我定位和发展。狭义的职业规划只包括对职业发展的考量，而广义的职业规划，则是以职业发展为中心，对整个生命历程各个阶段重大生命事件的安排，比如对婚姻、生育与职业发展关系的安排等。而后者对于女性职业成就的发展显得更为重要和必需。但目前高等教育机构和高校女生个体都仍然缺少对明确职业规划的认识和推进，更没有将广义的生命历程和价值纳入到职业生涯的具体规划过程之中，因此，对高校女生事业发展与人生价值的考量与平衡就显得尤为重要。

（三）主动参与公共事务、承担社会责任

调查数据显示，从加入中国共产党的比例上来看，女性的比例略高于男性，但是女性实际参政、议政的比例却仍然较低。男女两性在实际参政、议政层面上的差别实际上来自更早期的社会化教育和性别观念文化：男性追求权力和自我实现被视为正当和值得鼓励的；而女性则更多地被培养为被动和消极的顺从者与倾听者。即便她们所接受的高等教育已经从形式上鼓励女性更多地走上领导岗位，担任公共职责，但在相当一部分男性和女性的内心深处，政治和公共事务仍然不是适合女性从事的领域。因而有更多的男生表达出对政治和社会公共事务的关注，并更热衷于参与公共事务的讨论并提出自己的观点与见解。但实际上，恰恰是在主动参与公共事务、承担社会责任的过程中，个体才能够培养起对公共事务的关注，以及对参政、议政能力的锻炼和提高。

在访谈过程中我们注意到，也有一些高校女生开始主动承担公共事务的责任，真正在处理班级和校园事务的过程中发挥了自身的作用、锻炼了领导才能，并为今后承担更为重要的社会责任奠定了重要基础：

> 做事情一定要把它做好！……从这个事情刚开始把地方定了之后，就想一系列大家出行的安全方面的情况，因为离学校特别远，晚上出去吃饭，然后在出行要特别注意到安全问题——财产安全和人身安全，然后还有过去之后怎样把气氛弄起来，以及照相，各方面的安排一定要做好。然后到最后每个组要负责人分下来之后，怎样保证大家都能安全回来。万一有喝酒喝多的，后勤保障组那些都分得特别好。基本上我觉得我们班现在都是我拿事，所以这些都是我定下来之后，我先把策划做出来，然后让他们看一下，如果有异议的提出来，没异议直接就执行了。（访谈编号：1211j05）

这些女性学生干部的工作能力得到了同学们——包括男性同学——的认可与肯定：

> 然后可能刚开始大家觉得我能力不太够，因为刚开始大家都不太熟悉，从表面上就觉得我可能做不了班长。但是现在我觉得我们班还都挺服我的，因为有好多男生给我竖过大拇指，说我把一些事情处理

得特别好。（访谈编号：121lj05）

本研究认为：一个社会中的高层次人才一定是有社会担当、承担社会责任、引领公众共同发展的人才。而传统的性别观念往往认为女性应当是顺从和被动的角色。因此，锻炼和发展高校女生参与公共事务、承担社会责任、参与公共讨论、争取应有的权益和资源等能力，在其人才发展的道路上也显得格外重要。

（四）女性榜样和性别共同体文化的引领和召唤

大学中的教师文化及师生互动模式会给在校学生的学习和发展带来显著影响。研究发现，良好的师生互动关系对促进男女生的发展都有益处，对于特别倾向于和教师互动并容易受到教师影响的女生而言尤其如此。在一些男性主导专业中（如科学、工程类专业），当班级里女生数量较少的情况下，专业教师（特别是数学和科学专业教师）的性别会对女学生的专业学习造成影响[1][2]，学生会从那些和自己有更多共同点（种族、性别）的教师身上获得良好的榜样效应[3]。这一点在我们的调查中也有类似的发现。不少理工科的女性研究生都提到同性别教师往往能给自己的事业发展树立一个更加可见的榜样和标杆：

> 如果专业里有成功的女性老师，对我有影响。就是找一个标杆，往那个方向努力。能达到最好，就是一直往那个方向发展。如果你（专业里的女性成功者）越少，我就越是往那一方面走。我就非证明一下看看。你越是说我不行，然后我就非要做出来不可。（访谈编号：101wy09）

女性导师对高层次女性后备人才的成长和发展起到至关重要的影响作用。这种影响是一种人生发展目标和方向的确立和引领，她们让年轻女性

[1]　John Robst, et al., "The Effect of Gender Composition of Faculty on Student Retention", *Economics of Education Review*, Vol. 17, No. 4, 1998.

[2]　G. J. Sonnert, et al., "Undergraduate Women in Science and Engineering: Effects of Faculty, Fields, and Institutes over Time", *Social Science Quarterly*, Vol. 88, No. 5, 2007.

[3]　K. N. Rask, J. Bailey, et al., "Are Faculty Role Models? Evidence from Major Choice in an Undergraduate Institution", *The Journal of Economic Education*, Vol. 33, No. 2, 2002.

看到了自己发展的未来和可能。正是这些充满人格魅力的高校女教师让我们的年轻女性确立起发展事业的憧憬和理想。

此外，女性群体内部的相互影响和感召也对高校女生产生着不可忽视的影响。例如，在女子院校中，学校为学生提供了更为宽松的发展环境，提供了更多的实践和锻炼机会，有利于女生自信和自尊的培养。与一般院校相比，女子学院的大学生自主意识较强，传统的性别角色定型观念较弱。而在一般性的院校中，性别研究和女性学课程的开设也对高校女生性别观念的重新塑造和人生目标的确立产生了很大的影响。

> 女性学这方面就是会让我自己有非常大的影响。比如说，尤其是事业、家庭、看待男人和爱情的这种态度，我觉得我的专业更坚定了我以前的想法。其实我以前可能就是觉得，我也想找一个安安稳稳的人过一个安安稳稳的日子，就可以了，然后生个孩子。到后面我觉得，尤其是我导师，她对我的影响特别的大，她一直就是对那个事业上的追求让你觉得她一直非常年轻，特别有魄力。而且你就是觉得，如果说她对她的学术是非常投入的一个老师，你会觉得，她浑身散发着一种人格的魅力，我就想成为那种人。我不想成为一个，满口都是老公啊，孩子啊，没有什么自我，没有什么人生目的的那种女人，挺空虚的，挺苍白的。（访谈编号：051wy04）

可见，女性榜样的确立和先进性别文化共同体的塑造，不但有利于高校女生群体确立自己的发展目标和方向，让自己的成才轨迹有路可循；同时也增强了她们成才的动力和推手，让她们在迷茫和焦虑的时候，寻找到坚强的依靠和鼓舞。

第二节　以推动全面经济社会参与为核心的社会性别政策

一　当前人才政策的现状和基本问题

（一）当前人才政策的基本理念

奈娜·卡比尔将政府政策分为社会性别盲视政策、具有社会性别意识的政策、社会性别中立政策、针对特定性别的政策和社会性别再分配政策。① 以此来定位中国人才政策的基本理念，可以认为目前的人才政策是一种性别中立政策辅以针对特定性别的政策。《国家中长期人才发展规划纲要（2010—2020 年）》强调了人才政策的中立性，该规划作为代表性的人才政策文本，规划了党政人才、企业经营管理人才、专业技术人才、高技能人才、农村实用人才、社会工作人才等多个领域的人才发展方向，提出通过财政税收和金融、产学研结合、人才创业扶持、人才流动、开放管理、加强服务、保护知识产权等政策，实施创新人才计划、海外人才计划、青年英才开发计划等多种人才工程来促进全社会人才的培养和职业发展。

以《国家中长期人才发展规划纲要（2010—2020 年）》为代表的政策理念基本上可以定义为当代中国的人才政策。这一人才政策说明了人才培养的目标、主要的人才培养类型和扶持人才的基本政策工具。人才政策在高等教育领域的具体应用即为高等人才政策，高等人才政策体现为资助和扶持接受高等教育，出国留学；资助和扶持科学技术研究人员开展科学研究和实现科研成果转化。典型的高等人才政策如 2008 年 12 月 23 日，中共中央办公厅转发的《中央人才工作协调小组关于实施海外高层次人才引进计划的意见》（即"千人计划"）、"长江学者奖励计划""百人计划"及"国家杰出青年科学基金"等。

但无论是在哪个部分的规划中，还是其他高等人才的规划中都没有体现出对女性人才特别重视。这就是一种典型的社会性别中立政策。从这个政策与"男女平等"基本国策的方向上来看，似乎是一致的，强调不分性别提供同样的政策支持。但应该考虑到"男女平等"基本国策实际上是一个具有补偿性的社会性别再分配政策。社会性别再分配政策通常旨在改变现存的权力和资源分配，令女性和男性间的关系趋于平衡，从而触及战略性社会性别利益。② 这一政策的基本实质是改变已经存在的性别不平等状况，通过针对个别性别的特殊政策来实现最终的性别平等，而并非针对两性提供相同的政策支持。在一个存在较为严重的性别不平等的领域

---

① ［英］坎迪达·马奇、伊内斯·史密斯、迈阿特伊·穆霍帕德亚：《社会性别分析框架指南》，社会性别意识资源小组译，社会科学文献出版社 2004 年版，第 24 页。

② 同上。

中，人才政策应该关注到针对特定性别的扶持。例如，在党政人才领域，明显存在女性的弱势和男性的强势，甚至有女性主动退出的情况，这意味着在党政人才发展规划中应直接关注如何鼓励女性在这一领域的发展，而不是所谓的"一视同仁"。

尽管妇联的《中国妇女发展纲要（2011— 2020 年)》补充强调了县级以上领导班子中至少应有 1 名女性干部的政策，但这并不能直接弥补国家发展纲要的缺陷。这样一个补偿性政策实际上无法改变党政人才领域男性主导的现实。更重要的是限定了女性的基本角色。所谓的"至少 1 名"经常在不平衡的权力关系中解读为"最多 1 名"。

实际上，在科技领域同样体现出类似的情况。根据 2006 年的统计，我国女科技工作者占科技人才的比重超过 1/3，但高层次人才比例很小。在中国科学院院士中女院士占 5% 左右，中国工程院院士中女院士占 5.5%；"973"计划选聘首席科学家 175 名，女性 8 人，占 4.6%，"863"计划专家组中无女性成员；在 167 个全国性自然科学专业学会的常务理事中女性占 8%，在已聘请的 537 名"长江学者"中有女性 21 人，在中国科学院"百人计划"840 名入选者中有女性 42 人；在中国科协及下属的全国性协会、省级学会组织和机构中女性会员比例仅占 25%，而在代表各学会组织最高水平的理事会中，女性理事的比例只有 10%；中国科协青年科技奖前 7 届获奖的 691 人中，有女性 47 位，占 6.8%；全国研究机构共有博士 18493 人，其中有女博士 4072 人，占 22%。[①]

这意味着在一个已经失衡的人才领域中，中立的人才政策实际上无法改变人才的性别结构，也无法有利于实现"男女平等"的基本国策。因此，从当前人才政策的基本理念来看，与"男女平等"再分配性质的基本国策有所出入。

基于对当前人才政策及高等人才政策的分析，我们认为应制订和实施专门针对女性的"女性人才发展规划"。女性人才发展规划可以全面体现女性人才政策特点，强调鼓励和发动女性积极参与到党政、社会活动、企业经营、科学研究、农业发展等各种领域之中，强调在传统以男性为主的行业中鼓励和加强对女性人才扶持，鼓励女性在考虑生理性别差异的条件

---

① 张丽俐、侯典牧、高秀娟：《科技领域女性后备人才成长现状及对策研究》，女性人才网（http：//www. nxrc. org. cn/），《中国人力资源开发》2010 年第 3 期。

下积极参与到男性为主的行业之中，鼓励女性通过全面经济社会参与的行动从根本上改变性别不平等的现状和消除性别不平等的根源。

（二）当前人才政策的主客体分析

从政策主体和客体的构成来看，当前人才政策的主体和客体都没有明确意识到人才政策中的性别问题，意味着人才群体的发展会忽视性别平等的基本理念。

从政策主体来看，人才政策通过中央和地方政府实施，主要在人力资源和教育部门进行资源分配。如果是在重视性别平等基础上进行资源分配，意味着可能促使更多的女性人才成长并促使高层人才群体进一步打破性别不平等制度的束缚，从而形成榜样效应，进而影响各个领域的人才发展。然而，从目前的政策主体来看，中央和地方政府更多关注的是领先问题、人才贡献问题、人才发展效率问题等。各地人才引进规划明显体现了以上特点，地方政府以重金引进海外人才，在短期内大规模引进各类人才是一种基本的做法。"引进人才"的做法实际上忽略了"人才培养"才是人才发展的基本路径。在人才培养过程中能够进行资源再分配，也有可能改变现有的性别不平衡的状况，而引进人才的做法只能根据现有的人力资源状况进行操作，高层次人才领域普遍缺乏女性人才是一个基本状况，因而政策主体不可能通过人才引进的过程改变资源在性别之间的分配比例。

从政策客体来看，人才政策的客体实际上也没有意识到性别可能会给自己带来不同的资源分配。在一个中立的人才政策面前，女性群体无法强调传统性别制度给自身职业发展带来的负面影响，也无法因此申请更多的资助，或者增加自己获得资助的机会。在《国家中长期人才发展规划纲要（2010—2020 年）》在战略目标中的第二个目标的最后一句中提出"性别结构合理"的目标，但如果政策客体根本无法通过实际的政策体会到性别补偿问题，缺乏信心的女性群体又如何能主动争取人才发展的资源和机会。高校内部的性别权力和资源相对平衡，高校女生可以获得相对平衡的机会，但这些后备人才终究要在社会生活和未来的职业发展中证明自己的效率，而现有的人才政策没有顾及这一点。

（三）人才政策的失效与误区

从现有人才政策与"男女平等"政策的匹配度上来看，人才政策在推动性别平等方面存在失效的可能性。所谓政策失效，指决策方案在实施过程中遇到抵触，不能完全按决策方案的设计执行下去，决策执行结果不同程度地偏离了预订目标。[①] 从上面的分析可以发现，从"男女平等"基本国策来看，现有人才政策失效的可能主要是无法实现"性别结构合理"的目标，除非我们将"性别结构合理"解读为目前的性别发展状况。

现有人才政策在性别平等目标上可能失效的基本原因首先来源于单纯的性别中立政策理念。其次，人才政策失效的原因也和当前的社会性别意识有关。在职业领域，仍然普遍存在不平等的性别意识，社会观念中仍然认为女性以稳定和家庭为主，尽管女性可以追求自己的事业，但可能只是满足个体价值实现的一种方式而无关性别平等。最后，在具体的政策工具上，比如财税金融、人才工程等方面缺乏针对女性的特殊政策，这会直接导致性别平等意识没有落脚点。

此外，在针对女性的人才政策中，以提高女性受教育程度为主的政策实际上是一个误区。受教育程度仅仅是职业发展的一个重要因素，但并不能决定职业发展。受教育程度在提高个体职业期待的同时，如果没有相应的职业机会，可能会影响个体的劳动参与率。这在调查的数据中也有所体现，那些攻读博士学位的女性更希望进入科研机构、高校等继续从事科研工作，而倾向于成为企业经营管理人才等其他人才的比例则较低。这意味着高层次人才的职业发展路径实际上变得狭窄了。因而，仅仅重视提高女性受教育程度，片面以所谓提高女性素质增强竞争力来参与性别不平等的人才市场竞争，其结果可能是学历越高越倾向于退出人才市场，因为大量的高学历女性人才在竞争本来就很少的高层岗位。相反，在其他领域女性也会拱手让出市场，最终的结果不但没有提升女性的职业发展，反而阻碍女性发展，甚至引发高学历女性反而认同传统性别制度的危机。

这种情况在我们的访谈调查中实际上也有所体现，某大学的一位女性硕士研究生这样看待学历和职业之间的关系：

> 很多，我发现非常多。很少有这样的女博士，她是为了对这个学术有超级的激情，所以留在这儿。或者说读博士，是为了全面提升自己，去创办一个公司。他们很多都不是这样的，都是想的是，为什么要读博？因为现在留校那个要求，必须是博士，所以为了找到一个很稳定的，在高校工作的机会，就读博。（访谈编号：0511j02）

---

① 张国庆主编：《公共政策分析》，复旦大学出版社 2004 年版，第 238 页。

实际上，她的这一看法在高校女生群体内非常普遍，越是学历高的女性反而越希望去事业单位找一份稳定的工作。用另一种说法讲，越是被认为高效率的女性劳动者反而越希望在不重视工作效率的单位工作，高效的女性人才正在主动退出能证明自己能力的人才领域，这对正在改变的社会性别意识无疑是一种严重的打击。

二　全面经济社会参与社会性别政策

（一）基本含义

基于对当前人才政策的分析和反思，我们提出要实施"以推动全面经济社会参与为核心的社会性别政策"作为女性人才政策的基础，尤其是要作为高等女性人才政策的基础。如何理解"以推动全面经济社会参与为核心的社会性别政策"是未来高校女生成才的关键。我们可以将这一政策理念简称为"全面经济社会参与社会性别政策"，对此的基本理解是以鼓励和推动女性更积极地参与经济、社会建设为目标；从思想观念、文化意识、制度建设、劳动就业和创新创业、学校和家庭教育、社会服务、生活方式等多方面入手；通过文化引导、具体服务、宣传奖励、政策扶持等多种手段，推动女性参与到各行各业的经济和社会活动之中；让女性在经济和社会活动中体现个体价值、实现个人理想、获得家庭幸福、履行社会责任，从而使女性从根本上实现"自尊、自立、自强"，使女性和男性拥有同样的社会地位，全面实现"男女平等"的基本国策。这一政策是战略性的社会性别政策，着眼于人类社会发展的未来和"两性和谐"的基本目标，是马克思主义妇女理论的重要体现。

具体到高校女生群体，这一政策就是要着眼于正在成长的女性人才，从青年一代开始实施这一政策，其意义更具有战略性和前瞻性。具体来说，这一政策在高校女生群体中的体现就是鼓励和推动高校女生更加自信地走出校门，走出家门，走向社会；鼓励高校女生在实际工作岗位，在各类经济社会活动中实现个人价值和个人理想；要将高校女生的婚恋、家庭、个人生活与经济社会活动有机结合，形成新的以经济社会参与为基本诉求的性别文化。

（二）主要特点

"全面经济社会参与社会性别政策"的含义包含了两方面的基本特点。首先，经济和社会参与是核心，尤其是经济参与在政策理念中占有更为重要的地位。经济基础作为人类社会发展的基石，同样也是性别平等政策的基础，所有保障性别平等的政策最终都要以促进女性经济参与为核心和保证，我们不可能以一种福利保障的方式实现性别平等，而只能是在两性共同创造社会福利的基础上实现性别平等。社会参与是经济参与社会效益的扩展和延伸，是实现社会发展的基本路径，因而社会参与同样重要。

其次，全面参与是该政策理念的基本方向。从广义上看，经济社会参与实际上可以包含人类所有的行为活动，如家庭生活、受教育、劳动就业、公共活动、公益慈善等，由于受到社会制度和传统习惯的束缚，人们可能更习惯于参与其中某类活动而忽略其他活动。传统"男主外、女主内"性别制度的基本特征实际上就是片面社会参与的体现，两性各自更重视某些社会活动而忽视其他活动，这种模式在长期社会生活中逐渐固化就成为阻碍社会发展的制度障碍。全面经济社会参与的基本意义就是要打破传统性别分工，尤其要鼓励高校女生更加重视劳动就业、公共活动等方面的参与活动，同时也鼓励男生更重视家庭生活、公益慈善等活动，从而实现两性全面参与经济社会生活。

（三）理论依据

"成才"的概念实际上是一个典型的社会性概念，是对个体对社会贡献多少的评价，这一评价来源于社会对个体的认可程度。因此，"成才"实际上是马克思关于个体劳动转化为社会劳动原理的一种表述方式。[①] 马克思的劳动价值论不仅揭示了资本主义生产的基本原理，同样也指出了社会成员成才的基本路径，这就是积极参与到经济社会活动之中，将自己的劳动融入到社会之中，从而为社会创造更多的价值，这可以看作是"全面经济社会参与社会性别政策"的基本理论根据。因此，从马克思的劳动价值论来看，高校女生成才的一个必然战略只能是推动她们更加积极地参与到经济社会活动之中，促使她们在社会劳动中扮演更加重要的角色。

"全面经济社会参与社会性别政策"的第二个理论依据是人力资本理论。越来越多的女性接受高等教育，不同层次高校女生数量的增长一直被

---

① 马克思在《资本论》第一卷第一章有关劳动的论述中指出个体不仅要生产使用价值，而且还要为别人生产使用价值，即生产社会的使用价值。个体的劳动的价值最终要通过一般的社会平均劳动来体现。详见《资本论》第一卷，中共中央马克思恩格斯列宁斯大林著作编译局译，人民出版社 2004 年版。

视为女性成才的基本标准之一，我们也经常会以女性受教育水平来评价女性的社会地位，似乎女性接受了高等教育就已经成才了。这种观念在很大程度上是受到传统社会标准的影响，实际上我们在评价男性时也使用同样的标准，取得较高的学历就会被公众认为是"人才"。实际上，从人力资本投资的角度看，接受高等教育有两种性质：消费和投资。舒尔茨在关于人力资本的阐述中强调，对人力资本投资用产出来计算更为合适，教育是人力资本投资的一种，但不是全部①。他认可教育具有消费的性质，但也具有投资的性质，单以支出衡量人力资本就把消费部分包含到投资里，实际上不能准确计算人力资本的收益，而人力资本收益最终会通过不同性别的工资水平来体现两性的经济地位和社会贡献。这意味着，简单地将高校女生数量的增长看作是成才是不准确的，因为其中有可能存在大量的教育消费而不是投资，女性的教育消费并不能让女性获得更高的经济和社会地位，也无法将个体劳动和社会贡献直接对应。实际上，男性的教育消费同样如此。从这个角度来看，高校女生成才的战略方向理应是通过经济社会参与获得更高的人力资本收益从而获得社会认同，而不可能仅仅依靠较高的受教育水平就被社会认可。

"全面经济社会参与社会性别政策"的第三个理论依据同时也是实践的经验总结，这就是新中国妇女运动理论和基本实践。丁娟在总结新中国前三十年妇女理论研究的突破时认为20世纪50年代新中国提出的"发动妇女走出家门普遍就业""男女同工同酬""发展托幼事业，解除职业妇女家务负担"等理论观点和政策实践支撑了新中国妇女地位的提高。② 实际上，这些观点同样也是世界妇女运动理论和实践的基本经验。这些理论和经验表明，经济社会参与是高校女生成才的最重要路径，对经济社会参与活动的片面挑剔乃至退出劳动力市场最终会使已经形成的高等教育人力资本投资消耗殆尽而无法实现社会价值，更遑论高校女生成才之言了。

无论从马克思主义的劳动价值论、西方经济学的人力资本理论，还是从中国和世界妇女运动理论及经验哪种角度来分析，全面经济社会参与明显都是高校女生成才的必由之路，因此，推动全面经济社会参与的社会性

---

① ［美］西奥多·W.舒尔茨：《论人力资本投资》，吴珠华等译，北京经济学院出版社1990年版。

② 丁娟：《六十年回眸：中国妇女理论研究的创新与发展》，《中华女子学院学报》2009年第5期。

别政策已经成为未来中国女性发展的必然选择。

(四) 基本原理

全面经济社会参与社会性别政策是一个完整的体系，应该是对中国妇女发展的理论和实践经验的系统总结。从政策的角度看，这一政策将不仅是在某些领域的倡导和推进，而是从多个角度，通过顶层设计和具体政策实践形成的覆盖经济、政治、文化、思想观念、法律、技术、公共和社会服务等多方面的完整的制度设计和行动实践。全面经济社会参与社会性别政策的基本原理符合帕森斯的社会系统理论，强调应该具备适应、目标达成、整合、模式维持四个基本的功能要求，而在具体的行动系统中，经济、政治、社会、文化则从整体上承担了这四种不同的功能。① 帕森斯的结构功能主义指明了政策体系的基本原理和构造方式。

首先经济参与是基础，是高校女生成才的资源来源，也是获得资源分配权利的途径。但单纯的经济参与仅仅能满足社会性别平等的眼前利益，对高校女生成才的战略意义十分有限，经济权利并不能改变固有的社会性别观念，但缺乏经济权利则使高校女生成才和性别平等成为空中楼阁。因此，积极的政治参与和社会性别平等主流化运动是保持目标的基本动力，推动高校女生成才的基本政策要围绕性别平等基本目标的实现。

女性群体本身并不是一个一元的结构，女性群体内部实际上存在不同的层次，不同阶层有不同的诉求，用单一的性别平等目标来要求所有的女性并不现实。高校女生同样如此。高校女生内部的个体理想和价值观及生活动力可能相差甚远，因而在实际行动中也体现出多元化的倾向。因此，就需要通过多样的社会参与保持高校女生的整合性，其基本意义在于要保证不同偏好的高校女生会协调行动，以不同的方式实现社会性别平等的基本目标。性别平等、积极参与经济社会活动的价值观对高校女生乃至妇女发展有着重大意义，这就需要文化参与对此承担责任。通过文化参与加强女性经济社会参与的思想观念是一项具有战略意义的社会性别政策。随着经济条件的改善和生活的富裕，传统性别观念不断泛起，"干得好不如嫁得好""全职太太"的理想既可以看作是社会意识的开放，同样也是传统

---

① 帕森斯在他关于社会系统的理论中提出社会行动由有机体系统、人格系统、文化系统和社会系统组成，而社会系统应具备适应、目标达成、整合、潜在模式维持四个基本功能。对其理论的解释可参考 ［美］杰弗里·亚历山大《社会学二十讲：二战以来的理论发展》，贾春增等译，华夏出版社 2000 年版。

性别观念的回潮，对性别平等和高校女生成才有很大的负面影响。

从以上基本原理的分析可以总结"全面经济社会参与社会性别政策"就是要在经济、政治、社会、文化等领域实施全面的有利于社会性别平等的各种政策措施，这些政策可能是满足实用性需求的，也可能是满足战略性需求的，无论满足哪种需求，最终都要将其和推动女性的经济社会参与结合起来。从高校女生成才的角度来看，所有的政策最终都要有利于她们走出校园，成为劳动就业的积极参与者，成为大众创业和万众创新的主体，让她们接受的高等教育形成人力资本投资并及时转化为社会价值！

（五）意义与价值

提出"全面经济社会参与社会性别政策"对当前的人才政策和"男女平等"基本国策，乃至对解决当前严重的就业失衡问题都有重大意义。应该注意到，中国在走向人力资源大国的过程中必须解决其中的性别问题，这是实现人力资源均衡发展的基本条件，同时也是疏导人才市场的基本途径。

第一，"全面经济社会参与社会性别政策"能弥补《国家中长期人才发展规划纲要（2010—2020 年）》的不足，有利于国家中长期人才规划目标的实现。人才的分布、层次、类型等结构和性别结构是紧密相关的变量。不同性别的高层人才在不同领域可能会体现出不同的天赋及才能，人才的分布、层次、类型结构不仅指表面的受教育程度、职称等，更重要的要体现能力、效率、工作方式的多样化和相互匹配，这些变量更多地和性别、天赋能力、生活方式等有关，因而实现性别均衡发展，才能更好体现这些变量的匹配，从而真正实现人才培养和社会贡献的一致性。

第二，"全面经济社会参与社会性别政策"有利于"男女平等"基本国策的实现。传统不平等的性别制度是依赖社会化、制度环境、家庭环境、学校环境、教育等多方面传播和约束人们的。其基本结果就是形成了所谓"男主外、女主内"的分工模式。从根本上来说，打破这种分工模式就有可能改变整个制度体系。而能否打破这一分工模式，最关键的就是女性能否参与到社会劳动中并得到认可。人才发展政策无疑是直接针对这一问题采取的最有力的社会行动。

第三，"全面经济社会参与社会性别政策"有可能缓解目前面临的巨大高校毕业生就业压力问题。2011 年我国高等教育共有毕业生 651 万人，其中研究生中有48.5%的女生，本专科生中有51.1%的女生。① 如果能制定合理的女性高层人才发展政策，就意味着可能解决高校女生在就业方向、就业意识、职业发展等多方面的问题，从而至少可以疏导半数左右的高校学生缓解就业压力。而女生职业规划的改善无疑对男生职业规划也会产生积极影响。

第四，"全面经济社会参与社会性别政策"有利于改变高层次女性人才退行性②职业发展的现状，促使高效率的女性提高劳动参与率。我们的调查数据表明女性的退行性职业发展状况是存在的，如果这种情况持续下去，女性就不可能用实际工作能力证明传统性别观念的问题，最重要的是没有实际的工作表现，无论从理论上如何证明男女能力没有差别都是不可能令人信服的。

具体到高校女生群体，"全面经济社会参与社会性别政策"主要应体现为高校女生就业促进政策的制定和实施。高校女生就业促进政策在实现"全面经济社会参与"方面主要体现在三个方面：一是倡导"女主外"的补偿性社会性别分工理念，在全社会范围内大力鼓励和宣传女性工作和承担主要家庭责任的理念，尤其要倡导高校女生充分利用所学知识，积极就业，不做"全职太太"的理念，在全社会范围内形成高校女生应开创自己事业的认识；二是加强高校女生就业竞争意识的教育和培养，鼓励女生主动参与具有高科技、高学历、高风险、高收益特点的工作，打破"女生只要有个稳定工作就好"的社会意识；三是鼓励不同行业的用人单位积极聘用高校女生，打破性别失调的刻板印象。

三 高校女生就业促进政策的基本内容

"高校女生就业促进政策"在推动高校女生成才方面的基本政策思路和政策措施可以概括为"走出校园，就业创业，制度公平，政策扶持，完善服务，文化鼓励，用自己的事业创造幸福家庭与社会"。具体来说，整体政策体系主要包含五方面的内容，这五方面的政策内容随着实际政策环境的变化要作出及时调整，也可能增加新的政策内容，但基本的核心目

---

① 国家统计局网站（http://www.stats.gov.cn）：中国统计年鉴（2012）。
② "退行性"是医学上用以说明"老化"的术语，一般解释为某种功能或器官无法正常运转的状态。这里用这一名词形容高学历、高效率女性退出某些强调效率的劳动力市场的行为。

标是围绕推动经济社会参与展开的。

（一）转变女性高等教育评价思路

政策的第一个内容着眼于将高校女生的高等教育转化为实际的劳动就业，其基本目的是促使高校女生积极参与到学校之外的实际工作之中。我们的调查表明，女生对未来职业发展的意识较弱，这表现在职业信心和职业行动两个方面。这种状况可能会影响高校女生经济社会参与的积极性。而从学历期待来看，高校女生对升学的期待超过了男生，女生对接受更好教育的偏好超过了对职业的偏好。而对那些实现了学历期待的女生，她们又很快将家庭生活作为主要目标，而对事业的期待相对弱于男生。实际上，这些结果所表明的问题不在于高校女生的未来规划不合理，而在于高等教育评价方式。我们目前对高等教育的评价思路基本上将较高的学历等同于较高的人力资本投资，而较高的人力资本投资等同于成才和成功，同时也等同于较高的职业收入和社会地位。

在这个思路中，我们忽略了高等教育的消费属性，同时也忽略了人力资本投资的风险。首先，高等教育的消费属性决定了高学历的背有一部分仅仅是满足了个人的某种需求，是一种损耗而不是生产，非生产性的高等教育不是人力资本投资，就不可能产生直接的社会价值，也无法促进女性获得更多社会认同，更不可能改变女性的社会地位，最多只能影响女性群体内部的阶层结构。其次，人力资本投资既然是一种投资行为，收益和损失就会同时存在，投资风险客观存在，而忽视投资风险的高等教育实际上强化了高等教育的消费属性。这就是说，客观上存在将高等教育直接作为高校女生成才的基本标准，这可能导致高校女生满足于不断升学而不是积极就业。高校女生一旦完成学业就可能认为个人事业已经基本完成，转而考虑家庭等其他生活目标，这不利于高校女生将高等教育转化为社会价值。

因此，转变高等教育的评价思路是非常重要的政策内容。从具体政策措施来看，首先，要改变将升学视为就业的评价标准。我们在评价高校就业状况时，经常将考研视为一种优质就业，这实际上延续了高考的评价方式，一切以升学为目标的评价方式并不适合高等教育。事实上，从李克强总理倡导的大众创业的角度来看，自主创业或者到中小企业工作都是比升学更为优质的就业，因为这样的行动代表了积极的经济社会参与意愿。其次，公共部门应改变以学历为标准的招聘制度。从传统上看，行政机关、国有企业、事业单位一直是人们理想的就业单位，而国家机关的招聘标准在很大程度上影响了其他很多单位的招聘标准。当中央国家机关以硕士毕业为基本招聘标准时，其他很多行业也会参考这一标准，这在很大程度上扭曲了劳动力市场对教育投入的需求，于是出现了"博士干硕士的活儿，硕士干本科的活儿"这样的现象。因此，客观地根据岗位的实际需要制定招聘时的学历标准对改变高等教育评价思路有重要意义。

（二）倡导树立以经济社会参与为中心的性别意识和文化

高校女生成才不仅需要有走出校园、积极就业的意愿和信心，同时也需要与此相配合的性别文化。"女生就要找个稳定的工作，以家庭为重"等的性别文化对高校女生成才会产生很大的负面影响，调查也表明，学历越高的高校女生，社会性别观念越趋于保守，越认同传统的性别观念。因此，要倡导以经济社会参与为中心的性别意识和文化，鼓励高校女生挑战自我，摆脱对稳定的偏好，强调幸福的家庭生活需要以女性积极的经济社会参与为基础。

一直以来，我们都强调性别平等，要消除性别歧视，大量研究和政策将重点放在平等状态的衡量和评价上，关注消除既有的不平等的制度和现象。但我们忽略了性别平等实际上是社会行动的客观后果，改变行动才能从根本上改变不平等的状态从而实现平等的状态。因此，树立以经济社会参与为中心的性别意识和文化不仅关注男女平等的状况如何，更关注通过积极的社会行动来争取平等。这意味着政策的重心在于鼓励高校女生以行动践行性别平等的理念。在经济社会参与过程中可能存在多种多样的性别歧视问题，高校女生可能需要克服很多困难才能建立起自己的事业和社会认同，但行动永远比批评更为重要。在这个过程中，女性不是要证明自己可以做所有的事情，而是要为社会创造更多的价值从而赢得认同。从政策的具体操作来看，加强对女性劳动创业行动的表彰和奖励，加强女性经济社会参与成果的宣传和展示，通过各种渠道在全社会范围内树立女性劳动创业榜样对树立以经济社会参与为中心的性别文化有重要作用。

（三）破除就业领域的性别和年龄歧视，促进就业公平

经济社会参与在实际行动领域有两个最大的问题：性别歧视和年龄歧视。性别歧视限制了女性在很多行业的参与机会，从而减少了就业，对高校女生十分不利。而年龄歧视则限制了一定年龄人群的就业机会，同样减少了就业，导致个别行业劳动力供需矛盾。而这两种歧视又经常交叉在一

起，对女性来说，这两种歧视交织在一起产生了更为严重的后果。学历越高的女生性别观念越保守实际上是这种后果的间接体现。高校女生在经济社会参与中本身面临性别歧视，这减少了她们在某些行业的就业机会，更压缩了她们在这些行业的上升空间；而年龄歧视则使高校女生必须在事业刚刚起步时面临家庭和事业的两难选择。对女性来说，28—35岁经常是她们的黄金职业年龄，而这个时期也经常是女性婚姻、家庭、生育的重要时期，错过这个时期，很多女性在事业上就无法获得更多机会和空间。而从职业能力来看，35岁以后的女性实际上仍然具有很高的工作效率和工作能力。但一旦女性选择了家庭和婚姻，经济社会参与率就会下降，最终会造成高校女生成才难的困境。

从具体政策操作来看，消除就业领域的年龄歧视对破除性别歧视有至关重要的作用。一旦高校女生可以在更长的时间内获得同样的经济社会参与机会，不必面对婚姻、家庭和事业之间的选择困境，高校女生就可能有更高的经济社会参与积极性，也可能为社会创造更多的价值从而获得更高的社会认同。破除年龄歧视首先在于改变行政机关等公共部门的用人年龄标准。作为劳动力就业标准标杆的政府等公共部门，经常将年龄标准定位在35岁，而实际用人年龄一般在30岁及以下，国家机关和大部分省份在招考公务员时基本上都采用这一标准，这在很大程度上限制了人力资源的自由流动，干扰了人力资源市场的正常运转。岗位与员工之间的匹配，最重要的是技能、从业意愿、职业道德及对岗位的投入，年龄、性别等因素对其影响并非关键因素，而用年龄来限制人们进入某些单位和岗位实际上有违国家的公平就业制度。破除年龄和性别歧视其次需要加强《中华人民共和国就业促进法》的贯彻和实施，劳动就业监察部门应将招聘中的年龄和性别歧视作为重点监察对象，逐渐改变人力资源市场中严重违反《中华人民共和国就业促进法》公平就业原则的招聘行为。

（四）鼓励女性成为创业、创新主体

高校女生在学习、科研等方面都表现出非常优秀的能力，但随着升学和年龄增长，成就动机有下降趋势，基本表现是实践创新能力不足和科研成果相对较少。这种情况的基本问题在于成就动机下降，而不在于创新能力不足。高校女生经济社会参与减少，无法将所学知识与社会实践和职业实践相结合，创新能力很难得到激发，更难以取得高水平的成果。在创业领域同样如此，高校女生在沟通、技能、知识等方面都有良好的表现，这些能力都有利于实际的创业活动，但问题同样是经济社会参与的减少使她们很难将想法付诸实践。

改变这种状况，促使高校女生积极参与创新、创业经济社会活动的基本政策工具是实施女大学生创业扶持政策，女大学生创新奖励工程，鼓励建立女大学生创新创业孵化器和科技园，对高校女生创业给予登记注册、税收、咨询、项目等多方面的支持，大力表彰那些在创业领域取得优秀成绩的女性人才。随着我国产业结构的调整，第三产业将逐渐成为支柱产业，这为两性平等参与经济社会活动提供了客观条件，要通过补偿性的政策措施，对高校女生的创业创新活动提供倾斜性的扶持，以此纠正长期形成的两性不平等的经济社会参与机会。

（五）完善各类家庭服务，倡导积极的婚恋家庭观

高校女生全面的经济社会参与不仅需要有更多的机会，同样也需要有良好的保障，这就是完善的家庭服务。实际上，这种保障对男性同样重要，要实现性别平等，实现两性都能积极参与社会经济活动，解决好家庭问题是重要基础。完善各类家庭服务主要包括能满足不同年龄需要的社会事业，如0—3岁的托幼机构，3岁以后的幼儿园、小学机构，放学后的儿童活动中心和托管机构，养老院、社区老年照顾中心，等等。这些社会事业用以解决人们的儿童照顾和养老需求，以此解放女性，同样也是解放男性，家庭服务行业的发展既能帮助两性摆脱家务负担，同时也拓展了经济社会参与的机会和领域，家庭服务行业本身就可能成为高校女生成才的重要领域。这一经验在新中国成立初期的实践中已经得到了很好的验证。

更加积极的婚恋家庭观对高校女生的成才也很重要。研究结果表明，高校女生在婚恋中更容易因婚恋失败而沮丧和消沉，生儿育女和照顾家庭的传统婚恋观念在高校女生中仍占主导地位。家庭的重要性不言而喻，但家庭结构是否能得到良好的维护并不取决于女性是否能更多地照顾家庭和以家庭为中心。家庭的维护实际上更多地取决于家庭成员在多大程度上能相互支持、相互理解，家庭应该是成就家庭成员个人理想的基石而不是牺牲个人理想的深渊。无论对女性还是男性来说，如果家庭阻碍了个人发展和理想实现，最终都会直接影响家庭的稳定性和幸福感。因此，通过主流媒体和文化宣传传播积极的婚恋家庭观念，强调个人奋斗、经济社会参与和婚恋家庭之间的一体性就是相关政策的基本诉求。

（六）高校女生就业促进政策的政策建议

高校女生就业促进政策从实施的角度来说，可以依据以上五方面的基

本内容制定以下几方面的具体政策行动。

第一，鼓励高校和地方政府出台"高校女生就业奖励计划"，根据就业行业、就业地域的不同给予不同程度的一次性毕业就业奖励。奖励计划尤其要向到基层、一线岗位、艰苦地区、以男性为主行业、竞争激烈行业就业的高校女生倾斜，奖励计划不含升学、留学等高校女生。

第二，鼓励广播电视等宣传行业开展"优秀女性人才文艺创作计划"，鼓励优秀的文艺从业人员创作以成功女性为题材的电影、电视剧、小说等各类文艺作品，大力发展那些积极传播女性成才意识的传播活动。

第三，制订和实施"高校女生创业扶持计划"和"高校女生科研创新奖励计划"。这两项计划主要用以鼓励和帮助高校女生开展具有自主创新意义的经济社会行动。政策的具体实施可以鼓励高校和地方政府以财政专项的形式实施，同时也可以鼓励社会资金积极以风险投资等形式参与实施。

第四，制订和实施"女大学生精英人才重返校园奖励计划"，注重通过高等教育激发就业女大学生不断开创新事业的精神。通过该政策支持和鼓励那些在实际工作岗位工作五年以上的高校女生重返校园进修以帮助她们更好地实现个人社会价值。同时针对毕业五年以上没有就业的高校女生实施"未就业女大学生职业培训计划"，鼓励那些因个人原因、家庭原因等因素没有就业的高校女生接受职业培训实现就业。

第五，鼓励以"托幼"为主的社会企业和各类托幼机构的发展，实施"家庭服务工程"。高校女生在经济社会参与中面对的一个主要问题是托幼问题，随着"单独二孩"等计划生育政策的调整，未来高校女生可能面对更多的抚养子女的负担，母乳喂养和学前教育期间，女性经常因照顾孩子而与自身事业发展发生冲突。政策应通过补贴、减免税收等方式鼓励具有公益性质的托幼机构得到发展。

总体来看，以"全面经济社会参与社会性别政策"为基本核心的高校女生就业促进政策在推动高校女生成才方面的主要内容在于树立两性积极参与社会经济活动的性别文化和婚恋家庭观，促进高校女生走向工作岗位，通过消除就业领域的年龄歧视来实现进一步消除性别歧视，完善和发展家庭服务业，鼓励高校女生成为创新创业的主体。

（王宏亮　李洁）

参 考 文 献

一　中文文献

安树芬主编:《中国女性高等教育研究》,高等教育出版社 2002 年版。

安树芬主编:《中国女性高等教育的历史与现状研究》,高等教育出版社 2002 年版。

蔡学军、丁向阳、韩继园:《我国高层次人才队伍建设现状、问题与对策》,《中国人才》2003 年第 10 期。

陈方:《中国 80 后婚恋价值观研究》,硕士学位论文,西南交通大学,2009 年。

陈宁等主编:《适应与成长:青少年身心健康研究》,上海交通大学出版社 2011 年版。

程萍:《研究生成就目标定量、成就动机、自我效能感对学位论文质量影响的研究——以武汉理工大学为例》,硕士学位论文,华中科技大学,2007 年。

崔应令:《柔性的风格:女性参与建构社会的实践逻辑——双龙村性别关系的百年变迁》,中国社会科学出版社 2011 年版。

崔玉凤:《"80 后"青年婚恋观的变迁及走向》,《青年探索》2010 年第 6 期。

丁娟、李文:《关于妇女社会地位认知与态度基本状况的分析与思考》,《山东女子学院学报》2012 年第 12 期。

丁娟:《社会参与:女性发展的一个全球性薄弱环节》,《浙江学刊》2006 年第 4 期。

丁娟:《六十年回眸:中国妇女理论研究的创新与发展》,《中华女子学院学报》2009 年第 5 期。

丁喜龙：《大学生婚恋观的现状分析与应对性教育研究》，硕士学位论文，大连海事大学，2007 年。

董妍、王琦、邢采：《积极情绪与身心健康关系研究的进展》，《心理科学》2012 年第 2 期。

范丽娟：《高校大学生恋爱现象和恋爱观教育研究》，硕士学位论文，厦门大学，2006 年。

范元伟、郑继国、吴常虹：《初次就业搜寻时间的因素分析——来自上海部分高校的经验证据》，《清华大学教育研究》2005 年第 2 期。

[奥] 弗洛伊德：《文明与缺憾》，傅雅芳等译，安徽文艺出版社1996 年版。

傅静：《从性别歧视的角度简析女大学生就业问题》，《河海大学学报》（哲学社会科学版）2009 年第 11 卷第 1 期。

高雅：《浅析当代中国女大学生的政治冷漠现象》，《法制与社会》2012 年第 12 期。

郭秀芬、刘宏佺、杨娟茹：《变革环境下的女大学生就业问题探析》，《理论导刊》2005 年第 2 期。

国家统计局社会科技和文化产业统计司：《中国妇女儿童状况统计资料》（2012），中国统计出版社 2012 年版。

何丽君：《高等教育性别与公平问题探究》，《江苏高教》2000 年第1 期。

何明洁：《劳动与姐妹分化——"和记"生产政体个案研究》，《社会学研究》2009 年第 2 期。

何清涟：《中国妇女地位变化的社会环境分析》，载《我们仍然在仰望星空》，漓江出版社 2001 年版。

洪盛志、郭聪、黄爱国等：《大学生综合素质网上测评与高校德育创新》，《世纪桥》2007 年第 9 期。

胡安荣：《企业拒绝女大学生的经济学分析——贝克尔歧视理论的拓展和运用》，《财经科学》2004 年第 4 期。

胡肖华、谢忠华：《当代女大学生参政意识现状及重构——以湖南省三所高校的女大学生为例》，《辽宁行政学院学报》2010 年第 4 期。

胡子祥、陈洁：《当代大学生社会参与行为的实证研究》，《中国青年研究》2006 年第 10 期。

　　[美] 卡罗尔·吉利根:《不同的声音——心理学理论与妇女发展》,肖巍译,中央编译出版社 1999 年版。

　　纪月梅、秦蓓:《性别工资差别与人力资本——来自大学毕业生的经验分析》,《世界经济文汇》2004 年第 6 期。

　　姜毅超:《女性硕士生学业幸福感及其影响因素探索——以沈阳地区为例》,《妇女研究论丛》2010 年第 3 期。

　　蒋梅:《关于女大学生性别权利问题的调查与思考——以湖南高校为例》,《湖南科技学院学报》2006 年第 2 期。

　　[美] 杰弗里·亚历山大:《社会学二十讲:二战以来的理论发展》,贾春增等译,华夏出版社 2000 年版。

　　[英] 坎迪达·马奇、伊内斯·史密斯、迈阿特伊·穆霍帕德亚:《社会性别分析框架指南》,社会性别意识资源组译,社会科学文献出版社 2004 年版。

　　李成彦:《创业女性性别角色认定的特征及差异研究》,《妇女研究论丛》2012 年第 1 期。

　　李凌等:《女性"来袭",大学阴盛阳衰?》,《中国教育报》2013 年 10 月 17 日第 3 版。

　　李明欢:《干得好不如嫁得好?——关于当代中国女大学生社会性别观的若干思考》,《妇女研究论丛》2004 年第 4 期。

　　李升学:《女大学生就业过程中弱势问题的原因及对策》,《山东省青年管理干部学院学报》2004 年第 4 期。

　　李学武:《重视高校女大学生体育健康教育及培养》,《教育与职业》2006 年第 5 期。

　　李伊涵、童菲:《从一组就业率数据看女大学生就业》,《首都经济贸易大学学报》2009 年第 4 期。

　　李卓、胡澎主编:《东亚社会发展与女性参与》,中国社会科学出版社 2013 年版。

　　廉启国、左霞云、楼超华:《大学生遭受言语性骚扰及其与健康危险行为的关系》,《中国学校卫生》2012 年第 4 期。

　　林艳艳:《从性别角度解析女大学生就业难问题》,《产业与科技论坛》2008 年第 7 卷第 3 期。

刘淳松、张益民、张红：《大学生学习动机的性别、年级及学科差异》，《中国临床康复》2005 年第 20 期。

刘海燕、童昭岗、颜军：《运动对女大学生人际关系、自我效能感与心理健康影响的研究》，《南京体育学院学报》（社会科学版）2009 年第 4 期。

刘红岩：《国内外社会参与程度与参与形式研究述评》，《中国行政管理》2012 年第 7 期。

刘云杉、王志明：《女性进入精英集体——有限的进步》，《高等教育研究》2008 年第 2 期。

潘晨光：《中国人才发展报告》，社会科学文献出版社 2006 年版。

卢淑华：《婚姻观的统计分析与变迁研究》，《社会学研究》1997 年第 2 期。

陆根书、刘珊、钟宇平：《高等教育需求及专业选择中的性别差异及其影响因素分析》，《高等教育研究》2009 年第 10 期。

陆林、钱钟：《从女性就业难论当代妇女社会地位的提升》，《苏州大学学报》（哲学社会科学版）2007 年第 3 期。

陆学艺主编：《当代中国社会阶层研究报告》，社会科学文献出版社 2002 年版。

罗德宏：《世象：男大学生起薪超女生百元》，中国新闻网 2006 年 2 月 15 日。

马惠娣、李享：《中国妇女生活方式的调查与思考：第三期中国妇女社会地位调查·生活方式问卷数据分析》，《洛阳师范学院学报》2013 年第 3 期。

［德］马克思：《资本论》第一卷，中共中央马克思恩格斯列宁斯大林著作编译局译，人民出版社 2004 年版。

［德］马克斯·韦伯：《经济与社会》，阎克文译，上海世纪出版集团、上海人民出版社 2010 年版。

马丽华、邵建平主编：《职业院校学生身心健康教育》，中国铁道出版社 2011 年版。

马万华：《中国女性高等教育发展的历史、现状与问题》，《教育发展研究》2005 年第 5 期。

马缨：《博士毕业生的性别差异与职业成就》，《妇女研究论丛》2009

年第 6 期。

孟祥斐、徐延辉：《高层次女性人才的性别意识及其影响因素研究——基于福建省的调查》，《妇女研究论丛》2012 年第 1 期。

潘锦棠：《北京女大学生就业供求意向调查分析》，《北京社会科学》2004 年第 3 期。

祁玥、郭峤：《浅析女大学生"村官"在提高农村女性政治参与中的作用》，《长春教育学院学报》2011 年第 1 期。

仇雨临、罗桂芬、潘锦棠：《男女大学生就业竞争力差异之比较》，《中国人民大学学报》1992 年第 6 期。

石彤：《女大学生社会性别观念研究》，《中华女子学院学报》2001 年第 4 期。

世界妇女地位委员会：《关于妇女和女孩接受和参与教育、培训、科学技术，包括促进妇女平等获得充分就业机会和体面工作的商定结论》。

宋晓侠：《当代苏州城市青年择偶标准与择偶方式研究》，硕士学位论文，苏州大学，2007 年。

苏红、任永进：《国内外大学生婚恋观研究综述》，《河南职业技术师范学院学报》（职业教育版）2008 年第 2 期。

孙石月：《中国近代女子留学史》，中国和平出版社 1995 年版。

［美］塔尔科特·帕森斯：《社会行动的结构》，张明德等译，译林出版社 2012 年版。

佟新、梁萌：《女大学生就业过程中的性别歧视研究》，《妇女研究论丛》2006 年第 S2 期。

涂玲、张新庆、李映兰：《我国护士群体身心健康现状及分析》，《医学与哲学（A）》2012 年第 6 期。

万琼华：《当代女大学生的社会性别意识探析》，《邵阳学院学报》2002 年第 5 期。

万琼华：《试论高校女教师的进取意识》，《湖南社会科学》2002 年第 3 期。

汪雪梅、桂守才：《当代女大学生婚恋观探析》，《重庆科技学院学报》（社会科学版）2009 年第 4 期。

王德才主编：《大学生身心健康教育》，机械工业出版社 2009 年版。

王红、马天芳、陈晓娴等：《解读企业对应届女毕业生的看法》，《青年探索》2007 年第 6 期。

王珺：《论高等教育中学科专业的性别隔离》，《妇女研究论丛》2005
年第 4 期。

王淑兰等主编：《中国女大学生发展与教育》，陕西人民教育出版社
2000 年版。

王小波：《大学生劳动力市场入口处的性别差异与性别歧视——关于
"女大学生就业难"的一个实证分析》，《青年研究》2002 年第 9 期。

王莹华、许文彬：《当代女大学生就业现状及对策分析》，《科教文汇
（中旬刊）》2007 年第 8 期。

王颖、石彤：《大学生专业选择差异多元视角的整合》，《中华女子学
院学报》2012 年第 5 期。

吴秀霞：《女大学生就业难与性别歧视》，《中国大学生就业》2005
年第 16 期。

吴媛媛、张晓鹏：《高等教育潜在的性别不公平分析与教育政策思
考》，《新课程研究（中旬刊）》2010 年第 8 期。

吴泽俊、张洪波、许娟等：《女大学生焦虑、抑郁与人格特征的相关
性研究》，《中国学校卫生》2007 年第 3 期。

武秀杰：《高学历人口婚恋观的对比研究》，硕士学位论文，浙江大
学，2009 年。

［美］西奥多·W. 舒尔茨：《论人力资本投资》，吴珠华等译，北京
经济学院出版社 1990 年版。

谢佩娜、张健忠：《大学生生活方式现状研究》，《吉林体育学院学
报》2004 年第 4 期。

颜琴：《新生代农民工身心健康问题研究》，《中国劳动关系学院学
报》2010 年第 5 期。

杨星灿：《论女大学生法律意识的培养》，《当代教育论坛》2006 年
第 11 期。

杨艳玲：《当代大学生的婚恋观及其影响因素》，硕士学位论文，东
北师范大学，2007 年。

叶文振、刘建华、夏怡然等：《女大学生的"同民同工"——2002
年大学本科毕业生就业调查的启示》，《中国人口科学》2002 年第 6 期。

叶文振主编：《女性学导论》，厦门大学出版社 2006 年版。

伊恩·普莱提斯：《"帕西法尔"和符号学结构主义》，载［美］伊万·布莱迪编《人类学诗学》，徐鲁亚等译，中国人民大学出版社 2010 年版。

于长伟、李艳、江平：《女大学生爱情观调查研究与对策分析》，《重庆工学院学报》（社会科学版）2009 年第 2 期。

袁瑞宁：《大学生婚恋观现状调查分析——以河北大学为例》，《科教文汇（中旬刊）》2009 年第 10 期。

曾燕波：《中国大学生生活方式研究》，《当代青年研究》2008 年第 9 期。

张大均主编：《大学生心理健康教育》，科学出版社 2010 年版。

张国庆主编：《公共政策分析》，复旦大学出版社 2004 年版。

张慧卿：《当代女大学生婚恋观浅析》，《河北青年管理干部学院学报》2008 年第 3 期。

张建奇：《我国女子高校的历史回顾与发展趋势探讨》，《妇女研究论丛》2003 年第 6 期。

张丽俐、侯典牧、高秀娟等：《科技领域女性后备人才成长现状及对策研究》，《中国人力资源开发》2010 年第 3 期。

张晓：《当代女研究生性别角色的分析》，硕士学位论文，华中科技大学，2007 年。

张晓玲、赵霞、朱庆成：《女大学生心理健康状况调查结果分析》，《中国妇幼保健》2007 年第 4 期。

张晓明：《女硕士研究生成就动机与自信的特点及其关系研究》，硕士学位论文，吉林大学，2006 年。

张艳：《试论女性高层次人才资源贫乏现象及成因》，《教育探索》1998 年第 4 期。

赵建华：《大学生实践能力的结构分析》，《江苏高教》2009 年第 4 期。

赵艳红、张海钰、周燕：《女大学生创新能力调查分析》，《河北大学学报》（哲学社会科学版）2009 年第 4 期。

郑磊、张鼎权：《中国教育性别差异的经济学研究评述》，《妇女研究论丛》2013 年第 2 期。

郑夕春：《当代大学生性观念与性道德调查报告》，《中国青年研究》

2005 年第 9 期。

周伟等：《中国的劳动就业歧视：法律与现实》，法律出版社 2006 年版。

周文霞：《职业成功标准的实证研究与理论探讨》，《经济与管理研究》2006 年第 5 期。

朱安平：《女大学生择业难探因》，《中国妇女报》2002 年 5 月 28 日。

陆方文：《职业性别歧视：原因和对策——谈女大学生、女研究生为何找工作难》，《妇女研究论丛》2000 年第 4 期。

朱红、李文利、左祖晶：《我国研究生创新能力的现状及其影响机制》，《高等教育研究》2011 年第 2 期。

二 外文文献

Alexander W. Astin，"The Changing American College Student：Thirty-Year Trends，1966 – 1996"，*The Review of Higher Education*，Vol. 21，1998.

Alexander W. Astin，*What Matters in College? Four Critical Years Revisited*，San Francisco：Jossey Bass，1993.

Alexander W. Astin，L. Kent，"Gender Roles in Transition：Research and Policy Implication for Higher Education"，*The Journal of Higher Education*，Vol. 54，No. 3，1983.

Alexander W. Astin，L. J. Sax，"Developing Scientific Talent in Undergraduate Women"，in C. Davis，et al. eds.，*The Equity Equation：Women in Science，Mathematics，and Engineering*，San Francisco：Jossey-Bass，1996.

Barbara White，"The Career Development of Successful Women"，*Women in Management Review*，Vol. 10，No. 3，1995.

M. B. Baxter Magolda，*Knowing and Reasoning in College：Gender-related Patterns in Student's Intellectual Development*，San Francisco：Jossey Bass，1992.

D. Belle，"Swimming Against the Tide：African American Girls and Science Education"，*Contemporary Sociology：A journal of Reviews*，Vol. 39，No. 1，2008.

Bernard Weiner，"An Attributional Theory of Achievement Motivation and

Emotion", *Psychology Review*, Vol. 92, No. 4, 1985.

Ann M. Beutel, M. Mooney Marini, "Gender and Value", *Ameirican Sociological Review*, Vol. 60, No. 3, 1995.

Marvin Bressler, Peter Wendell, "The Sex Composition of Selective Colleges and Gender Differences in Career Aspiration", *The Journal of Higher Education*, Vol. 51, No. 6, 1980.

A. N. Bryant, "Changes in Attitudes Toward Women's Roles: Predicting Gender-role Traditionalism Among College Students", *Sex Roles*, Vol. 48, No. 3, 2003.

B. J. Canes, H. Rosen, "Following in Her Footstep? Faculty Gender Composition and Women's Choices of College Majors", *Industrial and Labor Relations Review*, Vol. 48, 1995.

T. Conefrey, "Gender, Culture and Authority in a University Life Science Laboratory", *Discourse Society*, Vol. 8, No. 3, 1997.

M. Crawford, M. Macleod, "Gender in the College Classroom: An Assessment of the Chilly Climate for Women", *Sex Roles*, Vol. 23, No. 3 - 4, 1990.

Crombie, et al., "Students Perception of Their Classroom Participation and Instructor as a Function of Gender and Context", *The Journal of Higher Education*, Vol. 74, 2003.

N. Danziger, Y. Eden, "Gender-related Differences in the Occupational Aspirations and Career-style Preferences of Accounting Students", *Career Development International*, Vol. 12, No. 2, 2007.

R J. Defillippi, M. B. Arthur, "The Boundaryless Career: A Competency-based Perspective", *Joural of Organizational Behavior*, Vol. 15, No. 4, 1994.

Helga Dittmar, "Are You What You Have?", *The Psychologists*, Vol. 17, No. 4, 2004.

Sarah Evans, "In a Different Place: Working-Class Girls and Higher Education", *Sociology*, Vol. 49, No. 2, 2009.

P. A. Fassinger, "Understanding Classroom Interaction: Students' and Professors' Contribution to Students' Scilence", *The Journal of Higher Educa-*

tion, Vol. 66, No. 1, 1995.

Richard M. Felder, et al., "A Longitudinal Study of Engineering Student Performance and Retention. III. Gender Differences in Student Performance and Attitudes", *Journal of Engineering Education*, Vol. 84, No. 2, 1995.

M. L. Forret, T. W. Dougherty, "Correlates of Networking Behavior for Managerial and Professional Employees", *Group and Organization Management*, 2001.

S. K. Gilmartin, "The Centrality and Costs of Heterosexual Romantic Love among First-year College Women", *The Journal of Higher Education*, Vol. 76, No. 6, 2005.

Carl A. Grant, Christine E. Sleeter, "Race, Class, and Gender in Education Research: An Argument for Integrative Analysis", *Review of Educational Research*, Vol. 56, No. 2, 1986.

R. M. Hall, B. R. Sandler, *The Classroom Climate: A Chilly One for Women*? Washington DC: Association of American Colleges, 1982.

D. C. Holland, M. A. Eisenhart, *Educated in Romance: Women, Achievement, and College Culture*, Chicago: University of Chicago Press, 1990.

J. A. Jocabs, "Gender Inequality and Higher Education", *Annual Review of Sociology*, Vol. 22, No. 1, 1996.

R. Josselson, *Finding Herself: Pathways to Identity Development in Women*, San Francisco: Jossy-Bass, 1987.

T. A. Judge, C. A. Higgins, C. J. Thoresen, M. R. Barrick, "Big Five Personality Traits, General Mental Ability, and Career Success across the Life Span", *Personnel Psychology*, 1999.

A. Kezar, D. Moriarty, "Expanding our Understanding of Student Leadership Development: A Study Exploring Gender and Ethnic Identity", *Journal of College Student Development*, Vol. 41, No. 1, 2000.

M. Komarovsky, *Women in College: Shaping New Feminine Identities*, New York: Basic Books, 1985.

M. London, S. A. Stumpf, "Managing Careers", MA: Addison-Wesley, 1982.

Margaret Mooney Marini, Pi-Ling Fan, Erica Finley, Ann M. Beutel,

"Gender and Job Values", *Sociology of Education*, Vol. 69, No. 1, 1996.

Margaret Mooney Marini, "The Role of Models of Purposive Action in Sociology", J. S. Colemen and T. J. Fararo, eds. , *Rational Choices Theory*, Newbury Park, CA: Sage, 1992.

A. M. Martinez Aleman, "Race Talk: Undergraduate Women of Color and Female Friendships", *The Review of Higher Education*, Vol. 23, No. 2, 2000.

A. M. Martinez Aleman, "Understanding and Investigating Female Friendship's Educative Value", *The Journal of Higher Education*, Vol. 68, No. 2, 1997.

J. F. Milem, et al. , "Faculty Time Allocation: A Study of Change over Twenty Years", *The Journal of Higher Education*, Vol. 71, No. 4, 2000.

P. H. Miller, et al. , "A Desire to Help Others: Goals of High-Achieving Female Science Undergraduate", *Women's Studies Quarterly*, Vol. 28, No. 1 - 2, 2000.

E. T. Pascarela, "College Environmental Influences on Students' Educational Aspirations", *The Journal of Higher Education*, Vol. 55, No. 6, 1984.

J. Pfeffer, "Organization Theory and Structural Perspective on Management", *Journal of Management*, Vol. 17, No. 4, 1991.

J. M. Podolny, J. N. Baron, "Resources and Relationships: Social Networks and Mobility in the Workplace", *American Sociologist*, Vol. 62, No. 5, 1997.

K. N. Rask, E. M. Bailey, "Are Faculty Role Models? Evidence from Major Choice in an Undergraduate Institution", *The Journal of Economic Education*, Vol. 33, No. 2, 2002.

P. Rayman, B. Brett, "Women Science Major: What Makes a Difference in Persistence after Graduation?", *The Journal of Higher Education*, Vol. 66, No. 4, 1995.

D. Reay, E. Miriam, Bell David, J. Stephen, *Degrees of Choice: Social Class, Race, Gender and Higher Education*, VA: Trentham Books, 2005.

D. A. Reay, "Risky Business? Mature Working-class Women Students and Access to Higher Education", *Gender and Education*, Vol. 15, No. 3, 2003.

E. Reuben, Strauss, *Women's Studies Graduates*, Washington D. C. : US

Department of Education, 1980.

John Robst, et al. , "The Effect of Gender Composition of Faculty on Student Retention", *Economics of Education Review*, Vol. 17, No. 4, 1998.

Karen R. Rosenthal, Ellis L. Gesten, Saul Shiffman, "Gender and Sex Role Differences in the Perception of Social Support", *Sex Roles*, Vol. 14, No. 9, 1986.

D. W. Salter, A. Persaud, "Women's Views of the Factors that Encourage and Discourage Classroom Participation", *Journal of College Student Development*, Vol. 44, No. 6, 2004.

Linda J. Sax, et al. , "A Longitudinal Investigation of Emotional Health Among Male and Female First- Year College Students", *Journal of the First Year Experience and Students in Transition*, Vol. 16, No. 2, 2004.

Linda J. Sax, *The Gender Gap in College: Maximizing the Developmental Potential of Women and Men*, San Francisco: Jossey-Bass, 2008.

Linda J. Sax, "Mathematical Self-concept: How College Reinforces the Gender Gap", *Research in Higher Education*, Vol. 35, No. 2, 1994.

J. A. Schneer, F. Reitman, "Effects of Alternate Family Structures on Managerial Career Paths ", *Academy of Management Journal*, Vol. 36, No. 4, 1993.

I. H. Settles, et al. , " Voice Matters: Buffering the Impact of a Negative Climate for Women in Science", *Psychology of Women Quarterly*, Vol. 31, No. 3, 2007.

G. Sonnert, et al. , "Undergraduate Women in Science and Engineering: Effects of Faculty, Fields, and Institutes over Time", *Social Science Quarterly*, Vol. 88, No. 5, 2007.

P. T. Terenzini, D. R. Reason, "Parsing the First Year of College: A conceptual Framework for Studying College Impact", Paper Presented at the Meeting of the Association for the Study of Higher Education, Philadelphia, 2005.

C. J. Thomsen, et al. , "Effects of Women's Studies Course on Gender Related Attitudes of Women and Men", *Psychology of Women Quarterly*, Vol. 19, No. 3, 1995.

S. Tomlinson-Clark, D. Clark, "Predicting Social Adjustment and Academic Achievement for College Women with and without Pre-college Leadership", *Journal of College Student Development*, Vol. 35, No. 2, 1994.

L. Tsui, "Boosting Female Ambition: How College Diversity Impact Graduate Degree Aspirations of Women", Paper Presented at the Annual Meeting of the Association for the Study of Higher Education 20th, Orlando, 1995.

Tuvia Melamed, "Career Success: The Moderating Effect of Gender", *Journal of Vocational Behavior*, Vol. 47, No. 1, 1996.

C. Zhao, R. Carini, G. D. Kuh, "Searching for the Peach Blossom Shangri-La: Student Engagement of Men and Women SMET Majors", *Review of Higher Education*, Vol. 28, No. 4, 2005.

后　记

本研究从 2009 年启动到 2016 年研究最终成稿，经历了 7 个春秋。7 年来，课题组成员积极投入，认真研究，课题组成员在大量一手资料的基础上，展开了深入、科学、系统的研究。在书稿写作的过程中，大家通力合作，互相配合，克服了彼此在写作过程中遇到的种种困难和问题，从而更加凝聚了我们作为一个学术共同体的真挚情感和聪明才智，书稿的撰写工作得以最终完成。所以，要首先感谢我们自己。

全国妇联、中华女子学院及北京大学社会学系的诸多领导和研究人员对本书的调查、研究和出版工作给予了极大的指导和帮助。感谢全国妇联书记处书记谭琳、中华女子学院前院长张李玺教授对本书写作的关怀和指导，感谢北京大学社会学系佟新教授在研究资源和框架上对本研究提供的指导和推动，感谢北京大学社会学系刘艾玉教授、全国妇联妇女研究所蒋永萍研究员、姜秀花研究员、马冬玲副研究员、贾云竹副研究员在写作过程中对我们给予的关心、帮助和指导。感谢在调研过程中为我们提供便利的各级妇联和高等教育机构，以及各个高校的被访者对此次调查的参与和配合。感谢中华女子学院以及性别与社会发展学院的各位领导为本书的创作提供了良好的外部环境和出版资助，让我们的研究和写作工作得以平稳、顺利地开展。

最后，感谢中国社会科学出版社任明主任对本书的专业编审与细致周到的工作，让我们的作品得以顺利出版。

课题组全体成员

2016 年 3 月